袁世凯

北洋枭雄

权力得失录

小王宗仁　著

中国发展出版社

图书在版编目（CIP）数据

北洋枭雄/小王宗仁著. —北京：中国发展出版社，2017.12
ISBN 978-7-5177-0752-3

Ⅰ. ①北…　Ⅱ. ①小…　Ⅲ. ①北洋军阀史—通俗读物
Ⅳ. ①K258.209

中国版本图书馆CIP数据核字（2017）第214602号

书　　名：北洋枭雄
著作责任者：小王宗仁
出 版 发 行：中国发展出版社
（北京市西城区百万庄大街16号8层　100037）
标 准 书 号：ISBN 978-7-5177-0752-3
经　销　者：各地新华书店
印　刷　者：三河市东方印刷有限公司
开　　本：710mm×1000mm　1/16
印　　张：19
字　　数：310千字
版　　次：2017年12月第1版
印　　次：2017年12月第1次印刷
定　　价：39.80元
联 系 电 话：（010）68990642　68990692
购 书 热 线：（010）68990682　68990686
网 络 订 购：http：//zgfzcbs.tmall.com//
网 购 电 话：（010）68990639　88333349
本 社 网 址：http：//www.develpress.com.cn
电 子 邮 件：271799043@qq.com

序言

袁世凯仕途路线图启示

如所有的改朝换代一样，一个政权结束至另一个政权兴起，中间总有一个“过渡期”。这个“过渡期”并不令人兴奋，总是充满着血腥和杀戮。

历史长河中，在特殊的时间拐点和重要时期转换点，总会有伟大的人物出现，他们成为这一时期重构这个时代的主宰。如果说大清的陨落与一个叫慈禧的女人有关，那么民国的分娩则是因一个叫袁世凯的人催生。

1859 年 9 月 16 日，河南项城县袁家大院里传出了一个婴儿的第一声啼哭，大清的掘墓人袁世凯诞生了。

袁世凯一生的事业，各阶段相对分明，大致分为七个时期。

一是待业期。22 岁以前，袁科场失意，屡考不中，可以说是个落魄少年。但他不安于现状，等待出头机会。

二是驻朝时期。投“庆”军后随军东渡援朝，迅即脱颖而出，成为清廷派驻朝鲜的最高官员。

三是小站练兵时期。甲午战争爆发，为躲避日本人追杀，袁被迫回国，因有“知兵”之名，被清廷派驻天津小站督练新军，建立北洋班底。后袁因戊戌政变被维新派看中勤王，维新派想利用其剪除后党，却被其出卖。袁借此获取晋身之阶。

四是义和团运动时期。庚子拳乱突起，袁继满人毓贤为山东巡抚，对拳民大肆镇压，赢得洋人好感。李鸿章病死后，袁继任直隶总督兼北洋大臣。后二次练兵，北洋军系形成。

五是归隐洹上时期。光绪帝与慈禧太后先后宾天，溥仪即位，摄政王载沣以足疾为由将袁开缺，袁归隐洹上。

六是辛亥革命时期。武昌起义爆发，袁东山再起，出任清廷内阁总理大臣，后逼迫清帝退位，从孙中山手中接任民国临时大总统。

七是独裁统治时期。裁减革命军队，解散国民党，修改临时约法，当选正式大总统后一步步帝制自为，最后黄袍加身，自己将自己逼上众叛亲离的绝路。

从古至今，仕途是改变人生命运的一条天梯。清王朝在其最后30年，渐从败落而至灭亡，而袁世凯却生逢其时，在晚清危局中一路爬升，由布衣从军，而洋务新秀，而新政中坚，而中华民国大总统。一时间，历史似乎演绎了非袁莫属的格局。

时也，势也，时势造英雄，英雄造时势。每一个大人物的成功，都要具备三个条件：一是时，即时机条件；二是势，即一段时期内的客观条件；三是局，即力量对比。袁世凯人生的每一重要阶段，都有着一些呈螺旋状循环上升的类似经历与曲线轨迹，凭借他的才能、智慧、圆通、机变、权谋等综合能力素质，利用时势机缘，一点一点往上爬，期间虽有波折，但最后一直爬到了“金字塔”的最顶端，以至操纵20世纪初期中国政柄。“持宝剑者必将死于宝剑下。”最后，已经欲罢不能、骑虎难下的他朝前又是一脚，结果堕入万劫不复的地狱，由此背上了无法洗清的千古罪名。

一个大人物能够在历史上留名，成就一番霸业，除自身具备非凡的过人之处之外，还跟他背后的团队有绝对关系。

做小事靠力量，做大事靠头脑，做天下大事得靠别人的头脑。历史上任何一个政治权威人物的成功，背后都有一个团队。袁世凯左右，聚集了文如徐世昌、梁士诒、杨士琦、赵秉钧、阮忠枢、杨度、唐绍仪、杨士骧、张一麐，武如王士珍、段祺瑞、曹锟、张勋、倪嗣冲、段芝贵、陆建章等众多僚属，他们或出谋划策，或冲锋陷阵，或调解党争，或攻关跑路，成为袁世凯帝王之路上的左右手。

但时代的脚步之快，已经让很多的人和事埋藏在历史深处。

袁世凯到底是一个什么样的人？

想来我们这些读着教科书长大的人，记住他更多的是他“窃取”辛亥革命果实，签订“二十一条”，最后又改行帝制当了皇帝，而对他早期抵制日本侵略、力主维新、废科举、立宪法、创立中国近代化军队和中国警察制度以及发展经济、振兴实业等活动，似乎轻描淡写一带而过地选择性遗忘了。

那些反面面孔确实是袁世凯复杂人生的其中一面，更是袁世凯一生不可抹去的污点，我们没有义务为他涂脂抹粉，为他作翻案文章。但还是想问一句，如果把你置身于当时的大背景下，让你穿越到民国当一把袁世凯，莫非你会比袁世凯做得更好？

很不幸，历史没有如果。

法国大文豪雨果对拿破仑的评价似乎也适用于袁世凯：“他当然有污点，有疏失，甚至有罪恶，就是说，他是一个人；但他在疏失中仍是庄严的，在污点中仍是卓越的，在罪恶中也还是有雄才大略的。”

千秋功名，一世葬你，玲珑社稷，可笑却无君王命。

100年前的1916年6月6日，袁世凯在内外交困中导致尿毒症急剧恶化离世。100年后，昔日活跃在那个时代之下的叱咤风云人物早已化为尘埃，但历史是不会随时间消亡的。相反，随着时间的推移，人们对历史人物的认识会越来越清晰和客观。

历史不会重复它的事实，但历史会反复重复它的规律。今天，我们再来剖析袁世凯，回看那段纷争的岁月，标签化、脸谱化的油彩已无法遮盖住一个曾经创造了诸多历史上第一次的袁世凯。人们开始客观地认识到他是一个曾锐意改革，且某些认识和举措所达到的高度是他后面的主政者少有能够比肩的民国大总统。他的功绩和作为，包括他的倒退和反省，都是留给后人解读一个时代的重要历史遗产。

读史可以使人明智，鉴以往可以知未来。站在前人的肩膀上观察世界、认识世界，才有可能尽少地走前人曾走过的弯路，与这个世界尽可能地和谐相处。特别是读全读透清末民初那段历史，读全读透那段历史中最为关键和重要的人物袁世凯，对于我们告别思想的偏执、穿越历史的迷雾、走出认识上的误区，是一个人，甚至是一个国家成长路上不可或缺的重要一课。

人类本来就是从荒谬中走来，历史前行的脚步也是在跌跌撞撞中前行。评价一个人，绝非以单纯的好坏一锤定音；评价一个历史人物，更不能简单地将之黑白化。一味地指责其错误，叙述其失败，并没有什么现实意义。回溯历史，分析促使其一步步走错的原因，分析产生诸多原因的历史背景以及人性缺点，这样才能真正给后人警醒与启发。

目　录

第一章

高起点官场开蒙

早开的官场蒙学

历史的进程中常常纠缠着一些宿命的论调，不管你喜欢或者厌恶，它都被一系列或主观或客观的历史过往所倾诉着。历史上的一些人，尤其是那些曾经引领一个时代的大人物，在什么时间出生，在什么样的家族出生，一切看似客观既定，但又像是冥冥注定一般。

一个客观既定的出身，似乎从一开始就决定了一个历史人物的起跑线。

时间回转到1859年。

这一年，大清国正遭受着太平军、捻军的反清起义和第二次鸦片战争，可谓内忧外患，国事蜩螗。是年秋，淮军名将袁甲三率军剿捻猛攻凤阳临淮关，取得临淮关大捷。袁甲三为大清立下赫赫战功的同时，老家河南项城的袁家大院也沉浸在一派喜庆的氛围中。侄子袁保中的妾室刘氏产房传喜讯，新添一男丁。这孩子刚出生不久，袁家便接到了袁甲三战事的捷报，族人都称这孩子福大命大造化大。袁保中很高兴，给这个刚出生的胖小子起名为“凯”，言外之意为凯旋而归。这样，按照袁家“志九耀三，保世克家”的家谱辈分，胖小子便有了他的名字：袁世凯。

这一天，是9月16日，农历是八月二十日。

因袁世凯出生地为项城，按时人对达官显贵常用他们的出生地以代其名的官场习俗，同僚及后人往往称袁世凯为“项城”或“袁项城”。

从家世来看，袁世凯算是官三代和富二代。

后来，袁世凯复辟称帝时，有捧臭脚的地方大员上书，说袁家远祖是三国时代袁术，近祖是明将袁崇焕。袁术四世三公，袁崇焕位极人臣，二人皆是彪炳千古的人物，对袁世凯来说当然是件光宗耀祖的事情。但袁世凯想到袁术是“篡汉国贼”，袁崇焕又是“乱明奸雄”，口碑不好，再说又查无实据，袁世凯怕授人以柄，此事也就不了了之。

而据史料记载，袁世凯的祖上最早可追溯到曾祖父袁耀东。袁耀东是个地地道道的知识分子，功名只做到“庠生”，说白了就是个秀才。短命的袁耀东不到40岁就去世了，但他的妻子郭氏却很长寿，活了90多岁。郭氏育有四子，依次是树三、甲三、凤三、重三。郭氏出身大户，重视教育，在她的培养下，4个儿子都有出息。特别是她的二儿子，即袁世凯的叔祖父袁甲三更是出类拔萃，最后官至漕运总督，高居一品。

从叔祖父袁甲三这里讲，袁世凯可算官三代。

而袁世凯的祖父袁树三只是在当地县教育局任职，是个九品小教谕，算不上什么大官。他育有两个儿子，长子袁保中和次子袁保庆。袁保中即袁世凯的生父，为副贡出身，花钱捐了个同知（相当于副市级），但没有正式出仕为官，而是以同辈人中长门长孙的身份主持家政，经营田产，在项城位列巨绅。所以，袁世凯也是不折不扣的富二代。

据袁保中说，袁世凯出生前，他曾梦见一只大蛤蟆爬到了身上，为此他还找人卜了一卦，说是贵人附身。或许真应了袁保中“贵人附身”这句话，这个出生后并无异样的婴儿，日后竟成风云人物。不管后人对其评价如何，有一点毋庸置疑，他是一个影响中国命运的大人物。

袁保中先后娶过两个老婆，共给他生了六儿两女。袁世凯在世字辈里排行老四。袁保中见兄弟袁保庆长年征战在外，年届不惑却膝下无子，而自己子女又很多，于是忍痛割爱把年仅5岁的袁世凯过继给了袁保庆。

袁世凯过继给叔父袁保庆后颇受宠爱，为让小世凯日后能有出息，叔父不久就给他请了启蒙老师。袁世凯天性聪慧，很有悟性，可就是读书并不用功，偏喜骑马舞剑，因而时常逃课。据说袁世凯胆子大得很，史书上记载：“捻匪袭来，群儿骇走，公方五龄，家人负之登陴，纵观万众沸腾，面无惧色。”意思是说，捻军袭击村寨，很多小孩都吓跑了，袁世凯才5岁，家长抱着他登上高墙观看，他却毫不害怕。

家庭教育对人的成长至关重要。袁保庆特别注重对袁世凯应变能力的培养，有意锻炼他在生活中的办事能力。袁保庆还将自己多年的将兵之得、为官之道、做人之窍记录在册，并讲给尚在幼年的袁世凯听。别看袁世凯对学习不感兴趣，却对这些处世之道学得格外用心。

这本小册子就是流传下来的《自乂琐言》，里面涉及为人、处事、做官、伦理、修身等论，可谓包罗万象。其中不乏经典之句：

“办事如行路，路不怕远只怕不走，事不怕难只怕不做。”

“古今将兵，必先以恩结之，而后加之以威，乃无怨也。”

“人言官场如戏场，然善做戏者，于忠孝节义之事能做得情景毕现，使闻者动心，观者流涕，官场如无此好角色，无此好做工，岂不为优人所窃笑乎？”

如此种种精辟深邃的人生体验及官场权术经验，无疑对袁世凯正在形成的人生观和价值观产生了深刻的影响。

大凡很“乖”或“懂事”的孩子往往缺少独立、思考、决策、操作、竞争等能力，因而在日后不一定表现出色，而那些令家长很操心的“淘气包”却很有可能在社会的大舞台上脱颖而出。史上诸多枭雄出于草莽，大概可见其一斑。

袁世凯从小制艺就不守绳墨，读书习字不拘约束，喜“天马行空”。文如其人，从袁世凯张扬激荡和狂妄霸气的文字就可窥见其一般小孩子所没有的气魄和志向。

一次，老师给袁世凯出了一道命题八股文。他沉思半晌，挥毫而就，其中有一小段这样写道：

“东西两洋，欧亚两洲，只手擎之不为重；吾将举天下之土，席卷囊括于座下，而不毛者，犹将深入。尧舜假仁，汤武假义，此心薄之而不为；吾将强天下之人，拜手稽首于阙下，有不从者，杀之无赦！”

不评价这文章写得如何，单说这“有不从者，杀之无赦”的口气，令老师为之瞠目。

幼年的袁世凯还写下这样的抒怀咏志诗：“眼前龙虎斗不了，杀气直上干云霄；我欲向天张巨口，一口吞尽胡天骄！”

在随嗣父袁保庆登南京雨花台时，袁世凯又有感而发：

“我今登上雨花台，万古英雄付劫灰；谓是孙策破刘处，相传梅锅屯兵来。大江滚滚向东去，寸心郁郁何时开；只等毛羽一丰满，飞下九天拯鸿哀。”

这等冲天的霸气，也只有出自帝王之口。

袁世凯更是喜研兵书战策，他的书房里置满了《六韬》《三略》《阴符》《兵经》等治军书籍。他自我批评说：“过去我好奋匹夫之勇，现在学了万人之敌，才知道好勇斗狠实在无用，三军不可夺帅，我手上如有十万精兵，便可横行天下。”

从来没有无缘无故的成功。如此小小的年纪，袁世凯竟能深刻反思自己，及时修正个人目标，可见袁世凯日后能冲飞登顶，与他幼时的抱负和厚积有绝对关系。

世事无常。1874 年 7 月，袁保庆因突染霍乱病死于江南盐巡道任内。这位对袁世凯呵护倍至、倾注心血的嗣父兼启蒙老师完成了他的使命，撒手人寰了。年仅 15 岁的袁世凯第一次感到了人世间的悲哀和无奈。这年冬，袁世凯护送袁保庆的灵柩和嗣母牛氏从南京回到了原籍项城。

第二年春，袁世凯的堂叔袁保恒（袁甲三长子）从军营回家省亲，见袁世凯疏于管束，整日无所事事，便让他随二哥袁世廉一同进京受业于任内阁中书的袁保龄（袁甲三次子，相当于正处级）。

不久，袁保恒调回京城任户部左侍郎（相当于副省级）。袁保恒对孩子的教育特别重视，一下子请了三个老师教授袁世廉、袁世凯兄弟，举人周文溥教作诗，进士张星炳教写字，举人谢廷萱教八股文。

仕而优则学，学而优则仕。封建社会中，人们都把通过科举入仕为官看作是正途。袁保恒也不例外，他如此重视教育，就是希望两个侄子读书入仕为官，光耀门庭。袁保恒也同袁保庆一样很有远见，常把公务上的一些小事有意安排两个侄子，刻意培养他们的实践能力。而袁世凯似乎有着与生俱来的胆识和魄力，做事果敢机敏，很得要领，深得袁保恒、袁保龄两位堂叔喜爱。

福无双至，祸不单行。袁保庆死后仅一年多，袁世凯的生父袁保中也病逝了。这对少年袁世凯来说又是一个沉重打击。但因他已经过继给袁保庆，且三年孝期未满，袁保恒就没有让他回家奔丧，而是继续留京学习。

1876 年秋，17 岁的袁世凯回原籍参加乡试落第，其生母刘氏和嗣母朱氏给他娶了当地一位大财主家的小姐于氏①为妻。可袁世凯不安于这种安分守己的生活，婚后才两个月就又北上北京。几个月后，河南大旱，袁保恒被调至原籍帮办赈灾事宜。这次公干他特意带上了袁世凯，“有密要事案，均令往查，参佐一切”，目的便是有意锻炼培养他。

但厄运再一次降临袁世凯。这一次，死神牵走了他的堂叔袁保恒。也是在这一年，袁世凯的妻子于氏为他生下了“坑爹”的大公子袁克定。

袁保庆和袁保恒绝对称得上是优秀的社会大课堂启蒙老师，他们对袁世凯处世素质的培养和实践，是袁世凯日后驰骋“江湖”的重要资本。

袁保庆、袁保中、袁保恒相继离世后，袁世凯日渐脱离了长辈的管束，恢复本性，我心飞扬。他嫌项城地瘠民贫，便定居在了较为繁华的陈州。这段日子里，袁世凯根本不拿学习当回事，整日骑马打拳，下棋吃酒。作为文艺青年，他凭借父辈留下来的丰厚资产，自费筹办了“丽泽山房”和“勿欺山房”两个文学团体，过起了有钱有闲、诗文酒肉的日子。

袁世凯广交朋友，疏财仗义，性格颇像济弱扶贫、行侠仗义的梁山好汉“及时雨”宋江。正是由于他这种大侠之风，他的文学社吸引了一班文友。作为两个文学社的社长，袁世凯在与文友们谈古论今之余，也留下了数首咏怀言志的诗。其中一首这样写道：

“不爱金钱不爱名，大权在手世人钦；千古英雄曹孟德，百年毁誉太史公。风云际会终有日，是非黑白不能明；长歌咏志登高阁，万里江山眼底横。”

此时的袁世凯也才不过 19 岁。作为半吊子文艺青年，这首诗虽并不合音律平仄，但就诗的“大气”与“恢宏”来讲，完全具有豪放派诗人的风格。从诗中可见，袁世凯称颂武人曹操为千古英雄，而对文人司马迁不以为然，这足以反映出袁世凯的雄心壮志。

人情练达即财富。聚财先聚人，聚钱、聚官先要聚关系。一张有价值的社会关系网，是实现人生突破的资本。

---

① 于氏，虽生自豪门，但并没受过正规教育，也没有文化，观念保守，是一个地道的旧式妇女。一次，袁世凯看到于氏腰间系一花缎子裤带，便开玩笑说：“我看你这身装扮，就像个马班子。”“马班子”是当时项城一带对妓女的简称。于氏一听发了火：“我不是马班子，我有姥姥家。”于氏表明自己是明媒正娶，不是没有娘家的姨太太。因袁世凯的生母是一位姨太太，袁误以为于氏在故意揭他的短，因此极为生气。此后，于氏遭遇了袁的冷暴力，袁再未与其同房。

在陈州广交朋友的袁世凯结识了当地最具重量级的人物，陈州知府吴重憙[1]。当时吴重憙已经40岁，与19岁的袁世凯相差20多岁，而且作为陈州的一把手，吴重憙居然拨冗与会袁世凯的文学社，与其一起吟诗联句。这一方面除了因袁家祖上的名望之外，不能不说袁世凯在为人处世方面的确有宋公明身上所具有的招牌式魅力。反过来，袁世凯对吴重憙也极尽尊敬之意，对于他能参加文学社始终心怀感激之情。

袁世凯发达之后，也没有忘记当年这位“忘年交”，先后提携他担任江西巡抚、邮传部侍郎、河南巡抚等职，直到清帝逊位，吴重憙退出官场，袁世凯仍以公府顾问名义，每月发给他800元补助金，由此可见二人交情之深。

影响中国的结拜

袁世凯在陈州的快意人生，持续时间并不长。因为他在这里偶遇一个从某种意义上来说改变了他人生的重要人物。这个人就是日后成为他的“骨灰”级智囊，并成为北洋大总统的徐世昌[2]。

惺惺相惜，关于一场名利。一个世昌，一个世凯，一次慕名的拜访，书写了两人一主一幕的官场百态图，由此演绎了半部民国史。两人同为晚清封疆大吏，最后都做到了民国大总统，其一生都存在相互扯不开的干系。袁世凯因徐世昌的出现而改变了轨迹，而究徐世昌仕途之路的历程，其发迹也正是与袁世凯结义并入袁府做幕僚开始。

算起来，徐世昌也是一个“官后代”。自其高祖一直到祖父这一辈，徐家都在河南为官。

---

① 吴重憙，字仲饴，是著名金石学家和考古学家吴式芬的次子。在陈州知府任上与袁世凯相识成为忘年交，此后袁对其尊重有加，一直以老师相称。后在袁的举荐下擢任直隶布政使，袁署理直隶总督兼北洋大臣后，因生母刘氏去世回籍奔丧，委吴护理直隶总督兼北洋大臣。清廷委任袁为督办电政大臣后，袁又将吴请出作为自己的副手，为驻沪电办大臣。辛亥革命发生后，古稀之年的吴辞官归寓津门，闭门谢客，专心著书立说，终其一生。

② 徐世昌，字卜五，号菊人。以圆通、沉稳、柔韧、机警作为为官秘诀，号称“中国历史上最会做官的人”，有“水晶狐狸”之誉。1918年，老成持重的徐世昌获国务总理段祺瑞控制的安福国会支持，得选中华民国第二任大总统。1922年，徐被曹锟、吴佩孚等逼迫下野，返乡过上了与诗、书、画相伴的“隐逸”生活。徐因其国学功底深厚，不仅著书立言，而且研习书法，工于山水松竹，因此被后人称为“文治总统”。

到了父辈这一代，其父徐嘉贤 17 岁时便随军出征剿杀太平军，在战斗中身负重伤落下后遗症，25 岁便英年早逝。自此，徐家开始衰败。这年徐世昌才刚满 7 岁。徐家虽败落贫苦，但徐母刘氏却能隐忍持家，即使典当家中物品，也坚持让徐世昌进私塾读书，并督其力学。人生最大的成功是教育子女的成功，从这一方面上讲，徐母算得上是一个成功的母亲。徐世昌自幼家教严格，且能吟诗作画，熟知经史。他一生精书法、善绘画、工诗，特别是他善画山水、松竹，造诣甚高，在民国画坛声誉颇高。这些都与其在童年时筑就的价值观取向和人生旨趣有很大关系。

徐世昌未仕时，曾当过塾师，先后在洛阳、安阳、扶沟等县衙办理文案诸务，后又受邀为淮宁县知事（相当于县长）整理文案。此时的徐世昌，为生计四处奔波，窘困的生活使他充满了对未来的不确定感。“三十年河东，三十年河西”，一个人的人生轨迹很难去预测，此时的徐世昌怎么也不曾想到，若干年后他会由庶民而至晚清重臣，最后又至民国大总统之高位。

这一切，皆因在对的时间遇到了对的人。

这一天，袁世凯正与几个文友闲聚，外有一落魄秀才求见，来人正是徐世昌。就这样，两个人命中注定般的相见了。袁世凯见来人青衣敝屣，虽边幅不修却神采飞扬，便知此人虽落魄但不凡，日后必成大器。于是，袁世凯急切相迎，延请上座。徐世昌自是早闻袁世凯大名，此番正是慕名而来。

两只狗熊见面，会为食争咬；两个英雄见面，会惺惺相惜。两人一唠，顿觉相见恨晚。情之所至，两人就烧香磕头，拜了把子。20 岁的袁世凯，24 岁的徐世昌，两人正是“问苍茫大地，谁主沉浮”的年龄。

重要的历史时刻，总会出现一些非凡的历史人物。袁徐结义，在当时看起来是件稀松平常之事，但 100 多年后的今天，我们回望这一时刻，却成改变中国历史的一瞬。由此，袁徐二人的生命线皆开始转舵，并很快就影响或左右中国历史脉搏数十年之久。

袁徐结义的 37 年后，1916 年 6 月，“总统皇帝”袁世凯归天，墓碑上“大总统袁公世凯之墓”9 个苍劲挺拔的端楷大字正出自徐世昌之手。

回到眼下。二人相识后不久，正值顺天乡试，袁世凯知道徐大哥经纶满腹，便劝他去应试赶考。在当时来讲，要想出人头地，科举是正道。徐世昌虽有此心，但一直苦于没有盘缠。而袁世凯一直花钱如流水，过的就是不差钱的日子，何况他的乐善好施本来就在当地小有名气。对结拜大哥之事，袁世凯更是不在话下。他二话没说，就赠送大哥纹银 200 两作为盘缠。徐世昌如愿赶考，果然一举及弟。4 年之后，徐世昌又中进士，先援翰林院庶吉士，3 年后援编修，并入军机大臣、东阁大学士张之洞，翰林院掌院学士李鸿藻门下。

徐世昌的人生里自有了袁世凯，迎来一片坦途。

抛却兄弟情义不讲，作为隐性投资，袁世凯这 200 两纹银也没有白花。20 年后，袁世凯于天津小站练兵，邀请徐世昌前往。徐世昌早已料定袁世凯是有大志之人，二话没说，毅然辞去了翰林院编修的工作，加入到袁世凯的阵营中，开始辅助其跑路打天下，并以其圆通、沉稳、柔韧、机警成为袁世凯智囊团中的灵魂人物。

人生选择题

与徐世昌同时，袁世凯也于 1879 年第二次参加乡试，但是再次落第。这时的袁世凯和洪秀全、胡传（胡适的父亲）、康有为一样，可以说是一个科场屡考不中的落泊少年。这次失利，让袁世凯大伤自尊。恰在此时，他接到了义兄徐世昌的一封信。

袁世凯科场失利之不幸，从某种意义上说是其大幸。若他能顺利中举入仕为官，或许一辈子就是个基层公务员，像众多官吏一样浑浑噩噩终其一生。但上天似乎有意让他干一番大业，故先让其满怀希望，再让其数次诠释绝望。萧伯纳说："人生有两种悲剧，一是万念俱灰，一是踌躇满志。"袁世凯则从第二种悲剧直接过渡到了第一种悲剧。

徐世昌得知袁世凯一直蛰居在家，悲观无为，便写信劝他投笔从戎，"以文修武，以军功进身"，以图将来有所功名。在徐世昌看来，这位义弟绝非凡夫俗子之辈，而是抱负远大的乱世英雄，因此对他颇多期待。

义兄的肺腑之言，令袁世凯陷入深思。

袁世凯自幼受教于名师，见多识广，人情练达远过于本地士子，他对此也很自负。然两次秋闱两次落榜，他当然感到很丢脸。大丈夫应当效命疆场，安内攘外，焉能郁郁久困在笔砚之间，蹉跎了岁月？更何况自己祖辈都以军功卓著而立身于朝野上下！袁世凯决定听从劝解，另谋出人头地之途，弃文从武。为表明决心，他一举将过去所作诗文付之一炬，立志不再问津科举。

作为科举制度下郁郁不得志的读书人，袁世凯应该对科举制毫无好感可言。后来，也正是袁世凯在直隶总督任上联合张之洞等朝中重臣，奏请朝廷废除科举，推广新式学堂，从此在中国延续一千多年的科举制度被取消了。

当下的袁世凯，从戎之前还有一件紧要事去做，他想要一个名头。

但科举不中，怎么办？当然有办法，可以采取捐纳的方式进入国家公务员队伍。

捐纳制度始于秦汉两代。每逢国家有征战、灾情等大事，财政出现重大危机时，政府就会采用捐纳的方式，拿出官帽子公开兜售，以此来增加财政收入。历朝历代几乎莫不如此。特别到了清代，捐纳已形成制度。捐纳制度和科举、荫袭、保举一起，成为登仕升官的四大途径之一，同时也让不少科举不中而家境殷实的落榜生有了入仕的盼头。

当年，袁世凯的姑父张向宸负责河南的赈捐工作，袁世凯便受托负责陈州捐务。得益于袁世凯善交际、活动能力强，得善款独巨，于是张姑父就用捐款为袁买了一个小官，让他终于跨入公务员行列。

这样，袁世凯有了人生中的第一个头衔，成为官居七品的中书科中书。

官职虽小，还是个虚职，但身份却变了。要想在官场混，身份很重要，名正才能言顺。3年之后，袁世凯首功朝鲜，清廷在他的第一次封赏记录里就表明了袁世凯中书科中书的身份。

接下来，袁世凯面对的是从军投奔谁的问题，这也是他职业规划中的一个重大选择。闯社会要看背景和后台。但这个不是问题，袁家祖上有的是人脉。

人脉是有，但钱却是个问题。袁世凯在家混的这几年，因慷慨好施，家产大半荡尽，他只好毁家借贷，筹措了部分川资。

经过权衡思量，袁世凯决定去投奔嗣父生前好友淮军名将吴长庆[①]。

---

① 吴长庆，安徽省庐江县人。其父吴廷香曾创办团练对抗太平军，战死后朝廷赏云骑尉世职。吴袭父职，势与太平军不两立。后奉李鸿章之命创立淮军庆字营，转战平捻屡立战功。为加强东南防务，清廷命吴长庆帮办山东军务，率部屯驻登州，此时袁投奔到吴的门下。

袁世凯去投奔吴长庆，他的人生选择与长他 18 岁的胡传落第后的路线图几乎如出一辙。胡传落第后去投奔了吴大澂[①]，袁世凯落第后去投奔了吴长庆，两人都是不甘平庸而谋求属于自己的人生理想。

其实，在这之前有人曾向袁世凯抛出过橄榄枝。此时，袁的堂叔袁保龄正在天津李鸿章督署做幕宾，由同做李鸿章幕僚的周馥为袁世凯写了一封推荐信，介绍他加入李氏幕府。但袁世凯再三斟酌后认为李鸿章手下人才济济，自己去了也难有出头之日，毅然将这个机会主动放弃了。

紧要的人生岔道口，袁世凯显示出了敏锐的嗅觉和方向感。

投奔吴长庆之前，袁世凯先去拜访了一下在上海水利部门工作的幼时老师王雁臣，想听听老师的意见，也看看还有没有其他机遇。

没想到此次上海之行，让袁世凯在异乡竟收获了一段爱情。

这段爱情是在妓院里收获的。到了上海这样的花花世界，不去青楼潇洒一下难免后悔，袁世凯便在烟花之地遇到了苏州名妓沈氏。也许是袁世凯身上的霸气和英雄魅力起了作用，沈姑娘被这个身材矮胖的男人彻底俘虏。言谈交往中，沈姑娘也感觉到袁世凯并非等闲之辈，便劝他早日另谋出路，以图大业。袁世凯见沈氏深明大义，且对她一见钟情，于是两人私订终身，并写下一副对联赠予沈氏："商妇漂零，一曲琵琶知音少；英雄落魄，百年岁月感怀多。"

沈氏摆酒为袁世凯饯行。袁向来花钱无节制，此时囊中空空，沈氏就把自己的积蓄拿出来给他作盘缠。沈氏说："你走之后我便赎身，希望将来你有出息后不相负。"袁世凯指天盟誓说："有朝一日发迹，定当不负沈姑娘今日之恩情。"

在这点上，袁世凯绝对算得上是有情有义的真汉子。后来在朝鲜发迹后，他果真将沈氏接到朝鲜做了大姨太太，并以正房夫人的身份待之，及至后来做了大总统，他仍区别于其他小妾，让子女们喊沈氏为"亲妈"。

1880 年冬，袁世凯带着老师王雁臣写给吴长庆的信，投奔在山东青岛督办海防军务的吴长庆。

---

① 吴大澂，江苏苏州人。官至河道总督、湖南巡抚、帮办东征军等要职。曾在与沙俄的谈判中据理力争，夺回图们江出海权及部门国土，捍卫了国家领土主权。甲午战争期间，曾率湘军在辽宁一带与日作战，兵败被革职开缺，抱恨离世。吴同时还是一位金石学家、书画家，善画山水、花卉，精于篆书。后吴与袁结为亲家，吴的六女吴本娴嫁给了袁的长子袁克定。

辗转济南换车时，袁世凯又遇到一位重要的人物——他将来的另一位重要心腹幕僚阮忠枢。

人海茫茫，你来我往，如果两个陌生人擦肩而过，各走各的路，什么也没有发生，这便是无缘；如果两个陌生人彼此多说了几句话，由认识到相知，并有相见恨晚之感，又结义拜了把子，这可算是一种天大的缘分。

阮和袁的相逢即可说是天大的缘分。

袁世凯在济南换车时暂居一家客栈，恰巧在这家客栈偶遇由老家安徽合肥赶往北京候试在此小住的阮忠枢。早上，阮忠枢到楼下厅堂用餐，见靠窗一饭桌前端坐一人。他见此人相貌不凡虎目含威，不由多看了几眼。袁也注意到有一个人在盯着自己，也不由打量此人。他看这人头戴呢绒瓜皮小帽，帽檐用石青锦缎镶边，身着黑花绸缎长袍。一看这穿着打扮，他便知其是一位款爷。还真被袁世凯看对了，阮忠枢家里还真不差钱。

阮忠枢的父亲曾在李鸿章帐下为将，跟随李鸿章转战南北镇压太平军，因忙于战事自儿子出生后都一直没见过。据说阮忠枢5岁那年，阮父才抽身回家探望。多年没见到儿子，阮父自是喜欢的不得了。一日邻居过来探望，阮父一时兴起，问儿子长大后是要从文还是从武，并指指书案上的文房四宝，又指指院落中练功用的石锁、石担，告诉儿子以后想干啥就指啥。可阮忠枢出人意料地跑到一老丈跟前指了指他手中的烟袋锅，这令阮父颇为尴尬。或许是阮父的“指啥学啥”应了验，以后阮忠枢还真沾上了抽大烟的恶习。指归指，但阮忠枢聪慧好学，对文字极有领悟力，8岁就能作诗，且言词惊人。22岁这年，阮忠枢决计去京城赶考，以图功名。这样，他在济南换车小住时邂逅了袁世凯。

袁世凯主动向阮忠枢打起招呼，两人一唠，越唠越投机，大有难舍难分之感。阮忠枢深感袁心存高远，将来可能会成就一番大业，又见袁囊中羞涩，便毫不吝惜地赠送了一笔数目可观的银两给他以壮行色。几日后，两人依依不舍欲分手时，袁世凯提议两人歃血为盟，结为异姓兄弟。阮忠枢大喜。袁世凯长阮忠枢8岁，为兄。袁世凯紧握阮义弟的手，凄然说：“他日苟有尺寸之进，誓不忘公厚惠也。”言罢，两人洒泪而别。

多个朋友多条路，少个敌人少堵墙。作为袁世凯智囊团中最重要的高参之一，阮忠枢成为袁世凯日后专门对付南方桀骜不驯军阀的一柄利器，甚至直到袁世凯身陷称帝漩涡，他还积极为主子奔走效命。

军营初试手段

投奔吴长庆，是袁世凯人生中的一次重要选择。

1881 年 5 月，袁世凯入幕吴长庆帐下。

时下的吴长庆已官居一品，是李鸿章淮军四大名将之一（淮军四大名将：“铭”军刘铭传、“树”军张树声、“鼎”军潘鼎新、“庆”军吴长庆）。有嗣父袁保庆好友这么一层关系，吴长庆自然对前来投军的袁世凯另眼看待，热情招待。吴长庆好读书，爱人才，有儒将之风，他营中集聚了不少文人名士，如南通的张謇①、泰兴的朱铭盘②、海门的周家禄③等人。张、朱、周三人皆是当时著名的“江苏五才子”之一。不过，吴长庆对袁世凯并没有安排什么职位，而是把自己的儿子吴保初叫来，让他与袁世凯一起读书，并特地指派张謇、朱铭盘辅导他俩的学业。在吴看来，弱冠之年的袁世凯尚需历练，目前的任务就是要读书长学问。可袁世凯满肚子不愿意，虽然他的这两位老师都是非常了不起的人物，但他想要的不是学习，而是带兵作战。

虽有诸多不愿，但袁世凯在人际关系处理上有很高的情商，他很快就获得了老师张謇的好感。或许袁世凯真不是读书的料，在张謇的督促下，他读了近一年的书仍长进甚微。张謇评价他“文字芜秽，不能成篇”，但令其处理营务则“井井有条，似颇干练”。

没多久，张謇向吴长庆推荐这个新收的门生担当了庆字营营务处帮办。虽然这也是个虚衔，没有什么实际权力，只是跑跑腿传传话而已，但袁还是很高兴，毕竟自己实现了由一名读书人向军人的转变。

---

① 张謇，江苏南通人。幼年有神童美誉，清末状元。主张“实业救国”，是中国近代著名实业家和立宪派领袖。1876 年，张 24 岁时受吴长庆之邀任随军幕僚，被吴视为左右手。袁世凯任直隶总督兼北洋大臣时，他曾推动袁参与清末立宪运动，后在袁政府担任工商总长一职。张一生创办了 20 多个企业，370 多所学校，为中国近代民族工业的兴起作出了重要贡献。毛泽东在谈到中国民族工业时曾说：“轻工业不能忘记张謇。”

② 朱铭盘，江苏泰兴人。幼年聪慧，博览群书，过目成诵，弱冠时已负才名。1877 年应聘到吴长庆军中，后与张謇同为军幕，两人交谊甚密。其书法甚为著名，除善篆隶外，其魏体的气魄更为雄厚，堪称一代大家。

③ 周家禄，江苏海门人。近代诗人，文史学家。曾在吴长庆、张之洞手下担任幕僚，又历主师山书院、湖北武备学堂讲席。博通经史、精文字训诂之学。工诗文，诗以清丽见长，文有魏晋风度。

机会一直都留给有准备的人。

这年春节到了。营队循例放假3天，多数人要么回家探亲去了，要么出去逛街了。此时吴长庆也不在营中。正月初二晚间，营中的袁世凯忽然听见外面传来一阵阵叫喊声，出去一看才知道是兵士们因聚众赌博言语不合而引发争执，并发展成殴斗。数十人各执刀、枪混战一团。吴长官不在，军营无主，秩序大乱。

面对如此突发事故，必须要有足够的智慧和应变能力。和袁世凯一同来到现场的还有老师张謇以及护卫队30余人。张謇是一介文人，面对此阵势早已手足无措。见此情景，袁世凯大喝一声，假传统领之命，喝散众兵，命其各回军营。紧接着，袁带卫队以迅雷不及掩耳之势逮捕了4个带头闹事的头领，就地斩首正法，事故迅速得以平息。

借人借势，速战速决，是应对突发事件的重要方法之一。20岁出头的袁世凯在重大突发事件面前表现出了超群的胆识和临阵应变之能，这绝对不是一般人所能做到的。从小一看，到老一半。日后，袁世凯能在"险恶江湖"中纵横捭阖，最后荣登大统，这不能不说他有着不同寻常的过人之处。

假传军令，袁世凯不是不怕，但身处紧急关头，不这样做也没人会听。义不持财，慈不掌兵，袁世凯这一把算是赌对了。

春节过后，吴长庆回到军营。袁世凯当即将情况如实相告，并就专擅杀人一事向吴请罪。吴不但没有责备他，反而嘉奖其具有应变之才，益加信任。加之张謇和朱铭盘两位幕僚的极力推荐，3天后吴还升了他的职，将其委任为劳务处提调。

军营第一脚，袁世凯这个新兵算是踢开了。

第二章

刀锋上的“朝鲜王”

兵变的机会

朝鲜与中国山水相依，向为中国藩属。清末时，朝鲜也和没落的大清一样，实行自给自足的闭关锁国政策。可树欲静而风不止。19世纪末，危机初现。日本、俄国、英国、美国、德国等国把矛头对准朝鲜，妄图从中摄取利益。尤其是日本和俄国，对朝更是觊觎已久。在外部压力的催化下，朝鲜内部宫廷的倾轧和斗争愈演愈烈，终于在1882年爆发了“壬午兵变”。

当时统治朝鲜的是建立于明朝洪武年间，持续了近600年的李朝。李朝与明清两朝一直保持着良好的藩属关系。1864年，朝鲜国王李昇去世，死后无子，乃立弟弟之子李熙为王。李熙年方十二，不谙世事，由他的父亲以大院君[①]（相当于摄政王）身份摄政。有趣的是，44年后的1908年，清廷最后一位皇帝溥仪继位，其父载沣也以摄政王身份主持大清末日江山。历史常有惊人的相似之处，两国在王朝末期出现的这种政治局面如出一辙。大院君其人思想守旧，无视其时国内外局势变化，仍故步自封抱残守缺内政不修。

10年后，李熙[②]长大亲政，大院君失去摄政大权。李熙像光绪帝一样庸

---

① 大院君，本名李昰应，李氏朝鲜末年的亲清派首领，朝鲜高宗李熙的生父，史称兴宣大院君。

② 李熙，大院君李昰应之子。朝鲜王朝第26代国王，即位后改名熙，死后庙号高宗，因此通称朝鲜高宗。李熙处于朝鲜历史上最动荡复杂的时期，他本人一生先后被父亲大院君、妻子闵妃以及日本人摆布，形同傀儡。

碌无能，大权旁移至李熙之妻闵妃[①]（明成皇后）及其家族手中。这样，在朝鲜王室就形成了以大院君和闵妃为首的两个政治集团的争斗与攻讦。闵妃是朝鲜历史上著名的女政治家，行事心狠手辣却又思想开明。闵妃主张仿效日本明治维新，进行自上而下的改革。但是改革首先触及的就是大院君的统治基础，因此遭到大院君的坚决反对。于是，公媳之间的矛盾逐渐深化，兵变一触即发。

日本明治维新后国力大增，野心膨胀，制订了侵略和吞并中国、朝鲜等周边大陆国家的“大陆政策”。朝鲜的政治内乱使日本嗅到了战机。

1876 年，日本以朝鲜拒绝邦交、蔑视日本为由，出兵入朝，胁迫朝鲜签订了不平等的《江华条约》。清政府在此次事件中懦弱无能，姑息绥靖，完全没有尽到宗主国应尽的保护义务。朝鲜王室和一些大臣在对大清失望之余，开始把目光转向了国势蒸蒸日上的日本。

处在夹缝中的清政府很矛盾，既不愿出面维护朝鲜的权益而得罪日本，又怕日本吞并朝鲜对其龙兴之地东北构成威胁。时任直隶总督的李鸿章重施“以夷制夷”故技，致函朝鲜国王李熙，传授机宜：“用以毒攻毒、以敌制敌之策，乘机与欧洲各国立约，借以牵制日本。”

故步自封的大院君起初并不愿意接受李鸿章的建议，但犹豫再三又别无他法，最终还是接受了李的劝导，在 1880 年 10 月御前会议上通过了“开化自强”的方针，并在清政府的帮助下，相继同美、英、德、法等国签订了通商条约。朝鲜从此大门洞开，成为列强角逐的舞台。

闵妃自然不会坐以待毙。1880 年，闵妃集团开始借军制改革之机削弱大院君集团的实力，裁汰由大院君亲手创办的“亲军营”，组建了以日本人为教官的新军“别技营”。新军在装备和待遇上都高于旧军，激起了旧军极大不满。

1882 年朝鲜大旱，京城主要由“亲军营”组成的卫戍部队 5000 人好几个月没有领到粮饷，士兵无以为食，不得不一再向政府伸手要粮。为了平息军队的不满情绪，闵氏集团给汉城驻军先发放一个月的粮饷。遗憾的是，腐败的军需官“偷梁换柱”，在粮饷中掺了砂石和糠皮，不堪食用。结果，愤

---

① 闵妃，本名闵兹映，历史上通称为“闵妃”。朝鲜王朝高宗李熙之王妃，闵氏外戚集团的核心人物。1895 年 10 月 8 日，闵妃在“乙未事变”中被蓄谋已久的日本人杀害。

怒的士兵殴打了粮库管理人员。闵妃的心腹、兵曹判书（相当于兵部尚书）闵谦镐下令逮捕带头闹事的士兵，遂成为激起汉城驻军兵变的导火索。激愤的士兵冲进军械库，夺取武器，释放被捕士兵，并跑到大院君府上诉说冤情。

大院君趁机煽风点火，暗示此事是闵妃勾结日本人所为。变兵头脑发热，不辨真假，立即去攻打日本使馆。他们杀死了日本教官，处决了闵谦镐等后党高官，并打进宫里搜捕闵妃。闵妃装扮成宫女，逃出王宫，一时间，李朝政局陷入瘫痪，汉城大乱。

壬午兵变爆发后，日本驻朝公使花房义质逃回国内报告了事变经过。一直觊觎朝鲜的日本立刻决定借机大举入侵朝鲜。

8 月 12 日，花房义质一行率 4 艘军舰、3 艘运输船和 1500 多名士兵出兵朝鲜，并向朝鲜国王递交了对兵变中被杀的日本居民予以赔偿、扩大日本在朝鲜的商权、在朝鲜京城驻扎日军等 7 项要求。一直排外的大院君义正凛然地拒绝了日方要求，并准备抵抗日本入侵。

清廷驻日公使黎庶昌得知后，急电直隶总督署，建议“中国宜派兵船前往观变”。与此同时，还在逃亡途中的闵妃赶紧指示后党成员、正在天津的朝鲜使臣金允植向清廷求救，一场“抗日援朝”的大戏拉开帷幕。

朝鲜兵变事发，作为宗主国，清廷不能坐视不管。北洋大臣兼直隶总督李鸿章因母亲病故，请假回籍守孝，其职务暂由两广总督张树声临时代任。经研究，张树声决定派“庆字营”出兵朝鲜。但清军同时侦知日本也要出兵朝鲜的情报，鉴于时间紧迫，清廷只给了吴长庆十几天时间筹备赴朝作战准备工作。

军令紧急，吴长庆急命张謇全权委托处理一切出兵筹备事宜。当时恰逢乡试，吴长庆责成袁世凯回老家参加科考。袁世凯根本不喜欢舞文弄墨，只想奔赴沙场建功立业，但他又不好直接拒绝吴长庆的美意，只好找到老师张謇要他向吴长庆求情。张謇早已领略这位门生干练果断的行事作风，又加上他一个人要应付内外事务，实在忙不过来，就找到吴长庆给袁世凯求了情。其实，吴长庆也一直视袁世凯为自己的左右手，也就没再坚持。他不但答应让袁世凯留在军中，还让他临时担任前敌营务处工作，专门负责军需。袁世凯确实是块做军事工作的料，以前这样的工作量原本需要五六天才能办好，他用了不到三天就办得妥妥当当。

清军抵达朝鲜仁川后，吴长庆命先遣部队立即登陆。但该营的指挥官却声称士兵们不习惯航海，大多晕船，请求第二天拂晓登陆。吴长庆大怒，当即将指挥官撤职查办，并派袁世凯代理其职。

机会总是垂青有准备的人。袁世凯受命后，当然是一百二十个重视。他紧急集合全营，部署登陆事宜，之后亲自充当先锋打头阵，督率一营兵士在两个小时内便顺利完成登陆，占据了军事上的主动权。吴长庆和张謇再次对这个年仅 23 岁的青年刮目相看。

清末，清军骄纵蛮横，军纪涣散。清军登陆后，扰民之事时有发生，吴长庆对此十分担心，生怕引出祸端。吴长庆的心思自然被世事洞明的袁世凯看得透彻。袁世凯自告奋勇担起了整军肃纪的任务，而此时的吴长庆已对他信任有加，立刻授予他全权。袁世凯深知治军应“恩威并施，宽猛相济”，他说：“服从命令者是我手足，违抗军令者就是贼寇仇敌。我必倍赏必罚，决不迁就。”果然，袁世凯一次性对十余名违反军令、欺压朝鲜百姓的军士就地正法。此举对整个部队产生极大的震慑力，士兵再也不敢扰民乱纪了。

后人把袁世凯与湖广总督张之洞、两广总督岑春煊并称为“三屠”，说张之洞花钱如水，称之为“屠财”；岑春煊性好劾人，自监司大员至微员佐贰，动不动就行弹劾之权，称他为“屠官”；而袁世凯好行杀戮，心狠手黑，自出兵朝鲜至后来的小站练兵、山东剿拳，杀人如麻，于是就有了“屠民”的绰号。

袁世凯是天生的政客，他兼有历史上很多政客通常所具有的阴狠、狡诈、冷酷、虚伪等特点。有些人就是为乱世而生的，他们是天生的“王者”，他们骨子里就有着与生俱来的胆识和魄力，他们喜欢杀戮和战争，他们是专为收拾残破山河来的。不管他们的动机如何，目的如何，你不得不承认，他们能在刀光剑影、波诡云谲的政治舞台中成为王者，一定是了不起的大人物。

日本虽也急行军进入朝鲜，但终究慢了一程。庆军营紧赶慢赶赶在了日本人前面抵达了汉城。根据清朝政府之前的磋商，这次清军出兵朝鲜的主要目的是“清君侧”，所要达成的战略意图是清除内乱祸首大院君，生擒并押送其至中国，稳住现任国王李熙的统治。

抓捕大院君并不容易。因为他目前是朝鲜武装力量的实际操控者，身边还有护卫军“亲军营”，堪称精锐。

敢打敢杀不要命这叫勇气，迂回曲折达成目的这叫智慧。强攻不行，只能智取。吴长庆与袁世凯等人定下一计，决定摆下鸿门宴，擒贼先擒王，诱捕大院君。吴长庆命袁世凯“密为布置”。

8 月 26 日，吴长庆带手下将领前往大院君府上拜会，双方畅谈了目前形势，并展望了双方未来合作前景，大院君颇为感动，并在激动之余表示次日到清军营地回访。鱼上钩之后，袁世凯暗中在营区内布好了陷阱。

翌日，大院君如约回访。袁世凯命清军将其众多卫士阻于军营之外，大院君入营与吴长庆寒暄后觉察到气氛异常，知道宴无好宴，但为时已晚，被袁世凯率人就地“逮捕”。之后，大院君被星夜送上清军兵舰押送至天津，后转至保定开始了 3 年的软禁生涯。

群龙无首，大院君集团便成了无头之鸟。很快，吴长庆便率部平定政变，将国王李熙扶上政位，同时也使日本插手朝鲜的阴谋就此破产。

9 月 12 日，国王李熙迎接闵妃回宫，闵妃集团再掌政权。至此，壬午兵变也画上了句号。

是役，袁世凯功不可没。在清军入朝前，袁世凯只是庆军中的一个普通低级官员，但他在关键节点上展露出的超常胆识和智慧谋略，让其在政治舞台上崭露头角，并在“庆”军中的地位不断得以提高，为其日后在朝的政治砝码增加了分量。

吴长庆在给直隶总督兼北洋大臣李鸿章的呈报中，说袁世凯“治军严肃，调度有方，争先攻剿，尤为奋勇”，为袁报以首功。清廷以“治军严肃，剿抚应机”授予袁世凯五品同知官衔，优先补用，并赏戴花翎。

更重要的是，从此时起，他这位七品中书的名字第一次传到了清廷重臣、直隶总督兼北洋大臣李鸿章的耳中，也以此为转折点，袁世凯的卓越胆识及才能被清政府所注意并开始委以重任，成为中国对朝及对日政策的参与制定者和执行者。

初次练兵

壬午兵变后，李熙、闵妃认识到王室的禁卫军如同兔子耳朵，完全是个摆设，于是决定要编练一支新军，以加强王室军事力量。当然，朝鲜需要借助外力，依靠大清的支持。

1882年10月，李熙、闵妃派时任临时兵曹判书（相当于兵部尚书）的事大党代表人物赵宁夏任谢恩使兼陈奏使率使团带了厚礼到中国，一是向清廷致谢帮助平定大院君之祸；二是请求派出教习，帮助训练新式军队。作为宗主国，大清对朝鲜之所求自是倾力相助。李熙、闵妃心目中早已有了练兵教习人选，这个人就是袁世凯。赵宁夏暗示主管朝鲜事务的直隶总督李鸿章说，帮助练兵之人最好能从吴长庆的军营里找。对于赵宁夏之求，李鸿章爽快地答应了。

按照李鸿章的指示，吴长庆在军营内物色了几个人选，其中之一便是袁世凯。一个走向大舞台的机会摆在袁世凯面前，但这个机会能不能抓到手，还需谋划和运作。袁世凯早已是办事老成的年轻人，他走出了两步棋，为玉成此事加了双保险。

袁世凯事先找到已经回国的忘年交、朝鲜核心层人物金允植[①]，让他替自己在李熙及闵妃面前美言一番。金允植先以袁过硬的军事素质给李熙及闵妃以“暗示”，又用日本的虎视眈眈予以“旁敲侧击”，如此一来，袁作为朝鲜练兵教习的人选被基本“锁定”了。

在袁世凯的朋友圈当中，他与金允植的关系算得上是“莫逆之交＋政治同盟”。两人最先的交往要从一次偶遇说起。1881年，金允植受国王李熙之托，带考察团到天津取经，学习大清的洋务改革。期间，朝鲜国内突发壬午兵变，金允植只得回国。在回国的大船上，金允植正好遇到了出兵朝鲜的袁世凯。历史的神奇之处就在于，像偶遇这样的小概率事件却可以改变历史的走向。虽金允植长袁世凯24岁，但两人完全没有代沟，相谈甚欢。语言交流上的障碍并不妨碍其进一步深交，有意思的是，金允植只能听懂很少的中文，但他会写汉字，而且能熟练书写文言文，所以他与袁世凯主要是通过文字书写的方式进行交流的。自此以后，两人惺惺相惜互为知己，最后结成了生死攸关的政治同盟。即使在甲午战争期间，时任外务大臣的金允植，面对身边日本势力的包围，仍然冒着巨大风险，向已回国的袁世凯输送日方情

① 金允植，出身朝鲜官宦世家，事大党领袖。从政早期亲近中国，甲午中日战争以后立场转变，逐渐亲日，并在朝鲜政府中担任外部大臣等要职。金允植深受儒家思想影响，同时又受西方文化熏陶，主张“东道西器”，被后世韩国史学家归为稳健开化派。金允植与袁世凯早期联系密切，是袁最为密切的国外朋友之一。

报，俨然是大清的一个“余则成”。

有了金允植做内应，李熙、闵妃自然对袁世凯厚爱三分。

袁世凯同时又通过在李鸿章幕府担任幕僚的张佩纶①，让其在李鸿章处为自己说了不少好话，张佩纶随后提出“朝鲜善后六策”，其中就包括朝鲜练兵事宜。这样一来，袁世凯练兵一事便尘埃落定了。

在袁世凯的政治生涯中，有两次重要的练兵机会，对其政治生涯产生了至关重要的影响。在争取这两次练兵权上，他可谓心机算尽，因为他知道“任何政权必须有暴力工具的支撑”，这就是所谓“枪杆子里面出政权”。像晚清重臣曾国藩、李鸿章等都是靠练兵组建军事力量起家的。对于像练兵这种能迅速提升政治地位的大好机会，袁世凯当然不会放过。

虽作为外教，但袁世凯对待朝鲜练兵却非常认真。他专门成立了督练公所，“草创章制，编选壮丁”，挑选壮丁1000人编为“新建亲军”，分为左右两营，又从旧军中挑选500人，编成镇抚营。当然，所有新军的武器都是清廷赞助的。至于练兵方法，袁世凯采用的是淮军操练办法。

袁世凯编练的这三营新兵，从士兵素质、编列方法到军事技能，都较之旧式军队“别样风采”，深得朝鲜国王赞赏。虽然这次编练新军的重要性不及袁世凯日后小站练兵的影响那么巨大，但使得他在朝的政治地位日益凸显，也使他知兵善武的声名鹊起。

也正是这支军队，最终成为朝鲜国王的“王牌军”，在后来扑灭“甲申政变”和镇压“东学党”起义中起到很大作用。

当然，这是后话。

甲申政潮步步惊心

壬午兵变中，日本被清军抢了先机，没能达到预想目的，但日本趁吴长庆立足未稳，朝鲜国内一片混乱之际，胁迫朝鲜签订了《济物浦条约》，获得了50万元赔款和在使馆驻兵的特权。究其原因，也是懦弱的晚清政府为

① 张佩纶，字幼樵，晚清名臣。先后在翰林院和都察院任职，后投李鸿章幕府。张学问渊博，反应敏捷，数千字文章一挥而就。李爱张之才，将小女李鞠耦许配给张作续弦，其子张志沂生了个才女，便是著名的女作家张爱玲。

息事宁人而指示朝鲜做出让步，以免让日本心怀怨恨，再来滋事。

清政府显然对日本的野心估量不足。日本根本没看上眼前这点“芝麻利益”，其野心意在整个朝鲜及中国大陆，侵占朝鲜只是其实现“大陆政策”的跳板而已。因此，日本把朝鲜从清政府手里夺过来势在必行。拥有在汉城的驻军权后，日本便紧锣密鼓地推行插手朝鲜内政、扶持“开化派”策略，试图推翻亲华的后党政权，为将来实现其政治目的铺路。

由于吴长庆帮助闵妃平息了壬午兵变，成为她坚强的军事后盾。因此，当闵妃掌权后，亲华成了必然选择。但同时，在日本的影响下，朝鲜国内也逐渐形成了新的政治势力。

明治维新后日本的发展令朝鲜一些激进人士眼界大开，钦羡不已。相形之下，朝鲜却泥古不化，死气沉沉，因此这些激进人士组织了“开化党”，主张“外结日本，内行改革，联日排清，脱离中国，宣布朝鲜独立，实行君主立宪”。由此，亲日力量自然形成，时任判义禁府事的朴泳孝和统理机务衙门军务司副经理事洪英植等人成为“开化党”中坚。当时，这种试图变法图强的洪流与后来康有为倡导的维新变法一般无二。

思想观念的冲突说到底是利益的冲突，是无法融合的。一时之间，朝鲜新旧两派泾渭分明，一方亲日，一方亲华，明争暗斗，势同水火。新旧两派的斗争越演越烈，远远超出了朝鲜内政的范围，成为中日两国外交争端的前台戏。

起初，开化党的实力远逊于守旧派，只能在有限的职权范围内通过渐进改良的方式推动一些小的改革。

转机出现在李熙身上。李熙的思想还算开明，且喜欢冒险。开化党领袖之一朴泳孝经常进宫向李熙灌输求变图强的思想，并向他讲述国际形势和各国的政治制度。这一点，李熙像极了一直想要求变的光绪，而朴泳孝又像一直在鼓吹游说维新的康有为。久而久之，朴泳孝获得了李熙的信任和支持，并适时推出了许多改革措施。守旧派出于自身利益，自然不断阻挠并破坏开化派的改革运动，双方因此展开一场殊死博弈。

1884 年，中法战争爆发。为防止法国派军舰侵略中国沿海一带，5 月，吴长庆奉调率三营“庆”军回国驻守东北海防，另有三营驻留朝鲜，命吴长庆部将提督吴兆有代行其职。鉴于袁世凯在朝鲜的上佳表现，李鸿章奏报清廷，任命他为“总理营务处，会办朝鲜防务”。

由于清军在中法战争中节节败退，清廷在朝鲜的威望大大降低，原想托庇于清廷保护的王室和亲华派也开始动摇。开化党和日本认为清廷在战争期间无暇北顾，是发动政变的绝好时机，遂决意起事。

山雨欲来风满楼。政变发生前，袁世凯已经察觉到情况有异，他将朝鲜目前的紧张局势函告李鸿章，并称日本公使竹添进一郎将在八九日内返回汉城，届时可能会对清方不利。

果不出袁世凯所料。1884 年 12 月 4 日，朝鲜甲申政变突然爆发。当晚，开化派首领之一、任邮政局总办的洪英植以庆祝邮政大厅落成为名摆下鸿门宴，邀请守旧派大臣和外国使节参加晚宴，结果日使请辞不赴宴。敏锐的袁世凯察觉气氛有异，也推托不去，只有中方总办朝鲜商务委员陈树棠、守旧派大臣闵泳翊等出席。宴席中，突然一伙开化党党徒冲进宴会厅纵火并挥刀砍伤闵泳翊，宾主哗散。

由于事发突然，袁世凯等人对政变并不知情。在接到陈树棠的报告后，袁世凯当即带兵赶赴邮局，但早已空无一人，日本使馆也大门紧锁。得知被砍伤的闵泳翊暂避在被李鸿章派到朝鲜管理朝鲜税务的德国人穆麟德[①]家中疗伤，一是出于礼节，二是打探情况，袁世凯决定前去探视。

这次探视，袁世凯收获颇大。他结识了日后在其幕府中的又一位重量级人物：唐绍仪[②]。

唐绍仪出身望族，家大业大，家世显赫。其父唐巨川是上海颇具实力的茶叶出口商，其族叔唐廷枢当过著名老牌英资洋行怡和洋行的买办，后来在李鸿章麾下办理洋务，经营和创办了上海轮船招商局、开平矿务局等大清国叫得响的企业，深为李鸿章所器重。

1874 年，唐绍仪随父在上海学习，年仅 12 岁的他被清政府选中作为大清国第三批留美幼童之一公派留学。这样的公派留学相当于不用参加科举就直接加入到了大清政府官员行列。当然，如此美事自然不会落到穷苦人家的

---

① 穆麟德，德国人，精通各国语言。22 岁时来到中国，后受到李鸿章赏识派到朝鲜监管朝鲜的海关和外交。但他却吃里爬外，鼓动朝鲜王室“引俄拒清”，引发朝俄密约事件，即被李鸿章下令罢黜。

② 唐绍仪，字少川，因时人多在日记、书信中用隐语“三藏”称之，故有“唐三藏”之称。入袁幕后，深得袁的信任，民国时期成为首任内阁总理。但因两人政见不同，唐被迫下课。袁死后，唐渐渐从政治上淡出。1932 年，南京政府批准广东中山县为模范县，任命唐为中山县长。当过一国总理的唐能上能下，不嫌官小，欣然赴任，后又得罪上层辞官闭门做起了愚公。日本侵华后欲扶持唐出山，而蒋介石担心唐被日本利用，授命军统头子戴笠派特务将唐用利斧砍死。

孩子头上。当时，幼童赴美留学肄业局的副委员叫容闳，与唐家同为香山人，且与唐廷枢还是香港马礼逊学校的同窗。有这样的关系，唐绍仪留学之事自然不是难事。另外，与唐绍仪同行的还有同宗叔伯兄弟，后来成为清华大学首任校长的唐国安。作为最年轻的公派留学生之一，唐绍仪很快就成为众多中国留美学生中的佼佼者。他在美国留学时结识的老朋友、后来成为第 31 任美国总统的胡佛，在其回忆录中多次提到唐绍仪，赞其“思维敏捷，做事严谨，有理想，怀有远大政治抱负”。

留美的经历，使唐绍仪深刻认识到东西方文化和政治制度的巨大差异，美国的西餐以及民主共和制在他心里埋下种子，成为他日后政治选择的因果。

袁世凯与随从赶至穆麟德家门口时，门外岗哨林立，警卫森严。袁世凯哪管这些，径直带人往里闯，谁知被守门卫兵持枪硬生生阻拦在门外。袁世凯的随从以为门卫不认识袁，颇为骄横地报出了袁的大名，没想到这些卫兵非但没将袁等人恭敬地让进去，还厉声对他们说道：“不管任何人，必须有唐副官允许，方能进门。”袁只好亲自向卫兵说明来意，卫兵让袁等候并进府禀报。

不一会儿，府内走出一位身着军服、军容严整、意气凛然的年轻人。来人自报姓名后，袁世凯才知晓这位年轻人是清政府派到朝鲜担任穆麟德秘书兼助手的税务官唐绍仪。

唐绍仪早就认出眼前这位圆脸隆鼻的矮个子便是久闻大名的袁世凯，但他依然没有因为他是庆字营高官而疏于检查，另有对待，而是严格按已经定下的警卫制度向袁世凯等人收缴枪支后，才传令放行。袁世凯进入府中，只见卫兵个个全副武装，精神抖擞。看到如此威严景象，袁世凯也不免震惊，暗暗对唐绍仪这种在兵变乱政中仍然忠诚保护上级的行为倍加欣赏。

不打不相识，英雄惜英雄。打这以后，两人一见相投，结为盟友。时年，唐绍仪 22 岁，袁世凯 25 岁。

了解到政变的更多情况后，袁世凯深感军情紧急。当时，中朝间的公文都要靠北洋的兵船送至天津北洋衙门，往来一次需要好几天时间。如果按常规请示，重大事变的应对决策必须由北京的清廷最高层来拍板。但若这样，时间的延误也就不可避免，挽回大局的机会就可能失去了。

在重要的历史关头，袁世凯表现出了勇于任事、处事果断的责任担当。

在开化党公布新一届政府成员名单时，驻朝清军将领们面对突发重大情况均表示“没有北洋的命令，不敢轻举妄动”。唯独袁世凯强调情况紧急，不可能待命而行，只有见机行事。

第二天上午，开化党发布改革政纲，汉城居民得知政变是开化党勾结日本人所为，一时人心思乱，举国惶恐。幸免于难的守旧派成员纷纷跑到清军大营，“痛哭乞师”，要求出兵勤王，但清军将领们仍是犹豫不决。

事态紧急，间不容发，袁世凯力主马上入宫戡乱。为了打消众人疑虑，袁世凯承诺：“如果因为挑起争端而获罪，由我一人承当，决不牵连诸位。”众人这才点头答应。

事不宜迟，袁世凯立刻率一营官兵及朝鲜新军左右营赶赴王宫救驾。一入宫，袁军便遭到守军的猛烈射击，双方展开激战。闵妃携王子趁乱逃出宫门，投奔清军大营。袁世凯攻至景佑宫，发现国王已被转移，遂与退守楼台的敌军展开新一轮激战。

袁世凯身先士卒，率军猛攻，惨烈的战斗历经一个时辰，清军终获全胜。但遗憾的是没找到国王李熙，袁世凯于是重金悬赏打探李熙去向。探明李熙去向后，袁世凯第一时间派兵将李熙从对方手中夺了回来。

甲申政变以大清支持的亲华派获胜告终，日本再次在朝鲜争夺战中败北。从朝鲜内部看，甲申政变是一场内耗的悲剧，而从这场政变本质来看，实则是中日两国政治和军事的博弈。日方虽然在此次政变中战败，但其凭其强硬的外交手段仍逼迫清政府与其签订了《天津条约》，使得清廷自认为朝鲜不是中国的属国，日本也因此取得与中国在朝鲜同等的地位。其后，日本倾全国之力，秣马厉兵，从而开启了10年后甲午中日对决的序幕。抛去前因后果，而单就这次政变的结局来看，最大的赢家就是年仅25岁的袁世凯。

但人生多艰，诸事并不顺意。一路顺风顺水的袁世凯也摆脱不了人生多波折的定律。

鉴于朝鲜复杂的局势，袁世凯曾几次上书李鸿章，言明国王李熙庸懦无能，朝鲜必有大乱，建议清廷派监国代国王执掌政柄，可李鸿章正被中法战后和议一事烧得焦头烂额，对他的建议并未采纳。

而此时，一场大祸正袭向袁世凯。

国外方面，日本恨透了在甲申政变中起重要作用的袁世凯，把失利的一切责任转嫁到他身上，指责他首先向日军进攻，造成日本军民伤亡，并与清廷交涉，处罚中国营官，撤退中国驻朝军队，并向日军谢罪。国内方面，年轻气盛、功高“盖”主的袁世凯自然引起了“庆”军将领吴兆有、张光前等同僚的忌妒和打击，甚至和他的老师张謇也发生了根本性矛盾冲突。吴兆有、张光前罗织了“蓄养官妓、贩卖烟土、贪污饷银”等罪名告发袁世凯。在此情形下，清廷派遣了会办北洋事宜吴大澂、两淮盐运使续昌二人为正副钦差，赴朝调查此事。后经李鸿章从中为袁说项，袁最终未受处罚，但他内心因此忧愤，恰巧嗣母牛氏生病，经再三权衡后，袁以此为借口抽身而退，请假回到了原籍。回籍前，袁世凯向李鸿章举荐了此时担任龙山理事官的义弟唐绍仪为自己的代理人。

在激烈的国际国内政治斗争局势下，袁世凯表现出了天生的政治敏锐嗅觉和洞察力，这是他的天赋，也是他能在乱世中保全自己的根本，这种以退为进的政治手腕在朝鲜第一次使用，也为他日后的重新启用奠定了良好的政治声誉。

朝鲜问题始终是清廷外交问题的一大心病，而甲申之变又把中日双方从暗中较量转化为直接对峙的位置上来。双方先是围绕“谁先开战”的问题展开一番辩论，之后，日本政府任命参议兼宫内卿伊藤博文为全权大使与中国政府正式谈判，中方代表自然是直隶总督兼北洋大臣李鸿章。经多次交涉后，软弱的清政府再次向日本低下了头。

1985 年 4 月 18 日，双方在天津直隶总督衙门签订了甲申政变善后中日《天津会议专条》。这一条约中，中国被迫放弃了朝鲜为中国属国的权利，日本因此取得了和中国在朝的同等地位。清政府对朝鲜宗主权的根本性改变，更成为日后日本出兵朝鲜挑起中日甲午战争的重要借口。

王者监国

袁世凯回国后，朝鲜政局更加动荡和危机。

1885 年 7 月，清军从朝鲜撤出，蠢蠢欲动的列强随即如狼似虎扑向朝鲜。除日本继续加强对朝渗透外，俄国、英国等也伸出了利爪。俄国驻朝公使韦贝勾结闵妃集团逼迫朝鲜与俄国签订了《通商条约》，规定俄国军舰有权开到朝鲜任何一个港口。英国不甘落后，以防止俄国侵占朝鲜为由，抢占了朝鲜的巨文岛。

这一系列事件引发朝鲜国内外矛盾升级，清政府对朝的权威再次受到挑战和弱化。面对朝鲜风云开阖的政局，李鸿章再三考虑后决定采取“分散权利，互相牵制”策略，护送大院君回朝，利用其威望制衡压制闵妃集团，借以稳定朝鲜局势。闵妃集团当然不愿意放大院君回国，曾几次请求清廷收回成命，这让李鸿章感到护送人选的责任重大。他反复斟酌后，最终将目光瞄定了在处理壬午兵变和甲申政变中智谋过人的袁世凯身上。

如同一粒种子，等待的只是一场春雨。

李鸿章决定起用袁世凯，最重要的是他突出的个人能力素质，同时还有他不甘消沉及对人生的积极谋划。

袁世凯回国后，虽无官一身轻，但一直在关注着朝鲜政局，尤其是与事大党领袖金允植仍互通信息。此外，袁还写就了《朝鲜善后策略》上书李鸿章，让这位掌握其前途命运的李大人深刻了解到他对朝鲜问题独特的分析和见解。

1885 年 9 月 27 日，已离开朝鲜 9 个月的袁世凯带着一支 30 多人的小分队护送大院君安全回到朝鲜。二次入朝，袁圆满完成使命。

已赢得李鸿章信任和器重的袁世凯，这次等来的是成就他一生霸业的崭新起点。

袁世凯被迫归国省亲后，驻朝鲜代表换成了陈树棠。此人“过于谨慎，遇事不能当机立断”，自然应对不了朝鲜的复杂局势。李鸿章再三考虑后，决定仍用袁世凯为清廷驻朝代表。

1885 年 10 月 28 日，李鸿章奏请朝廷，称赞袁世凯“胆略兼优，能知大体”，还说他“曾两次带兵救护韩王，屡立战功，该国君臣士民深为敬佩”。朝廷对李中堂的建议自然是照单全收，两天后，正式任命袁世凯为“驻扎朝鲜总理交涉通商事宜”的全权代表，并“以知府分发，尽先即补，俟补缺后以道员升用，加三品衔”。

11 月 13 日，25 岁的袁世凯在唐绍仪等人的陪同下，赴朝上任，再度登上朝鲜政治舞台。

此次赴朝，是第三次，又是这一年中的第二次，这次他扮演的角色与前两次截然不同。此时的朝鲜政局更为复杂，内政危机重重，外交杀机四伏。而袁世凯依靠的清廷在中法战争中新败，政治、经济、军事都远不如列强。

更为重要的是，壬午兵变、甲申变乱时，袁世凯尚有中国在朝鲜的驻军为后盾，他手中握有利刃和强权。而甲申之后，中日交涉已将军队全部撤走，没有了“刀把子”做保障，袁世凯在这错综复杂的环境中，只能靠谋略、智慧和胆识。

这段时间可说是袁世凯办理对朝外交最艰苦的一个时期。日本、俄国、美国、英国、法国、德国等环伺左右，而在朝鲜内部，亲日派、亲英派、亲俄派、亲美派等也争权夺利，钩心斗角。在内外矛盾的夹缝中，袁世凯游走于刀锋之间，与列强展开了一幕幕激烈的外交斡旋与斗争。

智者谋事，王者谋道。在对朝政策处理上，袁世凯始终围绕一个“中心”（维护中朝宗藩关系）、两个“基本点”（抗俄、排日）的工作指导原则，恩威并施，折冲樽俎。1886 年 9、10 月间，袁世凯先后向朝鲜政府呈送了《朝鲜大局论》《喻言四条》《时弊十款》等国策指导性文件，强调朝鲜必须尊奉清政府的宗主国地位，斥责其背清离华倾向。

之后，他又适时甩出了“五手”，以此来加强对朝的全方位干涉和控制，巩固大清与朝鲜之间的宗藩关系。一是强化对朝的政治控制，扶持亲清的事大党，并依此达到控制朝鲜内政外交的目的；二是加强对朝的海关控制，掌控朝鲜税司的任命权；三是推动中朝商贸往来，扩大中国对朝的影响力；四是打破日本在朝的航运垄断，开辟中朝新航线；五是强化控制朝鲜的电报业务，确保清廷在朝的电讯控制权。

目的明确，思路正确，袁世凯很快将朝鲜的海关、贸易、商务和电报等业务尽收囊中，俨然以一个大清监国的身份全面掌控着朝鲜的内政外交，成为在刀锋上游走的“朝鲜王”。

1890 年，李鸿章给袁世凯写下了“血性忠诚，才识英敏，力持大局，独为其难”的 16 字考核评语，奏请免补知府，以道员尽先补用，并赏加二品衔。1893 年，李又奏补授袁浙江温处道。

致命的东学党

世界战争史，说白了就是一部侵略和扩张史。落后就要挨打，就会被“刷新”和“重组”。

甲申政变的风波让朝鲜痛定思痛，朝鲜王朝加快了体制改革的步伐，朝野上下要求独立自主的呼声日渐高涨，因此对清廷的向心力也逐渐减弱。

而日本方面，甲申政变的挫折并未阻挡其扩张的野心，他们枕戈待旦，继续等待新的时机。

10 年之后，日本人的机会来了。

1894 年，朝鲜东学党起义爆发。

东学党原为“东学道”，本来是半宗教性质的民间组织，创始人是落魄士子崔济愚。所谓“东学”即“东方之学”，与当时的“西学”相对斥，信奉儒、释、道三教教义，以“诚、敬、信”三字为训条，信徒大多是底层民众。朝鲜政府见其发展太快恐威胁其政权，将其视为邪教并加以取缔，在 1864 年时将道主崔济愚逮捕斩首。崔济愚死后，弟子崔时亨成为第二代道主，但此时的东学道因受政府打压被迫转入地下活动。

19 世纪晚期的朝鲜国内，和晚清一样，民族矛盾和阶级矛盾已十分尖锐，政治腐败不堪，统治阶级横征暴敛，官吏贪污，盗匪猖獗，民众贫苦不堪。

1892 年，全罗道古阜郡守赵秉甲上任。赵秉甲是个有名的贪官，农民对他早已恨之入骨。古阜郡是朝鲜的主要产米区，水利灌溉至关重要。农民用水灌溉需要缴纳一定的水税，此项水税收入，按惯例只用于水利设施的管理，并不上缴国库。

1894 年，赵秉甲征发数万农民大兴水利，完工后不但增加水税，还将水税中饱私囊。百姓不服，找其论理，赵秉甲闭门不见，并逮捕了上访告状之人。真应了那句“官逼民反，民不得不反”的至理名言，气愤的百姓于是在古阜郡东学道首领全琫准的领导下揭竿而起。

全琫准领导的这次起义因以东学道徒为核心，并继续沿用东学道的旗号，史称东学党起义。但其实该起义已经没有太多宗教含义在里面。

义军在全琫准率领下向郡衙冲去，赵秉甲闻讯早已逃之夭夭。义军占领郡衙后，打开仓库，将粮食和钱财分给农民。此时，官府派 200 名官兵前去镇压，义军奋起反击，领兵军官被义军击毙。义军初战告捷，乘胜追击，直指全罗道首府全州。朝鲜政府接到官军被义军打败的消息，急派军围剿。但义军又一次击败官兵，并占领全州。全琫准占领全州后，忠清、庆尚两道的东学道徒群起响应，起义军很快便控制了朝鲜南部三道，并建立了自己的政权机构。此时的朝鲜政府已无力镇压义军，只得向大清政府求援。

一直苦等朝鲜内乱机会的日本，见有机可乘，便再次插手朝鲜政务，并试图以此挑起其蓄谋已久的中日战端。

当清政府应邀出兵朝鲜镇压东学党起义的时候，日军不请自来，乘机出兵朝鲜。驻守朝鲜的袁世凯对日军的异常举动早已警觉，他一再向李鸿章请示方策。李鸿章命其谨守岗位，引据条约以促日本撤兵。但是，这样的指示其实毫无实际意义。

袁世凯此时的处境极为艰难，因为东学党人对袁世凯心怀仇恨，认为他援助朝鲜政府对东学党强施压力，主张用兵，所以一部分东学党人竟想暗杀袁世凯，这使得他在这一期间不敢出使馆大门一步。又由于袁世凯驻朝 10 余年一直与日本为敌，日本也视其为扩张势力的第一大障碍，早就想将其除之而后快。袁世凯深感其兵已在颈，身寄虎吻。

在这种局势下，唐绍仪力谏袁世凯内调回国，并愿自代其职。袁世凯觉得除此再无他法，即向清廷发电报请求调回国内，并保举由“办事精练、不引人注目、日本人不太忌讳并熟悉朝情”的唐绍仪代理其职。但报告一直得不到批准，直到甲午战争开战前一个星期，袁世凯才收到清廷批准内调的电令。谁知这一消息竟被日本人探知，并立即着手密谋刺杀袁世凯。

唐绍仪获知这一讯息后，立即赶至英国使署，求救于袁世凯的铁杆老友、英国驻朝公使朱尔典，共同策划了一个救袁方案。

说到这位与袁世凯交往 30 多年的密友朱尔典，有必要啰唆几句。1876 年，朱尔典作为一名见习翻译首次被派到中国，因他工作出色，后被派驻朝鲜任驻扎汉城总领事。朱尔典在朝前期，正是中国力图继续维护与朝鲜的属藩关系，但日、俄等列强不断侵蚀朝鲜的时期。此时袁世凯正在朝鲜，由于列强对朝鲜窥视已久，不满中国对朝鲜的宗主地位，加之袁世凯外交专横，导致日、俄等国与袁关系进一步恶化。日、俄的扩张，威胁到了英国在远东的利益。也是利益将朱尔典和袁世凯捆绑到了一起。英国人看到大清和袁世凯可以抵制日、俄等国的势力膨胀，暗中支持袁世凯在朝鲜的铁腕手段，同时表示尊重大清在朝鲜的特殊地位和中朝之间传统的宗藩关系。基于此，两人之间的关系得以发展。后来，朱尔典出任英国驻华公使后，使他跟袁世凯的关系“更上一层楼”，他也因此而成为袁世凯少有的几个密友之一，成为袁尊贵的座上客，甚至成为左右袁政策乃至左右中国政局发展的重要人物之一。

当晚，袁公署内依旧如常。到夜半时分，袁世凯乔装打扮，身着便服，偷偷从公署后门溜出。唐绍仪与袁的另外两名亲信幕僚蔡绍基①、梁如浩②一路保驾，一直将他送至汉江边上，登上了朱尔典为其准备好的英国兵舰。此时，距日本人密谋刺杀袁的动手时间仅差十几分钟。

这一晃，袁世凯已驻守朝鲜 12 年。

袁世凯在朝的 12 年，日、俄等列强如狼似虎，磨刀霍霍，局势危艰，他多次上书清廷提出："朝鲜近在肘腋，北则咫尺根本盛京之地，西则控扼津烟咽喉之冲，无朝鲜是无东壁……朝鲜断不可失。"可叹的是，袁世凯背后所依托的大清国外强中干，腐败不堪，实难与蒸蒸日上的日、俄相抗衡。置于弱国之中，作为代表大清国驻朝的最高领导者袁世凯，即使头脑再清醒，终究还是落入"弱国无外交"这一铁律的泥淖中。

成功的链条总是环环相扣，缺少每一个环节都会半道夭折。世人皆以为袁世凯自小站练兵起家，其实如果袁在朝鲜没有杰出的成就，清朝编练新兵的责任就不会落到他的头上；他不在小站练兵，手中不掌握"刀把子"，维新党及谭嗣同也不会选中他勤王；没人要他勤王，就无法向荣禄告密而得到慈禧太后的重视。

曾在袁世凯总统府任过秘书长的张国淦说，袁世凯能做得民国大总统，根基在于其任北洋大臣；北洋大臣的取得，在于小站练兵；小站得以练兵，则伏根于在朝鲜的出色表现。在朝鲜的 12 年，袁世凯既练得一手游刃有余的外交手段，又结交了一批早期的幕府班底，培植了一大批亲信势力。他更大的收获在于与清廷的高层官员如李鸿章等建立了联系，为他日后一步步走向政权的核心层铺设了跳板。因此说，朝鲜是袁世凯成就事业的起点，特别是他所学到的本领和累积的经验，奠定其后辉煌事业的基础。

---

① 蔡绍基，首批留美幼童之一。经同乡唐绍仪的引荐加入袁幕，成为袁的得力臂助。在其仕途中最重要的成就是他曾担任过第一任北洋大学堂（今天津大学）校长。北洋大学堂是中国第一所新型大学，校歌中"花堤蔼蔼，北运滔滔，巍巍学府北洋高"的歌词荡气回肠。

② 梁如浩，与蔡绍基同为首批留美幼童，同样经同乡唐绍仪的引荐与蔡绍基一起加入袁幕。值得一提的是，詹天佑得以被袁委以重任出职京张铁路会办兼总工程师，与梁的极力举荐有重大原因。

第三章

天津小站练兵

计夺小站帅印

袁世凯前脚刚从朝鲜回国，中日甲午争端即开。

鸡蛋从内部自己打开是生命，而从外部打开则是别人的美食。当中国的大门被西方列强打开后，就不幸成了西方列强的美食。

甲午一役，大清不只是输掉了战争，丢土赔款，更重要的是输掉了精气神。

这一战，彻底宣告大清热热闹闹鼓捣了30年的洋务自强以失败告终。

甲午惨败也让清政府清醒了一些，再加上朝野一片“整军经武，以救危亡”的呼吁之声，清政府被迫加大改革军事体制的力度，开始筹划组建新型陆军。

其实，在湘淮军时代，清军就已经尝试了一些军制改革，仿照西法练兵。像李鸿章，就模仿西法创建了天津武备学堂，购置新式枪械，聘请洋人为教官教授西式操法。可这种“照葫芦画瓢”式做法只是做了一些表面文章，待西法操练的学员分配到各部队后，部队的指挥权仍掌控在旧统帅手中，练兵方法还是用的老一套，一人一把号——各吹各的调，学员的西法练兵根本起不到作用。所以对当下的清廷来说，组建一支以全新西法操练的新军势在必行。

1895年10月，清廷5个最重要的大臣醇亲王奕譞、庆亲王奕劻、军机大臣翁同龢、李鸿章、荣禄等会商筹建新军工作，并奏请曾给李鸿章当过幕僚、在甲午海战中负责后勤保障工作的天津道胡燏棻①负责编练新军。

乱世抓枪杆，有枪便有权。编练新军可是掌握军权的最佳捷径。当年曾国藩、李鸿章分别创建湘军、淮军而名重一时，权倾朝野。这时，很多有野心的官员蠢蠢而动，都在想办法得到这份掌控军权的美差。

再回头说说袁世凯。

从朝鲜归国后的袁世凯何去何从，人生的又一个选择摆在面前。这也是一道令他十分头痛的选择题。当时他的职务是浙江温处道，即管理浙江温州、处州两府十余县的地方行政长官，因为是实职，袁世凯可以立即走马上任。但袁却有自己的小算盘，他认为中日大战在即，即使去赴任也难当“和平官”，更何况他根本就不想做一个碌碌无为的文员，他要的是投入戎伍，以军功进身。

此时，甲午之战已经打响，在袁世凯的请求下，李鸿章果然派他协助周馥②办理前敌营务，因此袁的履历上又多了一个头衔：东征转运专员。袁世凯的本意是想独领一军赴前线作战，既然李大人如此安排，他也只得听命。

“宁为太平犬，莫作乱离人。”这是中国老百姓在经历几千年的王朝统治后发出的感叹。大凡和平年景，民众和官僚都想享受太平盛世，因此有雄君潜质的人一定是被打压的，越是软弱或越是能力欠缺者越容易被推上皇位，所以自古乱世出英雄。而有一种人便是为战争和乱世而生的。美国名将巴顿曾说：“一个职业军人的适当归宿是在最后一场战斗中被最后一颗子弹击中而干净利落地死去。”巴顿便是一种为战争而生的人。二战结束后他突遇车祸而亡，也是其最好的归宿。西汉名将“飞将军”李广也是这种人。汉文帝曾叹息道：“惜乎，子不遇时，如令子当高帝时，万户侯岂足道矣哉！”但李广至少一直在前线和匈奴作战，并且等到了汉武帝随大军扫荡匈奴，虽有“李广难封”的千古遗憾，也不枉一生。袁世凯也是，生逢乱世，他才有机会凭个人能力及素质出人头地，进而策马扬鞭逐鹿群雄。

周馥是淮军嫡系，一直跟随李鸿章办理洋务，深得其赏识和信任，此时

---

① 胡燏棻，李鸿章赏识的淮系官僚。甲午战争期间，受命留驻天津办理东征粮台，后奉命在天津马厂主持新式练兵，次年移至小站。再后来小站练兵由袁世凯接替，调任芦津铁路督办。

② 周馥，早年因多次应试未中，遂投奔李鸿章幕府，深得赏识。从此，他跟随李鸿章办洋务达30余年，深受倚重，遂由一名候补县累迁至封疆大吏，成为淮系集团中颇有建树和影响的人物。周馥与袁世凯关系至密，其三女儿周瑞珠嫁给了袁世凯的八儿子袁克珍。

周馥在军中的职务是总理前敌营务处，负责清军的后勤供应、转运军械粮秣、收集散亡将士等。战争期间因淮军海陆皆败，清廷只好起用老湘军，任命湘军名将、两江总督刘坤一为统帅，于是袁世凯又为湘军在山海关外办后勤，因他工作出色受到刘统帅的极力赞扬。甲午败北停战后，袁世凯回京赋闲家中。

大凡成大事之人，即使身子闲着脑子也不会闲着，他们的目光会始终关注着国家大事，关注着中央核心层的政治活动。练兵的时机出现时，赋闲的袁世凯再也闲不住了，他当然知道编练新军的重要性，但他苦于编练新军已有人选，一时没有想到什么办法将这份差事挖过来。焦虑中，他想到了在翰林院任职的义兄徐世昌。

袁世凯是个善于识人用人的人。凭借对徐世昌谋略的了解，他认为徐世昌定有良谋。找到徐世昌，袁世凯将想法和盘托出，直接问义兄："有没有好法子取代胡燏棻，把练兵一事拿到手？"

徐世昌瞧着着急的袁世凯，沉思良久，然后沉稳地给了袁 12 个字："内修练兵要条，外求军机权贵。"

袁世凯不住地点着大脑袋，深感徐世昌言之成理。在徐的谋划下，袁世凯走出了三步棋。

第一步：借鸡下蛋，为我所用。

对于西法练兵，胡燏棻其实也是似懂非懂，稀里糊涂。不过，他照猫画虎通过英国公使找来一本练兵教材《应时练兵说帖》，花重金请文辞敏捷的翰林院编修王修植帮忙修订。徐世昌与王修植同为翰林院编修，两人关系不错，他自然知道王修植为胡燏棻修订教材之事。因此，他将王修植介绍给袁世凯。

逢迎攻关是袁世凯的拿手好戏，他对王修植施行屡试屡爽的老招法：一钱，二色。袁世凯先托徐世昌给了王修植一笔比胡燏棻更多的酬金，接下来又对王修植施以美色贿赂。十个男人九个色，好色是男人的正常生理需要，天底下又有几个不好色的男人呢？当时北京侯家巷有四大名妓沈四实、花媚卿、花宝琴、林枝笙，袁世凯不惜重金请她们轮流陪伴王修植左右。得了人家的好处，当然得为人家办事。王修植便把为胡燏棻编就的两稿练兵章程，即《应时练兵说帖》交于袁世凯。得王交来之稿，袁早晚研读，紧记要点。

第二步：自抬身价，编撰兵册。

袁世凯花高价请人翻译了德、美、英等国的军事教材，并将自己在朝鲜带兵的体会重新编辑成《练兵要则十三条》，以自己的名字出版发行，赢得知兵的名声。

第三步：毛遂自荐，主动出击。

袁世凯走后门将这些练兵说贴递交到主管练兵的新任北洋大臣、直隶总督荣禄手中。荣禄作为早年慈禧太后发动辛酉政变，搞垮肃顺集团的得力助手，一直深得慈禧信任和倚重。荣禄看罢，顿感袁是个练兵人才，随即召至府中详询。袁一一解析，对答如流，荣禄大为赞赏，于是亲自带着袁世凯谒见了醇亲王和庆亲王。醇亲王、庆亲王和荣禄等高官们平日高居庙堂，对练兵之事知之甚少，袁世凯的《练兵要则十三条》轻易便将他们俘获。

事情的结局颇具戏剧性。经"水晶狐狸"徐世昌与袁世凯的一番运作，已经干了 3 个多月，初步练成 5000 人队伍的胡燏棻中途下岗了。

1895 年 12 月 16 日，光绪皇帝下旨，命袁世凯以胡燏棻编练的定武军 10 营为班底，另加招募 2500 人，督办新建陆军。

袁世凯终于等来了施展才华的舞台，在一个叫小站的镇子，他开始一步步走向权力巅峰……

是年，袁世凯 37 岁。

姓"清"还是姓"袁"

小站练兵，是袁世凯政治崛起的基石。通过编练新军，袁世凯给自己累积了牢固的军事资本。

或许骨子里就有带兵的天分，袁世凯带兵很有一套。袁曾坦言："带兵比起做文章来，到底容易多了。"

有一次，张之洞特地前来取经，袁世凯说："带兵事看似复杂，其实简单，主要是让他们'绝对服从命令'。我们一手拿着官和钱，一手拿着刀，服从就有官和钱，不从就吃刀。"此话一语道破天机，袁世凯纵横军政舞台一辈子靠的就是顺我者昌，逆我者亡，谁敢不服从就吃刀的"灭口论"。

从顺应时势的角度看，袁世凯算得上是一个开明的领军人物。他首先从军制上革新，参用西法，整编编制；再者统一引进西方军事技术和武器装备。袁世凯一直对德国比较尊崇，连胡须都模仿德皇威廉二世的八字牛角须。上有所好，下必甚焉。手下将领们也都跟着他学，纷纷留起牛角须，站在一起看上去煞是威风。

新建陆军每一个章程、每一种训法，都显示出它与旧淮军的“与众不同”。它完全以德国军制为蓝本，制订了一套以近代陆军的组织编制、军官任用培养、教育训练、招募制度、粮饷制度等为内容的建军方案，按新操典练兵，用最先进的枪炮进行射击训练，按新营制进行多兵种协同作战训练，按实战要求配置后勤保障体系，还开办了培养军官的随营学堂，在许多方面都具有开创性。

比如在兵员的征募上，列出了八条标准，可以说是严格至极。一是年龄在 20~25 岁之间；二是力大限平举 100 公斤以上；三是身高一米六以上；四是步行每小时 20 里以上；五是报明三代家口、住址；六是曾吸食鸦片者不收；七是品质不好，有案底者不收；八是身体残疾、体质软弱者不收。

所有这些工作仅靠袁世凯一个人的力量是远远不够的。一个人若想成功，要么组建一个团队，要么加入一个团队。用梦想去组建一个团队，用团队去实现一个梦想。袁世凯深谙权术之道，他深知组建团队的重要性。

袁世凯倾力打造的小站团队班底主要来自三个方面。

一是昔日亲朋和小站旧部。

任何一个从政的领导者都喜欢用自己熟稔的人。这些人与袁都有着特殊关系，如盟兄弟、同学、好友、旧部等，他们都是袁的亲信。也就是这些人，日后成为北洋集团最基础的组成人员，也成为袁日后在政治舞台上侍权弄柄的左右手和重要心腹。

袁世凯首先请来义兄徐世昌，让他担任“稽查全军参谋军务营务处”。这个又长又古怪的官名是袁世凯别出心裁定下来的，事实上就是他的参谋长，简称营务参谋。接着，袁世凯又聘请在朝鲜结识的故友唐绍仪当军中文案，实际上是他的秘书长兼外交处长。他还请来了另一位把兄弟阮忠枢，让其担任文秘。阮忠枢才华横溢，写得一手好公文，尤其在遣词用典上，分寸拿捏得十分准确，对他的拟稿，袁世凯一般改动得很少。“入幕未几，大倚任之，新军军制饷章文牍机务咸出其手”，阮忠枢深受袁世凯信任。袁世凯也常对外人说：袁就是阮，阮就是袁。由此可见两人关系之至密。

把这些把兄弟挖到自己手下后，袁世凯又招回了他在朝鲜有良好关系的旧部，如刘永庆、吴长纯、吴凤岭、田文烈、江朝宗、雷震春、王凤岗、唐天喜等人，分别安排他们担任了新建陆军的统带、领官、哨官或哨长，成为小站班底的重要组成人员。

二是北洋武备学堂优秀毕业生。

袁世凯虽自认文武全才，但他毕竟不是军事专业人才，而组建新军需要实际负责带兵和练兵的真正军事人才，所以袁世凯便请自己的好友、在李鸿章创建的天津武备学堂任总办的旗籍道员荫昌①推荐既懂西方军事理论又掌握近代军事技术的新型军事人才。

荫昌推荐了在武备学堂毕业的学生冯国璋、段祺瑞、梁华殿和王士珍，袁世凯立刻分派冯国璋为督操营务处帮办兼步兵学堂监督，段祺瑞为炮兵营统带兼炮兵学堂监督，王士珍为督操营务处帮办兼讲武学堂总教习，梁华殿为第三营统带。除倒霉的梁华殿不久后在一次夜间操作中掉进水坑淹死外，冯国璋、段祺瑞和王士珍很快成为袁世凯编练新军的三根顶梁柱，被后人誉为“北洋三杰”，并因此分别得到了龙（王士珍）、虎（段祺瑞）、狗（冯国璋）三个绰号。

除他们之外，袁世凯还收罗了不少武备学堂毕业生，如曹锟、卢永祥、王占元、段芝贵、陆建章、田中玉、李纯、陈光远、张怀芝等，让他们分任帮统、领官、各营哨官及督操营务长稽查先锋官或教习等职务，并迅速地得到重用，构成了新建陆军军官群体的骨干力量，并成为后来北洋军事集团中的核心骨干力量。民国初期北洋政府的大总统、副总统、临时执政、国务总理、陆军部长、各省督军、巡阅使、镇守使、督军、省长以及军队中的军长、师长等，大部分由北洋武备派充任，成为左右民国政坛局势最大的一支力量。

三是淮军旧将。

追溯袁世凯的从军经历，袁本身就是淮军创始人李鸿章和淮军名将吴长

---

① 荫昌，满洲正白旗人。国子监生出身，早年就读同文馆德语班。在德国军事学校留学期间，与时为皇太子的德皇威廉二世同班，私交甚笃。1884 年毕业回国后，在家待业的荫昌经徐世昌介绍与此时赋闲在家的袁世凯结识，两人脾气相投，友情陡增。1885 年，李鸿章创建天津武备学堂，因荫昌熟练德语而出任学堂翻译教习，后继补道员，历升学堂监督、帮办、总办。袁出任山东巡抚后，将其调至山东佐赞军务，任副都统，后历任驻德公使、陆军部右侍郎。载沣摄政后要诛杀袁世凯，因私交情谊，荫昌为袁说过不少好话。袁出任大总统后，荫昌转而投靠袁，先后出任总统府侍从武官长，军事处总长，为袁看家护院，一直到袁归天，荫昌始终追随其左右。

庆一手提拔起来的，而他自己也一直以淮军后继者自视。当袁接收了淮军将领胡燏棻的定武军后，他也主动接纳了一批淮军旧将，如姜桂题、张勋、倪嗣冲、孟恩远等，这些人日后也成为袁世凯北洋力量的重要补充。

这样，袁世凯就把这支新军变成了一个完全听命于己的私有军事势力，事实上也就形成了一个北洋圈子，其他外部势力根本插不进去。

纪律是军队的生命。为训练出一支纪律严明、训练有素、能征善战的军队，袁世凯在整治军纪上也借鉴德国军队以绝对服从为天职的治军特点，并结合中国军队特点，制定系列“条规章程”，如《简明军律》《操场暂行规则》《行军暂行章程》等，在行军、驻扎、操练等方面都有文规可依。对严格执行者给奖励提拔，而对于违反纪律者坚决予以处罚。如在《简明军律》中，袁制订了二十条十八斩，一旦触犯，决不姑息迁就。

不仅如此，袁世凯练兵还有更绝的招法。

一是思想麻醉法。为了加强对士兵的控制，袁世凯让徐世昌编了《劝兵歌》，命士兵天天诵唱，还让各营供奉袁世凯的长生禄位牌，时时刻刻向官兵宣传他就是官兵的衣食父母，只有听命于他，才能升官发财。每天上下操集合时，队官都会大声讯问：“咱们吃谁的饭？”士兵齐声回答：“咱们吃袁项城的饭。”队官又问：“咱们给谁去卖力？”士兵则齐声回答：“咱们替袁项城卖力。”长期的这种麻醉宣传，使官兵们逐渐养成了“只知有袁项城，不知有清王朝”的奴才心理。

二是恩威并重法。恩威并举、软硬兼施是领导者最经常用，也是最好使的方法。通俗一点说，无非就是“给面子”表扬嘉奖；“给位子”提职升迁；“给票子”晋级重奖。反之，则是抓典型“丢面子”当面批评、“撤位子”丢官罢职、“扣票子”罚钱减俸的惩罚，再严重的，则是犯砍头之罪了。在用人驭人上，袁世凯的确有不寻常之处。他经常深入到班排对士兵嘘寒问暖，他对各级军官和幕僚，甚至棚头弁目，几乎都能认识，见面能一下呼出他们的名字，并且还能大致了解每个人的脾性以及长处、缺点、家乡住处；反之，对于违反军纪的士兵按律治罪，绝不宽恕。一次操练完毕，一士兵擅自离队至百余米处买瓜吃，不仅士兵受罚，连带该营官、哨官受罚，哨官被打二百军棍。一次，袁世凯令全军操演攻守阵法，队伍参差不齐，阵中嘈杂声不断。袁当即下令，所有参加的官佐一律受罚，有功者销功一次，无功者记过一次。如此等等。

三是薪饷激励法。袁世凯对士兵的薪饷福利发放非常重视，为了杜绝过去军营中吃空额、冒领等弊端，在每月发放饷银时，他都会集合队伍，亲自点名，按名发放。有了这样的“家教”，北洋新军在当时的中国作战实力堪称一流。更重要的是，它逐渐成为一支除袁世凯外其他人根本无法调动的军事武装。

美国学者鲍威尔曾经评价说，袁氏向士兵们灌输了忠诚的观念，不过只是向袁世凯，而不是向皇帝效忠。正是这种历史局限，让北洋新军没有成为国家的军队，而是演变成袁世凯的私人佣兵。

新军组建之初，清政府设定的编制是 7000 人马。但袁世凯深知“枪杆子出政权”的真谛，以后只要有机会他便扩充人数，做山东巡抚时，他把山东巡防营和张之洞、刘坤一编练的自强军并入新军，军队一下子扩充到 2 万人。

八国联军入侵时，清政府的武卫中、左、前、后各军溃散，唯袁世凯的武卫右军完整无缺，他的军队也因此成为他任北洋大臣、直隶总督的资本。

日俄战争爆发，袁世凯以护卫京师之名，以朝廷名义把北洋 3 镇扩建为 6 镇，兵力达到 8 万人。

军队就是资本，就是本钱。有如此雄厚的军事实力作后盾，使袁世凯成为日后清政府、革命派、立宪派等各党各派都欲争取的焦点人物。他也因此利用这“本钱”威慑革命党、压制清政府，终于逼迫清帝退位、孙中山让位，成为名正言顺的中华民国大总统。

不管怎么说，袁世凯小站练兵的意义是划时代的，它揭开了清军编练近代化新军的序幕，在中国近代军制史上是一个重大的转折。

来势汹汹的弹劾案

袁世凯编练新军在当时远不是想象中那么容易的一件事。可以说，若非袁世凯，其他人极难玉成此事。

当袁世凯在小站编练新军的时候，时任南洋大臣、两江总督张之洞也在南京编练了 13 个营的自强军，后张之洞调回湖广总督原任，自强军便交到了继任者刘坤一手中，而张之洞又开始编练湖北新军。这期间，时任两广总督的岑春煊也在广东组织编练了 10 营新军。但这几支地方新军都是由各督抚自行筹饷，包括军队的规模、装备等远不如袁世凯的“中央军”。

编练新军是晚清军制改革的一次重要尝试。此事在朝中本就争议颇大，阻力重重。而且不少满族权贵并不相信袁世凯，再加上袁世凯做事又过于任性和霸道，因此他在练兵伊始便忌者如云，更被守旧派嚼以口舌。

1896 年 3 月，一件事关袁世凯前途命运及北洋新军生死存亡的弹劾案发生了。一班保守派暗中唆使御史胡景桂[①]上章参劾袁世凯，罪名有“专横独断、总揽一切”“不受北洋大臣节制”“克扣军饷”“浪费钱财”等 12 款，其中每一款罪名都足以让袁世凯罢官。

两个月后，胡景桂参劾的折子递到了慈禧手中。慈禧见有“拾多款参奏”参劾袁世凯，于是准其奏请，下令北洋大臣荣禄、兵部司员陈夔龙[②]督查办理此案。

按照大清律法，大臣被参，一经部议，轻者也必丢官罢职。这背后一刀，让袁世凯惊出一身冷汗。他急忙召来幕僚研究对策。此时，袁世凯帐下已聚集徐世昌、唐绍仪、阮忠枢、赵秉钧、沈祖宪、言敦源等众多幕僚，其中最重要的当然是灵魂人物徐世昌。

袁世凯将情况说明后，众人你看看我，我瞅瞅你，最后把目光齐聚到了足智多谋的“水晶狐狸”徐世昌身上。

徐世昌不紧不慢地说：“陈夔龙和我是同榜的进士，我俩虽称不上是至交，但关系还说得过去，不行就从他那里入手。”

袁世凯一拍大腿，喜上眉头，说：“那太好了，这件事就有劳菊人大哥亲自跑一趟。”

徐世昌接下差事，琢磨来琢磨去，决定采取“以同学之情消除隔阂，以金钱开道拉紧关系”的办法，来摆平兵部司员陈夔龙。

---

① 胡景桂，因弹劾得罪袁世凯埋下悲剧伏笔。胡景桂在任山东按察使期间，袁世凯出任山东巡抚。胡支持变法，同情义和团，因而成为被洋人要求清政府重点查办的大臣之一。由于胡景桂的忠君爱国，清政府最终还是没有查办胡，而是调任山西巡抚。胡在赴任山西巡抚途中，袁世凯假传诏书，言称胡的小儿子在京“乱宫”已被查处，胡顿感羞愧难当，吞金自杀。

② 陈夔龙，出身寒门，靠自己的精明能干及善于讨好上司最后官至封疆大吏，时人称陈为“巧宦”。然而这位陈大人却是个出了名的“妻管严”。陈曾娶过三个老婆，前两个都因病离世，最后娶的是浙江杭州一家大户人家的女儿许禧身。许家尽是科第出身，其中三人进士，四人举人，门楣上有“七子登科”的匾额。这位许夫人为人大方，颇懂礼节，在京城很快就同王公眷属混得很熟，并拜了庆亲王奕劻的老婆为干妈。许夫人有了这层后台，使本就怕老婆的陈对许更是敬畏有加。

徐世昌很顺利地找到了陈夔龙，两人大谈了一番同榜之谊后，徐世昌切入了主题。徐世昌先是奉上一张1万两的银票，提出请同门在调查“参奏事件”上给予关照。钱是个好东西，关键时刻的确能让人改变一些决定。陈夔龙与徐世昌本就有同榜之情，且又得巨额银票，因此不仅满口应承，而且还与徐世昌共同商量谋划应对之策。

饬查袁世凯，荣禄高度重视。临行之前，他还组织开了个碰头会，而且未予通知袁世凯，便迅速带调查组驰往小站军营。但有陈夔龙做内应，荣禄的行动尽被袁世凯掌握。当荣禄与陈夔龙带调查组到小站后，荣禄即刻就被眼前的景象惊呆了。军中高牙大纛、队伍引绳棋布，一个个军容齐整的军汉们持枪鹄立，整肃精壮，再加上军士们给荣禄大人现场展示了令人耳目一新的德国操，把高高在上、养尊处优惯了的荣禄看得目瞪口呆。

荣禄问旁边的陈夔龙：“你观新军与旧军比较如何?”陈夔龙说：“我不懂军事，但旧军不免暮气，新军参用西法，独开生面。”

尔后，陈夔龙又见缝插针替袁世凯说了不少好话，最终荣禄表态说：“袁世凯人才难得，新军初建，难易生手，应当保全。”

结果显而易见。督查团在复奏慈禧的奏折中给袁世凯的鉴定是：“乞恩姑从宽议，仍严饬认真操练，以励将来。”荣禄是慈禧的宠臣，在慈禧面前说话很有分量。

胡景桂等人本想扳倒袁世凯，却没想到偷吃不成反惹来一身骚，不仅没有参倒袁世凯，反而让荣禄阴差阳错地见识了新军的气派和威武，于是在荣禄的庇护及保奏下，袁世凯还得到了清廷的嘉勉。1897年7月，清廷下令升任袁世凯为直隶按察使，专管练兵事宜。

来势汹汹的弹劾案，经“水晶狐狸”徐世晶的一番运作，像一片压境的乌云，一阵电闪雷鸣后很快便云开日出。

第四章

关于“站队”的生死抉择

帝后之间的抉择

1895年，甲午战争中失败的清政府与日本签订了丧权辱国的《马关条约》。大清惨败给新兴的东邻，给了国人前所未有的刺激，越来越多的国人开始审视自身传统文化，对西学的注意力从洋务运动时期的枪炮器械转向了政治制度方面。一时，人人言变法，家家议维新，似乎只有搞维新变法，才能将中国扶大厦于将倾。

任何一场政治变革，都必须有推动变革的主干人物。这场维新运动的主演首推“政治明星”康有为。

1888年，康有为到北京参加顺天乡试，借机第一次上书光绪帝，请求变法，可惜这次上书并没有传到中央核心层官员手中。同年九月，他再次上书光绪帝，批判因循守旧，要求变法维新，但上书依旧没有传到上层。1891年，康有为在广州创办万木草堂，聚徒讲学，传播维新思想。他认为，要进行变法，必须要“开会”才能聚集起有志于维新变革的人士。于是他以“广联人才，创通风气”为宗旨，成立了强学会。不久，他又创办刊物《中外纪闻》，进行维新变法的舆论宣传。

1895年春，康有为再次赴京应试。此时正值中日《马关条约》签订的当口，在京应试的举人得知割地赔款的消息后群情激愤，4月22日，康有为联合各省应试举人1200余人，起草万言书联名请愿，这就是有名的“公车上书”事件。

公车上书如“平地一声雷”，在社会各界产生了巨大的震动和影响，也由此拉开了维新运动的序幕。维新运动虽一时风头大盛，但只是一场“过了火”的运动，也注定了它失败的命运。维新派既没有严密的组织，又不掌握军政实权，更缺乏广泛的社会基础，而掌握朝政大权的顽固派势力之强大远非维新派可比。改革需要完备的顶层设计，并非一拍脑袋即可决定之事。但康有为却主张“改革速成论”，“三年而宏规成，五年而条理备，八年而成效率，十年而霸图定”，这样的改革岂不如同儿戏？

透过历史的迷雾，回看这一运动行进的脚步，可以更深切感受到其改革的仓促、草率和急骤。不稳扎稳打，不步步推进，只能说这是一场“过了火”的维新运动。

历代官场，或明或暗都有一种“站队”的哲学。不管你愿不愿意站，只要你进了这个圈子，你就自觉不自觉地成了这个圈子中的人。你不站队，你就是局外人，很多的利益就与你没关系，甚至大家会排斥你挤对你，最终使你成为孤家寡人。相反，只要你站对队，跟好队伍，“屌丝”也可以有春天。

在站谁的队、跟着谁这个问题上，袁世凯就遇到了一次生死攸关的抉择。

事情的起因便在于维新变法，在于光绪皇帝。这可怜的光绪帝，可谓中国历史上说了不算的几个窝囊皇帝之一。大清的真正执政者是通过“辛酉政变”成功夺取最高权力的慈禧太后。

在慈禧的淫威下慢慢长大的光绪并不甘于当一个傀儡，他也妄图做出一番伟业。特别是1895年，各省应试举人公车上书之后，光绪从中法战争和甲午之败中也清醒地认识到，清廷现有的制度已经如发了霉的草绳一样腐朽不堪，变法是唯一挽救亡国灭族命运的救命稻草。但怎么变，变到什么程度，对年轻的光绪帝来说，懵懂得很。

1898年6月11日，光绪帝征求了慈禧老佛爷的意见后，颁布《定国是诏》，开始推行新政。理想很丰满，但现实很骨感，朝中以慈禧为首的守旧派势力依旧强大，光绪帝就像是一个“二传手”，事事都要先请示慈禧才敢做决定。当时年轻气盛的维新派最大的失策是判断失误，他们误以为推行新政可以凭光绪帝的一道道诏书就可达成，并没有清醒地认识到光绪皇帝只是慈禧的一个傀儡。至于守旧派，则紧紧地抓住慈禧老佛爷，把新政诏书当成一堆废纸完全不予理会。而各省督抚们更是些政治老油条，他们尽管接到了诏书，却并不行动，而是作为第三者在静静地看一场母与子打架斗殴的家庭戏。

光绪帝本意是想做一个有所作为的皇帝，可惜他生不逢时，处在一个无法施展政治抱负的环境下，上有权力欲过于旺盛的专横慈禧，下有官吏的趋炎附势和见风使舵。其实，昔日盛烈浩壮的大清帝国，早已是大厦将倾，摇摇欲坠了，即便是大清江山的拓疆者努尔哈赤起死回生，面对衰败与破碎的政局，也是势穷力蹙，无能为力了。

新政推不下去，在这危急时刻，维新派便将力挽狂澜的重任托付给了袁世凯。维新派之所以选中袁来勤王，是因为在变法初期，袁与维新派交往密切。康有为组织的强学会成立时，袁世凯不但被列为发起人之一，还捐资作为会金。变法达到高潮时，袁也曾派人到北京与维新志士联系过，表示自己对变法事业的关切。袁的热心赢得了维新人士的信任，因此被维新派看作是同一条船上的人。更为重要的是，袁此时正在编练新军，手中握有“刀把子”。如果维新派能取得袁的支持，再推行新政就有了刀把子做保障，自然可有一番作为。

同时，光绪皇帝也深感自己的帝位处于风雨飘摇之中，必须有一良策来解救。于是，光绪于 8 月 1 日和 8 月 2 日先后两次在颐和园召见了袁，勉其努力做事，并降旨嘉奖。

光绪召见袁的事自然传到了保守派的耳里，他们不知两人的谈话内容，又怕袁投效维新派，便请求荣禄应付可能之变化。

这段时间里，北京和天津到处弥漫着变法的空气，可与变法一起充斥在空气中的还有种种谣言。一说维新派要采取行动向慈禧开刀；一说守旧派要挟迫光绪到天津，借阅兵之机把他废黜；还有谣言说光绪不识时务，慈禧要毒杀他。慈禧和光绪都被这些谣言所困扰，使他们母子之间本已很淡漠的关系雪上加霜，跌至深谷。

据说，进退维谷的光绪帝给康有为写了一封密诏，迫于形势，命康即刻离京赶赴上海督办官报局，令康在外活动，使守旧派有所顾忌，而康既可保全性命，又可在外相机而动。康等维新派已然感知情形严重，决定孤注一掷，由谭嗣同去找袁世凯摊牌，劝袁站在光绪这一边，率军队保护光绪。

9 月 3 日晚，谭嗣同只身由南海会馆夜入京郊法华寺袁世凯的寓所，托付袁出兵的重任，说明袁可以起兵勤王，诛杀荣禄及包围慈禧的住所颐和园，对慈禧或囚或杀，强行推行新政。谭还与袁商量种种细节，最后再三叮嘱，告别时已是午夜。

袁世凯想“打酱油”也不行了，谭嗣同的来访将他置入其中，并将他推到了悬崖边上。一头是慈禧，一头是皇帝，何去何从，站向谁的一方，这是事关生死存亡的大事，令他不得不深思熟虑。关键时刻，他还得向自己的智囊团核心人物“水晶狐狸”徐世昌请教。

刚刚经历了参劾事件，此时的袁世凯对徐世昌已经非常信任。徐足智多谋，思维缜密，对形势判断准确，能预测事情的发展方向，最难得的是，他甘于在幕后工作，从不抢风头，不争权不越权，这令袁很安心，很放心。

袁世凯对徐世昌和盘托出谭嗣同来访要求勤王之事后，徐也感觉此事非同小可，“水晶狐狸”机警地眨巴眨巴眼，通盘分析此事的轻重利弊，慢慢悠悠地说：“如果站到光绪一边进京勤王，则有两种可能。其一是成功。如若成功，大功只在维新派康、梁、谭等之下，因为他们是首发者，更何况与维新人物共事，无论在学识和政见上都屈居康、梁、谭等之下。其二是不成功。政变已谣言四起，慈禧、荣禄等不可能不做防范。反之，如果站在慈禧一边，换句话说，即将光绪和维新派之私密报于慈禧，则是首功一件。”徐世昌目光盯着书桌一角的密诏，继续说：“光绪虽为一国之主，然当政日浅，势力薄弱，西太后则两朝总持魁柄，廷臣疆帅，均其心腹，成败之数，可以予卜。与其助帝而致祸，宁附后而取功名。”说罢，他将密诏背面朝天覆于案上。

得“水晶狐狸”箴言，袁世凯天平的砝码自然已有去向。这时候的谭嗣同却以为大功告成，将与袁的密谈报于光绪，光绪听了很高兴，于是在5日再召袁入颐和园予以嘉勉。

政治斗争总是伴随着阴谋。维新派们高兴得太早了，等待他们的并不是庆功酒。袁世凯从颐和园出来后，立即搭乘火车直奔天津，下车后即刻前往直隶总督府求见荣禄，将谭嗣同等人的计划和盘托出。

接到袁世凯的密告，荣禄当天连夜进京面禀慈禧太后。听完荣禄的禀报，慈禧立刻下令抓捕维新人士。康有为、梁启超得信及时出逃，而包括谭嗣同、杨锐、康广仁、杨深秀、林旭、刘光第在内的“戊戌六君子”等数十人被抓。1898年9月28日，“六君子”被斩于菜市口。可怜的光绪帝也因此招致慈禧的痛恨，被囚禁瀛台。

袁世凯对维新派的出卖导致维新变法失败，使他留下千古骂名，这成为袁一生最为人诟病的重要事件之一。有人说，如果袁世凯倒戈帮助维新派赢得这场政变，那么光绪帝就可以用维新派走变法图强之路，但历史永远没有假设。不同时期的历史事件，要放在当时的大背景下去看待。而当时的客观现实是，光绪帝想围攻颐和园抓捕慈禧的做法未免过于天真，作为一个没有实权的傀儡皇帝，想借助一次武力政变便推翻大权在握、老谋深算的慈禧也未免显得过于幼稚。更何况即使袁世凯帮助了他们，当时的中国也没有形成变法条件的土壤，康梁的一系列维新大梦最终也只是一场梦幻而已。

但同时，袁世凯的这次出卖无疑也成全了他。因告密有功，袁被朝廷受命署理了几天直隶总督，其新建陆军还得到了4000两的赏银。慈禧为表示对袁的信任，还特许他可以在西苑门内骑马。此后，袁世凯便以慈禧和荣禄为靠山，走上了飞黄腾达的捷径。

面对义和团的拷问

戊戌政变，徐世昌深图远算，使袁世凯站在了慈禧一边，不仅有惊无险保住了自己的小命和官位，而且因此深受慈禧垂爱。大难不死有后福。继而，一场适时出现的群众政治运动又给了他新的政治生命……

这就是敲响清朝丧钟的义和团运动。

自古至今，任何一个运动的产生都有其深刻的社会原因，义和团也不例外。

义和团的名称是由义和拳衍生而来。义和拳创于明末清初，开始它是一种以强身健体、保家卫国为目的的习拳演武组织，最早在山东冠县等地流行，后延及河北、河南等地，而以山东最为集中。后随着义和拳的发展壮大，被一些秘密教门分子加以利用，提出了“反清复明”的口号，为反清举事武装起义做准备，因此，义和拳一度被清政府严行禁止和镇压。

19世纪末的山东，是个多事之地。甲午战争期间，山东作为京畿屏障，是日军进攻的重点地区之一，战事纷乱，匪盗四起。在这种情况下，百姓为抗拒匪盗抵御外敌，一向被清政府严厉查禁的各种民间结社如义和拳、梅花拳、大刀会、义和会等得以迅速崛起。甲午战败后，列强掀起了瓜分中国的狂潮，重点是租借沿海港湾和海军基地，这时候，德国把矛头瞄向了位置优越、交通方便的胶州湾，而英国则看好威海。之后，随着德国强占胶州、英国霸占威海，西方传教士随着侵略者步伐踏入山东腹地。其实，早在鸦片战争中国国门顿开后，外国的一些传教士便已在中国传播天主教和基督教，可因为思想观念不同，传教士与老百姓之间不时发生摩擦和冲突，最终渐化为根深蒂固的仇恨。这种仇恨伴随着“爱国”与仇洋、仇教和排外情绪在山东像山洪一样爆发了。

对于义和拳等的所作所为，是有人憎恨有人爱。

早先，光绪帝任用康有为、梁启超、谭嗣同等推行戊戌变法，因与守旧派对立而失败。康有为、梁启超在得知捕杀的第一时间内得到英、日两国的协助逃到日本，因此守旧派对于逃亡海外的康、梁等保皇派托庇勾结洋人之举恨之入骨，这使原本就仇视洋人的守旧派对一切与“洋务”“维新”有关的事物就更仇视了。守旧派的这种态度恰与义和拳反对洋人及天主教、基督教的暗潮相符合，于是义和拳乘势而起。

写到这里，我们不能不提一个与义和拳的生存与发展起决定作用的重要人物，他就是山东巡抚毓贤。毓贤出身满洲正黄旗，因花钱捐监生走上仕途，后来爬到同知位置。曹州教案①发生之前还做过曹州知府，后来调任山东按察使，因镇压大刀会有功，升任山东巡抚。特别一提的是，这位毓贤大人有个外号叫“屠户”，是个十足的变态狂，他对待民众一概实行逮捕、酷刑和屠杀的恐怖手段进行统治。他惯用的酷刑极多，有打杖条、轧杠子、跑铁链子、跪铁蒺藜、站铁笼等，其中最恐怖的当属站木笼。木笼内壁装满铁钉，把犯人吊在笼内，再在犯人脚下垫几块砖头，似踏非踏。犯人站在笼内必须保持站立姿势，稍有动弹，身体就会被铁钉刺得鲜血淋漓。当犯人踏到砖上时，即刻让人抽去一块，直至把人吊死。

毓贤刚当上巡抚之后，立马对义和拳亮出了“屠户”本色。可后来，他感觉再大肆屠杀下去会出乱子，而且义和拳的力量仍在发展，同时感到洋人教会势力比义和拳对清朝统治的威胁更为严重，更何况作为保守派的毓贤更

---

① 曹州教案，1897年11月1日，山东曹州府巨野县群众与德国传教士发生冲突，天主教堂遭到当地大刀会土匪数人的抢劫，2名在教堂内的德国传教士被杀。前两日亦有该府寿张县德国教堂被劫。11月6日，德国以此为借口出兵，强行占领胶州湾（今青岛）。该事件发生后，清政府被迫与德国签订《胶澳租界条约》，让德国在山东取得胶州湾99年的租期，铁路修筑权及采矿权。同时，时任山东巡抚李秉衡被撤职，德国另获赔白银22万两，以建造济宁等地的3座大教堂。该教案因发生于巨野县，亦称巨野教案。

加仇恨洋人，于是，他一改对拳民的大肆杀戮，采用了大宋朝对付水泊梁山的招降安抚法，提出“民可用、团应抚、匪必剿”，正式把“义和拳”“大刀会”之类的民间结社改组为政府承认的半官方民团组织“义和团”。一时间，毓贤手下聚集了团民数十万，成为他用以对付洋人的“雇佣军”，这样一来，毓贤自然与洋人结下了梁子。也就是这个毓贤，让李鸿章在临终前连喊“毓贤误国”，而最后，毓贤作为洋人惩办的祸首大臣之一在发配新疆途中被斩首。

1899 年，义和团运动进一步加剧，四处烧教会、杀教士，抵制所有外国事物和之前失败的“洋务运动”，并举起了“扶清灭洋”的大旗。

更为关键的是，慈禧对义和团态度的“暧昧”和宽容，给了义和团迅速壮大发展的空间。

维新变法失败，重新得势的守旧派唆使慈禧废掉光绪另立新主，慈禧怕朝中大臣不赞成废立，故而推说光绪病危。可各国公使闻听此事后要求给光绪体检，最后得出“无病”的结论，这令慈禧很是难堪。更令慈禧凤颜大怒的是，有不少洋人喜欢对她的施政方针说三道四、品头论足，她认为这是洋人故意与之作对。又有传闻说，英国要派兵攻打北京，逼慈禧下台让光绪执政，这尤为慈禧所不忍。再加上慈禧真以为义和团练就的各种刀枪不入的“法术”能打败持有现代化武器装备的洋人，因此种种，慈禧及一帮守旧派想借义和团之手把洋人赶出中国。

在这样的背景下，1899 年深冬，因编练新军有功升任山东巡抚的袁世凯带着新练成的 8000 名军士，持着慈禧“保护义民”的圣旨到了义和团的“重灾区”山东。与其同行的，还有他手下的一帮幕僚及战斗骨干冯国璋、段祺瑞、王士珍等。

在这之前，短短的三年间，山东巡抚的位置已经走马灯似的换了李秉衡、张汝梅、毓贤三个朝廷大员，他们都因处理不好义和团与洋人、义和团与朝廷之间的三角关系而被调走或革职。

实际上，这三位前巡抚之所以站在仇洋仇教的立场，一方面是他们的保守思想作祟，另一方面也是受以慈禧为首的仇洋集团的影响。自古中国底层民众组织起事反对封建统治政权，都是采取道会神教的迷信组织。从陈胜、吴广的鱼腹藏书、篝火狐鸣，东汉末年张角创立的太平道，东晋孙恩的天师道，元明清的白莲教，洪秀全的拜上帝会，以及自称刀枪不入的义和团，对这类道教组织，历代统治者都是采取“大棒政策”，对其重点防治和严厉镇压，唯独以慈禧为代表的守旧派发现义和团是可以借助用以对付洋人的社会力量，便别有用心地将其作为“义民”加以利用。未承想，慈禧却因这个“拍脑门”的决定导致玩火自焚，致使各国列强借口入侵，造成难以控制的局面，到头来再次把中国推向了半殖民地半封建社会的“冰窟”。

此等情势之下，如何避祸自保，图谋发展，是袁世凯不得不面对的问题。就在朝廷、洋人和义和团三者之间如何应对，如何取舍问题，袁召集了手下智囊团商议对策。

尹铭绶提议说：“老佛爷正好想利用义和团抵御洋人，不妨我们顺势而就，对义和团睁只眼闭只眼，以怀柔之策待之，也好博得老佛爷欢心。”

尹铭绶是两广总督谭钟麟的孙女婿，两人都因在权势面前能够坚持自己的高尚人格而留下一段佳话。光绪年间，时任两广总督的谭钟麟因慈禧太后将九龙、广州湾分别划入英法租界，遂告假闲居，不再赴任。而后来任总统府机要秘书的尹铭绶，因在“善后大借款”问题上与袁大总统意见相左挂冠而去。辞职后的尹寓居上海，以写字卖文度日，后虽袁多方相请，不复为官。在古代中国“官本位”至上的国度里，有官不当、辞官不做，实属难得。在这方面，东汉著名隐士严光①算得上一个楷模。北宋范仲淹赞叹严光说：“云山苍苍，江水茫茫；先生之风，山高水长。”

袁世凯听了尹智囊的意见后，微微一笑不以为然。前任巡抚毓贤就是因为整治义和团不利侵犯了洋人的利益而被洋人告状被罢免，袁世凯才不会得罪洋人犯这样一个愚蠢的错误。这时，有一个人提出了相反意见，此人便是袁世凯手下的重要幕僚之一、人称“笑面鹰”的赵秉钧。

希特勒身边有个党卫军头目海因里希·希姆莱，蒋介石身边有军统局特务头子戴笠，袁世凯作为铁腕领袖，也网罗了这样一个人物，名叫赵秉钧。

赵秉钧此人有些奇葩。他的出生是一团迷雾，而他的死也一样扑朔迷离。

赵秉钧幼时父母早亡，至于他是哪年哪月生的，他自己也一无所知，史书上也无记载。但这位老兄的奇葩之处便在于此，他给自己定了个生日：正

① 严光，字子陵。与东汉光武帝刘秀同窗，亦为好友。他积极帮助刘秀起兵，事成后隐姓埋名，退居富春山。刘秀即位后，多次延聘严光，但他再三坚辞，成为传统知识分子追求隐士梦想的精神偶像。

月初一。由此可见他骨子里的自命不凡及天生而有的一种君临天下的气势。

赵秉钧的父亲是一名木匠，母亲在家操持家务，家境凄苦。父母给儿子起名秉钧，意寓秉国之钧，希望将来能成为国家栋梁。也似乎这个名字给赵秉钧带来了无限运气，53 年后，赵奇迹般地登上了民国内阁总理的高位，只可惜他的父母已无缘消受儿子的风光。赵一岁半这年，他的木匠父亲被清政府临时征用到汝州府衙做工，两个月后回家的路上遇到了太平军的巡逻队，硬是把他当作清政府的间谍乱棍打死，可怜的这位老爹就这么无辜送了命。丈夫一走杳无音信，赵的母亲抚养儿子苦苦度日，最终忧郁成疾，一年后也撒手人寰。成了孤家寡人的赵只得寄居在舅父家，而舅父家的日子也不好过，只是勉强度日。所幸赵天资聪明，惹人喜爱，在他 13 岁那年被同村的一个仕宦人家看中，要过去做了书童。别看赵年纪小，但他生性强悍而有胆识，颇得主人欢心，因此获得陪读的机会，有了一定文化基础。后来赵考秀才未中，恰巧县衙发布告征兵，19 岁的赵遂投军效力，并随军在左宗棠调遣下进驻新疆平定阿古柏之乱。赵作战勇敢，有一次随军出嘉峪关追缴叛贼，时值初冬，天刚好下了一场骤雪，赵所部在戈壁滩遇阻，在大雪中困了两天一夜，士兵被冻死无数，可赵及少数士兵却奇迹般地生存了下来，被后续部队救起。命是保住了，但男人的命根却被冻坏，赵落下了残疾，以至形同太监。因此，赵作为男人有名无实，没有后人，后来只好另择堂兄的次子立嗣，以续后统。

新疆平乱后，赵秉钧受到嘉勉由普通一卒提任为堪划中俄边界办事员。1891 年，赵补直隶新乐县典史，典史的职责主要是辅佐知县掌管缉捕、监狱，这份工作令赵秉钧的业务素质得到跃升，因此他以“长于缉捕”而闻名。典史比从九品还低，不入官阶，但赵秉钧的身份毕竟变了，相当于公务员职级中的科员，成了大清国官府中的一员。可赵不安于当一个小小的典史，他有自己的理想追求，听说袁世凯小站练兵到处网罗人才，他感到这是一个好机会，于是毅然跳槽投奔到了袁的帐下。赵秉钧心凶骨媚，深沉阴鸷，袁世凯认为他“才长心细”，并对他信任有加，让其成为身边的“戴笠”，成为用于对付“对立派”的一只鹰犬。

赵秉钧说：“洋人在中国的势力已无处不在，甚至比慈禧更为强悍，因此洋人不能得罪。在洋人和义和团之间，必须要清除顽匪，惩办首恶。”

赵秉钧一语中的，正说到了袁世凯的心坎上。

有了战略方向，下面研究的就是战术问题了。接下来，智囊团全面分析了山东的形势，制订出了“扼要分扎、兵威震慑；晓谕劝告，化导愚氓；查拿首恶，奖惩并举”的 24 字方针。从这 24 字而言，“兵威震慑”，这也是袁世凯日后对付革命党及政敌惯用的招法，“劝告”“化导”是针对一般拳民，而“查拿首恶”则是擒贼先擒王。

山东之乱，乱过诸省，遍地拳会，四处民教冲突，而军队数量有限，如果处处派兵，兵力有限，无法应付。针对这一情况，袁世凯在兵力部署上做到“于适中之处扼要分扎，以期兼顾”，阻止其相互串联，聚众闹事。治标还要治本。袁世凯下令张贴解散义和团告示，大张旗鼓宣传，告诫百姓“其已入拳教者，痛改前非，立时解散；其未入拳教者，勿复附从”。当时，义和团在济南、泰安、曹州等地极为活跃，袁世凯便派手下会同地方官员设法解散加入义和团的无知愚民，先给他们洗脑，再发布训令，保护教堂及严禁攻击教徒、严禁义和团组织活动。但总有顽固不化不听劝导者，对于这类人，袁世凯采取的办法就是格杀勿论。

在这复杂的国际国内环境中，袁世凯找到了处理棘手问题的切口和办法，史家们称袁世凯为“乱世之奸雄，治世之能臣”，这“能臣”二字，袁世凯应该说是当之无愧的。

维持秩序、治安和对付义和团都需要人手，袁世凯深感兵力匮乏。枪杆子硬才是硬道理，对于这点，袁世凯当然再明白不过了。当时，山东驻有勇营 34 队，其中本省 22 营，河南嵩武军 12 营等 1 万多人，袁世凯向清廷建议将这些军队进行改制，抽调精干力量以武卫右军的营制饷章进行训练，并配以新式装备，配合武卫右军巩固海防、维持治安，清廷很快批准了袁的建议。袁世凯给这支武装取名叫武卫右军先锋队，他之所以没有以正规军的番号给予命名，是其一种谋略，也是其韬光养晦之计。袁深知朝廷最忌惮就是各封疆大吏拥兵自重。五年后，袁世凯在直隶总督任上改编新军，也正是这支先锋队，那时名副其实地成为袁驾下北洋新军第五镇。

由于受到袁世凯的打压，义和团的首领们自然大为不满，纷纷向袁世凯提出抗议，并要求谈判。谈判还未开始，济南市郊平阴县白云峪教堂突发了一起公共恶性事件，一名英国传教士被义和团群殴致死。袁世凯闻听火冒三丈，立刻派军队前往弹压，并抓捕了涉案的主犯。此时，赵秉钧献计说：“首恶不除，祸患无穷，杀一儆百，以儆效尤。乱贼正想谈判，不妨摆下鸿门宴，全力歼之。”赵秉钧性格偏执扭曲，行事向来心狠手辣。袁立即采纳了赵的建议，并命令赵全权负责绞杀义和团首领事宜。

这日，赵秉钧以和谈为名邀义和团头目到府邸饮宴。宴席之上，赵秉钧边说好话边赔着笑脸左一杯右一杯频频向义和团头目敬酒，头目们被赵的虚情假意灌了迷魂汤，警惕的神经也放松了下来。酒酣耳热之际，突然有一群事先埋伏在屏风后面的官兵呼啦啦冲出将之围起，待他们明白过来为时已晚，一阵乱枪之后，这些号称有法术护身、刀枪不入的拳民面对射来的子弹也无济于事，顿时倒地毙命。

好汉不斗势力。面对袁世凯的铁腕高压政策，山东地面的义和团只得转移阵地，带领徒子徒孙开始向河北、天津等管控松的地方大迁徙。很快，京畿四处的义和团迅速繁衍壮大，“香火鼎盛”。一直想利用义和团为清廷出力的慈禧和一帮守旧大臣此时正做着黄粱美梦，想依赖这些靠装神弄鬼聚集起来的乌合之众把“大毛子”“二毛子”统统赶出中国，只可惜，玩弄了一辈子权术的老佛爷打错了算盘。

赵秉钧因缉捕义和团有功，颇得袁世凯赏识，遂奏保其以知州留直隶补用，让赵从一个不入流的小官一下子提升到四品官职，相当于现在的副省级官员。

而更走红运的当然是袁世凯。义和团运动给了袁充任封疆大员的机会，尤其是他和他的军队就此到了山东，当八国联军攻打京津时，他如有上天安排一样避开了这场厮杀。不然，清政府在这紧急关头一定会将新建陆军这支精锐之旅作为抗击八国联军的先锋，若如此，袁的命运就难以预料了，他也极有可能落个如直隶提督聂士成①等战死疆场的结局。

“东南自保”之下的保与不保

山东地面的义和团在袁世凯的打压下纷纷外逃，可其他省份的义和团却

---

① 聂士成，安徽合肥人。生于平常百姓之家，父早亡，与母亲相依为命。其母有烈女之风，70 岁时仍能练武。聂以武童生投效淮军袁甲三部，后随淮军名将刘铭传镇压太平军、捻军，后又参加中法战争、甲午战争，战功卓著，自把总累升至提督。庚子之变的天津保卫战中，他身先士卒，后中炮阵亡。清廷追赠他为太子少保，谥号忠节。

如雨后春笋，迅速发展壮大起来。到了1900年，京津一带的义和团人数已达百万之众。这时的慈禧对洋人已恨之入骨，清朝最后的一次排外运动也达到了最高潮。

恰在此时，朝廷上下盛传着洋鬼子将由天津开进北京，扶持光绪恢复新政的传闻。闻听这个消息，一向唯我独尊的慈禧顷刻间感到了末日的来临。

心理学上讲，人在受外界刺激后容易情绪失控做出过激反应，这种反应称之为“情绪中暑”。估计是当时慈禧“中了暑”，或者是脑子一时进了水，丧失理智的她对局势产生严重误判，不计后果地做出了她一生中最愚蠢的一个决定。

1900年6月21日，慈禧以光绪的名义正式下诏，向英、美、法、德等11个国家同时宣战。

战争令一经发出，国家一时糜沸蚁动，特别是京津一带顿时陷入一片恐慌之中。因这一事件发生在庚子年，史称“庚子国变”。

究其原因，慈禧向列强宣战的底牌是义和团。她之所以把义和团当成她的底牌，这与她晚年极度崇信迷信有很大关系。这种对神佛仙界的可怕幻想，恐怕也是老佛爷同意和支持号称有刀枪不入神功的义和团进京对付洋人的一个重要因素。

可慈禧想的太天真了。这帮靠设坛念咒、装神弄鬼的乌合之众岂是装备精良的八国联军的对手。老佛爷的这场赌注必输无疑。很快，武卫左军统帅直隶提督聂士成在天津八里台战死，联军突破天津防线一步步向北京逼近。

随宣战诏书一同发布的还有电令各督抚北上勤王的诏书。联军进犯京津之后，清廷先后于1900年6月15日、17日、19日、25日多次下谕，令其督抚本人或派得力将领带兵北援。

早在大清国向各国列强宣战之前，政局一时尚不明朗，这时的袁世凯行事极为谨慎，他通过各种渠道打探京城及南方督抚大员对时局的看法。当慈禧向各国宣战及勤王的上谕后，6月25日，已下派到两广担任总督的李鸿章率先发出了“此乱命也，粤不奉诏”的声音。接着，当时在朝廷有极高声望的两江总督刘坤一、湖广总督张之洞等南方大臣，在获悉了李鸿章的态度后，也宣布长江流域只有可剿之会匪，并无可诏之义民，并确定了共同抗旨以求东南互保的原则。

京师时局的突变，牵一发而动全身。山东介于南北之间，因此局势也跟着紧张起来。德国驻胶澳一带的驻军已剑拔弩张，像一只猛虎张开了大嘴，似乎一口就要把半拉山东给吞掉。外有强贼虎视眈眈，上有北上勤王的上谕，而且内有李鸿章等人结成了“东南互保”，身处“旋涡”之中的袁世凯很是纠结，陷入两难。

执意不出兵，就是抗旨，就是忤逆太后，日后太后一旦追究起来后果不堪设想。要是派兵北上，无异于将自己手中的这点本钱投入狼群，自寻死路。情况严峻，袁世凯连忙召集手下开会研究对策。幕僚们你一言我一语，最后初步达成共识：新军北上勤王绝不可行，如若新军北上对联军宣战，以小军犯众敌，断无取胜把握，即便取胜，部队也会丧失殆尽。而没了军队，也就没有了资本，势必被朝廷抛弃，因此参与东南互保不失为一隐忍之策。

待大家都说完后，没想到徐世昌的一句话让在座众人一时震惊无语。

徐世昌说：“依我看，这北上勤王必须得去。”

有人问：“为何？”

徐世昌说：“不去勤王救驾而求自保就是抗旨不遵，这样必会得罪朝廷，我们是汉人毕竟不是满人，何况以大人的资历，怎么能跟那三位封疆大吏相比呢？别人自保可以，但大人不行。就算朝廷一时顾忌大人手中有两万精兵对大人隐忍不究，但事过之后这笔账迟早要落到大人身上。因此，这勤王必须得去。”

有人问：“去了岂不是飞蛾扑火，自寻死路？”

徐世昌说：“去是去，关键是如何去？”

急于知道答案的袁世凯紧盯着徐世昌问：“菊人大哥，说说看？”

徐世昌说：“洋人碰不得，又不能公然抗旨不出兵，所以大人可采取‘脚踩两条船’的办法，两边都不得罪。一是大人可暗中联络东南三督，表示愿意跟随其后，同时可派人与德国驻胶澳军队联系，宣布对山东境内的外国人负有完全保护责任；二是即刻奏明太后，派出精兵五千，日夜兼程北上勤王。当然，此勤王为假意勤王，这样既可遵从了朝廷旨意，不得罪朝廷，又可以保存实力，不伤皮毛。”

袁世凯顿然大悟，频频点头说：“好，好，菊人大哥，太好了，这不愧是一个两全之策。”

有了良策好行事。按照徐世昌之计，袁世凯一方面派人与东南三督和德国驻胶澳军队取得了联系，另一方面派淮军旧将登州总兵夏辛酉率第十营官兵5000人出兵北上勤王，并私下给夏总兵交了底，告诉他要缓慢前进，相时而动，切勿直捣天津，更不能与洋鬼子交战。心领神会的夏总兵谨遵袁巡抚的指示，当他慢慢腾腾地行至中途时，京津已经沦陷，慈禧带着光绪帝及一班守旧派大臣仓皇逃离紫禁城，躲到西安去了。

事后，慈禧听说袁世凯于乱军之中北上勤王一事，也甚为感慨。

成功并不是光埋头苦干，还要巧干、会干，要善于观察、善于变通。特别是在官场，为臣者在进一步巩固自己政治权力的同时，还必须会奉承、迎合、讨好上级，以此来保护好自己的“乌纱帽”。

在慈禧、光绪蒙尘西逃的路上，袁世凯没忘记雪中送炭。他东挪西凑了40万两白银，外加400匹贡布，还特意给慈禧准备了30箱水果，一并派人进献给逃亡路上的慈禧。不止如此，他还给一路随行的王公大臣们送去了2万两白银作为零花钱，防止他们给慈禧嚼以口舌。

此举，让慈禧对袁世凯的信任和依赖又增加了几分。

辛丑：是福？是祸？

1900年8月16日，八国联军攻陷北京。

当时八国联军只有2万人，而清兵和义和团总共不下20万人，装备上清兵也一样不缺，可最后的结局是除个别清军将领殊死一战外，大部不战而溃。慈禧所仰仗的义和团更是顿作鸟兽散，唯一留下的物证便是满地的红头巾。

在八国联军占领北京城的前一天，一看大事不妙的慈禧拉着光绪仓皇出宫，“西狩”至陕西西安。

这次“西狩”，是彻头彻尾的逃难，京城无人留守，随行无兵护送，慈禧和光绪甚至都来不及穿戴整齐，便急急如丧家之犬，胡乱地乘了手下大臣的轿子，混在难民中仓皇出宫了。

出逃中的慈禧估计是后悔死了，到现在她才知道这次拳乱之祸惹大发了，由于她对义和团的纵容以及盲目向世界各国宣战，才酿成了北京城陷的悲剧。事已至此，唯一解决的办法也是大清惯用的办法：乞和。逃亡途中，慈禧一方面发布了镇压义和团的上谕，同时派资深谈判专家时任两广总督的李鸿章迅速北上，并命庆亲王奕劻向八国联军乞降求和，会同商办议和事项。

失败必然要付出惨痛的代价。说是谈判，其实是通牒。但还得谈，因为对手太多，胃口又大，不仅有11个国家的政府，还有各自的军方、教会。经过数月的拉锯式谈判，中外双方于1901年终于达成协议。因本年为辛丑年，所以该条约被称为《辛丑条约》。主要内容有八款：一是中国遣使赴德日两国道歉；二是惩办祸首大臣；三是禁止向中国输入军火两年，期满得再展延两年；四是赔款银4.5亿两，分39年偿清，合利息共计银9.82亿余两；五是北京划定使馆区域，区内由使馆团管理，各国并得派兵防守；六是拆毁大沽至北京间之炮台，天津、北京、山海关间之交通要地，允许各国驻兵；七是清廷张贴“严禁仇外”之上谕于各地；八是清廷对任何设立仇外之会党立刻正法。

《辛丑条约》是中国近代史上赔款数目最庞大、主权丧失最严重的不平等条约。单指赔款一项，连本带息总额高达9.8亿两白银，这笔天文数字般的巨款相当于清政府一年全国财政收入的12倍之多。而且，《辛丑条约》连同自鸦片战争以来清政府与列强所签署的一系列不平等条约，就像一条条锁链组成了一个巨大的网，给中国政治、经济、文化、军事等方面层层绑定，彻底将中国套牢进半殖民地社会的巨大深渊。

1901年9月7日，《辛丑条约》举行签字仪式，李鸿章最后一次为大清出场。据说，当时的情形是，奕劻拿笔的手一直在颤抖，对李鸿章说：“这个字由我来签吧。”李鸿章说：“天下最难写的是自己的名字，庆王以后的路还长，你没必要把自己搭进去，这卖国条约还是让我来签吧！”签完字的李鸿章老泪纵横，再一次大口吐血。

当慈禧获知八国联军并未把她列入惩治的“祸首”，并对他们能继续保留清政府感到庆幸无比，于是在批准《辛丑条约》前，得意扬扬地说：“量中华之物力，结与国之欢心。”此外，慈禧还说过一句更不要脸的话，叫：“宁予友邦，不予家奴。”慈禧明白，友邦只要钱物，可家奴却要她的江山，却要革她的命。“天朝物产丰富，无所不有”，分一些与洋人也不过是九牛一毛的事儿，更何况将家财分一些给友邦们，还可通过他们的帮助和支持来统治家奴，好继续当他的“人上人”。

但两个月后的11月7日，为慈禧签下《辛丑条约》承受着巨大舆论压力的太子太傅文华殿大学士直隶总督一等肃毅伯李鸿章油尽灯枯含恨离世，享年79年。临终时他留下了“秋风宝剑孤臣泪，落日旌旗大将坛。海外尘氛犹未息，请君莫作等闲看”的诗句。

李鸿章病危时，中外无不关心其直隶总督的位子①。直隶总督，全名是总督直隶等处地方提督军务、粮饷、管理河道兼巡抚事，是清朝九位最高级的封疆大臣之一，总管直隶的军民政务，又由于直隶省地处京畿要地，因此直隶总督被称为疆臣之首。还有一点，洋人向来与中国交涉，实际都是直隶总督出面代表清政府，因此他们希望有个懂外交的重臣接替李鸿章之位。

有人认为，是德国公使在武昌会见湖广总督张之洞，提出让袁世凯接直隶总督位，张之洞便电告军机处力荐了袁；还有人认为是军机大臣荣禄向慈禧太后推荐了袁；又有人认为是李鸿章遗奏保荐，他评价袁“足智多谋，规模宏远”“环顾宇内人才，无出袁世凯右者”。或许在李鸿章心目中，袁就是他的衣钵传人。事实也的确如此，当时在整个大清国，似乎也真找不出一个比袁更加出类拔萃的人。

不管是谁的举荐，问题在于袁世凯本人有以往的功绩摆在那，特别是他在庚子年国难之际，能够以超人的眼光和超常的手段对待这场乱局，用铁腕手段弹压义和团，稳定了山东局势。同时他又能顺应大势，与东南几位封疆大臣一起促成东南互保，共同保住了大清半壁江山。也是因在义和团运动中果断而出色的表现，袁建立起良好的政治威信，让他的政治地位迅速抬升，堪与刘坤一、张之洞等几位前辈督抚齐名。

时也，运也，命也！成全袁世凯的还有一点，便是他手中掌控的军队。当时，北洋大臣辖内的武卫军前、后、中三军，都被联军尽灭，左军也损失惨重，只有袁世凯的右军因未参战而得以保全。当时联军尚未从京津一带撤走，必须有一个让列强所认可的人出头与洋人打交道，以争取联军早日撤兵，同时又必须有一个让西太后所信任的人来镇压各地人民反帝及反朝廷的运动，这些都是袁世凯得以“出头”的有利条件。

---

① 甲午惨败后，李鸿章因是丧权辱国的《马关条约》的主要议定人，备受舆论呵责。清廷为平复舆论，找一个替罪羊，将李免除一切职务，其直隶总督兼北洋大臣一职由曾任过云贵总督、现任帮办北洋事务大臣的王文韶继任。戊戌政变发生后，宫廷内部斗争愈烈，在这样的情形下，慈禧决定起用对自己颇具忠心的李鸿章，将其调任两广总督。后义和团运动爆发，八国联军攻入北京，洋人叫板，朝局诡谲，慈禧只好再次起用颇懂外交，善于与洋人打交道的李鸿章，将其改任直隶总督兼北洋大臣，靠这个“老外交”与外国议和，收拾义和团与八国联军留下的一地鸡毛。

当然，其中最为重要的，是慈禧对袁世凯的认可，她信任袁的忠实，欣赏他的才干，使他得以破格提升。

袁世凯奉命署理直隶总督后，恰巧生母刘氏病逝，袁再三请辞回河南项城原籍守制，但慈禧不许，袁只好领命赴任。还未到任，袁先把“自己人”作了一番部署，副将张勋、守备孟恩远、都司曹锟、吴凤岭等都奏荐嘉奖。袁又特疏保荐唐绍仪，到任后发布的第一道人事命令，便是提拔 39 岁的唐绍仪为津海关道（正四品），执掌了大清国数得着的“肥缺”之一。唐绍仪自朝鲜起便一直追随袁世凯，袁在山东巡抚任内曾创设商务总局，唐便以道员总揽局务，拟定各项规则，办理颇有成效。同时袁还命唐发挥他的外交才能，与洋人进行教案交涉，让其成为自己的左膀右臂。

1901 年 11 月 20 日，袁世凯一切安排就绪，乃把山东巡抚事务交于护理巡抚布政使胡廷幹，然后起程北上。11 月 26 日，春风得意的袁世凯抵达了保定东南部的高阳县，直隶护理总督周馥派人捧直隶总督大印前来迎接。所谓“护理”，其实也就是代理，这位周代理很早就是李鸿章的幕僚了，其资历和袁世凯的叔父袁保中差不多，而现在却比他的晚辈袁世凯还慢了半拍，从中也可以看出袁世凯火箭升迁的冲劲和速度。

此时直隶总督署的驻节地在天津，但现在天津城还被八国联军控制，因此袁世凯无法去天津就职，只好到保定上任。11 月 27 日，袁世凯接收印绶，即日履任现职。

11 月 28 日，还在西安的慈禧太后念到袁世凯与南方几个督抚“共保东南疆土，尽心筹划”，功劳卓著，又赐给袁世凯一个“太子少保”的头衔。太子少保本是一个空衔和荣誉称号，但在封建王朝得到这个头衔是极为荣耀的。所以，袁世凯非常喜欢这个头衔，喜欢人称他“袁宫保”。当时袁府家中的人，包括佣人都叫他“宫保”。

第五章
北洋军的政治舞台

逼出来的警察部队

中国有正式的警察是从袁世凯在直隶总督任期内开始的，算起来，袁世凯是第一个吃螃蟹的人。

1900 年 7 月 14 日，八国联军占领天津。

在经过一番野蛮地烧杀劫掠之后，联军为攫取在天津的利益，共同成立了“都统衙门”，对天津实行殖民统治。袁世凯接任直隶总督一职后，联军在天津尚未撤退，这时清廷已经催办他接收天津事宜，袁便派善外交的天津海关道唐绍仪办理接收八国联军分占的天津城区，收回秦皇岛口岸管理权等事务。

1902 年 8 月，经清政府与各国交涉后，驻扎在天津的联军开始撤出。此时的天津，饱经八国联军的蹂躏，可谓社会凋敝，千疮百孔，生产萎缩，商品缺乏，盗贼流寇蜂拥而起，又有昔日的义和团团民纷纷入奉耶稣教以求自庇，与天主教教民发生聚众格斗、伤毙人命的事件，社会治安非常差。联军在撤出天津之前再次重审，天津周围 20 华里以内不许驻扎中国军队，这条也是《辛丑条约》里的规定之一。实际上，这条规定相当于剥夺了清政府在整个天津市的驻兵权。天津如不驻兵，也就无法施政，更何况天津是拱卫北京的门户，中国军队如不能在天津驻守，一旦时局有变，西方列强随时可以兵临京都。弱国无外交，虽说这是无理至极的要求，但大清国没有讨价还价的余地。

由于城区内不准驻兵，如何解决天津社会治安问题成为袁世凯眼前的头等大事。为维护社会稳定，袁采取了剿抚兼施的方针，对义和团进行了招抚，发布了在义和团运动期间，所有民教相仇各案，概予完结，不得再行追究与寻仇报复的命令。但命令还得人去执行，一旦出现暴恐案件，没有驻军去围剿和弹压，怎么办?

等是等不来办法的。于无路之中寻找出路，这是成功者必备的素质。袁世凯召集众幕僚研究对策。有人说，可以再跟联军谈判，要求驻军；也有人说，实在不行就退而求其次，减少驻军的规模和数量；更有人提建议说撕破脸强行驻军。众人你一言，我一语，纷纷献计，但袁世凯对他们的这些计策都不是很赞成。

上有政策，下有对策。事逼到一定份上，总会有解决的办法。“水晶狐狸”徐世昌听完大家的发言后，用他特有的慢腔说：“我这儿有一李代桃僵之计，不知能不能行得通?”

袁世凯当然知道这个老狐狸鬼点子多，说：“菊人大哥，说来看看?”

徐世昌说：“再行谈判和强行驻军都不可取，我们何不借鉴西方的巡警制度，将军队改变一个身份，表面上换一下行头，变身为巡警，而实质上却代替军队行使职能。按照国际惯例，警察并不属于正式军队之列，故不与《辛丑条约》相抵触，还能解决城区治安问题，这就是我说的李代桃僵之计。”

袁世凯几乎失态地从椅子上跳起来，边鼓掌边说：“太好了，太好了，菊人大哥，你只一招，就将这个令我头痛的难题迎刃而解，这个主意太好了!”

设立巡警制度，这在中国是从来没有过的，从这足以看出徐世昌思想的开放及兼收并蓄的睿智和机变。徐世昌是一个善学者，他善于把中西方政治、军事、经济、文化等差异进行比较研究，相互借鉴，取其所长，这一点是很多幕僚身上所没有的。

有了徐世昌的锦囊妙计，袁世凯给朝廷上奏折，提出了设立巡警的建议：“臣于莅任之初，即预筹津地收回必当以善其后。迨至交津有期，而各国订立条约，复有距天津二十华里，华兵不能驻扎之议。迭经电请外部向各国公使磋商，始议明巡警不在此列。维时天津盗贼繁多，疮痍满目，兵力既不能到，则唯赖巡警以震慑而绥靖之。”

巡警为近代国家所特有的工种，在古代中国，虽也有衙役、捕快之类，也起一些维护治安的职能，但远没有现代巡警专业化。在天津设立巡警，一来可以维护当地治安，二来可以威慑外国驻军，战时可以起到“准军队”的作用，三来也钻了《辛丑条约》的空子，让列强无话可说。

有了舞台好唱戏。袁世凯很快在保定招募了2000名巡警，又吸收都统衙门原有华籍巡捕1000余人，组成一支3000多人的队伍。这3000人警服一穿摇身一变改编为“巡警营北段”。袁世凯派他的干儿子段芝贵为统领，以维持治安的名义浩浩荡荡开到了天津。

说到段芝贵其人，应多说两句。

段祺瑞其人鼎鼎大名，但其族叔段芝贵，名头也不小。也不知怎么搞的，史书上反而称段祺瑞为“大段”，而称其族叔段芝贵为“小段”。小段的名头不是来自其卓越的领导才干，而是因他是北洋时期“政坛第一皮条客”而臭名远播。

段芝贵的父亲段日升是当地县衙的一个差役，因出身衙役家庭，小段打小对官场上的那些腐败就耳濡目染。所以，这个小段看上去相貌文雅，骨子里却浸染圆滑钻营的坏习气，溜须拍马更是他的看家本领。段芝贵小时候读过几年私塾，肚子里有点墨水，可朝廷有规定，差役之子不准参加考试，对于小段这个有志青年来说，这是横在前进道路上的一座大山。于是，他愤而辍学，经人引荐，到当时李鸿章开的义和典当铺当了一名跑腿的学徒。在李鸿章手下做事，善于溜须拍马察言观色的小段很快就赢得了李大人的赏识。1885年6月，倡导洋务的李鸿章在天津创办了北洋武备学堂，小段凭着关系成了学堂的第一期学员。毕业后，他被李鸿章留在武备学堂担任教员，后又同李鸿章之子李经方①一起，被派赴日本士官学校深造。从日本留学回国后，小段供职于朝廷军械局。

后来，袁世凯在天津小站筹建新军，善于投机钻营的小段通过关系，迅速投靠到袁世凯手下，谋得一个督操营务处提调兼讲武堂教习的职位。但一心想着继续往上爬的小段并不满足，针对袁世凯贪财好色的毛病，小段投其所好，花重金买了一名貌美如花的名妓送给了袁世凯。果然不到半月，小段

---

① 李经方，李鸿章六弟李昭庆之子。因李鸿章年40岁仍膝下无子，后过继给李鸿章为长子。将李经方过继为嗣两年后，李鸿章生嫡子李经述，但仍以李经方为嗣子，称之为“大儿”。

连升两级，一下子当上了步兵第二营统带。

“美人计”旗开得胜，小段趁热打铁，对袁世凯更为殷勤，甚至是甘愿丢掉人格装孙子装儿子。他每天早晚都要去给袁世凯请两次安，并行跪拜大礼。袁世凯心里受用，但嘴上却故意问：“自古以来子女对父母才是朝夕请安，我也不是你的父亲，你为啥要这样呢?”小段跪爬到袁世凯脚下，不要脸地说：“生我者父母，培植我者公也。大人若不嫌弃，请收我做个儿子吧。”不由分说便砰砰砰磕头行了三拜三叩大礼，认了袁世凯做干爹。

回到天津之事。联军分批从天津各地撤出，袁世凯便将“巡警营北段”扩编为若干个大队、分队，陆续开往各地接防。巡警队的具体任务是负责消防、户口、营缮卫生、车辆、戏院、妓院、保护过境大吏，缉捕，情报等管理事项，这对于维持社会秩序，大至凶杀抢劫案的侦破，小至里弄卫生，都起到了非常好的效果。据《容庵弟子记》说：天津自巡警建立以来，“奸宄不行，闾阎安诸，成效昭然，中外翕服，中西商人交口称誉”。随后，袁世凯又在巡警总局建立直属马巡队、河巡队、拘留所、差遣队、消防队、电线巡警队和侦缉队等。1902 年 10 月，袁世凯又从直隶淮军抽调 2000 名老兵，成立铁路巡警总局负责京山铁路的治安任务，局址设在北京火车站，受天津南段巡警总局的领导，这就是中国现代铁路警察之肇始。

从此，警察出现在中国社会之中，成为社会管理不可或缺的组成部分。1905 年 9 月，京城内突然发生一起行刺五大臣的暴恐案件，朝廷上下大为震惊，这时，袁世凯立刻派天津警察 200 余名前往暴恐地点侦破案件并维持治安。接下来，徐世昌建言袁世凯乘机向朝廷建议成立巡警部以加强社会治安。待巡警部成立后，袁保举徐世昌和赵秉钧分任巡警部尚书和巡警部右侍郎，原在北京办警务的皇族、川岛芳子的生父肃亲王善耆任左侍郎，可这位善耆大人没有他女儿川岛芳子的计谋，根本不是阴险狠毒的赵秉钧的对手，因此，北京的警政大权被赵秉钧一手控制着。这样，清政府的警政大权自然是落在了袁世凯的手中。

作为巡警部一把手，徐世昌在考察中外官制史后，对警察编制进行了改革，并参照外国拟定了中国最早的《警务章程》。他认为应多设专理之官，不宜多设总辖之官，力求各司其职各管其部。他特别规定，警官最高职位为四品，从而大大提高了巡警的社会地位。

为从根本上提高巡警的素质，徐世昌又建议袁世凯奏请朝廷设立了保定警务学堂，专为培养直省警察而设。学堂分设警官班和警兵班，课程毕业后派往各局、所充当官长和巡警。保定警务学堂的设立，对于迅速提高中国警察的职业素质和树立有法度的国家形象起到了极大的促进作用。

1902 年底，袁世凯、刘坤一、张之洞联名上奏，要求修改法律，并建议学习西方各国律例，“择善从之”，以适应社会形势变化，还推荐对法学非常有研究的刑部右侍郎沈家本和中国近代第一个法学博士、修订法律大臣伍廷芳为修改法律委员会的主任。到了 1909 年，已制定了《刑事诉讼法》《民事诉讼法》《大清刑律》等多部法律。

老佛爷回京

生活对每个人来说，都有各自的活法和选择。有的人做事喜欢低调，有的人则喜欢高调；有的人穿戴很随意，而有的人却特讲究，不一而足。

慈禧这人就特喜奢华和排场，尤其讲究生活质量，即便是在落难中。

慈禧逃至西安后，正值陕西大旱，灾民人数多达 300 余万。可这位老佛爷一点儿也没有佛的慈悲心肠，她依旧挥霍无度，设在西安专办皇差的支应局开局不到一个多月，就耗费白银 29 万余两。在临时的行宫内，她也按紫禁城的规格专设了御膳房，下分荤局、素局、菜局、饭局、茶局、酷局、点心局等近 10 个局，每局有厨师 10 多个人，共有 100 多人侍候，每餐必须先有太监呈上菜单 100 余种，由慈禧挑选，两宫每日需花费白银 200 多两。盛夏，慈禧想喝冰镇杨梅汤，可西安城内没有冰，地方官只好派人到距西安城 200 多里的太白山石洞里取冰。为了供慈禧在西安食用牛奶，当地专门开辟了一个牧场，由一个五品官管理，每月花费白银 600 多两。两宫在西安短短的一年时间，总共耗费了白银 12 万两之多。

《辛丑条约》签订之后的 1901 年 10 月 6 日，慈禧太后带了随行数万人，准备了 3000 多辆大车，带着搜刮来的民脂民膏白银 70 多万两和绸缎珠宝，“车辚辚，马萧萧”，大队人马出潼关开始返京。皇帝回京当然和百姓不一样，官方名称叫“回銮”。喜奢华的慈禧命人告知沿途地方官，御辇所经道路必须以黄沙铺平。每里铺沙所花费白银 20 两左右，每 60 里地设一行宫。

大部队行走迟缓，在陕西、河南走了两个多月，12 月下旬进入直隶境内。做好迎接回銮工作，是上任直隶总督兼北洋大臣不久的袁世凯面临的最重要政治大事之一。官场中有一条“领导满意定律”，领导高不高兴、乐不乐意、开不开心，直接决定着你的前途和命运。西太后高兴与否，说白了不仅关系到袁世凯脑袋上面的乌纱帽问题，甚至关系到乌纱帽下面的脑袋问题。

袁世凯早有准备，他早就将保定的行宫重新修缮，布置得光彩夺目、富丽堂皇，虽然没有紫禁城那般奢华，但也足以让逃难归来的慈禧有种回家的感觉。但这仅仅是物质的享受，袁世凯考虑更多的是能否给慈禧精神的愉悦，以讨取其欢心。

可怎么才能让老太后欢心呢？一连几天，袁世凯琢磨来琢磨去，也没想出个所以然来。这天，袁还在为如何迎接西太后的事伤脑筋，卫士报告说唐绍仪来汇报工作。

袁世凯并非科班出身，既未中科举，也未出洋留过学，因此对有海归派背景、博学多才的唐绍仪十分看重，自从在朝鲜将他挖到门下后，唐绍仪便以候选从七品的资格担任袁公署的西文翻译，并兼理秘书事宜。袁世凯和水泊梁山的宋公明在用人作风上颇多相似，他俩都很会笼络人、识人和用人。因唐有外交才能，袁便安排他协助自己应付与各国的外交事务。在袁的保举和帮助下，唐的事业飞黄腾达，从一个七品的芝麻小官步步登高，先后任职驻朝龙山商务委员、驻朝汉城领事、中国驻朝总领事，直至今天的天津海关道。可以说，没有袁世凯，就没有唐绍仪的仕途之路。同样，袁世凯在朝鲜，没有唐绍仪，就不可能有处理外交事务的折冲樽俎和波光潋滟。

唐绍仪见老领导愁眉不展，便问其缘由。袁先叹了口气，说：“少川（唐绍仪），你来得正好，老佛爷很快就要回京，我想搞一个欢迎仪式，你看这个仪式怎么搞才能让老佛爷高兴？”唐绍仪想了有五秒钟，随口说：“在国外迎送国宾都举行音乐演奏，这次老佛爷由西安回京，长途跋涉，肯定是又累又烦闷，不妨把乐队调上去，给老佛爷吹上几曲，保准老佛爷高兴。”袁翻着眼睛看着唐，不住地点着头说：“一句话提醒梦中人。少川，你这个主意不错，整个乐队上去，又新鲜又放松心情，不错。”

还是在小站练兵时，当时的天津知府李映庚通晓音律，建议为新军创建军乐队以鼓舞士气。中国称得上是礼乐之邦，可是军乐的使用在每个朝代的重视程度都不一样，唐朝时唐太宗非常重视，可到宋朝以后便渐渐忽略了。西洋隆重的军乐曾给袁世凯很深的印象，于是，他听从了李的意见，从欧洲花重金买回一批乐器，聘请了一个颇懂音乐的德籍顾问组建了一个仿欧式的军乐队，所有乐器完全采用西洋的，并在新军中推行欧式的号兵制度。

袁世凯做事向来心思缜密，礼数周全。为了表现出对太后的忠心，袁提前一天就到省界恭候圣驾。1902 年 1 月 3 日，慈禧与光绪到达保定，他们当然受到了袁世凯盛大而隆重的欢迎。1 月 7 日，袁又亲自护送两宫进京。为了取悦老佛爷，袁为太后和光绪安排了当时世界上最豪华的专列。这列火车共22 节车厢，其中有上等车厢 4 节，太后光绪各用一节，车厢内均用黄绍绒、黄缎铺饰，所有御用瓷器碗盏，均由时任中国铁路总公司督办、被誉为"中国实业之父"和"中国商父"的盛宣怀呈进，车厢内外布置之奢华，国人见所未见，洋人也为之惊讶。顺便补充一句，慈禧太后乘坐的这辆专列，10 年以后成了孙中山的专车，再过 16 年，这辆专列载着东北王张作霖奔向了死亡地狱。

当日，列车抵到北京马家堡车站。此时，军乐队早已奉袁之命整队在车站迎驾，慈禧和光绪下火车后，袁世凯率百官跪迎。之后，鼓乐齐鸣，响彻云天。慈禧并不晓得，军乐队奏的乐曲竟然是法国国歌《马赛进行曲》。因为当时清朝没有国歌，更没有其他迎接帝王大典的曲子，组建时间不长的军乐队只会奏几支外国的国歌。好在大家都是乐盲，也听不出什么曲子，更不知道当时应该奏什么曲子，只是听着好玩就够了。慈禧和光绪从来没见过这些新鲜玩意，所以极感兴趣，她走到乐队前仔细端详这些奇形怪状的乐器，并且用极兴奋的口吻打听乐器的称呼。袁一一为太后解释，他这些洋玩意确实把老太后唬住了，慈禧连日劳累疲惫的脸上终于有了笑模样。袁世凯的功夫没白费，慈禧一高兴，赏了袁一件黄马褂，还特批他可以在紫禁城骑马。不管怎么样，讨得了太后的欢心，袁的目的也就达到了。

不过，随侍在慈禧身边有一位见过大世面的德龄公主[①]，她曾随父亲裕庚游历过欧美各国，有一次出使法国时曾看过军乐队演奏《马赛进行曲》，

---

① 德龄公主，原名裕德龄，笔名德龄公主。少年时随父先后在日本和法国生活了六年，见多识广，精通多国语言。随父回京后和妹妹裕容龄一同被慈禧招入宫中，成为紫禁城八女官之一。曾用英文写作出版了《清宫二年记》《清末政局回忆录》等多部反映晚清宫廷及社会政治生活的作品，为后世的学术研究和文学创作提供了佐证和参考。1944 年，58 的德龄公主在加拿大死于车祸。

对这支曲子也比较熟悉，也懂得奏此曲来迎接老佛爷是件很可笑的事。但她深知老佛爷的脾气，也不敢当场把这西洋镜拆穿，同时她也觉得袁世凯建立军乐队总是一种迎合时代的东西，而清朝又没有正式的曲子，所以她在事后有机会和老佛爷谈到军乐时，便建议说："世界各国都有自己的国歌，咱们大清也应该有国歌。老佛爷出巡或是有国家大典的时候，军乐队奏起大清国歌，那才叫庄严呢！"慈禧本身就是一个喜欢讲排场和爱面子的人，所以她听了大感兴趣，顺口说："是嘛，赶明儿叫人作一支曲子唱唱！"虽是这么说，说过也就忘了。一直等到她死的时候，也没有一支属于大清国的国歌诞生。

后来到了1911年10月，有人提议由当时清廷的典礼院制定"国乐"。"国乐"制作完成后，清廷谕令内阁：典礼院会同礼部各衙门创作、呈览的"国乐"，声词尚属壮美，节奏颇为叶和，即定为国乐，一体遵行。"国乐"被命名为《巩金瓯》，由严复作曲，溥侗作词，郭曾炘修订。歌词含义很有些气势：巩金瓯，承天帱，民物欣凫藻，喜同袍，清时幸遭。真熙皞，帝国苍穹保。天高高，海滔滔。意思说的是：承蒙上天庇佑，当保牢疆土。老百姓们都欢欣鼓舞，庆幸生于清平盛世，真是幸福吉祥，心情舒畅。大清帝国有上苍保佑，会像苍天一样不会塌下，像大海一样不会枯干。但讽刺的是，大清帝国并未得到上苍的保佑，而是很快地枯干了。

在清朝国歌颁布的第六天，武昌起义就爆发，很快，清廷就灭亡，国歌《巩金瓯》似乎成了大清国的"葬歌"。

庆袁集团挂牌

哪里有压迫，哪里就有反抗。中国的老百姓是最善良和最具忍辱负重精神的，只要有一口饭吃，只要能勉强地活下去，再难也忍了。但遇有被逼上梁山的时候，就不得不反了。

《辛丑条约》签订后，清廷命令各省摊派庚子赔款，直隶每年分摊了80万两白银，当然，他们又一级一级往下摊派。不止这些，一些州县同时还要赔偿本地的教会损失，即所谓的"小赔款"。农民既要缴纳正粮正差杂税，又平白增加这笔"洋捐"，负担之重，前所未有。

老百姓再也活不下去了，纷纷聚众抗议反对缴纳赔款。1901 年 3 月，法国传教士和广宗知县议定地方赔款为京钱 2 万吊（折合纹银 1 万多两），强制各村按照地亩摊派，此举一下点燃了久压在百姓的心头之火，他们公推景廷宾①为总团头，竖起“官逼民反”“扫清灭洋”的大旗，集合起来武装抵抗官府。袁世凯接到报告后，立即指派大名镇总兵何永盛、正定镇总兵董履高率领练军驰往广宗镇压，景廷宾指挥联庄会农民奋勇抵抗，给清军很大杀伤。

景廷宾起义的消息不胫而走，中外反动派认为是义和团重起，恐慌万分，各国驻京公使催促清政府派兵进剿。惊愕之下的西太后马上命令袁世凯予以清剿。袁世凯立刻派手下得力大将段祺瑞、倪嗣冲等率兵 2000 余人，由保定南下杀奔景廷宾；同时派马龙标从山东调集武卫右军先锋队数营，从德州、济宁一线西进合围。袁世凯亲自到前线督战，新建陆军果然战斗力非凡，起义军溃不成军，两个月后，景廷宾被俘，尔后被凌迟处死。

慈禧太后见袁世凯镇压起义得力，迅速稳定了京畿局势，大为赞赏。1902 年 6 月，清廷实授袁世凯为直隶总督兼北洋大臣。是年，袁世凯仅有 44 岁，与当时有名望的大臣和督抚动辄六七十岁比起来，实在是太年轻了。

官当大了，权也有了，最大的好处之一是掌握了金钱应用上的便利。作为政治家，作为权谋大师，袁世凯向来挥金如土，出手大方。他悟透了舍得这一辩证法，这应该也是他成就霸业的主要原因之一。在这一点上，袁世凯与王莽有些相似。王莽广散钱财，广结贤士，善于结盟拉拢关系。袁世凯也是，他用权和钱作“敲门砖”，广结善缘，结纳各国外交使臣，联络京城权贵，成功地斡旋在中外政坛之间。袁世凯还有一个最大的特点，就是机警。他深知自古以来“高处不胜寒”的道理，地位越高，职务越大，虽风光无限，却也越容易引起别人的注意，这就是所谓的职务高一分，责任大一分，危险也就多一分。在这一点上，他又与他的前辈曾国藩、李鸿章有些相似。官场第一大忌就是功高震主，皇帝最怕的就是臣下拥兵自重。曾国藩在消灭太平军后，立刻遣散湘军，辞官归乡，并将战功卓著的弟弟曾国荃一再压制，不让他独占鳌头，为此令曾国荃愤而不解。

---

① 景廷宾，义和团运动后期的农民起义领袖，第十一代梅花拳传人。24 岁时考中武举，为人慷慨好义，爱打抱不平。不满清政府的腐败，更是不忿洋人对百姓的欺辱和压榨。因教案赔款摊派问题，当地百姓与政府发生矛盾，景廷宾遂组织民众奋起反抗，后被袁世凯派重兵包围兵败被捕，慷慨就义。

清朝统治中国后，作为掌握皇权的少数民族，对汉族无时不保存着猜忌之心。作为袁世凯本人，他当然明白其中利害，因此他在博取权力的同时，也时刻保持着警觉，尽可能地拉拢一些满洲权贵与之为谋，利用他们作掩护，以减少清政府对他的猜忌。如在任职山东巡抚期间，他奏请朝廷将正白旗道员荫昌调至山东佐赞军务，任职副都统；他署理直隶总督时，特意挑选了3000名八旗子弟参加了新军训练，并奏保镶白旗道员铁良为京旗练兵翼长。所有这些措施，都说明了袁世凯用心之良苦。

但这些还不够，他想要的是一个安全系数更高的“保护伞”。忧心忡忡的袁世凯被一个人猜中了心思，他就是“黑蝎子”杨士琦[①]。在了解了袁直督的担忧后，杨士琦给主子送了“拢络亲贵、培植势力”八个字的锦囊妙计。

应该说，在袁世凯众多的幕僚之中，如果把“水晶狐狸”徐世昌比作是刘备的军师诸葛亮，则“黑蝎子”杨士琦便是庞士元，可以说，杨士琦是袁氏智囊中最重要的人物之一。

杨士琦因在兄弟中排行老五，又称杨老五。杨老五出身好，家庭背景深厚，祖父杨殿邦在道光后期曾任职漕运总督，官至正二品，而且这个职位还有油水。父亲杨鸿弼虽没有功名，但身体好精力旺盛，老婆刘氏给他生了八个儿子。儿子们也都很争气，兄弟中有五人考中进士或举人，是晚清安徽地界两个“五子登科”家族之一。老大杨士燮中光绪甲午科（1894年）进士，曾任嘉兴知府，官至浙江巡警道，属正四品官职。老三杨士晟中光绪壬辰科（1892年）三甲末名进士，与首任北京大学校长蔡元培是同年，曾任无锡知县，民国时做过芜湖关和苏州关监督。老四杨士骧中光绪丙戌科（1886年）进士，与徐世昌是同年，继袁世凯之后担任直隶总督，在兄弟中官位最高。老七杨士铨是光绪癸巳科（1893年）举人，官至知州。老八杨士骢曾任京奉铁路总办、山西巡盐道，其子杨毓珣娶了袁世凯的三女儿袁叔祯（后改名袁静雪）。

杨士琦外貌清癯，额头隆起，目光炯炯有神，具有非凡的洞察能力。与人结交，最初的表现让人觉得深不可测，时间长了，便觉得温和。有人说，

---

① 杨士琦，字杏城，安徽泗县人。先入李鸿章幕，李死后投靠袁世凯，随后成为袁的心腹。杨心狠手辣，善用一种毒药水。他是洪宪帝制的主谋之一，后随着袁“皇帝梦”的破灭退隐朝野。再后来他被自己的小妾小白菜用毒药水毒死，结束了其丑角的一生。

他表面上俨然是个学者，实则其险辣阴狠比赵秉钧有过之而无不及，因此有人背后称他为“黑蝎子”。

杨老五光绪八年（1882 年）中举人，可再想往上考贡士时却栽了跟头。古时的科举制度有明文规定，中举后顶多做个县太爷，而考中贡士和进士后才能入朝为官。贡士这座大山挡住了杨士琦当大官的梦。那还想走仕途之路怎么办？当然有办法，就是捐纳。捐纳就是卖官，估计是怕叫卖官不好听，便起名叫捐纳。过去，买官卖官是有制度可循的，花多少钱买多大的官，明码实价。唐、宋、元、明都有捐纳，到了清代，特别是晚清，则更加登峰造极。想当大官的杨老五一咬牙一跺脚，花了 1 万多两银子买了个道员，被清政府安排到关内外督办铁路事宜，这一干，就是 10 余年。

当时铁路的修建问题是一个热点敏感问题，因大清国国库空虚，要想修铁路只得贷款。1898 年，清廷要修建京奉铁路，英、俄两国为争夺修建贷款权打得不可开交，这搞得清政府在贷谁的款这个问题上很郁闷。杨士琦作为督办铁路的道员及时上书李鸿章采取矛盾交由英、俄两国自己协商解决的办法，让这一难题迎刃而解。于是，这一个在李中堂眼里小得像芝麻一样的五品道员因其谋事机智进入了他的视野。1998 年 11 月，慈禧重新启用赋闲在贤良寺的李鸿章为两广总督，赴任之前，李鸿章特奏请朝廷将杨士琦和他的四哥杨士骧挖到自己门下。

但杨士琦的目光并不囿于局内，他放眼观察着天下的情势。此时，袁世凯已被调任山东巡抚，义和团正闹得风生水起，但杨士琦已看出这帮乌合之众成不了大气候，便上书袁世凯，请其痛剿义和团。杨士琦有理有据的分析和建议正迎合了袁的心理，杨本人也引起了袁的注意。这是杨与袁的第一次不谋面的接触，也为杨以后步入袁府埋下了伏笔。

1900 年 6 月，八国联军入侵北京，慈禧和光绪帝率两宫逃往西安，朝廷下诏将李鸿章由两广总督重新调任为直隶总督兼北洋大臣，代表朝廷向联军议和，杨氏兄弟也随同北上进京。李鸿章特意指派机警善变的杨士琦作为朝廷和八国联军议和中的联络员，他因圆通融滑、善于逢迎，深得李鸿章和庆亲王奕劻的赏识。

一年之后，李鸿章驾鹤西去，袁世凯接任直隶总督。幕主死了，作为幕僚的杨氏兄弟的人生之路到了一个拐弯处。杨氏兄弟正在徘徊之际，袁世凯及时向这哥俩抛出了橄榄枝。杨家哥俩对袁世凯也是心猿已久，两人随即一起投入了袁的怀抱，成为袁最重要的智囊。

杨士琦对袁世凯说："大人，我看中了一个人，只要结交于此人，大人也就有了根基。"

袁世凯问："什么人？"

杨士琦答："他就是庆亲王奕劻。"

在这一问一答之间，奕劻已命中注定般地坐到了袁世凯预设的贼船上。

奕劻此人可大有来头，他是满洲镶蓝旗人，爱新觉罗氏，乾隆第十七子永璘之孙，光绪的皇叔。1884 年，慈禧罢斥恭亲王奕䜣，本无实权的奕劻因此接任了总理各国事务衙门大臣，主持外交。次年，清政府又设立海军衙门，奕劻又受命会同醇亲王奕譞办理海军事务。权力越来越大，职务越来越高，可他却因军政素质平平而庸碌无为，常常被同僚所暗讥。但即便是这样，也未影响奕劻的仕途，原因是奕劻很会来事，善于揣测慈禧心思，说白了就是善于阿谀奉承，溜须拍马，"荣辱忽焉，皆在圣意"。慈禧对他很信任。据说奕劻为了讨好慈禧太后，教太后及太后身边的人学打麻将，使得太后身心得到了极大舒缓，因此奕劻愈发得到太后的喜爱。1894 年慈禧太后过六十大寿时，太后一高兴册封他为庆亲王。后来，他又在 1908 年获授铁帽子王，世袭罔替，成为清廷授封的最后一个铁帽子王。可悲的是，因为奕劻比"大清国"多活了几年，所以他的"铁帽子王"只传了自己一代。

杨士琦又补充说："一来奕劻庸碌无能，并无真实才干，而且此人极其贪婪，容易操控；二来我预感到奕劻将来必会接替荣禄成为领班军机大臣。荣禄虽然很忠心，但他太有个性，太有主见，这为太后不喜。所以太后一定会从现在的军机大臣中挑一个肯听她话的人出任新任领班军机大臣。奕劻胆小且没主见，正是不二人选。"

袁深知杨的机警善应，频频点头说："好，此事就由你全权运作。"

于是，一场精彩的贿赂戏拉开了帷幕。

庚子年杨士琦曾随李鸿章北上议和，时因李年逾古稀，身体孱弱，杨遂受命在李与庆亲王奕劻之间联络肆应，从而得与庆亲王结识并熟稔。一日，杨登门拜访庆亲王，说了几句崇拜之类的客套话之后，遂将一张 10 万两的银票送至庆亲王手中，奕劻顿时眉飞色舞，却假惺惺地推让说："慰亭（袁世凯）太客气了，我怎么能要他的呢？"杨士琦说："袁宫保知道王爷不久必入军机，在军机处办事的人，每天都得进宫伺候老佛爷，而老佛爷左右，许多太监们，一定向王爷道喜讨赏，这一笔费用，也就可观。所有这些数目，不过作为王爷到时的零用而已，以后还得特别报效。”杨的一番巧言令色给了庆亲王足够收下的理由。

说到这儿，我们有必要介绍一下这位晚清“大老虎”奕劻的贪得无厌。史学家刘厚生先生说：“醇王奕譞之贪黩，远比恭王为甚；而庆王奕劻之贪黩，尤十倍于醇王。”这位大清首富，仅在汇丰银行就有200万两白银以上的存款，当时有人说他家是“细大不捐，门庭如市”，戏称之曰“老庆记公司”。由此可见庆王贪婪庸恶、卖官鬻爵的严重程度。《泰晤士报》《纽约时报》都提到他家就是中国官场的“集市”，连门房都设了“收费站”。据说奕劻收礼很有意思，如果有厚礼送庆王府后，由王府回事处的官员趁庆王上朝或者外出的机会，抬着盛礼物的方盘报告庆王：“请王爷看一看，这是某某某送来的。”庆王这时总是不经意地说一句“费心”便算完事。如果礼物异乎寻常时，回事处还补一句“请王爷看一看”。这时，庆王便停下脚步，往方盘中撇上两眼，但口中却加重语气，说一句“如此费心”。可见庆王对收礼已是泰然处之，见怪不怪了。

水不动就是死水，人不动就是废人。有人总结出人要有六动：关系靠走动；团队靠活动；客户靠感动；资金靠流动；生命靠运动；成功靠行动。处关系一定要靠维护，靠走动，而靠金钱结交的关系往往是俘虏与被俘虏的关系，这样的关系必须是一种纠结、缠绕和相互利用的关系。

不久，荣禄去世。正如杨士琦预想的那样，奕劻入主军机，杨“以后还得特别报效”的允诺当然一一兑现。这场郁赂戏也就此越唱越华丽了，自此，杨穿梭于庆王和袁之间，当起了联络人。月有月规，节有节规，年有年规，遇有庆王及福晋的生日，唱戏请客，一切费用，甚至庆王的儿子成婚，格格出嫁，孙子满月周岁，所需开支，都由袁一切布置，不费王府一分钱花销。

钱真是个好东西，能主宰很多人的思想和灵魂。袁利用金钱对庆王的魔力，使庆王成了袁的铁杆内援和他的“代言人”。庆王遇有重要事件，及简放外省督抚、藩臬，必先就商于袁，因此袁借机培育自己的势力。就这样，袁大总督通过奕劻遥控朝政，成为大清最有权力的总督。

一场关于“寿诞”的战争

中国是个礼仪之邦，向来注重礼尚往来，现在的人重视，过去的人也重视。不过，送礼对于官场中人来说，却不是简单的习俗，它更是一种政治。很多时候，礼到了，理也就有了，财也就到了，官也就提了。

但送礼可不简单，给谁送，怎么送，送什么，里面处处都透着玄机和学问。

1904 年的阴历十月初十是慈禧的七十大寿。举国上下当然得隆重祝贺，而京都的皇宫内更是布置得像过年一样，处处张灯结彩，喜气洋洋。过生日当然得有生日礼物，给慈禧她老人家送生日礼物可让王公大臣们费了心思，都把自己压箱底的宝贝拿出来，借机好好拍拍马屁，以图在老佛爷面前留个好印象。

送什么样的礼物，方能讨得老佛爷欢心这个问题，同样令袁世凯伤透了脑筋。

这日深夜，袁世凯躺在床上翻来覆去睡不着，为给老佛爷送生日礼物之事纠结。突然，袁想到了阮忠枢。阮才华横溢，写得一手好公文，尤其在遣词用典上，分寸拿捏得十分准确，对他的拟稿，袁改动得很少。阮“入幕未几，大倚任之，新军军制饷章文牍机务咸出其手”，深受袁之信任。阮的笔头功夫厉害是一方面，而他对吃喝玩乐也相当有研究。袁对阮的垂爱，更非仅一个才字，更有一个恩字，甚至包容其缺陷。

阮忠枢有两大嗜好，一是抽大烟，二是好色。阮以前养成了吸食大烟的恶习，夜里吸烟，早晨起不来，直到下午三点才能起床办公。在新军中，有食大烟者处以斩刑，但袁世凯对阮却不闻不问。关于阮抽大烟，更有一则趣闻，说生人要在袁幕府中找他并不难，如果有一个人满脸烟容，精瘦枯干，保准就是阮忠枢。如果让他吸足大烟之后处理文案，不管多棘手的公文，保准一挥而就。

阮的好色在圈里也是出了名的。小站练兵时，有一次，阮夜入“红灯区”，结识了名妓玉婉容，自此便被小玉所倾倒，以至日日牵魂，夜不能寐。两人山盟海誓，阮发誓要给小玉赎身。但阮深知新军军纪严明，自然不敢贸然娶妓，便向袁世凯说明实情，恳请袁允其二人成婚。他原以为袁会看在结拜兄弟的情分上网开一面，可没想袁沉吟片刻后，十分生气地扔下了一句话，说：“军人应有军人的品德，背父母而婚，是为不孝；娶妓女为妻，更是内辱家门、外辱军荣。”之后，袁扭头而去。阮忠枢木然站立，呆若良久，跟身边的人发牢骚说：“当初如若没有我的资助，他袁项城（世凯）哪会有今日？”谁知，袁世凯却自有打算。他无情地拒绝阮的要求后，却背地派人购置了婚房和各项陈设，又派人到妓院为玉婉容赎身，而这一切都是背着阮秘密进行的。婚娶之日，袁谎称与阮到天津办事。当袁把阮带到一深宅大院，阮但见新宅悬灯结彩，红烛高照，是结婚的喜庆气氛。阮在惊疑之际，佣人从屋内搀出一位新娘子，红纱盖头，袁世凯在一边非让阮为新娘揭去盖头不可。阮莫名其妙，定神一看，才知新娘便是自己昼思夜想的玉婉容，一时惊喜万分。此刻，阮方知这一切都是袁世凯为自己苦心安排的。袁成人之美，令阮大为感动。从此阮忠枢死心塌地为袁世凯效犬马之劳，他本人也成为袁氏智囊团中最重要的高参之一。

袁世凯即刻穿衣下床去找阮忠枢，阮见袁深夜来访，想必有什么大事。袁将情况说明后，阮哈哈一笑，说：“大哥，你找我是找对人了，对于吃喝玩乐这事我绝对是行家。不过，给老佛爷送礼可不同于一般，奇珍异玩对老佛爷来说已不再稀罕，这礼物一要新颖，二要独到，容我好好斟酌斟酌，明日上午告诉大哥。”

还别说，阮忠枢对送礼这套还真研究。第二天早饭后，他就向袁世凯汇报了自己的想法。袁一听，喜上眉梢。

慈禧生日这天，生日宴似乎变成了礼品展示大会，众大臣相继献礼，礼物一件比一件名贵。以往，两江总督张之洞每次呈献给慈禧的寿诞礼物都是价值连城的翡翠绿玉，据说张之洞是懂“玉”的专家，慈禧也最喜欢他送的礼物。这次，张之洞又敬献了用和田玉雕成的玉器猕猴献寿桃，这礼物刚拿出来，立刻引起众大臣的唏嘘赞叹之声。

轮到了袁世凯献礼，先是军乐队奏乐，伴随着音乐的旋律，只见袁迈着方步，先是给慈禧请了安，然后从侍从手里接过一个覆有笼衣的鸟笼，将笼衣撤去，里面是一对鹦鹉。在众大臣惊疑的目光里，袁世凯对西太后说：“臣蓄有鹦鹉一对，乃特地打发人从印度那边觅取而来，为的是要献给太后赏玩，以表臣一片孝心。”

但见精致的鸟笼子里，一条镀金的链子拴着一对毛色分为红绿两色的鹦鹉，鹦鹉站在玉枝上，初看似乎没有什么与众不同和特别之处。但不一会儿，其中的一只竟然用极其清脆的音调鸣叫：老佛爷吉祥如意。所有人都吓了一跳，鸟说人话，从来没有人见识过。正当人们惊喜不已之时，另一只鹦鹉也叫了起来：给老佛爷请安，老佛爷万岁万岁万万岁！慈禧太后乐不可支，吩咐人收好这两只宝贝鹦鹉，自然对袁世凯的精心安排极为满意。

其实，早在1902年慈禧太后的68岁生日时，袁世凯就给了老佛爷一份惊喜。当时，袁花了1万两白银，从香港购置了一辆轿车献给了老佛爷。这辆轿车有着黑色的木质车厢、黄色的木质车轮与辐条、铜质车灯、实心轮胎、两轴四轮，是一辆在今天看起来依然“拉风”的敞开式古典汽车。从外观来看，它更酷似昔日的四轮马车，车厢内设有两排座位，前排座位是司机席，后排座位则是乘客席。据悉，这辆汽车是德国1899年生产的第二代“奔驰”，功率约为4马力，时速15~20公里。在体验坐车时，有趣的是，颐指气使的慈禧突然发现，“车夫”不仅坐着开车，竟然还敢坐在她前面，与自己平起平坐。她立即传旨让“车夫”跪下开车。跪着开车难度系数大增，“车夫”手不能代替脚去踩油门，险些酿成车祸。这可吓坏了观看的王公大臣，他们纷纷下跪，乞求慈禧不要冒险坐车了。后来，慈禧也厌烦了坐这辆减震性能不好的轿车，又换上她的十六抬大轿。这辆“大奔”也被她打入了“冷宫”。

第六章
右手抡大棒，左手玩新政

“二次练兵”阳谋

袁世凯升任直隶总督兼北洋大臣后，他所练的兵也不再称“武卫右军”，而自此开始称为“北洋新军”。

联军进攻北京时，武卫军前、后、中三军在战争中基本上被洋鬼子消灭，左军也损失惨重，只有袁世凯的右军因未参战而得以保全。因此，袁世凯对这支保全下来的军队视如自己的掌中宝，重新对军队进行了规划编制，将之划分为新军三个协。

这时，有一个人找到袁世凯，面呈机宜。此人便是杨士琦的四哥杨士骧。

杨士骧同杨士琦一样，之前同为李鸿章的亲信幕僚。辛丑议和时，杨士骧跟随李鸿章左右，献计献策，参与机密，议和中出力颇多。因杨士骧写得一手漂亮的小楷，李鸿章的重要奏章基本由他誊写。

杨士骧足智多谋，被誉为李鸿章手下继薛福成[①]之后的“小诸葛”，又被李夸赞为“杨机变”。

关于“杨机变”的来由，里面有一段小故事。说是辛丑议和期间的一天

① 薛福成，江苏无锡人。出身于书香门第，自幼受先进思想影响，致力经世实学，不做诗赋，不习小楷，对八股尤为轻视。先后为曾国藩、李鸿章心腹幕僚。薛继承了魏源、林则徐等人的“经世致用”观点，并将这一思想发展为早期的维新思想“经世实学”，后成为曾国藩、李鸿章主导的洋务派的思想旗帜和理论指导。

深夜，李鸿章在庭院内踱来踱去，毫无睡意。见此情景，杨士骧忙上前询问，才知洋人开具了一个赔款账单，可李鸿章所算的数目跟洋人提供的数目始终对不上，而且悬殊很大。在李鸿章看来，赔些银子是一码事，但因此事在谈判桌上丢脸可是一件大事。杨士骧当即说："卑职略懂得一点洋算。"李鸿章闻听大喜，当即让杨士骧验算，结果杨士骧算的数目与洋人的完全一致。杨士骧解释说："我们的算法是用加法，利息是一年年加上去的，而洋人用的是利滚利的算法，最后的结果当然不一样了。"李鸿章豁然开朗，非常欣赏杨士骧的才华，称赞他说："文字机变能应，卒莫如杨君者。"因此，杨士骧赢得了"杨机变"的美誉。

李鸿章死后，袁世凯一股脑将其手下的幕僚班底尽纳入自己府中，鉴于杨士骧的才华，袁对这位大谋士自然是十分看重。

杨士骧说："大人，卑职有一言不知当讲不当讲？"

袁世凯哈哈一笑，说："但讲无妨。"

杨士骧说："当年曾文正公（曾国藩）首创湘军，其后能发扬光大者有两个人，一个是左宗棠，另一个是李鸿章。左宗棠喜大话而不务实，自从平定新疆回京后，因其功劳甚伟而涣散心志，对军队亦是管理松懈，不图军务，致使纵横十八省之湘军几乎成了一盘散沙。然李鸿章不同，其牢牢抓住淮军不放，并操练有加，以致后来尽管遭四方攻击，他仍能维持周应于一时。今大人已有新建陆军之基础，如能竭尽全力，扩训新军，将军权掌控到底，把枪杆子牢牢抓在手中，则朝野上下将仰望大人难及项背，必不敢轻之视之。他日与曾、李争一日之长，非大人莫属。"

袁世凯静静地听着杨士骧的话，深感其言之有理。

杨士骧不愧为"杨机变"，他很准确地揣摩到了袁世凯的心思。晚清中央政府权力下移，地方督抚日渐做强，有枪就有权，腰杆就硬气，这点到了庚子国难之后更是如此。袁世凯心里很清楚，手中只要掌握了枪杆子，他天下第一臣的地位就会更加稳固。当时，整个大清能够跟他竞争的只有一个张之洞，但张之洞的实力比他还是差了一截。袁世凯也深知曾国藩和李鸿章成功的因素，由于时代背景的不同，他不能像曾、李那样靠战争得到掌握军队的机会，但他却因为外强欺侮而获得筹建新军的机会。摆在袁世凯面前的是，他和曾、李都遇到同样一个难题，就是汉人无论替清廷出了多少力，但最终都不会得到清廷的信任，这也是当年曾国藩一直惴惴不安的原因。

袁世凯面带忧虑地说：“还是莲府（杨士骧号）有眼力，能见人所不见。可有一样，编练新军扩充军队，会授人以柄，也必被老太后所猜疑，恐怕会引来杀身之祸。”

杨士骧说：“此事卑职早已替大人想好一个应对之策，只要大人摆平一个人，让此人在老太后面前美言几句，编练新军的问题就不是问题。”

袁世凯连忙问：“不知何人能有此本事？”

杨士骧说：“李大总管。”

袁世凯当然知道李莲英李大总管在宫中的显赫地位，也知道他在老太后面前说话的分量。据说李莲英长得阔嘴驴脸，人仅须将手自额头往下一抹，对方即知道指的是指李。李善伺老佛爷心思，一言一行，立马领会，并极尽曲迎奉承溜须拍马之能事，所以慈禧把李当成了她的精神拐棍，对他依赖有加。只要李莲英出面向太后说情，那自然是手到擒来。若老太后能同意编练新军，其他人也就不足为虑了。袁世凯满肚子的忧虑顿消，又问：“但如何才能结交上李莲英？”

杨士骧说：“此事不难，大人只要交给斗瞻（阮忠枢字）即可。”

袁世凯恍然大悟说：“对，对，斗瞻曾在李莲英府上做过 10 多年家教，这个我倒忘了。好，就依莲府说的办。”又夸赞杨说：“天下多不通之翰林，翰林而真正通者，我看只有三个半人，一个是张幼樵（佩纶），一个是徐菊人（世昌），一个就是足下，张香涛（之洞）只能算半个。”

几天后，袁世凯便找到阮忠枢，要他找李莲英疏通关系，阮忠枢当场拍着胸脯打了包票。

阮忠枢当年与袁世凯在济南偶然分手后，进京候试一举中弟，后投奔李鸿章麾下，李以其“武阀能文，极加器重”，先后担任水师学堂汉文总教习、北洋军械局总文案。甲午战败，淮系飘零，他留在慈禧太后的大总管李莲英家中做家庭教师。小站练兵之始，袁不忘旧情，遂招至小站付以文案差使，自此一直为袁的心腹。

上下活动，拉拢关系，阮忠枢确实有一套。

阮忠枢建议袁世凯采取放长线钓大鱼的办法，隔三岔五就给李公公送上珍贵礼物，却从不提任何要求。收了人家的好处，却不提要求，反倒让李莲英坐不住了。一天李派人来问，袁世凯告诉来人说：“仰慕公公为人，并无一事相求。”这下，李莲英更难为情，最后他实在是感觉到了无功受禄寝食不安的地步，亲自登门到袁府求见。

袁世凯暗自好笑，“只管送、一直送、穷追猛送”的做法终于把大老虎引出洞口了。袁遂大开府门以最高的礼节迎接李莲英进府。两人言来语去，互诉崇拜之情，最后磕头拜了把兄弟。

1903 年的初冬，有李大总管做内应，慈禧终于同意了袁世凯设立练兵处的建议。练兵处，说白了就是大清国的国防军事委员会。袁世凯熟谙政治，工于权术，他吸取曾国藩防范满人猜忌的成功经验，推荐受慈禧宠信的庆亲王奕劻主办其事，当主管国防练兵的“一把手”，而自己甘心做副手。袁世凯之所以把奕劻拉出来，就是想以奕劻打“掩护”，以减少清廷对他的疑忌。此时荣禄已死，庆亲王奕劻已经成了掌握清政府实权的宰辅，奕劻和他的儿子载振一起卖官鬻爵，贪污渎职，袁世凯的大把真金白银早已把他们父子俩拉到了自己的船上。所以，奕劻虽是名义的“一把手”，但中央兵权实际上还是掌控在袁世凯手中。

1903 年 12 月 4 日，清廷下旨成立“练兵处”，委派奕劻为督练新军大臣，袁世凯为会办大臣，户部尚书铁良为襄办，协同袁世凯办理各项练兵事宜。表面看来，三个大臣，满人居二，兵权似乎在满族亲贵的手中，其实不然。练兵处下的各司要员全是袁世凯安排的，军令司正使段祺瑞，副使冯国璋；军政司正使刘永庆，副使陆嘉谷；军学司正使王士珍，副使陆建章。这些人清一色都是袁的小站嫡系，故练兵处的实权仍由袁世凯一手操持。

要钱有钱，要权有权，又有圣旨，袁世凯可以甩开膀子大干了。

袁世凯又奏请朝廷调时任商部左丞的义兄徐世昌为练兵处提调，同时派王英楷、王士珍分赴各地，精选简募壮丁 6000 人。

这次招募新兵，袁世凯还是像之前小站编练新军时一样，有着严格的条件。袁的“知兵”之名绝不是喊出来的，他始终认为近年来武备松弛，疲弱冗杂，主要是因为部队训练方法不当、选募条件不精造成的，因此他命练兵处拟订《募练新军章程》11 条，并附《募兵格式》8 条，共 19 条，招募章程对士兵入伍年龄、身高、体力及有无陋习等都做出了严格规定。这些章程实际上是小站练兵的进一步条理化和规范化。袁世凯把这 6000 名新兵编成步队 12 营，炮队 3 营，马队 4 营，工程、辅重队各 1 营，合计 21 营。因《辛丑条约》规定天津附近不准驻兵，于是袁世凯移师保定训练。这支部队称为北洋常备军左镇，乃全国最早编成的新军，也就此拉开了创练北洋常备军的序幕。

此外，袁世凯还仿效德国常备军制度，制定了《北洋常备军营制饷章》，把军队分为常备兵、续备兵、后备兵3种。服现役的称为常备兵，当差3年，支给全饷，每月饷银4两2钱；3年后退伍回家，列为续备兵，月支饷银1两，平时在家各就其业，每年十月操练一次，以1个月为度，操练时发给全饷；再3年列为后备兵，月饷为续备兵之半，每隔一年操练一次，4年期满，退为平民，停止月饷。遇有战事，续备兵、后备兵须听从征调入伍。常备军制军完全仿德国军制编制，每军分为2镇，每镇分为步兵2协，每协分为2标，每标分为3营，每营分为4队，每队分为3排，每排计兵3棚，每棚计兵目14名。2镇又分附炮队1标，计3营，马队1标计4营，工程、辎重各1营，共成42营。步队每营719名，炮队每营537人，马队每营315人，工程队每营667人，辎重队每营686人，加上军、镇等各机关人员，总计全军兵丁19124名，文武员弁、医生、书役、匠、夫共7996名。这就是袁世凯北洋常备军一军的规模，其营制军、镇、协、标、营、队、排、棚和现代的军、师、旅、团、营、连、排、班基本相仿，没有什么大的区别了。

1904年2月，日俄战争爆发后，杨士骧又建议袁世凯上奏朝廷以“边防吃紧，兵力不敷分配”为由，建议在全国成立新军36镇，先在北洋成立6镇以稳固京畿安全。在这之前，北洋军已经成立了一、二、三镇，分别由王英楷、吴长纯、段祺瑞任统制。1905年初，袁世凯又成立了四、五、六镇。

至此，陆军六镇初步建成。

因为袁世凯此时身兼北洋大臣一职，所以他练出来的六镇精兵世称“北洋六镇”。这六镇，除第一镇因是旗兵袁世凯不能控制外，其余五镇皆是他一手带出来的嫡系部队。各镇的主要将领也几乎都是由他一手选定，基本上都出自天津小站，如段祺瑞、王士珍、冯国璋等都是一镇统制。

常备军的统制都是由考试选拔，王士珍和冯国璋都一考过关当了协统，唯独段祺瑞不及格，这让袁世凯很恼火。在随后的选拔赛中，袁世凯怕这位成绩不佳的段祺瑞仍考不上，就在试前把考题偷偷告诉了段，这才使他轻松过关。后来，段祺瑞每每忆起此事都非常感激，常常对知交说他受袁宫保的私恩太重。

在北洋军不断扩充的过程中，各镇统制调动频繁，段祺瑞就先后在第三、第四、第六等镇担任过统制。这也是袁驭人的手段，他要把北洋军打造成自己的私人武装，就不可能让一个人在一支部队长期担任“一把手”，以免让其再立“山头”，造成另外的一个“系统”。同时，袁世凯对手下的各统制一视同仁，不偏不倚，这也是袁世凯的统御术之一，他要的就是让他手下的重要将领平衡发展，以便互相牵制，便于控制。

千军易得，一将难求。领兵作战关键的是将帅，由于北洋军扩充得太快，各级军事干部的需求量日益增加，为了培养能打仗会打仗的将领，袁世凯在保定开办了一所学校——北洋陆军速成武备学堂。袁世凯亲自担任校长，用来培养新式军事干部，生源主要是北洋各镇在职军官。北洋速成武备学堂是当时全国最大的一所军事学校，学期为两年，学堂设步兵、骑兵、炮兵、工兵、辎重兵各科，以后加设师范、军械、经理、日文、德文、英文、法文各班。

这所学校很牛气。吴佩孚、孙传芳、蒋介石、李济深、叶挺、张治中、傅作义、蒋光鼐、陈诚、白崇禧、刘文辉、陈铭枢、邓演达等等都毕业于此。而且第二任校长蒋百里①也很有名头，这位来自浙江海宁的校长有两件事让世人刮目，一是与日作战时想出了一个好创意叫“持久战”；二是挑了一个好女婿，把三女儿蒋英嫁给了一个叫作钱学森的年轻人。

此时的袁世凯，手握北洋军警大权，堪称权倾一时，除自己的本职直隶总督兼北洋大臣外，还身兼参与政务大臣、会办练兵事务大臣、督办邮政大臣、督办山海关内外铁路大臣、督办天津至镇江铁路大臣、督办商务并会办商约大臣、督办京汉铁路大臣、办理京旗练兵大臣等八项中央兼差，成为清政府势力最大的官僚，其权势地位远非他的前辈曾国藩、李鸿章所能比。袁世凯进入了他政治生涯中最为得心应手、左右逢源的时期。

主子高升，手下人自然跟着受益。他的老朋友老部下如徐世昌、唐绍仪、阮忠枢、王士珍、段祺瑞、冯国璋等也都跟着沾光。这期间，他又收罗了李鸿章幕府的幕僚杨士骧、杨士琦、朱家宝、孙宝琦等人，同时他还自己网罗了梁士诒、张镇芳、周学熙、杨度等人，迅速形成了一个军事政治集团，因此当时的天津总督衙门有“第二政府”之称。

---

① 蒋百里，名方震，名字出自《周易·震卦》中“震惊百里”。蒋百里精研兵法，胸藏韬略，是中国现代军事史上不可多得的旷世奇才，被誉为中国现代兵学泰斗。23岁时毕业于日本陆军士官学校步科第十三期，并以第一名的成绩在所有日本毕业生面前把日本天皇佩剑摘走。他是袁世凯、蒋介石十分倚重的高级幕僚，同时也是国民政府对日作战的主要设计者。他编著的《国防论》，被誉为“民国国防思想的奠基石”，成为整个第二次世界大战中中国军队的战略指导依据。蒋百里因而成为中国近代国防思想的奠基人。

新政“模范省”

袁世凯势力日渐崛起的同时，清廷这艘残破的巨轮，在航行了200多年后早已千疮百孔，无论是慈禧还是整个大清高层，都已失去了栉风沐雨的能力。在逃难中的慈禧太后虽然一百二十个不愿意推行变法，但整个国家试图变法图强的萌芽和苏醒依然像春之万物，挡是挡不住了。

1901年1月29日，流亡西安的慈禧太后为维护皇权统治，痛定思痛，以光绪皇帝名义颁布上谕，宣布实行新政。因有戊戌变法的前车之鉴，不少官员对此次新政持消极观望态度，但时任山东巡抚的袁世凯却以“改革急先锋”的面目出现，立即于当月向朝廷条陈筹办新政办法10条，并首先在山东身体力行，全力推进新政，包括设立课吏馆、校士馆，成立了山东大学堂(今山东大学前身)，开启民智。中国士大夫阶层都有浓厚的重农轻商观念，袁世凯却一直很重视商业，他认为商业发达，可以富国裕民，因此他农商并重，在山东首创了商务总局，任命老朋友唐绍仪担任总局“一把手”。

事实上，袁世凯绝对算得上是一个与时俱进的人物，对于近代化改革，他可谓一直站在“窗口”上的人。早在康有为刚成立强学会时，袁世凯就是第一个站出来捐银子的人。慈禧颁布推行新政诏令，作为山东一省的最高长官，他又是第一个站出来响应慈禧号召并落实的人。在那样的政治生态环境之下，他敢立于变革潮头，和守旧的顽固派对比，显得异常鲜明和突出。

袁世凯在接任直隶总督兼北洋大臣后，不光是推行军改，还在全国建立新式军队和巡警制度，牢牢把控住枪杆子；同时他在稳定直隶的局势后，开始全面推行工业、农业、商业、教育等一系列新政。这些新举措对于已经处在风雨飘摇之中的末日大清尤显可贵，在袁世凯任期内短短几年间，他将一个遭受八国联军破坏最严重、经济残破的直隶，治理成了政局稳定，政治、经济、军事、教育等快速发展的全国典型，使直隶地区的发展在大清垂亡之前进入了一个很短暂的“黄金时代”，直隶也因此成为全国推行新政的“模范省”。

下面，我们就细谈一下袁直督推行的这些新政，看一看他到底有哪些出彩的新实践。

先是关于教育体制的改革。袁世凯对近代教育改革的最大贡献就是废除了科举制度。

袁世凯曾两次落第，后与科举制度决裂以军功进身，可以说袁对科举制度有着根深蒂固的恨。科举制从隋朝开始，到晚清已有1300多年的历史，这个“科举老人”曾经为历朝培养了一大批人才。可进入明清时期，尤其是晚清时，它已是百足之虫，死而不僵。很多有志之士也早已认识到了它的危害性，但真要废除这个一直沿袭下来的旧制度，阻力和难度是可想而知。包括慈禧本人，对科举的改革态度也大有保留。她在各地官员提出教育改革的奏折中，圈定了基本框架，一是通过新的学校制度选拔培训官吏，二是仍旧沿用传统的科举制度。这说明慈禧骨子里是抵触改革的，改革只是她暂时的妥协。

1902年冬，袁世凯借回家安葬生母之机，专程拜访了湖广总督端方、两江总督张之洞，同他们商量分科递减逐步废除科举的办法。返回天津后，他又与大学士、军机大臣荣禄、鹿传霖等交换意见，达成共识。袁世凯考虑到自己没有科举功名，若带头上奏废除科举，怕遭别人猜忌，而张之洞是慈禧钦点的探花，若由他带头更有说服力。1903年初，袁世凯给张之洞发电，请他起草奏折废除科举。但张之洞觉得“兹事体大”，怕犯众怒，坚持不当主稿。在这种情况下，袁世凯只好亲自拟稿，并电传给张之洞。张之洞同意后，由袁世凯领衔、各省督抚大员联名，呈奏了《请递减科举中额专注学校折》。然而，朝廷中的保守派仍旧力挺科举制，最后这一奏折还是不了了之。

1905年8月，在经历了一场日俄战争危机后，朝廷迫切需要对官员进行现代化训练，袁世凯再次领衔，联合张之洞、端方等各省督抚，奏请“请立停科举，推广学校”。慈禧这次终于批准了奏请，宣布从1906年开始，所有乡试、会试一律停止，科举制度寿终正寝。

不止废除科举，袁世凯始终把兴办教育作为“强国要图”。袁世凯在直隶省专门设置了一个“学校司”作为全省兴办教育的最高机关，同时他聘请对西方教育颇有研究的严修[①]为督办。严修虽出自红翰林，但对西学憧憬之至，数学、天文、格致、化学、医学、外语都有功底。他出任过贵州学政，

---

① 严修，字范孙，是革新封建教育、推进现代化教育的先驱。与袁世凯是至交。曾创办南开大学，被称为“南开校父”。周恩来作为南开中学、南开大学学生，在校时品学兼优，深得严修赞赏，后来周恩来出国留学，严修曾一直给予资助。

曾在贵州创办过第一所新式学堂，把算学作为考科之一，学生入学要学习诸多西学科目。戊戌变法时，他冒顽固派之大不韪，上书光绪皇帝开设“经济特科”，强调只要有真才实学，不必经过科举正途，也可量材取用，但他的这一建议遭到顽固派的强烈反对，他也因此获罪。袁世凯聘严修担任教育督办后，严先后去日本、美国和欧洲考察教育，探求建立新式学校的模式与途径。到1906年，直隶办的教育院校在全国最多，而且很多院校都是首开先河，严修功不可没。此外，袁世凯还聘请美国驻天津领事丁家立为西学总教习，聘请东京音乐学校校长渡边龙圣为教育顾问。为支持办教育，袁世凯带头捐助两万两白银。由于直隶教育改革成效显著，清廷颁予“嘉惠儒林”“兴贤育材”两块匾额，以资嘉奖。

再是有关交通方面的新举措。袁世凯在任直隶总督兼北洋大臣几年间，认识到铁路对国防及经济发展的重要意义，因而采取了一系列回收路权、筹建铁路等积极措施。

京汉铁路修筑时原从比利时借款450万英镑（年息5厘，9折付款，期限30年），合同规定，借款期限30年间，一切行车管理权均由比利时公司掌控，这不仅使中国完全丧失了铁路主权，而且在财政上也受到巨大损失。1905年铁路完工后，一些爱国志士有欲将此铁路从比利时设法收回的想法，袁世凯也正有此意，遂命邮传部公文照会比利时代理公使声明此意，另通过他颇为器重的邮传部铁路总局局长梁士诒筹借款项拟赎回铁路权。梁士诒在积极筹备款项的同时，多次与比利时交涉，经由大清驻比使臣李盛铎将所有应交本息及各项费用悉数还清后，最后终于在1909年1月1日将京汉路全线赎回。

说到修铁路，不能不提中国人自己建造的第一条铁路京张铁路。而提到京张铁路，人们自然会立刻想起“中国铁路之父”詹天佑，但很少有人会由此想到袁世凯。其实，可以肯定地说，没有袁世凯就没有京张铁路，也就不可能有青史留名的詹天佑。詹天佑虽有学识，他毕竟只是一介平民，而修铁路是一项浩大的工程，必须由政府主导才能完成，京张铁路正是在袁世凯的主持下修筑的。铁路是一个国家的大动脉，那时中国的铁路修筑权完全被外国人把持。鉴于京张铁路重要的政治和经济价值，因此俄、英两国均虎视眈眈，欲抢夺筑路权。袁世凯早有自己的小算盘，他巧妙地利用英、俄之间的矛盾，经过多次与之交涉谈判，终于与英使达成了京张铁路由中国人完全自造的协议。后来虽俄国又提出抗议，但在袁世凯再次交涉下，最终维持了原议。

当时，外国人一直嘲笑中国人不会修铁路，袁世凯却不信这个邪。他慧眼识珠，大胆启用詹天佑为总工程师，负责铁路的勘探、测量和施工。詹天佑作为留美学生，先后任教于福州船政局、广东博学馆和水师学堂，直至归国 7 年之后，在他的同学邝孙谋推荐下来到唐津铁路担任工程师，方始接触铁路。詹天佑的命运随着袁世凯督办回收关内外铁路发生了改变。这一年，袁世凯把收回路权的铁路复原工作交给了詹天佑等人，詹天佑在工作中表现尤为突出，随即被识人用人的袁世凯保荐免选本班以道员选用。之后，袁世凯又把独立完成修筑西陵铁路（即新易路）的工作交给詹天佑，任命他为总工程师。在此之前，从未有过由中国人任铁路总工程师的情况出现。詹天佑没有辜负袁世凯的期望，在只剩 4 个月的短短时间内，在数九寒冬河流封冻的恶劣气候中，在材料短缺和运输困难的条件下，每天坚持工作 15 个小时，最终保质保量按时完成了任务。

京张铁路要比西陵铁路的建筑难度更要大数倍，不仅路程长，而且山路崎岖，更需要钻山凿洞等。袁世凯也深知工程之艰巨，但是对詹天佑颇为赏识的他在建筑京张铁路的紧要关头，不顾外国人的嘲笑与怀疑，再次委任其为总工程师一职，不仅成就了一段筑路佳话，也使詹天佑的名字永垂青史。

京张铁路在中国铁路建筑史上具有重要地位和特殊意义，因为它是在清末国弱势微的情形下，在国人的怀疑和洋人的嘲笑中不借外国资金、不用外国技术，完全由中国人自主建成的第一条铁路。京张铁路共修建了 4 年，在筑路中詹天佑创设“竖井开凿法”和“人”字形线路，令洋人为之惊叹和折服。虽说，京张铁路在通车时袁世凯已经被摄政王载沣以“足疾”为由逐出朝廷，不再是直隶总督了，但詹天佑仍惦念着袁世凯这个伯乐和筑路时有力的资金支持，专门寄了一套京张铁路主要工程竣工的照片给在彰德赋闲的袁世凯。袁世凯收到照片后，当然感慨万千，当即回信一封，对詹天佑进行褒奖。

实业兴国方面的新路子也是袁世凯新政的亮点。袁世凯署理直督后，即开始其大规模的兴工活动，首先成立直隶工艺总局，下设工业学堂、各种制造厂、实习工厂、种植园、劝业会场、工商研究所和劝工陈列所等各种机关，这是当时全国唯一的一家官办实业机关。袁世凯任命周学熙[①]通盘督办，这位旧学出身的举人是理财和办实业的能手，一年之后便初见成效。在当时的情况下，袁世凯采取了官办和官助商办相结合的方式，大力发展中国近代化经济，从而使天津民族资本的发展十分迅速，出现了空前的繁荣。庚子之前，天津只有民族资本企业四五家，资本额约为110万元，至1911年辛亥革命前夕，民族资本工业厂家增长到107家，其资本额达到670余万元。

除上述这三个方面，袁世凯在直督任上的新政可谓名目繁多，他对直隶的工业、农业、商业、教育，包括整顿地方吏治等都进行了一系列的改革，这些努力促进了直隶实业风气的形成，使直隶地区的发展进入了“黄金时代”。直隶成为全国推行新政的“模范省”，袁世凯名副其实地成为各地督抚中推行新政的表率。

五大臣“西天”取经记

随着慈禧太后竖起“新政”大旗，经历《马关条约》《辛丑条约》剧痛后的中国社会，要求政论改革的呼声日益高涨，尤其是立宪政论的呼声几乎响彻全国。

立宪政治在1904年日俄战争之前，还只是少数开明之士孤独的呐喊，而在战争之后，则迅速成为整个社会的呼声，并进而形成全国性的政治运动。日俄战争刚开始，云贵总督丁振铎、云南巡抚林绍年联衔电奏朝廷，请仿日本明治维新，致力变法。同年5月，驻法公使孙宝琦等上书政务处，请求“仿英、德、日本之制，定为立宪政体之国”。同时，立宪派活跃人物张謇、汤寿潜、赵凤昌等不断与湖广总督张之洞、闽浙总督魏光焘等接触，力主上奏要求朝廷“仿照日本明治变法”。但张之洞圆滑谨慎，并未贸然上奏，而是请张謇去探询袁世凯对此事的意见，以便再行决断。于是，张謇致信袁世凯询问对立宪的态度。袁从来对事件的发展有着天生的敏感，他给张謇回信说：“尚须时日，等待时机。”后来，随着日俄战争日胜俄败的结果日渐显

---

① 周学熙，其父周馥曾任两广、两江总督。曾担任过北洋政府的两任财政总长，山东大学的首任校长。周是中国北方著名的实业家，与江南的状元实业家张謇并称为“南张北周”。1900年入袁世凯幕下，是袁世凯推行新政的得力人物。

露，张謇再次致函袁世凯。这次，袁世凯给了张謇一个肯定的回答。

1905 年 7 月 2 日，袁世凯与两江总督周馥、湖广总督张之洞联合电奏，请朝廷实行立宪政体，以 12 年为期。之后，袁世凯又奏请朝廷“欲图自强，宜考求各国宪法，变通施行”。一时间，“外之使臣、疆吏，内之枢府、部臣，下之民间舆论，皆以立宪为请”。面对公私舆论的千呼万唤和严峻现实，慈禧不敢不再加以重视。但此时，慈禧还是抱了两种心境：一是她内心并不希望实行立宪政体，这也是她心底放不下的顾虑，因为一旦实行立宪必须要削弱皇权；二是大形势下又不得不做出个顺应民心民意、锐意改革的样子，以此来敷衍抚慰一下国人高涨的情绪，借以缓和政治危机。

于是，清廷一纸文件，成立了一个“考察西方政治小组”，委派宗室镇国公载泽、户部左侍郎戴鸿慈、兵部侍郎徐世昌、湖南巡抚端方、商部右丞绍英五位朝廷大员代表清廷出访考察宪政。

出国是件美差事，吃住行都是公款报销。消息传开，许多人向五位大臣道喜。道喜的说辞也各有说法，有的说此番出国考察肩负朝廷重任，在以后立宪中必是国之栋梁；有的说借此可以游览西洋诸国，品一品法国葡萄酒，吃一吃英国牛排，甚至可以去泡泡洋妞享享洋福。总之各种贺词贺得这几位即将出访的大臣眉开眼笑。

唯有“水晶狐狸”徐世昌怎么也高兴不起来。此差事固然美，可回来交差却是难事。徐世昌屈指一算，五大臣中的头一名，是载泽。载泽是康熙的第六代重孙，出生第二年就被封为镇国公。其妻与光绪皇后隆裕是姐妹，属近支王公，宗室贵胄，是深得慈禧太后宠信的满族亲贵，故出洋后常被外国报纸称为“亲王殿下”。湖南巡抚端方曾在慈禧西逃时护驾有功，获慈禧赏识，刚出洋就擢升为闽浙总督。绍英也是满洲人，同样深得慈禧宠信。这里面，只有他和戴鸿慈是汉人，这干活的差事自然交不到别人手上。按理说，徐世昌满肚子四书五经，写这方面的策论可以说挥笔而就，但对如何立宪，他却一窍不通，更何况对各国语言不通，如何能深究其立宪之道？

当日晚间，户部左侍郎戴鸿慈到访。还没等徐世昌诉苦，戴便把相同的苦恼和盘托出，两位大臣为此很是郁闷。

戴鸿慈说：“菊人兄，你看怎么办？这写奏折的事迟早要落到我俩头上，你得想个法子呀！”

徐世昌狡黠地眨了眨眼睛，说：“这也是没办法的办法，哎，不过这个法子不太体面。”

戴鸿慈说：“啥体面不体面的，只要能完成任务，把差交了就体面。你快说吧。”

徐世昌说：“这出访的五人中，汉人就你我二人，太后如此器重你我，按理说我们回来后应该交一份有深度的宪政调查报告，为太后制定国策作参鉴，可我们对各国宪政并不熟稔，因此这份报告也无法写完整。依我之见，不如物色一个对宪政有深切研究的人物，叫他厘定此案，我们回国时即以此为蓝本，这样就可以交差了。”

戴鸿慈眼睛一亮，说：“你是说请一个捉刀之人？嗯嗯，菊人兄的确是卓见。可是这个捉刀之人谁来做比较合适呢？”

徐世昌微微一笑，说：“这个嘛，我早就想好了两个。不过，这两个人均在日本，一个是你的广东老乡梁启超，另一个是湖南湘潭人杨度，这两个人对宪政都很有研究。”

戴鸿慈脸上的愁云又起，说：“梁启超是朝廷通缉要犯，如果让他当枪手，怕你我牵扯其中。至于杨度嘛，可怎样才能联系于他？”

徐世昌说：“熊希龄①是湖南人，他或许跟杨度有联系，你可以叫他提前到日本与杨度联系，见到杨度后嘱他写3篇论文，一篇叫《东西方各国宪政之比较研究》，另一篇叫《宪政政体应吸取各国之所长》，再写一篇《实施宪政立法程序及纲目》。请枪手自然得给人辛苦费，重赏之下方有精论，我看一篇就给他1000两银子。”

两人研究妥当，徐世昌最后说：“我看这样，明天你先跟载泽、端方和绍英几位大人沟通一下，听听他们的意见。如果他们同意这个方案，你告诉熊希龄一定要说服杨度，即使他要价再高点也可接受。你还可以告诉杨度，今后回国一定予以重用。”

翌日，戴鸿慈又跟三位满人大臣沟通了情况，这三位闻听连连点头称是。他们平日里养尊处优、脑满肠肥的，对立宪更是狗屁不懂，只要自己不动手，花些银子雇枪手何乐而不为。考察团统一意见后，戴鸿慈代表考察团

① 熊希龄，因出生于湖南湘西凤凰县，故被时人称为“熊凤凰”。熊天生聪慧，被喻为“湖南神童”，15岁中秀才，22岁中举人，25岁中进士，后点翰林。后因参加百日维新运动被革职，待出身于官宦世家的汉军正蓝旗人赵尔巽出任湖南巡抚后，对熊备加提携。清廷派五大臣出洋考察宪政时，熊经赵尔巽推荐出任参赞随团出洋考察。

找到熊希龄说明了情况。熊满口应承下来，即刻起程奔赴日本找杨度救急。

说到杨度，我们得隆重介绍一下。

中国从来不缺少风派人物，他们就像风儿一样，随时可以改变方向。杨度这个人，算得上一个典型中的典型。他参与过公车上书，怂恿过袁世凯称帝，赞同过孙中山共和，加入过国民党，遁入过佛门，营救过李大钊，还加入了共产党，因此他得了个“变色龙”的称号。

杨度是一个穷苦孩子出身，祖辈世代务农。他的祖父杨礼堂不安于做面朝黄土背朝天的农民，毅然参加了曾国藩的湘军，凭作战勇敢竟干到了哨长的职务，授正四品都司衔。大伯杨瑞生受其父影响也加入湘军，父子同在一营。可惜好景不长，杨礼堂在一次作战中阵亡。杨瑞生抱着为父报仇的决心勇敢杀敌，屡立战功，擢升为总兵。杨度的父亲杨懿生为杨礼堂第四子，他的二哥、三哥早亡。杨瑞生也劝四弟加入湘军一同为父报仇，可杨懿生习惯了农村生活，仍坚持在家务农。杨度是家中长子，另有弟弟杨钧和妹妹杨庄。

杨度自幼聪颖过人，才气横溢，少有大志，他与其妹杨庄在乡里赢得才男才女的美誉。杨度10岁那年，父亲突发疾病死亡，母亲便把他过继给了伯父杨瑞生。1892年，17岁的杨度一举中弟，考取秀才，次年中举人。可惜在接下来的甲午科、乙未科会试却流年不顺，均落第。会试期间恰逢公车上书，他也参与了这次活动，期间认识了梁启超、袁世凯、徐世昌等人。不过，这次他与袁世凯只是一面之缘，并无深交。杨度从京都返回故里后，拜到一代名儒王闿运门下，同门师兄弟还有夏寿田、八指头陀（黄读山)、杨锐、刘光第、刘揆一、齐白石等。王闿运早年曾为曾国藩幕僚，曾劝说曾国藩反清自立为帝，被曾视为“妄人”而斥退，后专心讲学，学生达数千人。王闿运初见杨度时就赞其为少年才俊，视杨度为自己的衣钵传人，潜心教授杨度学业。杨度在王门学了3年，醉心于王氏帝王之术，但他不是那种正统的士子，只读高头讲章死抠八股，而是对经、史、子、集经常提出一些新奇的解释，使素来通脱不羁的王闿运也为之惊异。在这种环境下，杨度渐渐养成了自视清高、喜独树一帜、不虚心、不改过迁善的个性。这些性格的形成也为他以后在政治生涯中善于投机，野心勃勃，做事异于常人埋下了种子。

1902年，杨度不顾王闿运的劝阻，自费留学日本，入东京弘文书院师范速成班，与黄兴成为同学。受留日学生影响，杨度思想日趋激进，与湖南留日同乡杨笃生等创办了介绍各国政治体制的刊物《游学译编》。在半年后的结业会上，日本高等师范学校校长嘉纳治五郎发表了贬低中国人的言论，杨度当场和他就国民性和教育问题展开了激烈辩论。不久杨度撰写文章以“支那教育”为题发表在梁启超的《新民丛报》上，由此在中国留日学生中得到支持和赞扬。为了自办的《游学译编》杂志获得经费支持，杨度回国，随后奉师命谒见了张之洞，受到了张的称赞。

1903 年，杨度被保荐入京参加新开的经济特科进士考试，初取一等第二名。按理说，考了这么个好成绩自然高中大榜，可惜杨度点背，背就背在考取一等一名的是一个叫梁士诒的人。巧的是，梁士诒这个名字正好是“梁头康尾”的组合，“梁头”是指梁启超，“康尾”是指康祖诒，而康祖诒是康有为的原名。“康梁”因为戊戌变法，慈禧早已对他们恨之入骨，所以，老佛爷大笔一挥，梁士诒的名字就从录取名单中被除掉了。老佛爷由于恨意太盛，大笔没刹住，排在梁士诒后面的杨度稀里糊涂地受到了牵连，后又查出杨度在留日期间其策论有攻击朝廷的言论，又怀疑杨度为维新领袖唐才常的同党，因此也遭到了朝廷的通缉，杨度只好暂避家乡。不久，杨度再赴东京学习，后又转入日本法政大学速成科，集中研究各国宪政，与汪精卫成为同学。此时在日留学生爱国热情高涨，保皇派、排满革命派各自宣传自己的政治主张，杨度这时和梁启超《少年中国说》作了《湖南少年歌》，从而名噪一时成为传世佳作。

杨度主张宪政，不介入两派论争，他热心国事、友善同学、才华出众，在中国留日学生中颇具声望。蔡锷在留日期间“与杨度最善”，休假日必到杨度家吃饭。1905 年，杨度被选为留日学生总会干事长，后又被推举为留美、留日学生维护粤汉铁路代表团总代表。他带头请愿，要求废除 1900 年中美粤汉铁路借款续约，主张收回路权自办以维护国家主权，发表《粤汉铁路议》。他以总代表的身份回国，根据老师王闿运的对策，提出官绅筹款自办。不久粤汉铁路收回自办，他圆满完成任务，声望大增。

孙中山很敬慕杨度，决定请杨度与他合作共谋革命大业。孙到日本找到杨度，和杨度谈了三天三夜，但杨度坚持反对革命，主张君主立宪。杨度不赞成孙的革命思想，但将好友黄兴介绍给孙中山，促成孙、黄的合作。孙中山、黄兴领导的中国同盟会成立后，孙、黄力邀杨度参加，杨度却表示愿各行其是，他说：“吾主张君主立宪，吾事成，愿先生助我！先生号召国民革命，先生成功，度当尽弃其主张，以助先生，努力国事，期在后日，勿相妨也。”

看看，杨度其人有个性不？

熊希龄到日本后，辗转找到了杨度。在熊的再三劝说下，杨度终于答应当这个枪手。可杨度的条件是，捉刀费分文不要，但要熊用这些费用为他捐一个候选郎中。从这一点上可见，杨度是一个地地道道的官迷。杨度自觉对于各国宪政的研究不及梁启超，于是他提出建议，要熊陪他一起找梁启超代笔，两人分篇著述。可等杨度和熊希龄一起找到梁启超说明意图后，没想到梁竟然当即拒绝做这个枪手，原因是他坚决不为慈禧和袁世凯做事。

杨度似乎早已料到梁启超会拒绝，呵呵一笑，说："要我杨某替别人当枪手，我辛苦研究得来的成果却被他们拿去作为政绩去换取升迁的资本，我如何甘心？"

梁启超说："正是如此，这也是我不愿为之的一个原因。"

杨度说："不为之，一切已无瓜葛。但事情却可以换一个角度考虑一下，他利用我，我也一样可以利用他。卓如（梁启超字），这正是我们借尸还魂的好机会。你想，这五大臣对宪政可以说是一窍不通，而我们又要对中国的立宪负责，我们何不假借其手来推行我们想要的真正的立宪制度，而不是出自他们所谓考察后的胡编乱造。因此，我才答应秉三（熊希龄字）兄的请求，决定为五大臣撰写几篇宪政考察报告，以五大臣做躯壳，替他们装上灵魂和主义，为中国的立宪画出一个精彩的蓝本，何乐而不为呢？"杨度的一番铿锵之语竟将梁启超说的频频点头。

之后，虽说五大臣在出访之日因受到革命党人吴樾[①]的"人体炸弹"袭击而延后，但两个月后，考察团终于再度成行。只不过，因绍英被炸弹袭击伤势较重未愈，徐世昌已被任命为巡警部尚书，所以清政府改派山东布政使尚其亨（主管民政的副省长）、顺天府丞李盛铎（北京市长）二人接替了他俩。换上的这俩人也很有背景，尚其亨是汉军旗人，与慈禧沾亲，是清初

① 吴樾，辛亥革命元勋。经蔡元培介绍加入光复会，后担任北方暗杀团支部长，著《暗杀时代》一书，言明暗杀的意义和决心，愿以身殉。当他听说五大臣要出国考察宪政时，决定谋划暗杀五大臣。吴怀揣炸弹，伪装成仆人登上五大臣专车，准备炸毙五大臣。当机车与车厢挂钩时，车身突然震动，触发炸弹爆炸，吴当场死亡，五大臣中只有载泽、绍英受轻伤。吴死时，腹破肠穿，手足齐断，血肉模糊。孙中山亲撰祭文，其中有"爰有吴君，奋力一掷"之句。

“三藩”之一平南王尚可喜的后代。而李盛铎原是慈禧宠臣荣禄之心腹，早在戊戌变法前后，他曾出任驻日公使，在东瀛住过3年，此时被任命为出使比利时大臣兼考察政治大臣。

这次依旧是按原定计划分头出行，载泽、李盛铎、尚其亨等人前往英、法、比、日等国家；而戴鸿慈、端方等人考察美、德、意、奥等国。五大臣“西天”取经，标志着清末立宪运动的正式开始，也就此拉开了清末立宪新政改革的大幕……

当然，出访的不光是五大臣，还有声势浩大的随同人员。随员的选拔标准是“必须择其心地纯正见识开通者，方足以分任其事”。他们先是奏调了38人名单，实际上后来分两路出发时，仅载泽一路在其日记上提到的随行或先遣人员名单已达54人。戴鸿慈一路，其日记所记同行随员也有48人。随员中有不少精通外语和外国情况曾经留学欧美、日本的归国留学生，其中包括民国时代当过内阁总理或部长、公使的熊希龄、陆宗舆、章宗祥、施肇基等人，还有袁世凯的长子袁克定。随员们各有分工，分别担任先遣联络、考察、翻译、编撰等任务。可以看出，五大臣此番出洋，可谓肩负重任。他们是借考察政治之名，行学习海外立宪经验之实，为刚启动不久的清末新政采择他山之石。

在大清上下万众瞩目和期待之下，1906年6月9日，载泽等人结束欧洲的考察，返程回国，前后在海外共计145天。6月20日，端方、戴鸿慈等人也归国还朝，在外共计考察178天。与其说是考察，倒不如说是旅游观光更为确切，国外的景色和文化一度引起了五大臣的震撼，至于对各国的政体研究和学习，则是雾里看花和走马观花，自然考察不出个所以然来。但他们有杨度和梁启超这两个枪手代笔的宪政考察报告，自然向朝廷轻松交上了完美答卷。

杨度和梁启超为清廷出洋考察宪政的五大臣捉刀代笔，草拟奏折，大概是清末立宪史上很奇葩的故事了。特别是梁启超以通缉犯身份，流亡海外，却直接介入最高层的政治决策，不能不令人叹为唏嘘，从中也可以看出这一时期政治的无序和无奈。

1906年8月28日，西太后主持召开了御前会议，基本同意了由“通缉犯”梁启超起草而由五大臣提出来的宪政报告。但只是想做做表面文章的西太后宁死也不愿意看见“宪政”这个怪物出现。她虽表面上同意，但在“立宪”之前大笔一挥，加上了“预备”两个字。这样，轰轰烈烈的“立宪”顷刻间就变成一个遥遥无期的空中楼阁。

9 月 1 日，清廷正式宣布预备立宪。

挂了羊头的“新政门”

在庞大的官僚体制过滤下，大清国的改革被不断地异化变形。

清政府因为受到了各界压力才宣布“预备立宪”，但从此它对汉人的猜忌心更重。同时，在朝廷的满族年青亲贵中出现了一股排斥汉族大臣的风潮。

袁世凯在戊戌政变时因出卖“六君子”与立宪派结下了仇疙瘩，他后来的地位也可说是用戊戌六君子的鲜血换来的。如今立宪已成为大势所趋，甚至极端仇视新政的慈禧也不能正面打击和反对，袁世凯是个最会见风使舵的人，在宪政方面，他必须做做样子。

袁世凯清楚，此时国内的立宪派虽是一个很大的新兴群体，但是里面鱼龙混杂，泥沙俱下，救国图强者有之，锐意革新者有之，而投机取巧追名逐利者亦有之。而这时的满族亲贵是极其反对行宪的，为了不引火烧身，袁世凯乃请庆亲王奕劻向慈禧提出建议：行宪是清王朝万世一系的可靠保证，同时借此可以缓和革命危机，转移全国视线。既然是转移视线而不是真行宪，再加上举国上下要求立宪的呼声，慈禧老佛爷当然批准了奕劻的建议。

有人认为，袁世凯是保守派中的改革派，改革派中的保守派。事实的确如此，人性是复杂的，托尔斯泰说：“人都有两面性，一个兽性的我和一个人性的我。”人都有善良的一面，也有邪恶的一面；有阳光的一面，也有阴暗的一面。这就是人的两面性，只不过有的人不肯承认罢了。袁世凯出生在官宦家庭，从小受到儒家理学的熏陶，父亲、养父、堂叔父、祖父、叔祖父都是痴迷于程朱理学的人，他自然免不了受到这种文化氛围的熏陶。但袁又与他的父辈们不同的是，袁在朝鲜的 12 年，接触的正是中国对外交往的最前沿，他与日、俄、美、英、德等国在朝鲜打了 12 年交道，这些认知自然令他“脑洞大开”，所以他才会在 1894 年写出长达万言的练兵折，痛陈中国军制之落后与腐败。1897 年，他还给翁同龢写过一篇数千言的申论时局的改革意见书，书中呈现了他对整个远东局势的独到见解，并且在当年便预见到了俄日必有一战。所以说，袁世凯是一个骨子里受儒学等传统封建理念影响的改革派。

1906 年 8 月 12 日，袁世凯上奏朝廷，奏请清政府实行预备立宪，以期通过预备，循序渐进做好宪政的各项准备，并陈述了建立资议院和实行地方自治的意见。

8 月 26 日，慈禧下诏把袁世凯叫到北京，探讨宪政之法。袁世凯向慈禧力陈宪政之重要，说“官可不做，宪法不能不立”。袁建议立宪必先组内阁，组内阁必先改官制，要一步一步推行。从本质上说，袁世凯坚持的是稳健的变革思想，比起康、梁的激进变革显然是务实多了。

为了表明自己主张行宪的鲜明态度，袁世凯又奏请朝廷举办“宪法讲坛”。于是，袁世凯笼络了“宪政专家”杨度做入幕之宾，每天在颐和园向满族亲贵讲授宪法可以救国的理论。这样一来，袁世凯热心推进宪政的姿态就表现出来了，况且袁手上还有一封大实业家张謇劝他倡行宪政的长函，所以袁摇身一变也俨然成了推动宪政的领导人物。

尽管清政府宣布预备立宪，但没有明确规定立宪的具体时间，而是认为“目前条件不够成熟，不可操之过急”，同时要求“厘订各种法律，以预备立宪之基础”。面对朝廷一步三退的态度，立宪派当然对此强烈不满，要求尽快立宪的呼声再起。

在立宪的大势之下，1907 年 8 月 13 日，清政府将政治考察馆改为宪政编查馆，直属军机处，主要职责是办理奉旨交议的有关宪政折件及承拟军机大臣交付调查各件，翻译各国宪法、编订法规及考核各部院、各省政治情况，等等。奕劻兼任宪政编查馆大臣，袁世凯、张之洞联合保荐杨度，说他“精通宪法，才堪大用”，出任宪政编查馆提调一职，候补四品。

1907 年 10 月，袁世凯、张之洞这两位手握重兵又力主宪政的封疆大吏被调入北京，入主军机，开始主持宪政改革，同时，袁世凯还兼任外务部尚书、会办立宪大臣。但朝廷的满族权贵包括慈禧在内始终认为推行宪政会削弱君主的特权，也同时会给汉人夺权的机会，因此整个行宪的脚步显然像一个风烛残年的老人，走一步喘一步。况且，推行宪政的袁世凯、张之洞二人对宪政的理念走向见解也不一致。张之洞特别注重宪政的理论基础，他要求所推行的宪政法理必须要有实处。而袁世凯则不然，他主张活学活用，只要各国好的东西都可以拿来为我所用。这样一来，两位主要领导的意见不一致，工作自然无法开展。

虽袁世凯和张之洞对立宪的理念有分歧，但清廷立宪的脚步还是蹒跚前行。1908 年 8 月 27 日，清政府终于颁发了《九年预备立宪逐年推行筹备事宜谕》，确定预备立宪期限为 9 年。同日，中国历史上第一个宪法性文件《钦定宪法大纲》颁布。但这个《大纲》并非宪法，仅是清王朝制定宪法的一份纲要性文件，其内容仍是皇权本位。立宪派自然是对它大失所望。梁启超当时用了“涂饰耳目，敷衍门面”八个字来形容它。

折腾了个一溜三招，立来立去的“新政门”最终只是挂了个“羊头”。一句话，慈禧老佛爷打心眼里就不想立，她一直采取拖延策略，因为慈禧及一帮守旧大臣们从未考虑过在中国真正引入君主立宪制。主子不想做的事，做奴才的又能怎样？但世界洪流，浩浩荡荡；顺之者昌，逆之者亡。用权力筑成的高墙只会阻挡一时的洪流大潮，因为这堵墙早晚会被冲垮。

第七章

官场：生死场

彰德秋操之后的“身后事”

中国历代王朝多有在金秋时阅兵的习惯，名为“秋操”。一是秋天粮食丰收，能给军队后勤提供充足的粮秣；二是战马到秋天都养得膘肥体壮，正是拉出来检阅和作战的好时节。晚清时期，清政府的“五年规划”曾打算组织3次大规模秋操，分别是：1905年的河间秋操、1906年的彰德秋操和1908年的太湖秋操，但到1908年下半年时因光绪和慈禧身体状况不佳，太湖秋操也就因此流产了。

从上两次秋操的规模和影响力来看，河间秋操人数虽多，但属于北洋军内部的军事演习，而彰德秋操不同，它不仅是一次开放性的军演，而且“含金量”很高。用现在的军事术语来说，彰德秋操不仅检验了部队各兵种之间的合成作战能力，还检验了部队跨防区远程机动和打击能力。

彰德秋操盛典是爱讲排场的慈禧老佛爷亲自御批的，她也是想显示一下自己新政的成果。参演兵力都是清政府最精锐的家底，近34000人。清廷还不惜血本，邀请了四五百名外国武官和记者参加了这次“盛典”。当时的媒体这样评价彰德秋操：“举数省已编之军队，萃集一处而运用之，使皆服从于中央一号令之下，尤为创从前所未有，系四方之瞻听。”更令人叹服的是，出席这次盛典的必定是注定主宰晚清的风云人物，其中包括了未来的5位大总统、1位临时执政和几十位内阁总理、部长，至于名将、军阀更是数不胜数。这些从彰德秋操走过的人，他们当时无论如何也不会想到，几年、十几年后，他们的命运会发生怎样的变化？他们即将在历史上写下怎样的一笔？

参加这次大演习的北军由北洋第五镇和第一混成协组成，段祺瑞任总指挥；南军由湖北第八镇和河南第二十九混成协组成，湖北新军军官第八镇统制张彪任总指挥，也就是这个张彪后来在辛亥武昌起义时与革命军展开巷战，自知不敌弃城逃跑了。此次演习的阅兵大臣是袁世凯和铁良。

但“成也秋操，败也秋操”。由于袁世凯在演习中的出色表现，秋操刚一结束，袁世凯即得到了慈禧的表彰：“袁世凯、铁良督率将士，简练有方，深堪嘉许。”并号召各地督抚向袁世凯学习，“共图振励，讲求兵学，力底精强”。任何事情都有它的两面性，好事也可以变成坏事。也是因为这次演习，让不少满族亲贵更加了解了袁世凯的实力，疑惧心理陡增，更想搞垮袁世凯手中的兵权了。

功高震主的袁世凯已经走到了悬崖边上。

在清廷的眼里，当然容不下一个挟兵权以令天下的汉臣。彰德秋操的轰动加剧了满洲贵族对袁世凯的担心。由于袁世凯在训练北洋军时注重培养官兵的愚忠和私人势力，长久以来满洲贵族难以插手。通过彰德秋操，袁世凯表现出的对北洋军驾驭自如的能力和北洋军在全国新军中的特殊地位，令满洲贵族包括慈禧老佛爷再也坐不住了。

事实上，在袁世凯任职直隶总督兼北洋大臣之后，虽然他名义上只是主政一方的地方封疆大吏，但实际上由于西太后对他的信任，兼有在清廷核心层任职首席军机大臣的铁杆政治盟友庆亲王奕劻，以致所有军国大事，无不先咨袁而后行，“朝有大政，每由军机问诸北洋”。因此，袁世凯不仅在清廷非正式最高执行机构的督办政务处中具有“参预政务”的职衔，而且又以会办练兵大臣而掌握北洋六镇大军的指挥权力，并兼任会办京旗练兵、会议商约、督办电政及督办关内外、京汉及津镇铁路等多项要差，其性质不只包括全国性的政治改革及练兵等重大事项，也包括对外交涉及公私企业的控制监督等权力。

到了1905年左右，袁世凯已经在巩固其北洋大臣的权力基础之上，开始逐步保荐其麾下的得力人物参与清廷的政务，以扩大其对全国性政治的控制与影响力。经袁世凯拔擢而入赞清廷的北洋部属，有巡警部尚书徐世昌、巡警部右侍郎赵秉钧、外务部右侍郎唐绍仪、邮传部右侍郎吴重熹、农工商部右侍郎杨士琦、学部右侍郎严修等。如此一来，袁世凯在清末的地位极为显赫，如日中天。

物极必反，器满则倾。由于北洋军扩充得太快，袁世凯的兵权太重，他在不知不觉中犯下了“功高震主”的错误。尽管他一直在利用满族亲贵打掩护，可是最终还是不能不引起一部分满族亲贵的猜忌心。早在小站练兵时，就有满族大臣说过袁的坏话，并指使御史参劾袁。到了1906年的夏秋之交，清廷中满族排挤汉族的风潮发展到顶点。以慈禧为首，以醇亲王载沣、陆军部尚书铁良等年青贵胄为急先锋的满洲亲贵大员，打着立宪幌子，借改良官制之机，力排汉人，引起了汉族官员的普遍不满。此时，袁世凯的处境如一只风雨中的小船，随时都有倾没的危险。

1906年9月，清政府宣布预备立宪后，随即召开了改革官制的会议，作为推行宪政的开场戏。袁世凯也以政务大臣的身份参加了这次会议，并且作为立宪派的主角，显得极为活跃。在会上，他力主裁撤旧有的军机处，设立责任内阁，期间还一度与铁良发生了针锋相对的争论。不仅如此，他还多次将自己的建议奏请朝廷，甚至在慈禧太后和光绪帝否定了以责任内阁为核心的官制改革方案后，仍颇为倔强地声称坚持成立责任内阁的方案。

其实，说穿了这是袁世凯个人的“小九九”，是一次不可告人的权力博弈。此时西太后已入风烛残年，这座权力高山早晚得垮塌。如果光绪执掌皇帝大权，袁当然知道没自己的好果子吃。相反，如果成立了责任内阁，皇权受到限制，他不但可保全身家性命，甚至还可以进一步竞选责任内阁，把权力抓得更牢靠一些。

但袁世凯对君主立宪政体下责任内阁制的过分热衷，更加引起了铁良、良弼等满族少壮派的戒心和排斥，甚至引起了慈禧的警觉。秋操结束不久，晚清的官制改革进入到攻坚阶段，以铁良为首的满洲贵族对袁世凯坚决打压，作为大清国最高权力执政者的慈禧当然把天平倾斜在了满族权贵一方。

1906年11月6日，清政府正式公布了厘定新官制方案，否定了袁世凯等人提出的废除军机处、设立总理大臣的方案，规定废兵部，设陆军部，铁良为陆军部尚书，将袁世凯的军权剥夺。

一日，袁世凯手下的重要幕僚阮忠枢，急匆匆从北京赶到天津袁世凯军营，面禀要事。

“大帅，朝廷终于要下手了！”阮忠枢着急地说。

袁世凯问：“果真？京中有何消息？”

“朝廷要一统军权，将兵部、太仆寺、练兵处合并，组建陆军部，还要将全国新军统归陆军部统帅，如此一来，咱们北洋也要归陆军部管了。”阮忠枢说。

“消息可靠吗?”

“八九不离十，老佛爷同意这么办，估计谕旨很快就要下了。”

袁世凯听了后，长叹一声，闭目不语。半个时辰后，袁世凯召集手下智囊开会，商研对策。

袁世凯把消息一说，北洋军将领群情激愤，纷纷指责朝廷卸磨杀驴。

在喧哗的众人中，唯有一人不发一语，此人就是段祺瑞。

袁世凯看到了沉默的段祺瑞，知道他必有韬略，于是问道：“芝泉（段祺瑞字），此事你怎么看?”

“大帅，祺瑞以为应当遵从朝廷旨意，交出兵权。”

“什么？你竟是这个主张?”袁世凯很生气。

袁世凯知道段祺瑞为人素来傲气，对朝廷不是很顺从，对朝中权贵也从不主动逢迎巴结。但没想到，这次他竟然是这种软弱的立场，袁世凯自然奇怪和生气。

“芝泉，莫非你在讲反话?”袁世凯又问。

“大帅，祺瑞说的是肺腑之言，非但要交出兵权，还要主动交。”段祺瑞说。

“嗯？此话怎讲?”袁世凯已听出话中必有玄机。

“大帅，眼下朝廷急于收拢兵权，如果硬顶，咱们必然要冒着抗旨的风险。大帅的北洋军乃全国翘楚，大帅早已成为满洲贵族的眼中钉、肉中刺，此时大帅莫不如主动交权，可保全身而退。”段祺瑞一板一眼地说。

“嗯，只是……”袁世凯自然不甘心兵权旁落。

段祺瑞看出了袁世凯的顾虑，说：“大帅请放宽心，咱们北洋六镇都是大帅您的子弟兵，咱们这些将官也都是大帅您带出来的人。铁良、良弼那些贵胄王爷就是想改组咱们，也办不到。只要我们这些人还在任，陆军部奈何不了咱们北洋军，北洋军仍然是您袁大帅的北洋军。”段祺瑞的这一句话，着实让袁世凯吃了定心丸。

袁世凯当然是一个善观风色的人。此时，他还没有足够的力量对抗清政府，唯有的招法只能是暂避锋芒。

这以退为进的招法，帮袁世凯化解了一大难题。几天后，袁世凯上奏朝廷，自请卸任除直隶总督、北洋大臣以外所有的兼职，并主动提出将北洋第一、三、五、六镇交归朝廷直辖，但又借口直隶防务重要，只请求留下驻扎直隶省境以内的第二镇和第四镇以尚须训练为由，仍由直隶总督统辖，也就是他袁世凯自己统辖。

袁世凯的这一建议立刻被朝廷采纳了。据说，袁世凯如果此时不交出兵权，他很有可能要遭到削职之灾。可是就在这紧要关头，他非常识时务地主动交出了大半数以上的兵力，因此平息了很多人的口舌，也得以暂时的安全着陆。

在清廷咄咄逼人的集权组合拳面前，袁世凯避开锋芒，采取守势，为的是等待反扑的时机。

留得青山在，不怕没柴烧。人在阵就在，人没了，何谈再来？

丁未权色交易引发的连锁反应

1907 年的大清国并不平静。

年初，哈尔滨铁路总工厂工人为纪念 1905 年“流血的星期日”① 举行大罢工，接着，台湾所属澎湖岛由于虫害疟疾、酸雨等灾害发生饥荒，东南数省旱情严重出现大规模抢米风潮，可这些并没能吸引老百姓的眼球。因为在那个兵荒马乱、灾难深重的年月，老百姓对这些已经是见怪不怪了。可 5 月底发生的一件“桃色新闻”却让老百姓嚼够了口舌，甚至连慈禧老佛爷也为之侧目。

这一事件便是清末著名的“丁未桃色丑闻”，其主角便是天津天仙园的名妓杨翠喜。

事件的起因发生在 1906 年的春末。

新任职农工商部尚书、庆亲王奕劻之子载振，奉朝廷之命赴欧洲考察，

---

① “流血的星期日”：1905 年 1 月 22 日，圣彼得堡 10 万名工人及家属举行大游行，向沙皇请愿以改善生活条件。可凶残的统治者不仅拒绝工人提出的要求，竟然命令军队向手无寸铁的抗议者开枪，打死 1000 多人，打伤 2000 多人，其中包括许多妇女儿童。因这天是星期日，俄国工人把这一天叫作“流血的星期日”。

回国时途经天津。杨士琦给袁世凯出主意说："这次庆王的儿子载振从天津登陆回国，是一个摆平他的好机会，拉拢其儿子载振也就是拉拢其老爹奕劻。"袁自然依计而行，于是委派干儿子巡警总办段芝贵负责此事，嘱他务必做好载振的接待工作。

接待工作对段芝贵来说不在话下。他先是请载振吃了饭，饭菜的质量当然没得说，可段心里清楚，食色，性也，吃饭很重要，但对男人来说，色似乎更重要。于是，酒足饭饱之后，段便邀请载振到戏馆看戏。轮到了当时在演艺圈大火的名妓杨翠喜上台，唱的是《贵妃醉酒》，举手投足间一下子就把风流成性的载振魂儿给勾走了。载振直勾勾地盯住杨歌妓不放。这一切早已被冷眼旁观的段看在眼里。

载振问："台上是什么人？"

段答："王爷，她就是红遍津门的杨翠喜。"

载振一惊："咦？杨翠喜。在京已有耳闻，今日一见果然名不虚传。"

杨歌妓退场后，载振命人将 10 块大洋送至后台赏给了杨歌妓。得到赏钱的杨歌妓遂到前台给载振叩头谢赏，载振大悦，令杨起身回话。两人四目相对，杨歌妓媚眼流盼，更令载振心旌摇曳。两日后，载振依依不舍回京。自此，杨歌妓就在他心里成了一个挥之不去的魔咒。

事隔 4 个月后，一个机会让载振圆了这个折磨他已久的念想。

日俄战争后，战胜国日本的势力开始全面进入东北，而战败国俄国的势力又未完全退出，因此东北再次成为他们餐桌上的一张肉饼。但东北又因满人始终以"龙兴之地"自居，在治理架构上一直实行军府旧制，各管辖地域没有设置地方民政长官，因此管治力量薄弱，无法应付外患日深的危局。1906 年 8 月底，盛京将军赵尔巽将东北情势上奏清廷，慈禧便下旨于 9 月下旬派载振和徐世昌赴东三省以查办事件为名进行考察，寻求对付强邻的策略。

这日，载振、徐世昌二钦差乘专车赴奉，段芝贵等人相送至新民屯车站。望着远去的火车，段芝贵心生一妙计。跟袁世凯汇报后，袁大为赞赏，并嘱其一同将半个月后庆王的寿礼备好。

翌日，段芝贵即刻行动起来，他先找到杨歌妓的老板杨慕林，提出为杨歌妓赎身。原来，这个大红大紫的杨歌妓却是一个苦命的身世。杨翠喜是江苏人，原名春囡，因家境贫寒 7 岁就被卖给了一个孙姓的大户，从此吃喝有了保障。可好景不长，春囡12岁时孙家败落，她又被卖到天津的一个艺人杨慕林家中。杨从此教她唱戏，并给她取艺名杨翠喜。杨翠喜因天生美丽，又聪明好学，因此很快崭露头角并红遍津门。这期间，可爱的弘一法师李叔同曾狂热地追求过这位杨歌妓，因此在史上留下了一段别有情趣的风雅。

经段芝贵与杨慕林沟通，杨翠喜赎身的银两为12000两。12000两白银可不是小数目，段芝贵绝不可能从自己腰包出这笔钱，他得权力寻租。经与袁世凯商量，段拿着袁的手令找到了天津的盐商巨富王益孙。王巨富自然不能拒绝，于是替段出了这笔为杨歌妓赎身的12000两白银和为庆王拜寿的白银10万两。

不久，载振、徐世昌考察完毕，段芝贵亲自到奉天将载、徐迎至天津。晚宴完毕，段芝贵耍了个先冷后热的手段，谎称有急事向载振告了辞。正当载振为段的不敬而生愤之时，没想到段亲自将杨歌妓送上门来。载振最终抱得美人，如获至宝。

看似简单的事情背后有时埋藏着阴谋。小王爷高兴了，接下来的事情也就好办了。袁世凯对此事其实早有谋划。在袁世凯和徐世昌的操刀下，载振和徐世昌上奏中央，建议东三省目前管治松乱，必须以改革东三省官制为前提，加强管治力量，建议东三省设总督一名，由徐世昌担任，奉天、吉林、黑龙江均设置巡抚，由唐绍仪、朱家宝、段芝贵去充任。这四个人，清一色都是袁氏政权的圈内人。

几日后，清廷准其奏疏。这样，袁世凯一方面名正言顺地将自己的亲信安排了下去，将东三省顺理成章变为自己的领地；另一方面，又不露痕迹地夺回了被陆军部抢去的部分兵权，可谓一箭双雕。特别是奉献美人的段芝贵高兴得五官都挪移了，他由一个四品的候补道员连升三级，被赏布政使衔，署黑龙江巡抚。

正所谓福兮祸所伏。也许是保密工作做得不严，此事被善于挖掘新闻段子的“娱记”侦知，在《京报》以“特别贿赂之骇闻”为题披露了此事。一石激起千层浪，特别是像这样的桃色丑闻一经媒体曝光后，很快就形成舆论焦点。

段芝贵高兴得有些太早了，他这种火箭式的提拔令满朝文武骇然。有人愤而不平本欲提出上奏弹劾，但畏于庆王的权势，又知道段的后台是袁世凯，都不敢妄动。但虎气冲冲的湖南籍监察御史赵启霖在别人的暗中怂恿下据此上疏，参了段一本，弹劾他以献妓送银而得到巡抚之职，手段卑劣。同时也弹劾奕劻、载振父子受贿卖官的罪行，还附带敲了一下袁世凯。

慈禧见了这份参折，大为震怒，当即撤了段芝贵的巡抚之职，命载沣和孙家鼐查办。载振少不更事，急忙跑到天津向袁世凯问计。杨士琦献计袁世凯，只需把杨歌妓送回天津，他自有安排，可保无事。

如果说段芝贵给载振和杨翠喜的拉皮条是一部婚外恋的情景剧，那么此剧以低俗开头，中间插播了一段案情侦破，结局出人意料耐人寻味。

当载沣、孙家鼐派人到天津核查时，杨士琦早已料理妥当，他们查问后的结果是：杨翠喜根本就没有被送给载振，早在载振来天津前三个月，她早已成为王益孙的侍女，并有字据为证，所谓用12000两银子从杨慕林手中购得之说纯属造谣。使者回京如实察告载沣和孙家鼐，结果可想而知，仗义执言的赵启霖反倒以“诬告亲贵重臣名节”的罪名被开职回籍。但此事作为桃色新闻毕竟吸引了足够的眼球，以讹传讹的杨翠喜艳案使庆王父子声名狼藉。庆王为保帅只得舍车，遂指使儿子上疏自劾，请求辞去农工商部尚书一职。慈禧也素闻庆王的贪婪，虽没拿到载振的把柄，但老于世故的她知道此事绝非空穴来风，于是接受了载振的辞呈。

杨翠喜案是权色交易，也是一场政治斗争。身处旋涡中的杨翠喜深知自己地位的卑贱，她也知道自己虽被安排成为王巨富的侍女，但只是暂时安全，一旦将来此案再有风吹草动，说不定自己会有性命之忧。于是，一天夜里杨翠喜不辞而别，至于去了哪个江湖，不得而知。据说，心猿意马的载振曾多次派人暗中寻访，亦无一丝消息，只留下更多的未知让人猜测和遐想。

后人有诗曰：“出身贫寒命卑贱，三易其主哪得安；丽质佳音名津城，最终一去不复返。”

“瞿岑诬陷案”的背后

官场非一人之场，身处其中，你就不可能脱离这个“场”字。有与袁世凯结盟的，就有与袁为敌的。袁世凯将皇室亲贵庆亲王奕劻摆平，组成利益共同体，结成庆袁派系。但朝中重臣岑春煊与袁世凯宿怨已久，且一向瞧不起奕劻，而军机大臣兼外务部尚书瞿鸿禨也对奕劻的贪婪和袁世凯的侍权十分愤慨，于是岑、瞿二人因有共同的敌人也走到了一起。

关于袁世凯、奕劻与岑春煊、瞿鸿禨两大派系之间的纠结渊源，可以说既有看头又有来头。

先说岑春煊。岑春煊比袁世凯小两岁，是个不折不扣的“官二代”。岑春煊与袁世凯都是晚清成长起来的重臣，时人谓之“南岑北袁”。岑春煊的父亲岑毓英曾当过云贵总督，有此显赫父亲，造成了岑少年时纨绔成性，与瑞澄（大学士琦善之孙，黑龙江将军恭镗之子）、劳子乔（江宁提学使劳乃宣之子）并称“京城三恶少”。1889 年，其父岑毓英去世，岑春煊荫以五品京堂候补，正式步入官场。起初，岑春煊的仕途之路并不精彩，只能充得上按部就班。像袁世凯一样，义和团运动让他的命运就此“逆袭”。1900 年，八国联军进犯京津，时任甘肃布政使的岑春煊闻讯后率兵千里奔袭，赶到北京勤王。

布政使俗称“藩台”，主管一省的财赋与民政，与俗称“臬台”而主管司法的按察使，本是一省中的最高长官。明代中叶以后，各省添设巡抚，藩、臬二司变成了巡抚的属员，而巡抚则成了一省的最高长官。到了清代，在巡抚之外又设总督，巡抚管一省而总督兼管二至三省，于是布政使的地位愈形低落。如此一个在省内说了不算的布政使敢于出头勤王，一下戳到了慈禧老佛爷的软肋。“西狩”路上，岑春煊对慈禧悉心照顾，更是把老佛爷感动得无可无不可。慈禧曾哭着对岑说：“若得复国，必无敢忘德也。”

据说，慈禧一生中所感恩报德的人只有三个：一是后来官至四川总督的吴棠。1853 年，慈禧刚选入宫中第一年，其父惠征病死，家境贫困。当时吴棠曾专程赴京吊唁，又致赠厚赙，故而慈禧终生感念，虽其人碌碌，仍旧要把他擢升为总督，且屡予美缺，以示报答。二是庚子“西狩”时途经怀来，知县吴永竭力办差，使慈禧从此得脱困厄，因此感其忠勇，后来亦时时照拂，恩眷始终不衰。至于第三个，就是在“西狩”途中随扈保驾的岑春煊了。

有慈禧这个后台，岑春煊从此官运亨通，历任前路粮台督办、陕西巡抚、山西巡抚、四川总督、云贵总督、两广总督、邮传部尚书等要职。

岑春煊为官清正，性情刚躁，不畏权势。任职两广总督期间，广州的米商们按惯例送来“公礼”：一张 40 万两的银票。岑春煊拒而不收，但他并没有因此而刁难商户，反而更加爱护商民，以至于岑春煊离任时，商民们都含泪相送。他任职四川总督时，严肃吏制，建立警察制度，曾一举弹劾40余名官员，人送绰号“官屠”，与“士屠”张之洞、“人屠”袁世凯并称“清末三屠”。如此为官之道，当然与袁世凯大相径庭。他的“官屠”直接造成了与袁世凯利益集团的矛盾冲突，特别是直接引发了奕劻的不满，因为奕劻是这些官员的后台，是权钱交易的最大利益人。

政治利益不同，则是最大的敌人。这种正面的、反面的、直接的、间接的对抗，在自觉不自觉中使岑春煊与袁世凯、奕劻结下梁子。

再说瞿鸿禨。

瞿鸿禨算得上一个“学霸”，他17岁就中了秀才，21岁中举人，22岁又中进士，进了翰林院。在他25岁时逢朝廷组织大考翰林，瞿鸿禨考列一等第二名。此后的20余年瞿鸿禨曾两充考官，四督学政，遍及5个省份，其官职也从四品的侍讲学士渐渐升到二品的礼部右侍郎。当时，清廷上下腐败不堪。就拿翰林来说，以点考差及派学政为最好的肥差，一则宦囊丰盈，二则不碍升转。有这样的机缘，换个爱钱的官员早已发了大财，而瞿鸿禨所到之省，一心一意选拔人才，拒绝一切铺张浪费，谢绝一切请客送礼，严厉禁止手下以教育为名对地方进行索扰。由于他清德卓著而学识优良，渐渐使他具备公辅之望。

义和团运动使军机大臣载漪、刚毅、启秀、赵舒翘四人因袒拳助乱的罪名同时被罢黜，在军机当值的只剩下荣禄和王文韶，为补充人选，瞿鸿禨受到荣禄的推荐，由礼部右侍郎升授都察院左都御史，改工部尚书，之后步入军机。自1901年7月到1903年2月，当国的领军机大臣是荣禄，荣禄笔墨文翰并不擅长，所以在军机中实际担任承旨撰敕的秉笔枢臣是瞿鸿禨。其后虽然换了庆王奕劻“领枢”，军机大臣又多了鹿传霖与荣庆二人，但由于瞿鸿禨出身翰林，文笔甚好，慈禧太后又对他信任有加，所以瞿鸿禨仍是军机中的秉笔。

瞿鸿禨深受传统道德文化的熏陶和教育，拥有忧国恤民的清廉品格和“为天地立身、为生民请命”的士人风骨。他刚正不阿，两袖清风，是一个干干净净的大清官。据说，有一次他回籍守丧，完事后居然没有盘缠还朝复官，最后只能将自家的老宅出卖换取路费。这样的典型事例就是放在今天也绝无仅有。

如此的清正当然为袁世凯所不喜。在袁的“公关宝典”中，“金钱交际”

是他的“撒手锏”。袁在北洋专设了小金库，每月所需十数万两白银，宫廷内外，上上下下，他靠着红包、重礼游走在朝廷之间。他的糖衣炮弹使首席军机奕劻成了自己的死党，但是瞿鸿禨不吃袁这一套。

开始的时候，袁也曾想用糖衣炮弹打通瞿鸿禨这一关，于是三番两次地派人给瞿鸿禨送上红包，但是都被他退回。第一次，袁世凯给瞿鸿禨送了“当修门生之敬”的礼节性红包，结果被瞿退回。袁并没有放弃，第二次又派人送去“请为昆弟交”的结交性礼金，又被对方拒绝。第三次，袁又利用瞿鸿禨次子成婚的机会，特意让人试探性地以“北洋公所”的名义又送上了一份厚礼，没想到又被退了回来。这时的袁世凯才算彻底明白瞿鸿禨是和自己无法走到一起的异路人。

道不同，当然不相为谋，也正因为如此，袁世凯和瞿鸿禨形成了两派对立的局面。

对于瞿鸿禨来说，奕劻是首席军机大臣，袁世凯是直隶总督兼北洋大臣，又掌管北洋新军，两人勾结在一起当然是强强联合，一加一大于二。相比之下，瞿鸿禨虽然被慈禧所宠信，依然是势单力薄，不过，瞿鸿禨也不傻，为了扩大自己的实力以便与庆袁派系抗衡，他自然而然和同样与庆袁水火不容的岑春煊结合了起来。

于是，这两个派系“不是你死，就是我活”的政治斗争愈演愈烈了……

回过头来再说岑春煊，他时时刻刻都在琢磨着收拾奕劻。

岑春煊利用慈禧宠幸的有利条件，几次在老佛爷面前痛斥奕劻贪腐乱政，斥责他卖官竟到了内卖侍郎，外卖巡抚的地步。慈禧听后惊讶不已，不敢相信。在岑春煊自著的《乐斋漫笔》记录了他与慈禧的一段很令人玩味和奇葩的对话。

慈禧：“你说奕劻贪污，有何证据?”

岑春煊：“受贿这样的事，一个人送一个人收，怎么会能留下证据?”

慈禧：“是奕劻这个人太老实了，上了别人的当。”

岑春煊：“奕劻身为领班军机，朝廷重臣，怎么能以上当的理由解释得通？此人不去，纪纲何以整饬?”

慈禧：“这个奕劻毕竟是朝中老臣了，没有功劳也有苦劳，以后看看再说吧。”

见岑春煊不依不饶，慈禧只好随便言语几句应付过去。一次，慈禧想要调停岑春煊与奕劻之间的关系，就询问他由云贵总督调回北京任职后有没有到庆王府拜谒过？岑春煊说没有。慈禧说，你和奕劻都受朝廷的倚任，为朝廷办事，应该和衷共济，为何不登门一谈？岑春煊说进他那个门需要索门包，为臣无钱准备。就是有钱，我也不能这么用。岑春煊的大白话让慈禧很尴尬，只得用乱语应付。由此可以看出，岑对庆王的成见之深。

1906 年，袁世凯与奕劻上书改革官制，欲借此限制君权，结果触犯了皇室利益，遭到了皇室宗亲和既得利益者的强烈反对，其中瞿、岑便是强烈反对者。慈禧太后担心君权旁落，最后直接导致责任内阁制的否定和庆袁计划的破产。1907 年发生“丁未桃色丑闻”即杨翠喜案件，庆袁怀疑此案是瞿、岑所主使，使袁和庆王父子对瞿、岑更加愤愤不平，决定给予致命还击。

袁世凯手下的幕僚“黑蝎子”杨士琦出主意说：“瞿鸿禨和岑春煊是老佛爷身边的红人，要想扳倒他俩，必须证据确凿，反之不但扳不倒，还有可能引火上身。现在的情形是，老佛爷恨透了革命党，特别是对康有为和梁启超等更是恨之入骨，因此证据最好是与之相附会，这样瞿鸿禨和岑春煊就百口莫辩了。”袁世凯听后，深为“黑蝎子”的计谋所称道，于是命他搜集有关瞿、岑与康、梁有瓜葛的线索。

首先，杨士琦利用庆王手中的权力查阅了戊戌年的档案，发现并抄录了瞿鸿禨、岑春煊保举康、梁的几道奏折，这两份文件足以成为倾陷瞿、岑二人的证据之一。但光凭这一证据，还不足以扳倒瞿鸿禨和岑春煊。为确保万一，杨士琦再次绞尽脑汁网罗证据。

很快，一个天大的机会从天而降。

这时，恰巧两广地区的革命党人频频“闹事”，广东境内几个府城所属的地方官府不断遭到袭击。袁世凯觉得这是个机会，使出了一招“捧杀计”，让庆亲王奕劻去太后那儿“捧杀”岑春煊，言称岑大人办事很有水平很有魄力，如果让岑春煊坐镇广东，广东的革命党人自然会被岑大人消灭干净。袁世凯的目的是要把岑春煊赶到远离京城的广东任职，使京城只剩下瞿鸿禨一人，从而分而攻之。

对于庆王的建议，慈禧颇为犹豫，她深知岑春煊不愿意到外地工作。就在老佛爷犹豫的当口，袁世凯恰如其分地递上了一句话，说：“君命犹天命，臣子宁敢自择地。春煊渥蒙宠遇，尤不当如此。”言外之意是说，君叫臣死，臣不得不死，岑春煊倍受皇恩，作为一个臣子怎么敢自己想怎么着就怎么着呢？这顶上纲上线的政治帽子给谁扣上都受不了，老佛爷一听就对岑春煊来了气。一怒之下，她开去了岑春煊邮传部尚书之职，任命其为两广总督，即刻赴任。

岑春煊稀里糊涂地离开了京城，当然不肯死心。他想做最后一搏，在向老佛爷辞行时，报复性地狠狠参了奕劻父子一本。可以说，老佛爷对岑春煊一直有一种半是感激半是宠爱的心态，岑春煊的话还是有分量的，再加上奕劻爷俩的口碑实是太差，于是慈禧还真有了拿掉奕劻的念头。

太后思想上的变化，大总管李莲英当然很清楚，而李莲英清楚，袁世凯也就知道了。和庆王"穿一条裤子"的袁世凯此时也很焦虑，他是真担心庆王被拿掉，因为若如此，吃亏最大的当然是他袁世凯。

在结局无法预料的时候，等待也是一种战术。岑春煊离京后并没有即刻赴任，而是滞留在了上海隔岸观火，他相信自己最后一状的威力。他在等北京方面的传召，期待着回京的喜讯。

事情发展至此，看来岑、瞿派系已是胜券在握，但事态的发展竟发生出人预料的大逆转。岑春煊在上海等来的不是奕劻下马的捷报，而是他的盟友瞿鸿禨倒台的噩讯。

这一日，瞿鸿禨当值，慈禧阅一奏章，又是弹劾奕劻的事。慈禧忽又想起了岑春煊赴任之前状告奕劻父子的事，叹了口气，摇摇头，说："奕劻的事我早有耳闻，只是念在他还有点功劳的份上，没忍心动他，现在看来，他也太过分了。再说，他年纪也大了，还是退出军机处回家养老吧。"瞿鸿禨听罢大喜，或者说他太欣喜若狂了，回家后不经意就把此事告诉了妻子。第二天，他的学生汪康年的妻子来府上串门，瞿妻将此事告诉了汪妻，汪妻回家后又告诉了汪。当时汪的一个朋友也在，汪的这个朋友又告诉了他的朋友，英国《泰晤士报》驻北京的一个记者。该记者得知这样的线索后当然如获至宝，迅即便以奕劻即将退休为题，作为清廷核心层重要人事调整的新闻在《泰晤士报》予以发表，一时间舆论哗然。

在官场上混，该说的话要说，不该说的千万别说。瞿鸿禨最大的错误是一时忘乎所以，透露了不该透露的秘密，犯了一个低级错误。

慈禧知道这事后大为震怒，痛斥瞿鸿禨将消息走漏。同时，奕劻在第一时间也得知了这一消息，立刻告知了袁世凯。袁又通报了杨士琦，杨向袁阐明要害，随即奉袁之命拟定了一份罗列"确凿证据"的奏折弹劾瞿，并花2

万两白银买通了瞿的同乡、侍读学士恽毓鼎，让他以自己的名义弹劾瞿暗通报馆、阴结外援、授意百官、分布党羽等罪状。慈禧正恨着瞿鸿禨，接到这份劾疏，当即下旨罢掉了瞿的一切职务。

瞿的倒台，是对瞿、岑派系的致命打击。庆、袁派乘胜追击，很快就想出一个绝妙的计策将岑春煊整倒。

杨士琦通过在上海任职候补道的蔡乃煌，弄到了一张岑春煊的照片。蔡乃煌对照相颇有研究，他将岑春煊的照片与康有为的单人照片并排在一起，之后再行拍摄，再交由相馆进行加工合成。这种PX技术在今天已不新鲜，可在那时却是一项高科技成果。庆王将此照片密呈给慈禧，奏劾岑是康、梁的死党，滞留上海是为了暗结康、梁，等等。这种附会伪造，慈禧当然无法识破。

老眼昏花的慈禧盯着岑春煊和康有为站在一起的照片，顿时气得大骂岑春煊吃里爬外，辜负圣眷。岑春煊的命运可想而知，也与瞿鸿禨一样落了个丢官罢职。当岑看着铁一样的“证据”，知道这种“莫须有”乃庆、袁作梗，但分辩解释只能增添慈禧更多的愤恨而已。

自古以来，以莫须有的罪名扳倒政敌的不在少数，一旦“证据”充分，你就是有一百张嘴也无济于事。政治斗争的残酷莫过于此。

光绪帝之死

1908年11月14日傍晚，38岁的光绪帝躺在冰凉寂静的中南海瀛台涵元殿，满含悲愤地离开了人世。

令人难以置信的是，20个小时后，操纵晚清政权长达半个世纪之久的慈禧老佛爷也撒手人寰，死在了中南海仪銮殿内。

事有蹊跷，必有阴谋。光绪在慈禧前一天莫名其妙地死去，这一“巧合”使得整个皇宫大院流言四起，谋杀之说不胫而走。有人说是慈禧谋害了光绪，也有人称是袁世凯派人给光绪下了毒，还有人说凶手是李莲英。

种种疑团，种种证词，使得大多数人长期以来都相信谋杀说。20世纪80年代以后，清史研究更加重视清宫档案。历史学家、档案学家、医学家组成的研究团队通过仔细分析光绪的脉案和药方，得出的结论是：光绪一生体弱，久治不愈，加上慈禧刻意虐待，竟至不得温饱，而心情抑郁也会加重病情，因此他是正常死亡，并非被谋杀。

历史的真相有时需要时间的诠释。

光绪属自然死亡这一观点，尽管有人存疑，但还是被广泛接受了，答案似乎已经尘埃落定。可时至今天，历史再次拐弯。从 2003 年起，一项名为“清光绪帝死因”的专题研究就已展开，研究者由中央电视台清史纪录片摄制组、清西陵文物管理处、中国原子能科学研究院反应堆工程研究设计所和北京市公安局法医检验鉴定中心 4 家单位的相关人员组成，并作为“国家清史纂修工程重大学术问题研究专项课题”正式立项。

在清西陵光绪的陵寝内，保存着光绪的遗体和随葬衣物，研究团队运用高科技手段，对光绪的死因进行了历时 5 年的调查。2008 年，《清光绪帝死因研究工作报告》正式向外界公布了研究结果，正式宣告光绪帝系被砒霜毒杀。

怎么个毒杀？被谁毒杀？光绪死因的谜团也再次浮出水面。

若我们顺藤摸瓜，缕着一条条脉络，排除一个个嫌疑对象，会把幕后的主使锁定在袁世凯身上。

要揭开这一谜案，不得不提一个人，他就是袁世凯的心腹幕僚“黑蝎子”杨士琦。

北洋阴狠第一人，当属杨士琦。杨士琦的阴险毒辣如同他的绰号一样名副其实。杨士琦手头有种毒药水，这种药水无色无味，可其毒性之大比现在的剧毒化合物氰化钾逊色不了多少。一提到这种药水，真可谓声震朝野，令人头皮发麻，胆战心寒。

据说，这个毒药水颇有来历。有一次，杨士琦到日本出访时参观一个化工企业的试验室，听研究人员介绍了这种剧毒无比的工业用药水的化学性质。说者无意，听者有心，心狠手辣的杨士琦忽然就想到了这个药水应该有它的另一种用途。参观完毕后，杨又特意返回试验室，与这个研究人员经过一番谈判后，花重金买了一小瓶，悄无声息地带回了国内。

这瓶压在箱底 3 年的毒药水终于有了大用场。1908 年下半年，慈禧太后的病情日渐加重，特别是到了 10 月底，老太后已是病入膏肓。眼瞧这位大清国的掌舵者即将驾鹤西去，袁世凯的恐慌感一日比一日来势汹汹，直至令他寝食难安，夜不能寐。因为他知道自己戊戌变法时曾出卖过光绪帝，正是因为他的出卖，害得光绪终身被软禁在中南海的瀛台，并且受到西太后百般凌辱和虐待。如果西太后死了，光绪很有可能复政，而复政后的光绪帝能不报出卖之仇吗？

袁世凯的担心绝对不是多余的。怀来县令吴勇曾亲眼看见了光绪对袁的深恶痛绝。八国联军入侵北京后，慈禧、光绪一行西逃至西安，在西安的行宫内，光绪没事就在纸上画一只乌龟，并在乌龟壳上书写“项城”（袁世凯）二字，之后即用利刃对着画乱砍乱刺，末了还不解恨，又将这些写着袁的名字的画一把火烧掉。对于这种怨恨，袁心知肚明，他当然不愿意看到光绪重新执政，自己被秋后算账。

主子有难，下人自会替主分忧。若袁世凯这条大船有失，手下人也将会一损俱损。善于察言观色的杨士琦早已琢磨透了主子的心思。一天夜里，杨士琦向愁眉不展的主子献了一条“绝户计”。

杨士琦说：“大人，我看老佛爷时日不多了，老佛爷一旦归西，光绪必将掌政，这将对大人极为不利。”

袁世凯长叹一声，说：“这也正是我之所虑，杏城（杨士琦字），依你之见？”

杨士琦说：“量小非君子，无毒不丈夫，我看只有将……”杨士琦大手一挥，做了一个砍头的动作。

袁世凯眼中闪过一丝惊讶，很快又平静下来，说：“此事非同小可，一旦有失，后果可想而知。”

杨士琦说：“此棋虽险，但我有一定把握，只有除掉光绪，大人才有可能安全，反之必会人为刀俎，我为鱼肉，所以此险可冒得。”

袁世凯说：“何谓有一定把握？”

杨士琦说：“成败的关键在于一人，只要把此人拉过来，便有十成把握。大人请想，李莲英乃老佛爷身边的大总管，深受器重，而他与光绪却水火不容，老佛爷一死光绪当政，李莲英也必将置身险境，成为案上肉、虎中食。只要他与我们合作，有了此人做内应，何愁大事不成？”

袁世凯点点头说：“事已至此，只能先了此公案，再作后图。杏城，此事就交与你去办理，一切当慎之又慎。”

杨士琦下保证说：“大人请放心，卑职定当竭尽全力。”

在这一问一答中，可怜的光绪帝已被宣判了死刑。

很快，杨士琦亲自找到李莲英，先是分析形势陈其厉害，最后说："一旦老佛爷驾崩，皇上执掌朝政，您与我们袁大人肯定都没好果子吃，所以摆在我们面前的路只有一条。"

结果已没有悬念。李大总管自然知道其中"你死我活"的利害关系，他最终定下决心。之后，他又与杨士琦密谋了一番。杨士琦临走之时，将一小瓶药水塞到了李莲英手中。

末代皇帝溥仪在他的自传《我的前半生》一书中，这样写道：我听见一个叫李长安的老太监说起光绪之死的疑案，照他说，光绪在死的前一天还是好好的，只是因为用了一剂药就坏了，后来才知道这药是袁使人送来的。

就这样，老佛爷归西前一天，光绪帝却先行一步驾崩了。光绪的突然暴毙除了令朝廷上下震惊之外，更多的则是充满了疑问，这一事件后来也成为晚清疑案，流传下来的版本有好几个之多。但纸里包不住火，时至今日，许多资料证明，光绪的死是杨士琦、袁世凯伙同李莲英用毒药水给害死的。

光绪一死，袁世凯暂时平安着陆，不过，一场新的危机随之而来……

"诛袁"生死劫

树大招风，功高震主。1906 年，当袁世凯的北洋势力急剧扩张之时，清廷的满族亲贵对他已非常警觉，袁的处境也变得空前糟糕。但袁深悟官场"天机"，懂得如何避嫌和韬光养晦，在这年秋季的彰德会操之后，他适时主动向清政府交出了北洋四镇的兵权，赢得了暂时人身安全的"软着陆"。事实上，如履薄冰的袁世凯在满族亲贵眼中仍是一道权力阴影，因为他手中仍然握有两镇兵权，满洲权贵对他仍不放心，并不断指使大臣上疏弹劾。

1907 年 9 月，清政府开去袁世凯的直隶总督兼北洋大臣之职，改任他为军机大臣兼外务部尚书。按照官制，军机大臣比总督的地位高一格，但实际上是明升暗降，位子虽然高了，实权却没了，是一个"大而虚"的位子。更为关键的是，袁世凯失去了军权。

即便是这样，一场更大的政治风暴已悄悄地逼近了袁世凯。

历史的走向从来以它特有的方式行进，有时如脚印般清晰，有时如落英般无序。袁世凯想得很好，本以为死对头光绪没了，他可平安着陆，但另一个潜在的死对头摄政王载沣的出现让他的政治命运戛然而止。

1908 年 10 月，在任军机大臣兼外务部尚书满一年之际，袁世凯于一片祝颂声中度过了 50 岁生日，步入了知天命之年。然而，一个月后，光绪帝和西太后的相继宾天令大清最高权力的天平突然摇摆。对袁世凯来说，不仅仅是恐慌，甚至是惊惧。早在老佛爷和光绪都在病中，他便极力运作王公大臣们支持拥立奕劻的儿子载振为帝。他和奕劻是铁哥们，只要奕劻的儿子执政，那一切都不再是事，可慈禧当然不会同意载振为帝。如今立嗣的事情已水落石出，慈禧临终之前已有懿旨，将皇位传给载沣 3 岁的儿子溥仪以正大统，其父醇亲王载沣以摄政王监国。

但一时之间似乎并无不好的兆头。

为了表示新朝的“恩泽”，朝廷于 11 月 19 日优赏奕劻“亲王世袭罔替”；赏加世续、鹿传霖太子少保衔、用紫缰；赏加张之洞、袁世凯太子太保衔，用紫缰。即便是这样，袁世凯还是感到了从未有过的不安。

载沣是光绪帝的亲弟弟，因戊戌告密之历史性过节，注定使袁世凯的处境十分被动。还真应验了“墙倒众人推”的老话，这时朝野中许多与袁世凯有矛盾的亲贵、官僚乘机而起，倒袁暗潮一时汹涌澎湃。

直接导致袁世凯罢官的一个重要事件就是“三霖（麟）环奏”。晚清末年，御史当中最著名的有三人：赵启麟、江春霖、赵炳麟。赵启麟于 1906 年曾上折弹奏杨翠喜一案，因此名声大噪。三人本约定联合行事，一人先行弹奏，二人继之，为首尾环攻之策。慈禧和光绪归天后，江春霖继续上疏弹奏袁世凯，罗列罪状达 20 款之多。

江春霖的奏折一上，即被载沣召见。因为载沣早已对袁世凯的飞扬跋扈气愤至极，也早想除之而后快。载沣说：“我向来没有经历什么大事，这次奉孝钦皇太后遗旨监国，很希望得到你们御史的帮助。过去让言官议论朝政，本意是集思广益，国家向来没有加罪言官的条例，我自当悟守陈规。希望你转告大家，都要直言进谏，可采纳的采纳，否则留中，不予责罚。你向来憨直，我很赏识，一定要始终如一，不可渎职。”之后，载沣让江春霖详细说明了弹劾袁的各条款项。

江春霖的奏折刚刚递上，即获召见，令军机大臣们也十分惊奇。次日消息传出，受到牵连的庆亲王奕劻马上请了病假。紧接着，赵炳麟又上奏章弹劾，落井下石。于是，袁世凯的命运就这样注定了。

据说病中的光绪得知自己的亲兄弟载沣摄政监国时，已被大病折磨得奄奄一息的光绪流露出一丝难得的笑容，他亲口嘱咐载沣要杀掉袁世凯替自己报仇。国仇家恨令载沣决定对袁痛下杀手，“消除十年前戊戌政变时袁出卖光绪皇帝之根”，一步到位，永绝后患。

此时的袁世凯如案上鱼肉，命悬一线。

但袁世凯绝不是一个坐以待毙的人。他将手下谋臣紧急召集在一起商研对策，一直商量到午夜也没有一个令他满意的答案。送走众人后，空冷的屋内只有墙上那副“清也吾所望，贫者士之常”的联语让他对仕途权力有了另一种顿悟。

两天后的早上，徐世昌兴冲冲找到袁世凯，诡秘一笑，说：“大人，有主意了!”

袁世凯连忙问：“义兄，你快说。”

徐世昌说：“这两天我反复在想，载沣不是当国之才，大清国早已危如累卵，全靠老佛爷上下维系，今老佛爷已离世，依我看，大乱即将到来。”

袁世凯不住地点着头。徐世昌继续说：“而今载沣要对大人不利，古人云，危邦不入，避地以观。依我看，这是你目前所要选择的最好办法。”

袁世凯说：“你是要我主动奏请开缺回籍?”

徐世昌说：“暂求自保，以求日后再起。”

袁世凯沉思良久，说：“只能如此了，暂时离开这是非之地也好。”

徐世昌说：“载沣此人胆小，做事瞻前顾后，他真要拿你开刀，会和有关人员商量，现在有两个人可以帮你。”

袁世凯急切地问：“哪两个?”

徐世昌说：“一个是奕劻，另一个是张之洞。”

袁世凯若有所思地点点头，说：“义兄，这样吧，别人去办我不放心，我看你还是亲自替我跑一趟，感谢的话自不必说，我慰庭出头之日，便是义兄富贵之时。”

徐世昌答应说：“好吧，我就替大人跑一趟。”

说动奕劻并不难。奕劻是袁世凯的“死党”，一根绳上的蚂蚱，袁世凯也没少给他行贿。徐世昌见到奕劻后，将一张 100 万两的银票往上一递，请他出面替袁在载沣面前说个情，协助袁渡过难关，日后一定再行感谢。见钱眼开的奕劻瞅着银票，自然是拍着胸脯应承下来。

下一个便是张之洞。张之洞为官清廉，要摆平他不太容易。但徐世昌不愧为“水晶狐狸”，见到张之洞后一番泣下沾襟、切中时宜的演说，终于说得张之洞有兔死狐悲之感，决定送给袁世凯一根救命的稻草。

有了这两位朝中重臣从旁说情，决定对袁世凯下死手的载沣开始犹豫了。他决定试探一下袁世凯的态度，也想给袁一个下马威，于是一天夜里把袁传进了宫中。

袁世凯并不知载沣的真实意图，一时吓得魂不附体，临行之前跟大公子袁克定再三叮嘱，让他赶紧找到段祺瑞想办法，实在不行就诉诸武力。当袁克定慌里慌张地把情况告诉段祺瑞后，段祺瑞吃惊非小，当即就预感到袁的处境如同鱼游沸鼎。

段祺瑞想了半天也没想出一个好办法。一荣俱荣，一损俱损，袁世凯翻船了，自己也会落水。最后，段祺瑞决定出硬招实行兵谏以解救袁世凯。

当段祺瑞要集结部队准备行动时，突然有一个人提出了反对意见。此人是段祺瑞手下最重要和信任的幕僚，有“合肥魂”之称的“小扇子”徐树铮[①]。

就是这个徐树铮，以后居然成了军阀大混战时期左右风云的人物，他凭借皖系军阀这棵大树，或摇旗呐喊，发号施令，或纵横捭阖，推波助澜。在那段特殊的历史时段，皖系军阀的重大措施，无不出自他手。

说起徐树铮，他与段祺瑞的相遇可谓很有传奇色彩。

徐树铮的父亲是当地有名的教书先生，母亲在家种地，其母人到中年才生下徐树铮，因此他在兄弟姐妹中排行最小。由于父母的过于疼爱，徐树铮养成了顽皮专横的个性。有邻居对徐树铮的父亲说：“你这个儿子气概不凡，是一匹千里马，但过于锋芒毕露，如果不加以引导，有可能败家丧身。”听了邻居之言，徐父便令其随之左右以便约束。徐树铮天资聪慧，13 岁考中秀才，17 岁中乡试一等第一名，补为廪生，可次年徐树铮再投考举人时却名落孙山。于是，徐树铮决定放弃科举之路，而以经世致用为旨，毅然离家出外谋事。

---

① 徐树铮，字又铮。段祺瑞的心腹幕僚，皖系的核心人物。徐文武双全，才华横溢，但又傲慢自大，飞扬跋扈，善煽风点火，挑拨离间，人称“小扇子”。也正是他这种乖张的个性，最终使他成为一个悲剧性人物。因他暗杀了冯玉祥的舅舅兼大恩人陆建章，被冯玉祥派人在他乘火车离京经廊坊时将其劫持并枪杀。

经过一番考虑后，徐树铮决定去济南投奔自己的一个在武备学堂当学员的内弟。此时北京城已尽在八国联军的铁蹄之下，慈禧和光绪皇帝及一班大臣亡命西安，大清国的中枢神经已处在半瘫痪状态。但山东地面在袁世凯的治理下却别有生机，义和团早已被袁采取铁腕政策赶出了山东。徐树铮感知着这一切，开始对这位袁大人产生了特别好感，感到这位袁大人必定是成就大事之人，也是自己想要投奔为其效命之人。于是，徐树铮向内弟谈了自己的想法，想通过内弟疏通关系引荐袁大人，可这个内弟不仅不帮忙，还说了一通风凉话。

但徐树铮有一股不撞南墙不回头的劲。既然内弟不帮忙，徐树铮打算自行其是。拿定主意后，徐树铮决定送给袁大人一个像模像样的见面礼。他把自己闷了三天三夜，一口气写出了一份洋洋洒洒的关于练兵方面的《国事条陈》，想以此作为叩开袁大人府衙的敲门砖。可阎王好见，小鬼难缠，就在他向守门卫兵说自己要见袁大人后，却被卫兵乱棍打出。徐树铮吃了闭门羹愤愤离去，但他见袁之心不死。改日，他想出一计，通过冒充袁大人亲戚之名将《国事条陈》终于通过公差送至袁处。一向惜才的袁世凯看后顿时对这位徐廪生刮目相看，决计接见徐。不巧的是，因母病故，袁要回籍奔丧，便安排手下一位叫朱仲琪的幕僚代其约见，并嘱朱以礼相待。可这位朱道员自命不凡却才智平平，见袁如此器重一位年轻人颇感不快。两人见面后终因话不投机，徐树铮愤然离去。

投袁的念头破灭，徐树铮在济南无事可做，便终日游山玩水，与文友论文谈诗，一晃已近一年。从家中带出的盘费渐渐花空，无奈之下，徐树铮只好在街头摆摊以写对联赚些外资。

一日，徐树铮正好遇到在袁世凯手下任职的武卫右军炮队统带兼随营武备学堂总办段祺瑞。时已寒冬，段见徐尚御夹袍，但气宇轩昂，毫无寒酸气象。询问后，知他投友不遇，正候家款。段约徐长谈，深感默契，于是，徐成为段的入室弟子。

河道上挖开一个缺口，可以改变河流的方向；一个人遇到另一个人有时可以改变一生。徐树铮投袁世凯未成，却阴阳差错遇到了段祺瑞，他的一生也从此像河流一样改变了方向。

1905 年，段祺瑞又出资派送徐树铮去日本士官学校学习。学成回国后，徐树铮自此成为段最重要的幕僚，一生追随段左右，并成为段的“灵魂”。

徐树铮对段祺瑞说："依我看，实行兵谏是迫不得已之法，会给世人留下大逆不道的把柄，更难有取胜把握。依现在的情势看，朝廷还不敢对袁大人下狠手。我们不妨现在放出风声，举行冬操，以引起朝廷重视，这样朝廷会忌惮武力而不敢轻易下手，若事后上面查起此事，也好有退路。"

段闻言点点头，说："此计甚妙，就依计而行。"

正在这时，一个突发事件给了徐树铮足够让朝廷引起重视的理由。

驻扎在北京南苑第六镇第十一协报告说，有几个士兵聚赌滋事并发生火拼，请示段祺瑞如何处置。正被袁世凯一事缠身的段祺瑞大怒道："此等小事还用请示？自己酌情处理。"

一旁的徐树铮灵机一动，说："天佑我也。正愁师出无名，现在机会来了。借此把声势搞大，即刻向朝廷报告六镇突发兵变，我部正率军前往弹压。"

段祺瑞听到稍愣了一下，即刻心领神会，夸赞道："又铮（徐树铮字）不愧为'小诸葛'。"

段祺瑞一方面命人上报南苑兵变情由，另一方面即刻派兵前去弹压。南苑地处古永定河流域，元、明两代一直是皇家猎场，清朝入主中原后，除了继续用作猎场外，还修建了行宫，划出一部分作为操兵练武之所。清末时期，段祺瑞的第六镇驻扎在此。

深夜时分，北京南苑一带突然枪声大作，杀声震天。与此同时，一张"南苑第六镇一部突发兵变"的奏折传到了摄政王载沣手中。载沣经奕劻和张之洞的说情后，在杀不杀袁世凯这一问题上一直在犹豫，忽然看到这道奏折，不由害怕起来。再加上袁又主动请辞，载沣到底没敢向袁痛下死手。

慈禧死后的第57天，也就是1909年1月2日，恰巧袁世凯轮值为光绪帝守灵，清廷宣布了一道上谕："军机大臣、外务部尚书袁世凯夙承先朝屡加擢用，朕御极后复予懋赏，正以其才可用，不意袁世凯现患足疾，步履维艰，难行职任，着即开缺回籍养疴，以示体恤之至意。"

上谕中称袁世凯患了足疾，并非无中生有。袁年少时，喜骑马游玩，有一次从飞奔的马上摔下扭伤了脚，后来虽然痊愈，但这个足疾便成了他日后患政治疾病的借口。比如，因他结党营私，侍权弄柄，屡屡遭人参劾，他为了躲风头，曾以足疾为由请过假。载沣上台后，袁世凯也曾经说过脚疼无法上朝。现在载沣顺水推舟，便翻开老账以牙还牙以足疾为由将其开缺。

据说，清廷颁布将袁世凯开缺回籍的前一天早晨，身为军机大臣的袁照例入宫处理政务，曾受其贿赂的值日太监向其透露说："请袁大军机可不必入内会议，今日摄政怒形于色，闻严惩谕旨即下，恐于军机大不利，宜早筹自全之策。"袁世凯一贯老谋深算，做事步步为营，慎重求稳，此时也乱了方寸，六神无主。他急忙回到锡拉胡同住宅，立即召集亲信僚属乘火车逃往天津。袁世凯的打算是，逃到天津后以观风向，危急时再逃往日本。袁世凯的动作被已担任直隶总督的杨士骧知道，为了避嫌，他急忙派儿子赶到天津向袁世凯说明利害，并说已得到北京确信，罪只开缺回籍，劝袁回京预备明晨入朝谢恩。

此次秘密走避天津，显然是袁世凯一生中所走的一步极其危险的险棋败招，犯下了一个愚蠢的错误。一是在当时的专制王朝，无论清廷上谕如何处置他，他都必须亲自至清宫谢恩，然后方可出京。未奉旨私自出京，仅此一项，即可被清廷治以重罪。二是当时尚在光绪帝与慈禧太后死后的百日之内，袁世凯是奉旨穿孝的大员，未经奉旨，擅自脱掉孝服，私自逃避天津，此一项也是欺君杀头之罪。但不管怎么说，袁世凯及时从天津赶回了北京谢过了"开缺回籍"的恩典。

袁世凯突然被清廷解除了所有职务，这堪称1909年中国政坛的一次大地震。位极人臣的袁世凯一下子变成了庶民，回到了河南洹上村开始了长达两年的冬眠……

第八章
辛亥的拐点

不安分的“洹上老叟”

1909年，在中国历史上有着浓重一笔。

这一年，50岁的北洋军事政治集团“一把手”袁世凯迎来了他政治生涯中的“冬眠期”。位高权重的袁世凯突然被清廷解除了所有职务，不但令国人感到意外，就连国际社会也“深感震惊”。有外媒评论说，袁世凯被解职后，中国将会发生更多的“革命暴动”；还有外媒说，清廷解职袁世凯的公告冷淡无情，袁世凯必然组织反击……

外国人的判断并没有得到印证。被解职的袁世凯并没有利用自己掌控的政治和军事势力向清廷发难，而是规规矩矩地回到了河南彰德府（今安阳市）北门外的洹上村，“温顺”地过起了“烟蓑雨笠一渔舟”的赋闲生活。

洹上村是袁世凯自己的命名。周围十里八乡的泥腿子却不叫这个文绉绉的名字，而是一口一个叫着“袁宅”或“袁寨”。袁世凯一直把彰德当成他的“龙兴”之地，即使在临终前仍念念不忘地留下遗言：“扶柩回籍，葬吾洹上。”

袁的祖籍在河南项城，而他对彰德这块宝地如此看重，里面确有一段隐情。

一是不可调和的家族矛盾。袁世凯从小过继给叔父袁保庆，而袁保庆长期在外做官很少回项城。袁世凯成年以后，奔波在外，也很少回项城，他祖居的房屋也已给了亲族，所以他对项城并没什么感情。此外，袁世凯不回项城老家还一个更为深层的原因，就是他与兄长袁世敦的矛盾。庚子前袁世敦曾在驻山东军队任营官，补用知府，前途光明。袁世凯出任山东巡抚时，因推行新政树敌过多，怎奈他背景坚实，政敌拿他无可奈何，只好杀鸡儆猴，拿袁世敦开刀并将他弹劾，袁世敦大好宦途就此夭折。此事分明是袁世敦代弟受过，而袁世凯不但未加维护，且有弃兄自保之嫌，以致袁世敦含恨在心。后来袁世凯回籍葬母，袁世敦以庶母不能入正穴为由，不让袁世凯的母亲与其父同葬一穴。袁世凯讨要说法，袁世敦都不买账，无奈袁世凯只好另置新坟安葬母亲。两人的矛盾也因此更加激化，自此后，袁世凯更是不愿回到项城。

二是滋养华夏文明的宝地。古风吹皱的一泓洹水，从巍巍太行出发，一路奔腾到古彰德府，在这里孕育出殷商灿烂的文明。因是王土，极聚王气。同时袁又认为此地是其远祖袁绍的发家地，也是其袁氏子孙的洪福之地。

三是优越的地理位置。彰德在河南最北端，离京津地区较近，紧邻京汉铁路，交通便利，信息渠道畅通，又在北洋军势力范围之内。而且袁早在罢官之前就已在汲县（今河南新乡）置有房产，但因房屋较少，住不下妻妾儿女，便打算在豫北另找一处合适之地。正巧他的亲家天津盐商何炳莹在彰德北门外洹水岸畔有一所占地大约200多亩的别墅，袁世凯非常喜欢，何便做了顺水人情赠给了袁。

中国人自古讲究落叶归根，魂归故里。戎马一生的袁世凯，虽生于项城，却有家不能回，最后只好选择了他心目中的替代地洹上村。于是，这个小小的洹上村也因袁的到来在历史上留下了一代枭雄蛰伏待机，而后冲天而起的逆袭励志故事。

归隐后的袁世凯似乎真想做一名隐士。他大门不出，闭门谢客，生活低调，而且从不主动与官场中人联系，强烈地渲染一种归隐情结。袁这一时期的书信来往，大多数是对别人来信的回复，在信中他刻意反复强调“山野村夫，以终余年”“闭门养疴，不干外事”。他新建了一处养寿园，“养寿”二字，为昔日慈禧太后所赐手书，中有养寿堂，楹联为：君恩彀向渔樵说，身世无如屠钓宽。园南是谦益堂，“谦益”二字为慈禧太后1902年初所赐，楹联是：圣明酬答期儿辈，风月婆娑让老夫。除此之外，还有大大小小的景观和建筑近30处。整个园内，茂林修竹，怪石嶙峋，高石泻泉，曲径通幽，确是一处景色绝佳、清幽恬静、适于颐养天年的好住所。

有了如此多的闲暇时间，袁世凯开始把功夫放在儿女的教育上。他亲自手书了《袁氏家塾训言》11 条作为教育准则，实际上就是孩子们的“学生守则”。袁世凯不光重视“之乎者也”的传统教育，还专门聘请了老师教近代科学知识，并开设了留学预备班。另一个突出的特点是，袁世凯分设了男馆、女馆，专门聘请女教师教女眷。

袁世凯给自己起了个雅号，叫洹上钓叟，没事他就泛舟湖上钓鱼取乐。他又把三哥袁世廉从项城老家接来同住，两人一起田野漫步，下棋聊天，颇似闲云野鹤。

逆境时忍耐，顺境时收敛，成功的另一半是忍耐加等待。看这个“忍”字，心字上面一把刀，忍耐的滋味确实是不好受。

如果让袁世凯去演戏，想必他绝对是一个好演员。为了向朝廷表明自己“下野”的坚决态度，他还将自己披蓑衣、戴斗笠，悠然垂钓的照片送到上海的《东方杂志》上发表。这些，其实是袁世凯掩人耳目借以消除满人大臣对他注意的障眼法。对于自己的处境，袁世凯绝对是瞎子吃汤圆——心里有数。他深刻地意识到，近一段时间如果自己不韬光养晦，不老老实实待着，极有可能大祸临头，被载沣杀个“二罪归一”。

袁世凯“出了事”，以其为主的整个派系则“一荣俱荣，一损俱损”。他手下的亲信幕僚“笑面鹰”赵秉钧被削掉了民政部右侍郎的职务，其署理的京津警察大权落入肃亲王善耆之手；重要谋士“杨机变”杨士骧病死后，直隶总督的位子被满族人端方继任；拜把子哥们唐绍仪被免去了邮传部尚书一职，由其政敌盛宣怀继任。同时，北洋军的很多高级将领也都被频频调动，换上了一些非北洋派的新人。

但袁的政治潜势力仍不容小觑。内阁总理大臣奕劻仍然与袁世凯站在一个圈子内；陆军部大臣荫昌与他的私交也不错；他的老搭档“水晶狐狸”徐世昌因其圆滑不但没有因袁党的嫌疑受到打击，反而被提到了内阁协理（相当于副总理）的职位；还有，他的大公子袁克定在农商站当右丞，替他通风报信，相当于他在京城的耳朵。在军事上，北洋军的各级将领仍以小站旧将为多，他们早已养成了“只知袁宫保不知有大清”的思维定式。北洋大将段祺瑞、冯国璋等人经常轻车简从到彰德请示汇报工作。

历史上，任何一个野心家都不是轻易就能死心的，除非他已经奄奄一息或者被砍了头。只要有一息尚存，他是不会轻易放弃的。

事实上，袁世凯的政治抱负丝毫未减，这在他的一些诗中都有表露。袁世凯曾写过几首关于垂钓的诗，《自题渔舟写真二首》中的一首是："百年心事总悠悠，壮志当时苦未酬。野老胸中负兵甲，钓翁眼底小王侯。思量天下无磐石，叹息神州变缺瓯。散发天涯从此去，烟蓑雨笠一渔舟。"《登楼》中则写道："楼小能容膝，檐高老树齐。开轩平北斗，翻觉太行低。"

所谓"诗言志"，袁世凯写的诗我们不去评价其好坏，因为他毕竟不是专业的墨客骚人，但他是一个在政治斗争中败北的强人，是一只窝居深山老林的猛虎，从诗里可以窥探出袁不甘寂寞的复杂心情，以及不甘居人之下，意在雄吞天下的心态。

至刚易折。有时政治中的退让、等待、忍耐比勇猛的义无返顾有用得多。政治是一门把握可能性的艺术，周易中讲"尺蠖之屈，以求信（伸）也"，韬光养晦、以退为进方可成事。

武昌起义被"阴谋家"利用了

转眼到了 1911 年，袁世凯机会来了。

这年 10 月 10 日，中国历史上具划时代意义的事件——武昌起义爆发了。

武昌城头的一声炮响，像一声巨雷，把已行将就木的大清王朝又往前推了一步，催生了民国的分娩。

武昌起义的战火迅速扩大，革命军所向披靡，一举拿下武昌。随之武汉三镇光复，湖广总督瑞澄、第八镇统制张彪弃城逃走的电奏传到北京，清廷举朝惶惶，惊恐万状。

武昌起义的消息传到洹上村，这时的袁世凯刚过完 53 岁的生日，赵秉钧、张锡銮、倪嗣冲、段芝贵、袁乃宽、王锡彤、杨度等专程赶到洹上村为袁世凯祝寿，他们一致认为袁世凯必将被起用。而此时，政治经验丰富的袁世凯意识到此次革命并非"义和拳"之乱可比，他并不急于复出，而是下定决心应时而出，待机行事。当时，有倪嗣冲、段芝贵等善于溜须者劝袁世凯乘机而起，称皇道帝，黄袍加身。袁世凯只是呵呵一笑，并不作答。

清廷在最初的惶恐后，经过研究，拿出了平叛的举措。一是下令撤销了瑞澄的职务，命他戴罪立功，暂时署理湖广总督；二是停止正在进行的永平

（今河北卢龙县）秋操，令陆军大臣荫昌迅速组织部队赶赴湖北，并命所有湖北各军及赴援军队均任其节制；三是令海军提督萨镇冰率领海军和长江水师，迅速开往武汉江面，多路夹击。

按理说，清政府的临战反应能力还是可圈可点。10 月 12 日，清政府迅速组编一、二、三军，以随荫昌赴湖北的陆军第四镇及混成第三协、十一协为第一军，荫昌为军统；以陆军第五镇为第二军，冯国璋为军统；以禁卫军和陆军第一镇为第三军，载涛为军统。三军迅速向汉口附近集结，对革命军形成压制之势。

可现实的情况是，参加这次战役的大多数将领都是袁世凯北洋六镇的老部下。这可苦了陆军大臣荫昌，虽然他名义上是北洋军的最高首领，但他怎么能指挥得了袁世凯一手训练出来的嫡系部队？更何况虽然荫昌在德国留学学过军事，但都是纸上谈兵，从未直接带过兵，更没有到战场上经历过实战，因此在整个北洋军面前，荫昌的军令就像是断了线的风筝，完全指挥不灵。

冯国璋率兵赴湖北汉口之前，先到洹上向袁世凯作了请示。袁世凯给了冯国璋一个锦囊，有六个字：慢慢走，等等看。因此，北洋诸军虽已陆续南下，但并不积极行动。虽形势吃紧，北洋军却停留在河南信阳与湖北孝感之间，并不执行荫昌所发布的进攻汉口的命令，这使身居最高统帅的荫昌十分难堪。一边是革命军的气候越来越大，一边是清廷指挥不动北洋军镇压革命军。

在这种局面下，朝中的一些大臣们不得不把目光聚焦到了在洹上垂钓的袁世凯身上，当时的情况也确实唯有“洹上钓叟”袁世凯能收拾残局。于是，有官僚纷纷上书要求起用袁世凯。在这样天大的机会面前，袁世凯当然不会让其溜掉。他立即通过义兄徐世昌找到拿了自己诸多好处的老上级内阁总理大臣奕劻，要他奏请清政府起用他南下讨伐“叛军”。

奕劻向载沣提议起用袁世凯，徐世昌等人从旁附和，并一起向载沣施加压力。由于没有可以代替袁世凯的官员，前线又军情紧急，急于想剿灭武汉革命军的摄政王载沣也只好同意了这个“馊主意”。

10 月 14 日，清廷任命袁世凯为湖广总督兼办剿抚事宜，“除湖北军队外，荫昌所率各军及水陆援军，亦得会同调遣”。但袁世凯可不是曾国藩、李鸿章那样忠诚的社稷之臣，接到命令的他并不开心，因为他是贪心不足蛇吞象的。他想做的是清廷武装部队的统帅，而载沣没有把前方的军事指挥全权交给他，只是让他做荫昌手下的一员副将。因此，袁世凯依旧用了莫须有的“足疾尚未痊愈”的理由给北京上了奏折，以牙还牙地拒绝了这个任命。

10 月 18 日，载沣在袁世凯的奏折上批复：汉口军情急迫，望迅速调治，即刻赴任。对于载沣的催促，袁世凯依然稳坐钓鱼台，并不急于出山，因为他的政治目的还没有达到。袁世凯继续推以“足疾未痊，不能立时受命”的理由拒绝了。

老朋友奕劻对袁世凯的拒绝丈二和尚摸不着头脑，因此派内阁协理大臣徐世昌微服前往洹上村访袁，摸摸他的底牌。

几天后，徐世昌来到洹上村，当晚即于一密室内，与袁嘀嘀咕咕到深夜。第二天一早，徐世昌即刻返回北京复命。

在京城，一场预设的“双簧戏”开始了。

徐世昌先是长吁短叹了一番，很生气地对奕劻和满朝亲贵说：“这个袁宫保，真是无法无天，我跟他说了半天朝廷对他的宽厚和仁爱，希望他率军弹压逆贼，可他却好，提出若要他干，必须满足他六个条件。他还说，如不依他六个条件，前方的仗没法打。与其丧师败绩，不如在家‘养疴’。我看算了，还是叫荫督帅指挥吧，没有他袁宫保一样能打胜仗。”

奕劻问徐有哪六个条件，徐支吾了半天，说：“算了，还是不说吧，我看这条件太苛刻了，说了也没用。”

奕劻再三追问，徐世昌说：“既然大家想听，我就说说吧。第一是要授以他指挥前方军事之全权，第二是要保证粮草和军饷供应，第三是明年要组织召开国会，第四是要组织责任内阁，第五是要开放党禁，第六是要宽容武昌起义革命党。”

袁世凯的条件是真的，而徐世昌的气愤却是假的，这分明是两人合演的一出智斗戏。不得不说，袁世凯作为一代枭雄绝非浪得虚名，在这一棋局中，他早已看到了后面的几步棋。袁世凯心里再清楚不过了，现在能指挥得动北洋军的非他莫属，能出来收拾残局的也非他莫属，因为在这个时候，清廷是非依赖北洋军不可了。有这底气，袁世凯还怕啥？

这期间，趁载沣催袁世凯上任之际，袁世凯加紧向其索要权柄。袁世凯奏请在直隶、山东、河南等省招募壮丁 12500 人，作为湖北巡防军；要求拨款 400 万两，以备支用；同时奏请起用已开缺的王士珍、张锡銮和已革职的倪嗣冲，并调段芝贵、陆锦、张士钰、袁乃宽等到彰德委用差遣，还要求饬令冯国璋迅速来彰德，筹商一切。很明显，他是要把心腹干将调到身边，以便指挥起来得心应手。

袁世凯的六大条件实在是过于苛刻，可战事不由人。南方各省的革命形势如一场龙卷风，迅速将大清的最后一点元气撕裂。

10 月 22 日，湖南、陕西宣布独立；23 日，江西宣告独立；29 日，山西宣告独立；31 日，云南宣告独立……各省像得了传染病一样相继独立，以响应武昌起义。

而此时的北洋军却停留在汉口外围，并不执行荫昌下发的向汉口进攻的命令。而且，袁世凯发了一道密令，北洋军已完全不听荫昌调度。与此同时，10 月 17 日、18 日，各国驻汉口和驻北京的外交使团宣布承认清朝政府和革命党为交战国，严守“中立”，这样一来，显然对清政府十分不利。

军情、军政情况已不容载沣迟疑。在大清王朝即将坍塌的形势下，载沣最终别无选择地接受了袁世凯的六条要求，于 10 月 27 日、30 日连发上谕，解除了荫昌的职务，派袁世凯为钦差大臣，全权指挥前方军事。

辛亥的革命洪流成为袁世凯出山的必要条件，善于把握机会的袁世凯以北洋军为本钱，终于梅开二度，这对他日后的仕途之路可以说是一个生死攸关的转折点。

而对于清廷来说，起用袁世凯以达到维护清王朝的目的，却是饮鸩止渴。

根据命理学的解释，袁世凯的属相是羊，与李鸿章和慈禧老佛爷同一个属相。本是“三羊开泰”共同撑起了大清最后的一点龙气，而李鸿章及慈禧的离世，给了袁世凯这只羊改变历史的机会。

大清的“死亡请柬”

1911 年 10 月初，正当北洋军与革命军在汉口、汉阳进行乱战的关键节点，新军第六镇统制吴禄贞、第二十镇统制张绍曾和第二混成协协领蓝天蔚等人向摇摇欲坠的清政府递上了一纸“死亡请柬”。

这就是晚清有名的历史事件：“滦州兵谏。”

主演滦州兵谏的是张绍曾、吴禄贞和蓝天蔚三个北洋新军年轻人，他们以一种特有的表演方式，让历史行进的脉络在此成为一个拐点，并载入了史册。

“滦州兵谏”的导火索是永平秋操。武昌起义前，清政府计划在直隶永平举行秋操以壮军威。驻防奉天的新军第二十镇是进关举行秋操的部队之一，谁知当第二十镇官兵开到滦州时，武昌起义突然爆发了。秋操大元帅军咨大臣载涛急忙下令停止当年秋操的一切活动，一方面将部分新军调往湖北前线，另一方面命各地向参演地点集结的军队返回原驻地。

但奇怪的是，张绍曾的第二十镇新军开到滦州后却按兵不动。滦州为拱卫京师的战略要地，张绍曾的举动自然引起了朝廷的紧张和注意，朝廷担心武昌起义的事情在滦州发生，所以相继派出与张绍曾关系比较好的载洵、吴禄贞、蒋作宾等人前往滦州安抚张绍曾。载洵算是张绍曾的学生，但他的劝解并不被张绍曾接受。张绍曾、吴禄贞、蓝天蔚三人被誉为“士官三杰”，三人早在日本留学时就义气相投，惺惺相惜。其实，在这之前，“三杰”早有密谋，他们拟乘秋操时新军以实弹射击，先将清禁军击溃，再整军攻入北京，只可惜秋操中断计划搁浅。吴禄贞所统领的第六镇已经从滦州返回原驻防地保定，他受命前往滦州劝说张绍曾，其实是给了他一个名正言顺的机会与张绍曾进行沟通串联，他们得以将先前的计划借机进行了调整。

接下来，就有了“滦州兵谏”。张绍曾、蓝天蔚电奏清廷，说叛乱的源头是由于政治制度引起的，要求清廷立即实行立宪，削去清室皇族亲贵的专权，组织责任内阁，还警告必须迅速公布由议院制定的宪法，不然内阁一日不成立，内乱就会一日不平息。

10 月 27 日，张绍曾又联络了一批将领联名向朝廷施压，请求朝廷答应“十二条政纲”。对于张绍曾等人的建议，朝廷当然不会轻易答应。张绍曾与吴禄贞等人商量后，决定向朝廷请求进兵南苑，以兵临城下迫使朝廷屈服。

正当清廷筹议未决时，没承想，又一个向朝廷发难的机会合乎时宜地送到了张绍曾等人面前。东三省总督赵尔巽奉朝廷之命将从欧洲采购的一批军火发往武昌前线，赵尔巽将这趟专列交给了天津兵站司令部副官彭家珍负责押运，他万万想不到的是，彭家珍是潜伏在新军中的革命党人。彭家珍立刻将这一消息通知了张绍曾，于是张便扣留了这列发往武昌前线的军火，以此继续向朝廷施压。

战场上，没有比军火更重要的了。张绍曾的这个举动像一只钳子扼住了清廷的咽喉，也立即获取了他的预想效果。滦州兵谏对清廷来说，甚至比武昌起义更严重，因为滦州的位置在大清的心脏，如若中间“开花”，后果不堪设想。当张绍曾将这列军火扣押后，无异于爆炸了一颗原子弹，其冲击波立即在北京，在武昌前线，在袁世凯那里都引起了一系列连锁反应……

几乎在同时，山西都督阎锡山宣布独立。滦州兵谏和山西独立好像是为大清响起的丧钟。在这样的严峻形势下，清政府对于北方的反清行动不能不重视。10 月 30 日，清廷急急忙忙命资政院起草宪法，下罪己诏，承担责任，宣布废除皇族内阁，重回君主立宪轨道；宣布宪法重大信条；宣布皇族不再过问政治，等等，并释放了戊戌政变以来所有的政治犯。

可此时，老奸巨猾的袁世凯忽然担心起来，他怕摇摇欲坠的清政府倒得太快，将使他失去一个可供利用的工具。

治国、打仗就像是下棋，黑白交错，恩威并施，要的是统筹把握全局的能耐，是切中要点问题的计谋。

自从武昌起义后，袁世凯就在他洹上的养寿园内窥探着湖北战场的态势。

他在未出马之前，曾电令冯国璋小试牛刀给了革命军一次不大不小的打击。他对“养寇自重”的理论理解得特别透彻，于是他对革命军并不采取猛攻，只是给他们一点颜色看看。他既要利用革命军以威胁清政府，又要暂时保存清政府以对付革命军。只有这样“两虎相争”，他才会“渔翁得利”。

可袁世凯的有些手下被他的手法搞得莫明其妙。有一天，杨度把在外面听到的这种情况报告了袁，袁听了后哈哈大笑，他说：“皙子（杨度字），你也是聪明人，怎么会不懂我的意图，你知道怎么拔大树吗？你用猛力蛮力去拔，恐怕不容易拔出来，但如果你在拔之前左右摇晃摇晃，这样大树根的泥土就会松动，你再拔就可以一拔而起了。清朝就是棵大树，还是一棵 200 多年的老树，要想拔这棵又大又老的树，绝不是一件容易的事。我现在忽进忽退、忽左忽右就是在摇晃这棵大树，现在它泥土已经松动了，大树不久也就会拔出来了。”

清政府此时对于袁世凯提出的六个条件还没有给他全面而满意的答复，因此袁世凯在“两虎相争”中等待机会。滦州兵谏的消息传来时，他又惊又喜，因为他知道，这个从天而降的“大馅饼”合乎时宜地成为他进一步压迫清政府接受他全部条件的一个重要砝码。

面对四面楚歌，1911 年 11 月 1 日，清廷被迫宣布解散皇族内阁，任命袁世凯为内阁总理大臣。可就在袁世凯奉命准备组阁之时，11 月 4 日，驻石家庄的第六镇统制吴禄贞利用率军队赴山西镇压革命军的机会，乘火车入娘子关，会见了山西都督阎锡山，拟会同山西革命党与北洋军第六、第二十镇联合成立燕晋联军，趁北洋主力南下镇压南方革命党而北方空虚之际，直捣黄龙推翻大清。11 月 6 日，吴禄贞一面暗中策划进兵北京，一面对清军在汉口的暴行进行激烈地抨击，同时要求清廷大赦革命党人，并停止战争，依法严惩于汉口烧杀的官军，由朝廷赔偿汉口百姓的损失。

吴禄贞的这一招可谓釜底抽薪，袁世凯认识到了问题的严重性。对于南方革命军，袁世凯并不过于担心，因为战局的主动权掌握在自己手中。至于北方，袁世凯则不敢小觑。如果吴禄贞密谋得逞，非但袁世凯夺取全国政权的计划势将告吹，袁也因此会受到南北夹击，恐有性命之忧。还有，以吴禄贞的雄才韬略，以及在北洋军中的基础，如果让他继续折腾，北方的天下则不是他袁世凯的了。

如何对付吴禄贞，已成为袁世凯手头最为紧要的任务……

诛杀吴禄贞

晚清政坛，袁世凯独惧吴禄贞一人。

吴禄贞是个怪才，他 15 岁便考中秀才，但因父亲早逝，家道中途衰落，他只好弃学打工，之后到了张之洞的工程营应征当兵。入营以后，吴禄贞刻苦锻炼，文武兼修，仅一年就因操课均优，被选入湖北武备学堂。1899 年毕业时，他又因成绩优异，深得张之洞赏识，被选送日本陆军士官学校骑兵科深造，成为我国留日第一期士官生。留日期间，吴结识了志趣相投的张绍曾和蓝天蔚，三人均学习成绩突出，志存高远，时人誉为“士官三杰”。

毕业归国后，吴禄贞秘密加入了同盟会，他先在张之洞的军队里任职，后奉调入京，再后来经一个同盟会员的父亲赞助，为他筹措了白银 2 万两，贿赂庆亲王奕劻买了一个相当于师长的官，即第六镇统制。

袁世凯与吴禄贞，可以说是互相看透了对方。袁世凯看吴禄贞很准，清廷委派吴禄贞到滦州“宣抚”张绍曾时，唯独袁世凯致电内阁，建言道：张（绍曾）、蓝（天蔚）所请，尽可照准，以缓和当前局势。唯吴心怀叵测，亟应严防。袁世凯一语中的，指出张、蓝二人不可怕，唯独吴禄贞才会做出大乱。而当时，良弼、载涛等均对吴相当信任。吴禄贞评判袁世凯，则更是非常精道准确。武昌起义事发，清廷起用袁世凯。吴禄贞认为袁无论忠清或自谋，均不利于革命，多次提醒革命党人“清已不成问题，袁世凯不除，我当将与之有十年战争”。民国建立后，革命党和袁世凯、北洋军阀争斗 10 多年，也从而印证了吴禄贞的判断。

武昌起义后，袁世凯到湖北孝感誓师时，他召集徐世昌、赵秉钧、唐绍仪、杨士琦等亲信商议，对于当前的局势做出了四个决定：一是谦辞组阁大命；二是谏阻清廷迁都；三是稳定南方爆炸情势；四是清除北方肘腋之患。根据这四个步骤，袁一方面派代表继续与武昌革命政府进行和谈；另一方面却令北洋军继续向武昌革命军施压。至于在北方，他则必须铲除吴禄贞。

袁世凯的政治资本是北中国的实力派，如果革命力量在北方成长和发展，则威胁了袁的存在。因此他把消灭北方的革命力量看得比对抗南革命军更为重要。袁明白，张绍曾是个有妥协性的人，不像吴禄贞那么坚定，只要解决了吴，北方的革命情绪便会受到极大的打击。

赵秉钧向袁世凯建言：“北洋军主力鞭长莫及，京师兵力薄弱，无法对吴禄贞形成有效压制，要想除掉此人，唯有一个办法，派一‘荆轲’将吴禄贞干掉。”

于是，一个暗杀吴禄贞的阴谋开始了。

1911 年 11 月 6 日傍晚，吴禄贞与已宣布独立的山西都督阎锡山共商革命行动，会谈结束后返回石家庄。吴做梦也没有想到，此刻一个叫周符麟的统领已带兵悄悄包围了吴下榻的公馆。之后，周符麟以老部下的身份登门拜访。

原来，周符麟以前在吴禄贞的部下任职第六镇第十一协统领，后来因他贪污军款被吴撤职。周符麟无颜在原来的部队，于是转投到到他人帐下，从此对吴含恨在心，图谋报复。袁世凯正是利用了周符麟这一点，于是派赵秉钧找到周符麟让其刺杀吴禄贞，允诺事成之后给予重金并保其官复原职。这次，消失很久的周符麟突然出现在吴下榻的公馆，吴手下的警卫赶紧报告吴禄贞，提醒他注意安全。

吴禄贞性格粗爽，出生入死，从不惧小节，听后哈哈大笑，说："周符麟虽然被我撤职，可我是出于公心，他这次前来，说不定会有什么事情，应该以礼相待。即便他对我有什么不测，我也不怕，更何况我有马蕙田当警卫，他这个人还靠得住。"

以前，吴禄贞曾救过马蕙田的命，吴非常信任他。可吴并不真正了解此人，马蕙田外号"赛吕布"，其人唯利是图，对人翻脸无情。更令吴禄贞万万没想到的是，马蕙田也早已被周符麟收买。马蕙田与周符麟是同乡，马蕙田喜欢嫖妓和赌博，欠下巨额赌债无力偿还。周符麟得知这一情况后，答应用3万银两的酬劳，换取吴禄贞的人头。马蕙田见利忘恩，竟然一口答应。周符麟深夜造访吴禄贞，就是要探知吴禄贞虚实。

周符麟拜谒于吴禄贞办公室，说了半天不着边际的客套话后，周符麟辞别。当吴送周出门时，马蕙田突然从背后开枪，正中吴的后心，吴倒地而亡。就这样，一代革命巨擘、年仅32岁的吴禄贞稀里糊涂地被部下给算计掉了。

吴的死，可以说致使本可以获得更多胜利果实的辛亥革命暗淡了很多，也让袁世凯从本来已深陷泥滩的棋局中转而复活。

袁世凯最惧怕的政敌吴禄贞死了，作为有功之臣的周符麟得以官复原职。紧接着，袁世凯提拔自己的小站旧将李纯接任了第六镇统制，第六镇又完全置于袁的控制之下。

张绍曾闻吴禄贞被刺，吓得匿居于天津租界不敢出来。为了显示自己的容人之量，袁世凯建议清廷派张绍曾为宣抚大臣，并荐举潘矩楹代理第二十镇统制。作为"圈内人"的潘矩楹当然按照袁世凯的旨意办事，把镇分散调开，分扎于新民、昌黎、永平、山海关各地。就这样，轰轰烈烈的"滦州兵谏"烟消云散了。

新官上任"重构棋局"

一切皆按袁世凯预设的轨迹渐次行进。

滦州兵谏和吴禄贞的系列反清活动都以失败而告终。随着吴禄贞被诛杀，袁世凯在北方的危险力量被解除了，清政府也已被迫完全接受了他提出的六个条件。

1911 年 11 月 8 日，资政院开会，正式选举袁世凯为内阁总理大臣。袁世凯把前线军事交代给冯国璋，随即进京履职。

11 月 13 日，袁世凯带着大批卫队从前线耀武扬威进了北京。14 日，隆裕太后和载沣召见了袁世凯，命其不要辜负朝廷重托。16 日，袁世凯按照自己的意愿组成了清朝第一个“汉族内阁”。在这些大臣名单中，袁世凯的亲信党羽占据了内阁的要害部门。为了显示出宪政的姿态，袁还邀请了一部分君主立宪派人物装点门面，如梁启超、张謇这些立宪派著名人物也名列榜上，但他们许多人没来就职，实际上是袁世凯大权独揽。

袁阁成立后，宣统帝的父亲载沣的摄政王地位也就随之解除了，这位主政 3 年大清江山的醇亲王自此退归藩邸。这个时候的袁世凯俨然像曹操一样“挟天子以令诸侯”，隆裕太后和溥仪小皇帝只不过是他手中可供随意摆布的傀儡。朝廷已被架空，真正发号施令的只有内阁总理大臣袁世凯。

袁上任后，摆在面前最最重要的事情就是想方设法把清廷的军事大权掌控在自己手中。袁世凯最懂得如何运用权术，他知道如果不掌控“刀把子”，不指挥“枪杆子”，责任内阁只是个虚位而已。

如何重构棋局，把军权揽于一身呢？袁世凯“耍”了两手。

一是如何把北京的军事大权掌控在自己手里。

虽然近畿北洋各镇的节制权已经握在手里，但北京城内禁卫军仍由摄政王载沣的弟弟、军咨府大臣载涛统率。这支禁卫军是载沣罢黜袁世凯以后为了加强对皇族的保卫专门组建的。禁卫军全是满族人，装备精良，训练有素，这不能不成为袁世凯心头的一个隐患。还是“水晶狐狸”徐世昌有主意，一个计谋就把禁卫军执掌大权给轻松夺了过来。徐世昌献计，请袁向清政府建议，革命军大敌当前，为了振奋军心，鼓舞士气，禁卫军应该树立一种榜样和示范，皇族大臣应该亲率禁卫军出征南方为臣民做表率。这个怕死的“胆小鬼”载涛一听要建议他上战场，顿时吓得尿了裤子。他立刻找到庆亲王奕劻，求他向袁世凯说情。载涛的请求正如袁之所意，他同意载涛不上前线，同时也接受了载涛辞去军咨府大臣的职务。接下来，袁推荐了徐世昌继任军咨府大臣，于是禁卫军的统率权也从皇族手中转移到了袁世凯手中。为进一步加强对禁卫军的统率，袁世凯又从汉口前线调回了担任第一军军统的冯国璋，命他为禁卫军军统，以切实掌握禁卫军军权。他又调第二军军统段祺瑞署理湖广总督兼统冯国璋的第一军，全权主持前线和革命军的作战任务。同时，他把自己带进北京的卫队编为拱卫军，命“干儿子”段芝贵为拱卫军统领，负责北京城的防护任务，而把原来的禁卫军调至城外驻扎。

二是如何争取与同盟会及革命军议和的机会，以便达到政治投机目的。

赵秉钧出主意说：“要想同革命军议和，必须得有人牵线，汪精卫是一个很好的人选。”说起汪精卫，很多人应该不陌生。其实他的名字叫汪兆铭，“精卫”是他参加革命后所用的笔名，以示自己要像“精卫填海”那样按既定的目标，坚持不懈，奋斗到底，表明了他的反清决心和意志。所以，时人多以汪精卫称呼他，以至于汪兆铭这个名字却渐渐被淡忘了。汪精卫这人天生就是一个帅坯子，颜值没得说，曾一度被称为民国“四大美男”之一。汪精卫不仅长得帅，而且还脑袋聪明，是个演说家。他演讲时口齿清晰，条理清楚，抑扬顿挫，一时成为许多年轻人的偶像。一次演讲时，有一个华侨巨富的女儿名叫陈璧君，竟然连学都不上了，一路追逐着汪精卫的行程，聆听汪的精彩演说，最后以身相许。当时汪精卫26岁，陈璧君只有17岁。

作为同盟会的元老级人物，汪精卫想当年也是侠肝义胆，曾因谋划行刺摄政王而名噪一时，但因事泄被捕，被清廷判了个无期徒刑，终身监禁。后来清政府对革命党人采取怀柔政策以代替过去的屠杀和拘禁政策，汪精卫获得了释放，拟被发配到两广总督张鸣岐手下听用。善于察言观色的赵秉钧发现汪是个可以利用的人，就极力劝袁世凯奏请朝廷留京试用。正像赵秉钧观察的那样，汪精卫也乐得找到一个有权有势的新主子，从此披了同盟会的外衣却秘密为袁世凯效命。

袁世凯也看透了汪精卫，他也深知作为同盟会要员之一的汪精卫的利用价值。为了将汪牢牢地控制住，袁亲自设家宴款待了汪，并安排大儿子袁克定与汪精卫拜了把子，结为异性兄弟。袁又安排幕僚朱芾煌与汪一同与武昌的革命党对话，为争取和谈创造条件。

第九章

逼宫戏新唱

掀起南北和谈的盖头

在夺取和控制北方的军政大权后，袁世凯对武昌起义后的局势看得很清楚，各省纷纷响应革命，这股洪流是任何力量也阻挡不住的。即便全力攻下武昌，对风起云涌的革命也不会起多大的抑制作用，而战事拖延下去，南方各省革命党自会派出援军，北方局势也有可能发生变化。他同样知道，大清已如同进入到“癌症晚期”，任何良药都已经无济于事，况且，他自始至终也无意于挽救大清于将倾，而是在等待机会，先与革命军和谈取得对他个人有利的条件，然后伺机攫取更大权力。

在当时复杂的局势下，南北能否达成和谈呢？若可谈，要怎样与革命军谈呢？

袁世凯还在洹上老家未出任内阁总理时，就曾对革命军有过两次试探性的接触，他派了心腹刘承恩①和蔡廷干②携带着英国驻汉口领事葛福的介绍信南下，与革命军的领袖黎元洪开始接触谈判。

不得不说的是，南北议和的促成与外国势力的介入有重要关系，这其

---

① 刘承恩，湖北襄阳人。早年曾典当衣物聚赌，被人视为泼皮。后因生活所迫，投效清军，考入北洋武备学堂，毕业后投到袁世凯帐下为幕。

② 蔡廷干，广东省香山县人。清廷第二批30名留美幼童之一。因蔡性格顽皮，被同学称之为“好斗的中国人”。回国后在北洋水师服役，曾在甲午海战中被俘，被押送至日本大阪囚禁。《马关条约》签订后被遣返回国，经时任直隶总督兼北洋大臣的袁世凯保奏恢复原职。后经同乡唐绍仪的推荐加入袁幕，以其娴熟的英语辞令和丰富的国际知识渐为袁所倚重。

中，英国充当了导演的角色。英国是当时外国在华势力最大的国家，革命党人首义地及响应地区主要在英国势力范围，战火的蔓延与扩大，势必会对英国的利益带来损害，而且战事的进行让住在该地区的英国人感觉惶恐不安，因此英国迫切希望双方战火早日平息。于是，英国驻华公使朱尔典立刻会见了袁世凯，陈述了英方的意见，并表示帮助进行议和斡旋，袁世凯当然求之不得，双方一拍即合。

说到了黎元洪，我们得好好介绍一下这位号称民国“四大巨头”（孙中山、袁世凯、黄兴、黎元洪）之一的大人物。

辛亥革命爆发后，革命军很快就把武汉三镇尽入囊中。在成立湖北军政府时，让谁来执政成为革命党人一个极为头痛的问题。当时革命党内部意见很不一致，但大家公认的是要找一个在湖北当地能镇得住的人。最后被大家推出的是黎元洪。

黎元洪是湖北军界领袖人物，平日待兵宽厚，体恤下情，素有“黎菩萨”之称，革命党人正是要利用黎的名望来稳定民心，震慑清朝。这样，黎成为湖北军政府都督。随后，各独立省份纷纷效仿，并组成南方各省都督府联合会。

坊间说武昌起义爆发后，黎元洪及一些湖北军政要员纷纷躲藏跑路，省城很快就被革命军控制。当时，黎元洪躲到了三姨太太的床底下，被进屋搜查的一个排长从床底下揪了出来，硬是拿枪逼着他当上了大都督。因此，黎元洪从此就有了“床下都督”的雅号。当然，这个桥段不一定真实可信，但从中可反映出黎元洪胆小怕事、优柔寡断的性格。

再回来接着说袁世凯的心腹刘承恩和蔡廷干。刘承恩是袁世凯的旧部，自小站练兵时就一直追随在袁的手下，而且他又和黎元洪是湖北同乡和朋友。而蔡廷干作为清政府第二批留美幼童之一，回国后一直在北洋水师服役，这期间曾与黎元洪一起共过事。甲午战败后，蔡经老乡唐绍仪推荐，加入到袁的幕府，以其娴熟的英语辞令和丰富的外交知识渐为袁所倚重。

刘、蔡二人与黎及革命骨干交涉后，因当时革命党人势头正盛，独立的省份越来越多，很多革命骨干压根就不想和谈，有“黎菩萨”之称的黎元洪又无主见，刘承恩和蔡廷干自然是无功而返。

期间，刘承恩又再次、三次写信给黎元洪说明议和之意，亲临前线的袁世凯也亲笔修书向黎元洪表达议和善意，但黎元洪始终在犹豫中观察和等待。

袁世凯与黎元洪之间的谈判不了了之，主要的原因是条件不成熟。从南方来说，各省纷纷独立，但并没有推举湖北或黎元洪为盟主，更没有形成统一的政治纲领。从北方说，袁世凯反复以重回君宪道路为谈判的前提条件，但此时清廷内部的保守派根本不予配合，袁世凯的呼吁也就只能停留在口头上。

很快，袁世凯得以出山任职内阁总理大臣并组阁，责任内阁的成立为南北和谈提供了一个契机。袁一方面组织北洋军加大对武昌的包围和进攻的力度，一方面利用一切人脉开始名正言顺地与革命军接洽和谈。他请英国公使朱尔典电令汉口的英国领事出面，与革命军斡旋，商讨停战协议。

其实，清廷的满族亲贵对袁世凯别有用心的南北议和非常不满，恭亲王溥伟、肃亲王善耆等和一些效忠清室的汉人权贵联名向袁世凯提出抗议。袁世凯说："党人势大，国人受其蛊惑，人心浮动，军心更是不稳，议和乃一时权宜之计，岂能忘恩于清室。"这些满洲权贵们知道袁世凯是在搪塞敷衍他们，可他们现在已被剥夺了军政大权，对袁世凯又能怎么样呢？

作为革命军方面，此时他们的想法当然是要进一步夺取更大的胜利。为加强革命力量，湖北军政府急电黄兴、宋教仁等到武汉主持兵戎大计。

10 月 28 日，黄兴从上海赶到武昌，被革命军推举为全军总司令。当晚，黄兴就组织部队出兵反攻，但由于北洋军占优势，革命军失利，汉口被北洋军攻陷，革命军只能退守武昌。随后，革命军进行汉阳保卫战，但汉阳仍然失守。汉阳失守后，黄兴认为继续作战已无法取胜，提出应放弃武昌，转攻南京，控制东南局势后再收复武昌。但他的意见遭到湖北革命党人的坚决反对，黄兴只好辞职离开武昌返回上海。

黄兴败走，革命军"群龙无首"。对黎元洪来说，武昌快守不住了，他除了听从袁世凯，重回君宪道路之外，还有什么机会呢？在此局势下，不仅黎元洪，即便先前的革命党人如湖北军政府军务部长孙武等，也开始郑重考虑政治上让步的可能性了。

于是，南北议和之门打开了。

11 月 30 日，袁世凯再派刘承恩、蔡廷干过江，与黎元洪谈判。同日，革命军各省代表由上海来到武汉，因武昌在北洋军炮火控制之下，乃借汉口英租界顺昌洋行为会场，召开了第一次会议，同意与袁世凯议和。英国驻汉总领事提议，黎元洪必须有能代表各省的资格，双方才可以议和。于是，各省代表一致推荐湖北军政府为中央军政府，请黎元洪以大都督名义，代表南方各省与北方袁世凯进行谈判，双方达成了停战协议。

12 月 5 日，南方各省都督府代表联合会会议对南北议和开出了筹码：一是推翻满清政府；二是主张共和政体；三是礼遇旧皇室；四是以人道主义对待满人。会议推举伍廷芳为议和全权代表，温宗尧、汪精卫、王宠惠、钮永建为参赞。这个筹码简直就是阎王向大清王朝发出的索命符，但不管怎么说，南北和谈从南北双方隔空喊话进入到实际操作，总算是有了一个艰难的开始。

北方的袁世凯迅即做出了反应，这位“洹上钓叟”在利用革命势力与清王朝的对抗而渔人得利的方策指导下，开始了他一步步走向权力之巅的政治运作。

12 月 7 日，袁世凯经隆裕皇太后授权，派出一个 50 多人的和谈代表团，自己身兼全权大臣。经综合考量，袁世凯委派了自己的老朋友、拥有极强谈判能力的唐绍仪作为全权代表，又委派亲信幕僚严修、杨士琦两人参与讨论，南北和谈终于紧锣密鼓地开始了。

唐绍仪虽然是袁的老朋友，可他不是北洋系出身，他与袁的关系在朋友与部下之间，不像北洋系的人以袁为衣食父母，因此他一方面获得袁的亲近和尊重，一方面又受到袁部下的排挤和诋毁。袁让唐出任总代表，主要出于两个方面的考虑，一是唐多年来一直作为他的“外交大使”出现，袁对唐的外交才能颇为欣赏；二是唐与徐世昌关系至为密切，徐在东三省任总督时，唐任巡抚，徐由东北调京后，不差钱的唐以重金购置了北京东四五条的房产赠送与徐，并将房内布置一新。袁之所以委派唐为总代表，也是由于信赖徐世昌。

当袁世凯已决定派唐绍仪为全权代表时，幕僚杨士琦无不担心地向袁建议说：“少川（唐绍仪字）是广东人，革命军领袖孙文也是广东人，伍廷芳也是广东人，广东人最讲同乡情谊，广东人和广东人碰头见面，几句广东话一说，怕节外生枝，用不用提防一下呢！”

袁世凯不以为然地笑着说：“你就放心吧，杏丞（杨士琦字），对于这点我早有考虑，就请你和皙子（杨度字）随着少川南下吧。皙子是湖南人，革命军方面也有不少湖南人，让湖南人和湖南人见面碰头，说几句湖南话吧。”

袁世凯在用人方面确实有独到之外，但同时随着官越当越大，他的疑心病也越来越重。一方面，袁对唐绍仪这个多年的老朋友仍然不放心，派杨士琦跟随前往暗中监视；另一方面，袁派杨度也跟随去参加议和，是因为杨度戊戌政变期间在东京避难时和孙文有旧交，同时又和黄兴、宋教仁很熟悉，让杨度参与对和谈会有一定的影响力。

代表团南下之前，袁世凯和他们进行了底牌式谈话，反复告诫此次谈判的底线：要共和政体，就得让他当大总统；如果不让他当大总统，就得实行君主立宪。在这两者之间，他更倾向于共和，因为只有共和才能假革命之手结束清廷的统治，同时也为自己荣登大统留下余地。但袁世凯此时不想留下篡夺大清江山的骂名，既要利用革命军推翻清朝，反过来又要利用清朝以要挟革命军。

1911 年 12 月 9 日，一场突如其来的冷空气没有阻挡唐绍仪南下的脚步，他率议和团浩浩荡荡乘专列离开北京，南下上海。唐这次受命南下取经，并没因自己被得以重用而欣喜，而是心情像刚吃了顿好饭又踩了一脚狗屎一样复杂。但不管怎样，唐还是做了充分准备，他以“清廷不足保全，共和应当推动”作为自己这次参加议和的指导思想，南下途中他慷慨陈词，称“对民主共和充满信心”。

谁知谈判还没开始，就有人跳出来要“砸场子”。这位主儿可有点来头，他就是中国近现代史上赫赫有名的江苏提督张勋。

张勋原先是淮军张庆的部下，身为参将的他因不得志而转投到当时在小站编练新兵的袁世凯手下，因其行伍出身有带兵作战经验，故成为袁倚重的“红人”，很快就被提拔为副将衔中军官兼工程队管带、行营中军。当时袁世凯的重要亲信阮忠枢在小站负责文案工作，与张勋在工作中多有接触，因此两人关系处得不错。

张勋命里该有富贵，给他这个富贵的是慈禧老佛爷。《辛丑条约》签订后，逃到西安的慈禧决定回銮。按照规定，皇帝到达哪个省，哪个省便负责护卫。当慈禧一行到达袁世凯的地盘直隶时，袁特派张勋率卫队负责老佛爷的安全。也就是这次护驾，使张勋崭露峥嵘，深得慈禧赏识，并转而成为老佛爷身边的“红人”，从此平步青云。

武昌起义爆发后，对清廷竭尽全力效忠的张勋成为打击革命军的“急先锋”。南北和谈开始后，张勋受袁世凯之命多次率军向革命党人进行探试性的进攻。在与革命军对抗的同时，张勋探知袁南北议和的目的并不是真正为了维护清廷的统治，而是为了取而代之自己做总统后，抱定一心尽忠朝廷的张勋决定不再听命于袁世凯的指挥。

张勋大声嚷嚷着反对议和，要反攻南京报失地之仇。之前革命军攻下南京后，张勋兵败退至徐州至兖州一带。一直对革命军仇视如火的张勋拆毁津浦铁路，强占各站房屋驻兵，招兵买马图谋反攻。唐绍仪听说了张勋的举动，恐其主战破坏议和影响谈判，遂密电袁世凯建议诱杀张勋，以除后患。同时，段祺瑞以张部军纪太坏，成分复杂，且与新军编制不合，更违抗军命，擅自主战，恐将来难以驾驭，因此亦密电袁设法除张。

张勋的不识时务和顽固也让袁世凯气愤不已，又恐日后难以驾驭，遂决定诱杀张勋，以除后患。可与张勋私交甚好的阮忠枢听说袁要诱杀张勋时，即刻找到袁请求切勿杀掉张勋。徐世昌也力劝袁不到万不得已不要采取下下之策，应该派人劝张勋为我所用。袁世凯忽然想到徐与张勋有师徒之谊，便说："少轩（张勋字）为人耿直，我怎么会舍得杀他呢。只要他能与我辈共同谋事，我自当重用之。大哥，既然你与少轩还有一份师徒之谊，也只好辛苦你一趟，劝劝少轩好了。"

徐世昌到达徐州后，张勋自然不敢怠慢，亲自到车站迎接老师。两人携手到了府衙，张勋已然猜到徐的来意，假装不知，问："不知恩师此行何意？"徐世昌知道张勋对袁世凯之举气愤不过，便转了个弯子，说："此番来徐，也是迫不得已，但公事之外，还得向阁下贺喜。"张勋呵呵一笑，说："国家没落，有何喜可贺？"徐世昌说："闻知夫人添一千金，当然是之大喜。"张勋说："也算是一喜吧，不过只是女子之身，可我更喜欢犬子。"徐世昌说："阁下正当壮年，何愁无虎子？"

两人东拉西扯了一会，徐见张勋心情不错，便跟他说了此番前来的目的。张勋一听便不耐烦地说："你是我的恩师，我对你是无话不说的。卑职作为大清子臣，君臣之义不敢忘。"徐世昌呵呵一笑说："督帅此言差矣，袁宫保也有难言的苦衷，你想现在革命党士气正盛，只有先避其锋芒。宫保和你我都一样，都是一心辅佐朝廷，与他们和谈只是宫保的缓兵之计。"徐世昌的一番话对张勋颇有打动，张的语气缓和了不少，说："只怕革命党人渐成气候，到时再行图之为时晚矣。"徐世昌说："袁宫保深谋远虑，用不了多长时间，必定会向革命党算总账，还希望你配合才是。有句话我也不得不说，现在的形势你也清楚，袁宫保现在是一人之下，万人之上，你我都是受命于人，更何况，督帅的枪械和薪饷还得依靠袁宫保供给。”听到此话，张勋不由倒吸一口凉气，心想，枪械和薪饷事关自己命脉，一旦袁世凯撤掉供给，到时必会军心不稳。想到这里，张勋马上说：“请恩师放心，卑职今后必定会尽心辅佐宫保大人。”徐世昌把握住张勋的心理变化，动之以形势，软硬兼施，终于说服了张勋听命于袁世凯。

再回到南北议和的谈判桌。

谈判一词对我们来说太熟悉了，它作为一种充满智慧、技巧、勇气和艺术的人类活动，充斥在我们的生活当中。谈判其实就是双方权力和利益的最大争取和占有，而作为敌我两方事关生死存亡和重大利益调整的谈判则充满着阴险和杀戮。唐绍仪的代表团中有两个“名角”，分别是汪精卫和杨度。他俩刚随团到上海，就忙着做“功课”了。

汪精卫作为袁世凯的“双面间谍”，一方面以同盟会会员的身份充当南方总代表伍廷芳的公开参赞，另一方面又暗地里充当唐绍仪的秘密随员。他下榻在伍廷芳的住宅“观渡庐”，与革命军拉拢关系、侦取情报、收买变节分子，并随时把南方代表团的动态密电向袁报告，而蒙在鼓里的同盟会员们却把他当成了视死如归的革命志士。

至于杨度，这位已附身于袁内阁的湖南籍政治家利用以前在东京时与同盟会员频繁接触的历史关系，这次他又与同盟会中坚分子湖南籍老乡套上了关系，并从中制造对袁妥协的政治气氛。杨四处放话说：“革命军的成败关键，完全在于袁项城的向背如何，袁并不打算做曾国藩或者是李鸿章，但是如果逼着他走上这条死胡同，对革命军大动干戈，革命成功的概率就几乎没有了。”他这样做的目的自然是充分显示袁的强大，要革命军对袁多作出让步。这种利诱威胁的说法，对革命军中一些妥协分子和意志不坚定的人来说是很有诱惑力的。

12 月 18 日下午 3 时，南北和谈正式开始，地点在上海英租界大马路市政厅。有意思的是，南方革命党代表伍廷芳[①]身着旧式长袍马褂参加会谈，

---

① 伍廷芳，广东新会人，与孙中山、唐绍仪是广东老乡，是中国近代史第一个法学博士。之前一直在清廷为官，辛亥革命爆发后，其政治态度发生变化，由忠于清室转为赞同共和，并脱离清廷在革命军政府任职，先后担任沪军都督府外交长，武昌临时中央政府外务总长。其当时的外交才能及国际声誉在革命党人中无人能比，加之他早已脱离清廷，能被革命党所授受，因此成为南方谈判代表的最佳人选。

而北方代表、清廷命官、一品大员唐绍仪则是西装革履，打着领带，外套呢制大衣，头戴法式皮帽，俨然展示出一副新气象。

从18日到31日，南北双方共进行了5次公开会议，主要是讨论停战、国体及召开国民会议诸问题，但这只是在桌面上例行公事，南北两方真正的政治交易则是在上海南阳路赵凤昌的住宅惜阴堂别墅中进行的。据跟随唐绍仪参加议和的时任参议张国淦回忆说，谈判期间，因为有立宪派人物赵凤昌在中间起作用，“伍、唐遂假其寓所，每夜同往聚谈。在议场时，板起面孔，十足官话，及到赵处，则是细磋商研，以求要点”。有关会议的电报，白天打出去的和晚上打出去的完全不同，重要问题都是夜里谈。

赵凤昌本是原湖广总督张之洞的机要幕僚，因大理寺卿徐致祥奏参张之洞牵涉到赵凤昌，为丢车保帅，赵凤昌只好当了“替罪羊”被辞退。赵凤昌与大官僚、土豪巨绅、同盟会、光复会等各方人士皆有往来，他思路开阔，智谋超群，对南北形势判断精确，常有奇策。此时的他就像一个皮条客在南北之间穿针引线，也因此赢得“民国产婆”的称号。

可惜这个“产婆”却难产了，正在进行中的和谈随着孙中山归国出任临时大总统画上了句号。

在此之前的12月2日，革命军攻下南京后，各省代表决定以南京为革命军临时首都，到南京解决组织临时中央机构问题。12月25日，革命党人的精神领袖孙中山从美国回到上海，这使得革命军组织中央机构的问题得到迅速解决。27日，眼见着南京临时政府就要成立了，唐绍仪急电袁世凯转报朝廷，强调民军坚持共和，请朝廷立即明降谕旨，召集临时国会，决定国体。28日，袁世凯将唐绍仪的电报报送朝廷，建议朝廷尽快召集王公会议，请旨以决大计。对于袁世凯的这个请求，隆裕皇太后当即召集王公大臣开会研究，之后明确告诉袁世凯，“君主、民主，我与皇帝并不懂得”，袁世凯便以此意电令唐绍仪转告伍廷芳，召集国民大会公决国体。

只可惜，清廷的这个让步太迟了。

1912年1月1日，南京，这个曾有9个王朝在此建都的古城，在热烈的欢呼声中，46岁的孙中山宣誓就任中华民国临时大总统。这应该说是一个梦幻的时刻，孙中山在众人的簇拥下向国人郑重宣誓：倾覆满洲专制政府，巩固中华民国，图谋民生幸福，此国民之公意……

孙中山就任临时大总统后，君主立宪至此已经毫无机会。

而在这天，南北和谈仍在进行。他们正在讨论国民会议的组织问题，包括代表的产生、会议的地点，等等。唐绍仪请示的电报和孙大总统就职的电报几乎同时送到了袁世凯手上，袁本想借这次谈判巧妙地推出自己，没想到半路杀出个程咬金。

袁世凯是一个具有多面性的人，他不是一个理想主义者，而是一个实用主义者，他要的是结果。他两眼盯着桌子上的电报，很生气地说："既然已经选出了临时大总统，那我的位置在哪儿呢？还谈个啥劲？拉倒吧！"他即刻回电唐绍仪，称唐与伍廷芳商定的"国民会议"代表权分配方案未经袁本人同意，应视为无效，南方革命军共占领14个省，而北方只占领8个省，名额悬殊太大，北方处于明显的劣势地位。同时，袁世凯指责唐绍仪擅自同意南方提出的条件，这是明显的越权行为。唐绍仪穿上了和谈的"夹板鞋"，他也清醒地看到自己作为一个傀儡代表已毫无用处，只好黯然引咎辞职。

唐绍仪这次南下，可谓轰轰烈烈开场，匆匆忙忙收场。究其背后的真正原因，是袁世凯无法容忍孙中山就任了临时大总统，而自己却是秃子头上盘辫子——白忙一场。面对这种结果，袁当然一下撕破了脸。

但袁世凯绝不甘心坐以待毙，他从"锦囊"里拿出了四件法宝。一是由北洋军冯国璋、段祺瑞等48名将领发表联名通电：拥护君主立宪，反对共和政体。此举有一石二鸟之意，既可以威胁革命军，又可以欺骗清政府，使清政府相信北洋军是站在大清的立场上的，以便于袁更好地操纵清政府，并避免留下"曹操"的骂名。二是由清政府驻外使节、出使俄国大臣陆征祥领衔，电请宣统帝退位。此法是用来威胁隆欲太后和宣统帝的，目的是让他们知道他们的皇位已危在旦夕。三是命令张勋率军反攻南京，以试探革命军的"力量指数"。可是张勋军外强中干，连连溃败，最后连大本营徐州都没守住，张勋只好逃至山东境内。四是让革命军方面做出承诺，如若清帝退位即推袁为大总统。其实，孙中山在当选临时大总统的前一天，就拍电报向袁表示"暂时承之，虚位以待"。就职后孙又补发了一个准备"推贤让能"的电报，保证大总统一席随时可以让给袁。对于"让位"这一点，孙中山也是有自己的考虑，他在上海的一段时间，看到了革命党人的盲目和妥协，看到他们只注意选总统、组内阁、制约法，与他所提出的革命方略——"三年军法之治，六年约法之治，然后进入宪法之治"完全背道而驰。再加上独立各省各自为政，散漫而无组织，革命军力量亦不够强大，财政情况更无把握，要想在这种情况下组成一支强大有力的革命军武力北伐，将袁的北洋军摧毁，基本是不可能的，因此孙中山决定退而求其次，先用袁以倒清，再走一步看一步。所以，对于“让位”，孙中山是抱有十分的诚意，但袁却以小人之心度君子之腹，他对孙中山的诚意不大相信，因此再次与革命军讨价还价。

南北和谈像是一场无言的结局，它只不过由台前转向了幕后。革命党、北洋军及清廷三方的角逐还在继续……

良弼之死“局中局”

1912 年 1 月 26 日，腊月初八。

腊八节一到，离春节就越来越近了。虽时局不济，但浓浓的年味，仍在风雨飘摇的帝都上空蔓延开来。这一日，清廷照例给百官赏赐了腊八粥。铁狮子胡同的陆军部署衙里，一干宗室勋戚也相聚受赏，然而，食客之意不在粥，他们只是以此为名，会商时局。

议毕，天色已晚，与会者各自散去。此时，清廷禁卫军头领良弼[①]乘坐 4 匹高头大马拉的马车在侍卫们的保护下赶奔西四大红罗厂，行了一程，穿过胡同到了府邸。马车停住，门帘卷起，良弼刚从马车上迈下一只脚，就见一个身着清军官服的英武青年迎上前来，递来一张名片却不开口说话。良弼并不认识此人，诧异之间已预感到事情不妙，欲转身急走，但为时已晚。来者早有准备，迅速从怀里掏出一枚炸弹扔向良弼。

结局可想而知。随着一声轰响，8 名侍卫及领队的马弁顿时倒地毙命。而几乎与良弼面对面的刺客也未能幸免，一下被弹片击中头部，当场殒命。至于他要刺杀的目标良大人，左腿当即被炸断了。

从炸弹掷出到爆炸，历史在瞬间定格，这就是载入史册的“红罗厂事

① 良弼，满洲镶黄旗人，宗社党首领。胆识过人，才情卓著，是清末亲贵中的翘楚。武昌起义后，他坚决主张镇压革命党，竭力鼓吹君主立宪，坚决反对起用袁世凯和清帝退位，成为袁世凯逼宫道路上的最大敌人。

件”。两天后，良弼死去。充当“荆轲”的这名青年叫彭家珍①。据报纸报道，刺客的面目被炸至黧黑，当场死去，从其身上搜出了名刺（名片），上面写着奉天陆军讲武堂监督崇恭。很显然，这是彭家珍为行刺方便冒充满族军官崇恭而已。据史料记载，清军总兵前去查验现场，看到刺客“短身、圆面、浓眉，年约三十许”的面目。其实，彭年仅23岁，看上去已经像30岁，说明他面相老气。

坊间传闻，良弼的最后身死与袁世凯有关。良弼被炸后，家人请日本医生抢救。良弼左腿被锯掉，手术情形良好，生命可保。可随后到良宅慰问的新任民政部长、袁世凯的心腹“笑面鹰”赵秉钧，向良弼推荐了一位中医，替他解除火毒，可谁知良弼服药后，伤处剧痛，辗转呼号而死。当然，这仅是传言，至于真实情形究竟如何，恐怕只有天知地知良弼本人知了。

《清史稿》说，良弼临死前曾哀叹道：“我辈军人，死何足惜，吾见政府不可为，故组织宗社党以图挽救，今我死，清室亦亡，刺我者真知我也。”从良弼的遗言中可以看出，良弼不愧为清室有胆有识有血性的栋梁之才。良弼在死之前，曾口授遗折，称自己“举凡陆军章制、教育规划，靡不悉心赞划”，请清廷“尊重信条，实行宪政，以挽将倾之国势，而收已涣之人心”。大厦将倾，非一木可支。良弼置身其间的大清国早已是奄奄一息，良弼留给世人评说的，不过是逆历史潮流而动的徒劳和带着一抹血色的悲凉……

彭家珍扔出的一声巨响，换来了炸弹一般的震动效应。宗室贵族闻风丧胆，以良弼为首的“宗社党”顷刻间土崩瓦解，把本已摇摇欲坠的大清又向悬崖边上推了一把。因这，孙中山称赞彭家珍为“我老彭收功弹丸”，并授予他“陆军大将军”的头衔。

但说起革命义士彭家珍的死，其实是时任内阁总理大臣袁世凯用来对付满洲亲贵良弼的一枚棋子。因此时的袁世凯虽施尽了手段要逼迫清廷宣布退位，可偏偏有一个人欲力挽大厦将倾的大清，此人就是良弼。

良弼出身于日本士官生，在清末满族亲贵中才识和胆略当为翘楚，其官

① 彭家珍，自幼禀赋聪明，4岁就能背诵《孝经》《正气歌》，8岁已熟读“四书”“五经”，同时受家庭影响开始接触西方近代科学。青年时期深受文天祥、黄宗羲等人的思想影响，具有强烈的民族主义观念。彭胆大心细。1903年，他考入成都武备学堂，当时口试在楼上举行，考官问楼梯有多少级，考生皆不能答，只彭回答无误，可见其心细如发。1906年，他因成绩优等被公派日本考察军事，其间加入同盟会。

职在禁卫军第一协任协统。禁卫军虽由光绪同父异母的弟弟载涛统领，但载涛胆小如鼠，因此良弼同时还兼任禁卫军训练总办，实际是这支皇族卫队的“一把手”。袁世凯再起组阁、入京后第一要务，就是要想方设法削弱朝廷控制的这支武装力量，把禁卫军掌控在自己手上。为此，他想了一个欲擒故纵的办法，鉴于南方情势紧张，建议禁军南征。仅此一招，吓得禁卫军统帅载涛赶忙辞去禁卫军职务，袁世凯顺理成章地把心腹大将冯国璋从前线调回接替了载涛的职位，统率禁卫军。但良弼在禁卫军中势力“根深叶茂”，实权仍掌控在他的手上，对冯国璋并不买账，而且对一直有野心的袁世凯朝夕戒惧，视为叛逆。

恰又有一件事给袁世凯添了新堵。1 月 16 日，袁世凯乘马车由东华门到外务部新衙门办公，行至半路的一个茶馆，突然有一颗炸弹从里面扔出来。袁的马车走得快，所幸没被击中。正在他惊魂未定时，又有一颗炸弹飞出。随着爆炸声，袁的卫队长、两名亲兵、两名马弁都被炸死。或许袁世凯命不该绝，马车在硝烟弥漫中逃脱。

袁遇刺未中，却帮了他的大忙，因为在此以前，由于革命军有愿推袁为大总统之议，满族亲贵都骂袁是个卖主求荣、私通革命党的奸贼。袁曾和清廷说革命党已大批潜入京师，亲贵们都说这是袁挟革命党以威胁清廷，不予置信。有了这次谋刺案，隆裕太后于是才相信袁是清朝的大忠臣，同时也相信革命党人已大批潜入京师了。

袁被刺后，借此以辞职向清廷要挟，逼清帝退位。良弼始终认定袁是插在清廷心脏的一支毒箭，于是挺身而出，力主隆裕太后批准袁内阁辞职，另组建皇族的战斗内阁，派铁良南下统率清军，以不受袁的北洋系牵制。但此时的清廷已无力和实力强大的袁抗衡，良弼的建议也因而显得弱小和苍白。虽说良弼的建议没被采用，但良弼已无可厚非地成为袁称霸路上最后的一块绊脚石。

此时，杨士琦乘机向袁献策除掉良弼。其实，袁世凯也早有除掉良弼的想法，良弼作为“宗社党”的重要成员，一直在密谋打倒自己。以袁的实力，杀掉良弼是可以做到的，但袁世凯想的是，既要除掉良弼，又不想背上谋杀满族亲贵的罪名，因此他犹豫了一下。杨士琦说：“无须大人亲自安排，我们可以采取借刀杀人的办法，我已物色到了刺杀良弼的‘荆轲’。”接着，杨士琦把计划全盘端了出来。

原来，汪精卫这几天来到北京，杨士琦跟他分析了当前的形势，提出良弼是革命共和道路上的最大阻力，欲求共和，必除良弼，希望他找一个人去杀掉良弼。汪精卫听后一口应承下来，说是要找京津同盟会设在北方的暗杀部长彭家珍试试。

说到彭家珍，此人年轻时即受文天祥、黄宗羲等人思想影响，具有强烈的民族主义观念。他毕业于四川武备学堂，期间阅读了大量革命著作，积极参加革命活动，并加入了同盟会。中华民国临时政府成立后，彭家珍认为北方革命之所以不能终成洪流，主要是作为敌人京畿地力量强大，擒贼先擒王，只有先诛杀阻碍革命的死敌才行，因此他做出先诛除清廷内阁总理大臣袁世凯、军谘使良弼、宗社党骨干载泽三人的行刺计划。

然而刺袁失利。狡猾的袁从此闭门不出，不便再刺。此时，恰巧汪精卫向彭家珍提出行刺良弼一事，彭当即同意并付诸实施。彭作为京津同盟会暗杀部长，觉得形势危迫，而同盟会内部又组织松散，此成败之机，他抱定必死决心亲自前往刺杀良弼。彭反复考虑之后，感觉街头狙击的办法投弹准确性差，且敌人易逃脱和反击，最好采取堵门或直接将敌人暗杀在室内的办法。于是，便有了开头堵门暗杀的一幕。

革命理想胜于天，开国的革命志士都因心怀理想而视死如归。“共和不成，虽生亦辱。与其生得辱，不如死得荣”，可惜的是，硬汉彭家珍以“收功弹丸”，使中国几千年的封建专制制度为之终结，却成为袁世凯坐收渔翁之利的一枚棋子。

逼宫三部曲

“时位之移人也。”这句话应该适应于每一个人。时间不同，地位发生变化，人的心态肯定会随之发生改变。

就拿袁世凯来说，他的心态变化历程颇似三个人物。

从初出茅庐到洹上归隐这段时间，袁世凯颇像梁山头领宋江。他俩都很会笼络人。这时的袁与宋一样有着大侠之风，仗义疏财，孝亲敬友。凭着这种义气与豪爽，袁世凯笼络和结交了很多有“本事”的人，为他日后成就霸业提供了强大的人才支持。他俩又都有野心。宋江酒后在浔阳楼题写反诗一首，说明了他不甘于做一小吏，是他野心的大暴露；而袁世凯在归隐期间也写过几首垂钓的诗，诗中也反映出了他不甘屈居人下的心态。

而从洹上出山到当上中华民国大总统这段时间，他的心态又颇似“挟天子以令诸侯”的曹操。这时的袁也像曹操一样善于玩弄权术，他知人善任，唯才是举，胆略与才智过人，善于捕捉时局之变；同时他又像曹操一样怀有不臣之心，生性多变、狠毒阴险。此外，袁世凯也像曹操一样深受忠君思想影响，不直接夺取大清天下怕留下千古骂名，而是假借革命军之手逼迫清帝退位。

而此后到了袁世凯疯狂进行帝制活动这段时间，他的人生悲剧又极像西汉末年新朝开国皇帝王莽。称帝之前的王莽虽家世显赫，但他生活简朴，为人谦恭，至孝至仁，在朝中为官后也是清正俭朴，礼贤下士，即便是以大司马身份代理国政后，仍然能清正为官，恪尽职守。可在自身权力欲望的膨胀及“身边人”的一片歌功颂德、不断劝进声中，王莽逼迫汉元帝刘奭的皇后王政君交出传国玉玺，接受孺子婴禅让后称帝，使其在历史上留下了“逆臣贼子”的骂名。同样，如果袁世凯继续当他的总统，不倒行逆施复辟帝制，那么，历史给予袁世凯将会是另一种说法了。

因此，清廷满族亲贵评价袁世凯说：“心如莽，行如操。”他们算是把袁世凯看到了骨子里。袁洹上再起后，被清廷任命为内阁总理大臣，可他的终极目标不是一个内阁总理，而是“曹操”和“王莽”。

辛亥革命后半年间的政局波诡云谲，瞬息万变。清廷要对付革命党，非起用袁氏不可；革命派，包括孙中山和黄兴等人，要“驱除鞑虏，建立民国”，也要依仗袁手中的军事实力；立宪派、勋旧贵族也希望袁出马拯救危局；列强也期待一个强势且能维护在华利益的代理人。此时的袁世凯，似乎是各方面的“救世主”。

之前，当袁世凯与南方革命党酝酿停战议和的时候，孙中山还在欧洲四处筹措经费用来回国开展革命活动。当他听说武昌起义爆发后，毅然决定回国。

1911 年 12 月 25 日，孙中山回到上海，此时南北议和已正式开始了一个星期。得知这位革命巨擘回国，有记者问：“孙先生你带回了多少钱?”孙中山笑着说：“一个钱也没有，我带回的是革命精神。”当时，孙中山与南方革命党实际上是做了两手准备，一方面筹划北伐，用武力统一中国，在摧毁旧势力的基础上建立新政府；另一方面则是通过促袁世凯倒向革命，逼迫清帝退位，再推举袁做大总统。

武昌起义成功后，革命军缺的就是经费。大炮一响，黄金万两。打仗打的就是钱，没有钱，弹药补给、粮秣军需、军饷开支等一切都无从谈起，因此北伐统一中国自然是空中楼阁。所以，孙中山等人权衡内外局势，计较各派实力，深知将来总统一职非袁莫属。

但袁的猜忌心很重，他见孙中山就职中华民国临时大总统后，极为气恼，遂即罢免了北方谈判的总代表唐绍仪。但袁世凯有人有枪有底气，他又派心腹向谈判的南方总代表伍廷芳摊牌，提出如果清帝退位，推举自己为大总统究竟有多大把握。伍廷芳随即电告孙中山，孙中山说："若清帝退位，宣布共和，我自请辞，临时政府虚位以待袁大总统。"

有了孙的承诺，袁世凯才放下心来。他把假面具一撕，开始逼宫。

逼着宣统帝下台，对于袁世凯来说不甚吃力，但操作起来并不简单。首先，隆裕太后和载沣等人施用了"拖字诀"战术，他们是拖一天算一天，梦想着有那么逢凶化吉的一个机会突然来临，不到最后生死关头，他们绝不肯把皇位拱手相送。而对于深受封建礼教洗礼的袁来说，他始终不愿意给后人留下篡权的骂名，他想尽可能地武戏文唱，最好能让隆裕太后把大权乖乖地自觉地让给他。

还在良弼未死之前，一日，袁世凯进宫觐见隆裕太后，佯装痛哭流涕，实则威胁恫吓说："看环球各国，不外君主、民主两种，民主如尧、舜禅让，君主就是改为民主，也不能减少皇室的尊荣。"隆裕将袁世凯的狠话与亲贵商议，以铁良、良弼为首的强硬派皇室成员提出要誓死抵抗到底，甚至要计划发动一次政变，将袁赶下台。可袁自有对策，他让手下成立了共和促进会，声称日前实行君主立宪已为晚矣，应迅速实行共和。又上折威胁说，如若实行晚了，就不能保证清帝退位后皇室受到优待，尔后他又密令段祺瑞等前线将领致电内阁代奏，指斥皇室亲贵阻挠共和，声言将率全体将士入京，与王公剖陈利害。此招果然奏效，王公大臣看过电文后，都吓得顿时没了主张。

可老奸巨猾的袁世凯不愿意承担逼宫的骂名，正当他要另谋他策时，革命党人对他的炸弹袭击无意中帮了他的大忙。就此，袁世凯称病不朝，随即把逼宫的重任交给了民政大臣赵秉钧。随后又遇"红罗厂事件"，良弼归天，满洲权贵包括宗社党成员，再也没人敢说反对退位的话了。

赵秉钧的逼宫戏唱的格外卖力，他知道这是讨主子欢心的好机会。在这里，赵充当了替曹操逼宫的亲信华歆。华歆受曹操之命替汉献帝代写诏书，然后逼汉献帝盖印，并带兵入宫，将伏后和她的两个儿子用毒酒毒死，逼宫过程充满血腥。比较起来，赵秉钧的逼宫比华歆文明得多。他每天都追问“项目”的进展，迫使隆裕太后和溥仪下诏退位。面对赵的步步紧逼，向来无主见的隆裕太后也只有拖延哭泣的份了。

一日的御前会议上，赵秉钧实在是忍不住了，大声说：“实在不行，南北两个政府可以同时退位，另在天津组织临时政府。”在场的王公大臣们都低头不语，仅有几个满洲年青亲贵提出反对，赵发火说：“今天开会，明天开会，议来议去至今都议不出所以然来，到什么时候是个头，我看内阁只有引咎辞职！”说完，一脸怒气地走出门，又有几个袁世凯的亲信也跟着走出门，看着这一幕，隆裕太后及皇室亲贵哑然失色。

如果说赵秉钧的逼宫属于“内逼”，而北洋大将段祺瑞的逼宫则属于“外逼”。

1912 年 1 月 26 日，由段祺瑞领衔的北洋将领再次联名致电清内阁、军咨府、陆军部，并各王公大臣，请即代奏清廷，明降谕旨，宣示中外，立定共和政体。此次联名通电人数多达 50 人，这封电报可以说是清廷让国的催命符。良弼被刺和段等清军将领联名通电在同一天发生，这一来让清廷上下万分震动，诸多王公大臣、满族亲贵吓得魂飞魄散，纷纷席卷细软，举家避难到天津、青岛、大连等租界，托庇于洋人，不愿意走的则纷纷请袁世凯派兵保护，袁正好利用保护之名把他们控制和软禁起来。

1 月 27 日，隆裕太后召集御前会议，王公亲贵们不是没到就是迟到，而且人数寥寥几个，只有代表袁世凯的赵秉钧如时而至。隆裕太后已全无太后的尊严，哭着对赵说：“我说赵爱卿啊，你快点去对袁世凯说，一切都好商量，保全我母子性命要紧。”赵秉钧见到太后一把鼻涕一把泪地大哭，也假模假样地陪哭。下朝后，有同僚迎上前探问消息：“大哥，今天的戏唱得如何？”赵连连摇头说：“唉，又抹鼻涕又抹泪的，这种戏不是人唱的。”

几天后，赵秉钧干脆扔出“撒手锏”，威胁隆裕太后说：“如能主动退位，皇室待遇尤可保证，如果被革命党推翻了，那后果你应该知道。”

“撒手锏”果然管用，只一招，吓得隆裕太后痛哭失声。这个清廷最大的既得利益集团确实是很难割舍他们祖辈所享有的特权，如果将他们这些祖辈高高在上的贵族沦为一般平民，简直是要了他们的命。

旁边的庆亲王奕劻无奈地说：“咱们已无可用之兵，除了接受退位再也没有别的办法了。”

1月29日，袁世凯再托病不肯入朝，并向朝廷奏文，说明自己病体仍旧，力不从心。此时，隆裕太后已然决定退位，但仍有个别王公亲贵坚决不同意，清帝退位之诏也一直没有颁布。

2月1日，赵秉钧代表袁世凯提出了八项优待清室条款。从帝制转身到共和，毕竟是利益的再调整，眼看自身的巨大利益就要被剥夺，谁能愿意轻易被别人掳走呢？

2月4日，段祺瑞、王占元、李纯等9人发出逼退的第二电，专向少数王公说话，措辞更为激烈，并以即将率全军北上相恫吓。2月6日，袁世凯召集各王公大臣，把这个电文交给他们传看，这几个王公大臣顿时像霜打的茄子，一句狠话也不敢说了。他们明知是袁的威胁手段，但又无可奈何，于是就在这次会议上表态赞成共和。

事情明摆着，此时的大清国已没有任何救命的稻草可抓，隆裕太后和载沣等人终于选择了一条性命重于皇冠的退路。

2月12日，清帝颁布退位诏书，统治268年的大清帝国寿终正寝。

清政府最后的体面，是以和平的方式退出政治舞台。这是北洋、革命党与清政府三方博弈的最优结果，否则，必将把中国再次拖进一个战乱的泥潭。隆裕皇太后颁发诏书：“……各省纷纷称兵，是又将政权之争致开兵衅。年来我民疾苦，已如火热水深。何堪再罹干戈重滋困累，而使生灵涂炭……”清室识时务的退位，换来了国家和平与统一，同样也获得了民国政府的“皇室优待”条款保证。

第十章
南京任职的“空头支票”

全票大总统

孙中山就任临时大总统后，与袁世凯达成政治协议，荐袁自代，举荐袁继任中华民国临时大总统。1912 年 2 月 13 日，也就是清帝颁布退位诏书的第二天，孙中山兑现他的诺言，向临时参议院提出辞职咨文，推荐袁继任临时大总统。咨文中说：“此次清帝逊位，南北统一，袁君之力实多……且袁君富于经验，民国统一，赖有建设之才，故敢以私见贡荐于贵院。请为民国前途熟计，无失当选之人。大局幸甚。”

但是孙中山和袁世凯久打交道，对袁的行事风格颇有了解，知道袁是一个推行实力政治而不肯尊重法治的人，于是他在咨文中还附带了三个条件：一是临时政府设于南京，不得更改；二是新总统到南京受任之日，便是本总统及国务员解除职务之时；三是临时参议院所制定之临时约法，新总统必须遵守。孙中山与国民党认为让位于袁已是一个不可变更的事实，那就只能提出附加条件给袁戴上“紧箍咒”，以尽可能地避免一切不良后果发生。同时，要袁到南京任职的意图就在于南京远离北洋势力的控制范围，将其置于革命党人的监督之下，作为约束以袁为首的北洋军阀集团势力的一种有效办法，使他再也不能无所顾忌地玩弄实力政治与政治阴谋。

2 月 15 日，临时参议院举行大总统选举会，到会的 17 省代表投票，每省 1 票，共计 17 票，袁世凯得 17 票，以全票当选中华民国临时大总统。参议院在致袁世凯的电报中说：“查世界历史，选举大总统，满场一致者，只华盛顿一人。公为再见。同人深幸公为世界之第二华盛顿，我中华民国之第一之伟业，共和之幸福，实基此日。”

为了表示支持民主革命，袁世凯就职后做的第一件事就是下决心“剪辫子”。当时，很多人将是否保留象征臣服清廷的长辫子作为革命与否的标志。其实，早在武昌首义后的1911年12月7日，清廷就开始允许全国民众可以自由剪辫子，但老百姓从情感和心理习惯上还不能接受。至于袁世凯，一开始也有些不太接受。在正式选举他为临时大总统这天，英国《泰晤士报》驻京记者莫理循对海军大将蔡廷干说：“看来你们袁大总统对必须遵守的新规矩很讨厌，连辫子都不肯剪掉。”蔡廷干当然将莫理循的话告诉了袁世凯。对于洋人的议论，袁世凯还是很在意的。他对蔡廷干说：“新时代了，看来就得在外表上改变一下了。还是你来帮我剪吧。”2月16日下午，袁世凯把蔡廷干叫至官邸，让其替他剪掉了象征着与大清决裂的长辫子。

对于这次临时大总统职位的变更，人们往往把袁世凯印上窃取革命胜利果实的标签。其实，结合当时的历史背景，简单地对其赋以“窃国大盗”的名号过于牵强，袁取得大总统的职位绝不是简单地窃取。

一是袁世凯当选临时大总统经过了一个民主的过程，在程序上具有合法性。清帝退位后，袁便以“全权组织临时共和政府”的名义将清帝退位的情况通报给了各国驻京公使。次日，孙中山向临时参议院提出辞职和举荐袁的咨文。15日，参议院正式选举。因此，从取得临时大总统的程序上看，袁并非窃取和篡夺了革命果实。1913年1月29日，孙中山曾对日本情报人员宗方小太郎说：“我个人相信袁世凯乃最稳妥之人物，故第一期总统以举彼为得策。设袁若落选，则军队难于统驭，恐将成为大乱之阶，目前排斥袁世凯者，乃不懂我国事态之所为也。”从孙的话中我们也可以看出，孙本人是认可袁的合法性的，同时孙的话也从另一个侧面说明了袁当时所拥有的强大军事实力是其取得总统的一个重要因素。

二是在当时特定的时代背景下，腐朽的大清已日落西山，南京临时政府想要巩固统治，必须有“刀把子”作保障，这样才能控制事态，平息南北对峙的局面。在当时，举国上下也只有袁世凯有这样的能力。而同时，革命的妥协性和不彻底在同盟会员中蔓延，与其说袁是窃取，不如说是革命者拱手相让。

三是袁世凯与列强在华要人建立了良好的私人关系。袁自担任北洋大臣以来，与英国驻华公使朱尔典、《泰晤士报》驻京记者莫里循，日本驻中国记者佐藤铁治郎，美国外交官芮恩施、传教士赫德兰等关系密切，也在一定程度上吸引了外国对袁的关注和信任。这对于刚刚成立急切想得到列强承认的中华民国临时政府来说，无疑是袁获取临时大总统职位最有利的条件之一。更重要的是，以孙中山为首的新兴资产阶级建立的中华民国临时政府所标榜的民主共和观念并未在当时得到大部分民众的充分认可，列强纷纷想利用这一时机借助袁世凯的权力在华谋取更大的利益。历史因素与袁世凯自身条件相结合将袁推上了新的政治大舞台。

有了合法的委任状，袁世凯即刻在对外的文告中改称为“新举临时大总统”。但此时，孙中山仍未解除职务，南京临时政府仍然存在着。这样，就出现了一南一北两个政府。“一天有二日”，这在中国历史上是一个奇特的现象。

袁世凯刚当上临时大总统的喜悦还未散去，孙中山在辞职咨文中提出的三个条件就已经像一个“拦路虎”摆在了他的案头。

是离开北京赴南京就职？还是民国政府迁都北上？这几个问题已成为南方政府与袁世凯角力的关键。

蹊跷的“北京兵变”

1912 年 2 月 29 晚 8 点，北京城内突然枪声大作，爆炸声、喊叫声宛如暴风骤雨汇成一片。许多兵士肆无忌惮地在大街上横冲直撞，抢砸商铺，掳掠钱财。这时候，南京方面派来的迎接袁世凯任职大总统的专使团吃罢晚宴已在下榻酒店休息，突然冲进 10 多名全副武装的士兵，挨个砸开房门后欲行无礼，迎袁专使团成员蔡元培、汪精卫等人一个个吓得呆若木鸡，不管他们怎么解释，大兵们根本置之不理，将其财物一掠而空后一哄而散。

惊魂未定的专使团忙四下打听，有人说是北洋陆军第三镇以索饷为名发动了兵变，也有人说是北洋军反对他们的衣食父母袁世凯南下任职，兵士们气愤之下发生了骚乱。第二天，兵变像瘟疫一样蔓延到了保定和天津。驻保定的北洋陆军第二镇突然起兵，将城门烧毁后，到处劫掠纵火，附近的州县均未幸免，城内百姓纷纷出逃。第三天，北京的2000名乱兵陆续进入天津，又伙同地方匪霸，边抢边烧，天津的变乱也愈演愈烈……

这次引国人注目的突发公共舆情，是一次偶然事件还是背后隐藏着玄机？

事出必然有因。

孙中山提出的三个附带条件在临时参议院通过后，去不去南京任职的问题成为孙、袁争执的焦点。孙认为袁不肯南下就职，就是缺少拥护共和、尊重法治的诚意，因此袁一天不南下，孙就一天不解职。而作为袁来讲，他当然不愿意穿孙中山给他定制的“小鞋”，离开其北洋军阀势力盘踞的北方而南下。他认定了孙叫他南下是在调虎离山。早在南北议和期间，他便已向唐绍仪交底，“惟政府地点，决不可移易”。他深知“虎不可离山，鱼不可脱渊”，即便自己是一只猛虎，然一旦南下，陷入革命党人重围，便只有“虎落平阳”的份了。他的权力依托在北方，这里是他的发迹之地和经营许久的地盘，一旦失去，“毛将焉附”？

一个坚持要去，一个坚持不去，双方各说各的理。但孙中山仍旧坚持原议，他几次致电请袁南下就职，可袁一直找借口说“北方秩序不易维持，军旅如林，须加部署”而不能立即启程，意在拖延抵制。

清帝退位后，定都问题立刻成为一个争论的焦点。有人主张仍以北京为首都，有人主张建都南京，一直争论不下。南京临时政府参议院曾就此问题进行过两次表决，第一次竟以多数票通过了临时政府设于北京的决议，把主张定都南京的孙中山和黄兴等人气了个够呛。第二次又投票，主张定都南京的人数才占了优势。

如何才能让袁世凯离开北京呢？南京临时政府最后使出了“急招”。1912年2月18日，南京以教育总长蔡元培为迎袁专使，偕同宋教仁、汪精卫等8位特使前往北京“专迎大驾”，敦请袁南下，试图给袁造成一种骑虎难下的态势。

袁世凯当然不愿弃北而南，可迎袁专使已经北上，怎么办？

“黑蝎子”杨士琦早已知晓主子的心思，他说：“大总统，南京方面想调虎离山，专使团已经北上，不知大总统如何应对？”

袁世凯说：“愿听杏城的意见。”

杨士琦说：“卑职有个万全之策，一方面隆重欢迎南京方面派来的专使团；另一方面要找一个充分的理由让南方革命党人无话可说，也给世人有个交代，不是大总统不愿南下，实在是不得已而为之。”

袁世凯眼睛一亮，说：“这么说，杏城已有对策了？”

杨士琦诡秘一笑，说：“卑职在想，大总统可密令驻防北京第三镇的曹锟——”杨士琦挥一个劈刀的手势，接着说：“只要北京的治安发生了问题，就造成了大总统必须留京的借口。”

袁世凯闻听呵呵一笑，说：“杏城高见，好办法。”

2 月 27 日，蔡元培一行抵达北京后，袁世凯用最隆重的礼节，打开正阳门欢迎蔡等一行。当日下午，袁世凯便与专使团见了面。蔡元培向袁递交了临时参议院举袁为临时大总统之通告和孙中山致袁手书，申明袁氏南下就职之必要。与数日前强硬的态度截然相反的是，袁并不推辞，而是以一脸诚恳之色与专使团商谈南行的路线问题。袁世凯的这种态度让蔡元培等专使们十分欣慰，以为大功告成。

2 月 29 日晚，袁世凯举行了盛大的茶话会为专使团接风，众人谈笑风生，为庆祝袁南下频频举杯。可令专使团万万没想到的是，就在这天晚上，按照袁世凯的密令，有“赵子龙”之称的第三镇统制曹锟手下的兵士突然发生了兵变。旋即，兵变在保定、天津两地又相继发生，结果致使北方的形势一度异常紧张，众多外国使馆向中国提出了抗议。

这下，袁世凯有了借口，他以“调度军队”“应付外交”为口实，表示“赴任之举，暂难办到”。梁士诒代表袁世凯秉承袁意对专使们振振有词：“现在全国倡行革命，人心动荡，北方秩序很难维持，像目前这种情形，如果不能及时地调度、弹压，确保地方的安谧，就很容易引起外国对我国用兵的祸事，这一点是应该切实注意的。”一时间，众多媒体也刊登了“袁总统尚未离京，已有祸乱，若真离去，恐酿大乱”的言论。而在迎袁专使团中，还有袁的“内线”汪精卫，再经他煽风点火，蔡元培等人只好火速致电孙中山，报告兵变详情。情势急转直下，一部分革命党人也受到迷惑，他们对孙中山迫袁南下的主张发生动摇，甚至认为是孙的失当，处于被动的孙只得做出让步。

3 月 6 日，南京临时参议院决议，允许袁世凯在北京就职。如此，无奈之下，南京方面只好认可袁的“根据情势，总统只能在北京任职”的要求。

孙中山煞费苦心设计的“紧箍咒”，就这样被袁世凯设计解除了。

1912年3月10日，53岁的袁世凯在北京宣誓就职，正式就任中华民国第二任临时大总统。袁如愿以偿，在血与火中实现了踞守北京的政治目的。

百日“唐内阁”

如何规划中华民国的蓝图和未来？选择怎样的政治体制？如何实现民主共和？这不只是革命党人及袁世凯的选择题，更是关系中国命运的大问题。

首当其冲的是政体问题。

政体的选择，涉及各派政治势力的根本利益及权力分配，这个焦点问题一度困扰着新生的民国政坛。以宋教仁为代表的一部分革命党人主张采用内阁制，而以孙中山为代表的大部分革命党人力推总统制，并最终为《中华民国临时政府组织大纲》所采纳且付诸实施。

由于前面革命党原定逼迫袁世凯到南京任职的“调虎离山”之计完全破产，革命党人只好另辟蹊径给袁世凯打造了另一道防线。

就在孙中山将临时大总统“让位”于袁世凯之时，如何将这位飞扬跋扈的袁大总统手中的权力关进“笼子”里，成为摆在革命党人面前一个重要问题。于是，革命党人“因人立法”，匆匆出台了一个专门为袁世凯制定的文件——《中华民国临时约法》。这个《临时约法》是《临时政府组织大纲》的修订本，但两者有根本性的区别，前者采取的是总统制，后者采取的却是责任内阁制。《临时约法》于1912年2月8日起草，3月8日通过，3月11日就公布了，从中可以看出它出台的急促与无奈。

将政体由总统制改为内阁制，目的是约束袁世凯滥用职权。对于袁世凯而言，作为一个旧式官僚，他深知怎样使旧制度运转，但对新制度的种种，却还只是略知皮毛。严格地说，他这个民国临时大总统，此时还是一个迷信、封建、独裁的旧式人物。

3月13日，袁世凯依法任命唐绍仪为民国第一任国务总理，并负责组阁。29日，唐绍仪正式向南京参议院提出内阁人选。内阁人员名单是：外交总长陆征祥，内务总长赵秉钧，财政总长熊希龄，陆军总长段祺瑞，海军总长刘冠雄，教育总长蔡元培，司法总长王宠惠，农林总长宋教仁，工商总长陈其美，交通总长施肇基。

唐内阁是南北权力分割组合的产物，这份名单容纳了各个方面，有无党派人士，有君主立宪派的人，也有同盟会方面的人。但明眼人一看就知道，在这份名单中，革命党人只是配角。内阁中的实权部门，如外交、内政、陆海军、财政和交通，统统是袁世凯的北洋系，都在袁的控制之下，同盟会所得到的只是教育、司法、农林、工商 4 个“冷部门”。

内阁中的明星，当属风流倜傥的唐总理。唐之所以能当上国务总理，最重要的一点是袁为平衡与南方革命党人之间的关系而锚定的。在唐绍仪任职内阁总理之前的几十年中，他与袁可以说是晚清乱世政治舞台上一对不错的组合。一方面，袁从发迹朝鲜、显名北洋，直到当上临时大总统，这一路走来，唐一直以副手的角色兢兢业业辅佐着袁氏大业；另一方面，唐从留美归国后的一个低级幕僚做到晚清权倾朝野的一品重臣，也多益于袁的器重与提携。自朝鲜共患难后，袁世凯无论走到哪里，都把唐带在身边。袁之所以如此器重唐，主要是因为唐身上有着当时急需却并不多见的外交才华。也正因如此，1911 年南北议和时，袁才委唐以重任。然而唐绝不仅仅是一个只懂外交的清廷洋务官僚，更非像袁那样的政治投机者，他骨子里那种共和思想的火花在遇到革命党人时被引燃了。特别是他在南北议和中始终坚持南北停战、赞赏共和的态度，使他与革命党的关系逐渐拉近，并加入了同盟会。之前，孙中山曾把临时大总统的位置让给了袁世凯，因此袁在选任内阁总理时也要敷衍一下孙。唐是袁的老朋友，又与南方的革命党相处不错，是同盟会的新会员，且善于外交，和英美关系也搞得不错，因此，唐是当时能够被各方接受的理想人选。

但政治就是这样，一旦进入角色，每个人肯定会各怀心腹事，即便是父子兄长也会产生冲突和矛盾。唐虽然和袁关系不错，但他毕竟不是北洋圈子里的人，自然也就受到其他北洋军人的排挤和诋毁。之初，唐被派为南北和议北方首席代表时，袁就已安排了他未来角色的伏笔，并一再叮嘱他在议和时要和革命党搞好关系。虽叫他搞好关系，但没叫他加入同盟会，谁知唐竟在蔡元培、黄兴的推荐下，宣誓加入了同盟会。唐这出格的动作不仅袁不满，更令其他北洋军人不满。

唐绍仪上任之初，像很多想干出点名堂的领导人一样，有着很大的政治抱负，设想建立一个真正的责任内阁。唐的个人政治抱负和目标，让他不甘心再做袁百依百顺的奴才，因此在某些问题上他经常不向袁请求而自行处理；同时，他又以南北间的桥梁自居，不肯完全站在袁的一边。这些，都与袁利用他作为私人政治工具的意图完全相反。

美国驻华公使芮恩施这样描述唐绍仪：广东人，身材矮胖，脑袋很大，像拿破仑一样；他沉默寡言，但他的插话表明，他总是首先提出问题引导讨论，在他研究问题时也是如此；在直接问到他的时候，他总能对任何事情做出清楚的、有条理的说明。中国官员一向利用金钱来达到政治目的，他也不例外。对某些人来说，他是欺诈和贪污的老手，另一些人则把他看作财神，还有一些人佩服他的组织才能，对他很尊重。

芮恩施的话只说对了一半。

唐绍仪这个人，比较讲究享受，生活上腐化堕落。《申报》曾报道说，他在担任邮传部副部长时，花钱大手大脚，“用款浩繁，入不敷出”。《民立报》报道说，唐当上部长后，更是擅长公款吃喝，“广交游，善挥霍，每日四餐，每餐十金，犹云无可下箸”。腐化归腐化，但唐有一点很让人看重，因他留过美，工作作风上是相当的“美国式”，做事雷厉风行，节奏快不做作，这是他的优点。但我们可以确认的是，有点狂傲而又不很自律的唐绍仪，其同僚关系及“群众关系”并不很好，因此《民立报》说，“唐之为人，京官排挤者甚多”。而唐又不善于见风使舵、溜须拍马这一套，因此做事不大留有余地，为此得罪了不少人。

唐在内阁中和蔡元培、宋教仁走得很近，有事都和他们商量，这一来当然更激怒了北洋系人。此外，唐加入了同盟会，有出卖袁的嫌疑，因此袁系内阁成员都排挤和歧视唐。唐内阁成员赵秉钧是袁的死党，自清朝开办警务，他就参与，控制着步军和巡警，他与冯国璋控制的禁卫军同为袁世凯的两大支柱。赵公开表示不与唐合作。

赵秉钧扬言：“唐如果能站得住，我们就站不住了。”对于唐召集内阁会议，赵秉钧从来不出席，凡遇重大问题他都是越级直接向袁请示汇报，把堂堂的国务总理简直当成了兔子耳朵。逼人更甚的是，赵秉钧还往往对唐内阁会议的决议，从旁横生枝节或加以删改，而唐对这更是无可奈何。赵这么做的目的，说白了就是在拆唐的台。

在外务方面，陆征祥虽是名义上的外交总长，但实际上外交是由袁的亲信蔡廷干在按照袁的旨意行事。蔡经常与英、美、日各国公使进行外交活动，不仅不接受唐内阁的领导，就连他进行活动的情况，内阁也不得而知。

陆、海军方面也是如此，真正重要的公事都是经袁和王士珍、段祺瑞等商量决定之后，通过总统府军事处和陆、海军部分别付诸实施。

没有钱，干什么都玩不转。当时国家收入不支，国家机器运转的经费大部分靠借外债。1912 年 3 月，北洋政府以办理善后改革为名，向英、法、德、俄、日五国银行团进行大借款。在借款这个问题上，唐绍仪与财政总长熊希龄发生了严重冲突。熊希龄奉袁世凯之命，以筹备善后为名，向五国银行团商洽借款。银行团提出以监督中国财政为借款的必要条件，一是监督用款去向，二是监督遣散南方的军队。唐绍仪认为此项条件过于苛刻，遂严词拒绝。唐绍仪为了冲破银行团的藩篱，转向比利时华比银行借款。这样一来，五国银行团为了保持其对华借款的垄断权，公然以停止贷款相要挟，驻北京外交使团也向袁世凯提出抗议。气急败坏的袁世凯命令唐绍仪向银行团道歉。这时，同盟会支持唐，也反对向银行团屈服。黄兴在南京发起募集“国民捐”，以解决财政困难。唐绍仪考虑到同盟会的态度，于 5 月 3 日断然拒绝了银团的无理要求，因此引起列强的恼怒，他们指斥唐绍仪“不愿借款告成”，“以致中国各界误各国政见，竟有排外举动”。袁世凯认为唐绍仪严重损害了他和列强之间的“友谊”，两人的矛盾渐深，以至势同水火。

因和五国银行团借款的问题对唐有了意见，在借款问题上，袁世凯干脆将唐绍仪“晾”在了一边，熊希龄干脆抛开了唐而直接与袁世凯、赵秉钧、梁士诒秘密协商。当时，内阁的现实情况是小事基本由赵秉钧一人裁决，大事须与徐世昌协商，实际上徐好比是宰相，而赵秉钧、王士珍、段祺瑞、梁士诒等是各部大臣，唐内阁只不过是遮场的幕布罢了。

更要命的是，袁的左右还时不时挑唆唐和袁的关系，硬说唐与孙中山因同乡的关系走得很近，说他现在完全倾向同盟会而不把总统放在眼里了。当唐到总统府找袁汇报工作时，总统府的工作人员指着唐的背影说：“你们看，总理又要来欺负总统了。”这一切的一切，无时不在折磨着刚上任时信誓旦旦、豪情壮志的唐绍仪。

有一次，唐绍仪向袁世凯汇报工作，唐绍仪嘟嘟了半天，袁世凯忽然很不耐烦地说：“少川，我老了，要不你来做总统吧。”听到这话，唐绍仪这才感到自己在这位老朋友面前已经出局了。

这些事，唐绍仪忍也就忍了。直接导致他与袁世凯彻底决裂的催命符是关于直隶总督王芝祥[①]的人事任命问题。王出任直隶总督是唐在南北和谈时定下的，而袁当时也同意了，但当唐拿着王的任命书找袁盖章时，袁表面上哼哼哈哈地说没意见，可背后竟串通地方军阀打出了反对牌，因为袁内心根本不希望王出任直隶总督。

在直隶总督的人选问题上，唐绍仪想得太天真了。直隶是袁的老家底，他是绝对不会让外人染指的，唐伸手就拿直隶，袁自然是对唐下狠手，王芝祥的任命自然是泡了汤。几天后，袁把没有经唐内阁副署的“任命王芝祥为南方军宣慰使”的命令公布。根据《临时约法》，没有内阁副署的人事命令是不生效的，唐对于袁不经内阁总理副署而发表人事令，感到非常痛苦。同时，他也感到自己颜面、信义尽失，顿时萌生退意。

更让唐内生悲情的是，当天他乘坐马车由办公室回家，忽然迎面来了两个开道的士兵，手中挥舞长鞭，唐总理的驭者差点挨了他们的鞭子。唐急忙吩咐把马车让至路旁，仔细一看，一辆漂亮的马车里，坐的不是别人，正是总统府拱卫军统段芝贵。待这辆车子过去后，总理的马车才缓缓前驶。这事对他又是一大刺激。

1912年6月16日，唐绍仪留下一张假单后悄然离京。假单上说：“绍仪现因感风热牵动旧疾，恳请给假五日，赴津调治。惟总理职务关系重要，不容一日旷废，并乞大总统于国务员中简派一员暂行代理。”唐走后，北洋系的人拊掌称快，认为去了眼中钉。袁接到唐的假条，对于唐的不辞而别，心中亦颇伤感，毕竟两人共事交友数十年，不能太贸然决裂，所以仍派秘书长梁士诒专程前往天津挽留。梁是经唐推荐给袁的，梁和唐两人私交甚笃，而且意气相投。梁到天津会见了唐后，除传递袁意外，复谈及袁、唐两人的友谊。唐、梁抵足通宵，唐把自朝鲜和袁订交经过，两人在北洋共事凡20余年种种，娓娓向梁详述。至于为何演变到如此地步，唐最后感慨地说：“我和项城的交谊，君最深知，公谊私情我本不该挂冠，甚至不辞而别。可是观察

① 王芝祥，曾任广西布政使，武昌起义爆发后，力主广西独立，被推为副都督，后率军北上援助革命军，其组织的广西共和党与国民党合并，任国民党理事。南北议和时，南方革命党力推王出任直隶都督，以扩大革命党在北方的势力。唐绍仪组阁期间，为调和南北矛盾，同意了革命党的要求，并向袁作了汇报。袁虽不同意，但没有直接拒绝，但这不过是袁的权宜之计，目的是为了以此为交换条件让同盟会放弃陆军总长一职（同盟会意图推荐黄兴任陆军总长，以此限制袁的军事特权，但袁视军权如生命，决不会容忍圈外人担任这一实职），而由其亲信段祺瑞充任。王芝祥“督直改任”事件，是民国初年震惊北京政坛的一件大事，此事件也直接导致了唐的辞职和唐内阁的瓦解。

今天国家局势，欲求统一中国，非项城不可，欲求治理中国，则非项城诚心和革命党合作不可。三个月来，我首当冲要，处理这个问题，仔细深入来看，觉得项城和革命党的合作，中间阻碍甚多，此点君必有同感。既然我的理想无法达到，刚不如早作退路，免得将来焦头烂额。因此，我与项城今天的分手，是公义。”唐言不胜唏嘘。

第二天一早，梁返京复命。袁知唐意已不可挽回，遂由总统发布准许唐辞职的命令。唐于1912年3月13日由袁任为国务总理，至6月28日辞职获准，前后109天，而距他3月30日加入同盟会还不足80天。这是中华民国的第一届内阁，竟是如此短命，从中也显示出了民国初年中国政坛的多难与诡异。

“一将功成万骨枯”，似乎这句话是对唐绍仪结局的最好阐释。

第十一章
“杯酒释兵权”新解

南京临时政府“落幕”

大凡开国之初或新君登基，执政者都会面临着一些共同的问题，比如如何处置手握重兵的开国元勋？如何裁兵削藩，将地方军阀割据的武力加以消解？说白了，就是削弱地方力量，强化中央集权。纵观我国几千年专制史，削藩之策总结起来无非就是“大棒加胡萝卜”的手段：一是按功论赏，赐以高官厚禄、良田美女；二是巧织罪名，或削官，或罢职，或诛杀。总而言之，就是要将这些一起打江山的功臣们从具有威胁性的位置上调开或除掉，不让其掌握兵权要职。其中影响最为深远的，当属汉景帝推行的《削藩策》和汉武帝实行的《推恩令》；最让人称道的，也是最“温柔”的削藩之策，要属宋太祖赵匡胤的“杯酒释兵权”；而最残忍的当属明太祖朱元璋，他在登基后将加封的34位开国之臣除武定候郭英外，皆诛杀，其残忍千古未有。

刚上位的袁世凯，同样面临着巩固政权和削藩的问题。在袁看来，不管是为了维护自己的统治也好，还是维护整个北洋集团的利益也好，削平地方割据，建立一个强有力的中央政府，是最迫在眉睫的任务。

袁深知清室的迅速灭亡，一时形成了外重内轻、尾大不掉的局势。辛亥革命之后，全国共有30多个师又50余旅，军队总兵力约120万人。在这些军队之中，他的北洋军覆盖地域，仅及于长江以北的直隶、山东及东北等地，对于南方同盟会的各省都督完全是指挥不灵，而非同盟会的都督也多自作主张，各行其是。当时，广东、江西、福建、安徽、江苏、湖南等省都在同盟会的掌握之下，湖北、云南、贵州、四川和广西等省虽非同盟会所掌握，但也不是北洋军势力范围。而且，上述各省共有50多万受过革命洗礼或受其影响的军队，其中约有一半掌控在同盟会军人手里。

在辛亥革命之后，南方各省自行推选的都督掌握本省军政大权，并不接受中央的任命。袁世凯政府接掌民国政权之后，面对这种既成事实，不得不以中央追认的形式加以承认。但这种本质上形同唐末藩镇割据的局面，是中央政权无论如何都无法容忍的。军人出身的袁世凯，靠的就是“枪杆子”起家，也最懂得“枪杆子”的重要性。如此之多的“异姓”军队不能被自己掌控，当然是袁心头大患。

为了能坐稳大总统宝座，袁世凯必须要想尽一切办法消除这种割据局面。他在上台后，首先就对中央管理层、军队制度建设和地方军事机关以总统令的形式加以规范。3月11日，也就是袁世凯走马上任临时大总统第二天，他下发的第一道命令便是《训勉军人令》，要求全国陆海军必须服从他的“统一命令”。在这道精神大于实质的命令之后，是袁世凯以中央政府名义进行的各种军队集权的改革。

袁世凯对陆军总长段祺瑞说：“军队五花八门，鱼龙混杂，数量超出几倍，且消耗甚巨，财力无法支撑，必须加以整饬。”段祺瑞坦言道：“武昌起义之后，各省都在招募新兵，军队林立，南京城内外就驻扎了各路军队，城里有浙军、沪军、光复军、铁血军、卫戍军，加起来不下10万人，再加上周边的军队，则增加了一倍不止，不下20万人。这些军队未受教育，既难保不为地方之祸，而现在国家经济万分困难，军饷亦不能充足供给，难保无哗变之危。”

本来裁减军队，实现军民分治合乎情理，也得到孙中山等多数革命功勋的认可，而袁世凯却将这一举措作为排斥异己，强化北洋集团势力的重要手段。

1912年3月，南京临时政府解散，临时参议院北迁。参议院北上之后，南京的问题依然没有解决，因为各路革命军并不能随同北上。而和议告成之后，南方军队在军事上已无用武之处，他们的数量如此庞大，已大大超过了各省财政所能承受的范围。更何况，革命军一日不去，南方局势即一日不宁，袁世凯便一日挠头。

“解铃还须系铃人”，袁世凯再三斟酌后，决定把这个“烫手的山芋”扔给黄兴。这招以彼之矛攻彼之盾的计策确实把袁世凯最棘手的难题摆平了。

唐内阁成立后，袁世凯同时发布命令，委任黄兴为“南京留守”，这个临时职务的职责就是处理南方革命军的裁撤问题。4月6日，黄兴正式就任，留在南京处理各省革命军的裁撤与遣散事宜。

为了尽快消除心头大患，4月下旬，袁世凯亲自主持召开军事会议，规划消纳各省军队，随即发布了一道道关于裁军的命令。命令是发了，但可想而知，这些意图削弱地方政权实力的举措，不可避免地引起了极大反弹。在具体裁军方案上，代表北洋政府制定裁军方案的段祺瑞，居然不敢硬性要求各省裁减，只能建议各省以辛亥前清政府规定的原有军饷兵额为限。由此时北洋政府对地方不敢轻易下手，可见当时政局的动荡与复杂。

不过，袁世凯控制着被称为国家命脉的中央财政，他虽然不敢明目张胆地电令各地裁军，但是可以通过不拨发军费的方式逼迫各省军队自行瓦解。没有钱，什么都玩不转。革命将士也要吃饭穿衣、要发饷、要武器，还要有各种日常的补给，每天下来，各部队基本的维持费也不是个小数目。

黄兴作为同盟会领导人，在革命党人中间很有威信。作为一个真正的革命者，他一心为“驱除鞑虏，恢复中华”而努力，当南北议和达成，袁做了临时大总统后，他天真地以为铁血革命时期已经过去，建设时代已经到来，以为用约法、议会、内阁等足以约束袁世凯，没有必要再保留大量的革命武装。而且北京也停发了南京部队的军饷，只发少量的遣散费，一些部队连伙食都无法维持。因此，黄兴不得不连日演说革命大义，动员军队解散。

急于求成的袁世凯又使出了一招火上浇油的“助推计”，他鼓动御用报纸攻击黄兴“拥兵自固”，并密令陆军部次长蒋作宾和江苏都督程德全前往南京监督，以压迫黄兴加快遣散军队的速度。就这样，在黄兴的主持之下，江苏原有的5个军被裁减了2/3，仅剩不足4万人；广东裁掉11万人；湖南原有5个师又2个旅，被裁得只剩2个旅；首义的湖北省，原有的8个师也被裁掉了3个。而在南京城内的近10万革命军，化为3个1/3，1/3遣散，1/3回到了原来各省，余下的1/3由江苏本省供饷编成3个师。

当然，所谓裁军，裁掉的当然不是袁世凯的嫡系部队。对于老班底的北洋军，袁世凯不仅不裁减，反而以各种借口不断扩充。如袁的干儿子、拱卫军总司令段芝贵又招募了10营3000人用以扩编，小站旧将、现任河南护军使的雷震春也借机招募了豫军6营，奉天将旧巡防营改编为2个师，等等。

对于“地方军队”，袁世凯采取了区别对待、分化瓦解的策略，集中全力瓦解同盟会的军事力量。对于非同盟会系统的都督，基本上允许保留原有的军队数额，以取得他们的支持。如陆荣廷原有巡防营30多营，本来人数约相当1个师又1个旅，但他吸收了本省另外的一些军队扩编为2个师又1个旅。对于同盟会军人所掌握的军队，袁世凯则严令遣散或裁减。

对于袁世凯的阴谋，不少革命党人也有清醒的认识。在参议院一次讨论裁军方案时，段祺瑞出席做报告，一位同盟会议员当场质问说：“北方日日添兵，南方何得独裁？”甚至一针见血地指出：“我们所以不主裁兵者，恐怕大总统要做皇帝。”不少比较强势的地方军政官员则进行各种抵制和拖延。如福建的许崇智、广东的胡汉民、江西的李烈钧等都强力抗拒，保留了不少武装。

在解除遣散了大部的革命军后，袁世凯马上命江苏都督程德全接手了南京留守处，随即解除了黄兴的职务。面对黄兴的离职，袁世凯还假惺惺地予以婉留，可黄兴去意已决。1912年6月上旬，黄兴发表解职通电、告将士书及解职布告，之后悄然离开了南京。

袁世凯巧妙地运用各股政治势力之间的矛盾，居中操弄，各个击破，最后终于达成了自己的政治意图。

顺带说几句。卸任后，黄兴如释重负。黄兴作为民国元勋，淡泊名利，果于行事，他的座右铭是“名不必自我成，功不必自我立，功成亦不居”，堪称革命党人中的道德楷模，人品亦有口皆碑。

当年9月，黄兴从上海乘舰返回阔别多年的家乡湖南，途中正值他39岁的生日。夜晚，他坐在轮船之上，看到江水一色的美景，回想起十几年的革命生涯，不禁感慨万千，赋诗一首：“卅九年知四十非，大风歌好不如归；惊人事业如流水，爱我园林想落晖。入夜鱼龙都寂寂，故山猿鹤正依依；苍茫独立无端感，时有清风振我衣。”此时的黄兴，已近不惑之年，在经过多年居无定所、漂流海外的生活后，如今辛亥革命已经完成，虽袁氏当权，但共和体制已经建立，黄兴遂有功成身退、归隐家山之志。黄兴抵长沙后，家乡数万人欢迎这位革命先驱，学生集体高歌：“晾秋时节黄花黄，大好英雄返故乡。一手缔造共和国，洞庭衡岳生荣光。”

可惜的是，好景不长，由于政局的动荡和变化，黄兴不久又不得不投身于风云激荡的二次革命与护国运动之中……

“四巨头宣言”出炉记

开国之初，政坛动荡，革命立宪、新军旧吏、帮派会党，形形色色，林林总总，各种派系混杂其中。面对这样的一个乱摊子，不论是谁执政，都是十分艰难和棘手。

孙中山及其革命党有首倡之功，导引之业，然而掌握各地实权的，除南方个别省份外，多是立宪派和旧官僚，袁世凯及其北洋集团也控制了华北几省。在这个动荡不安的乱世，军阀割据，各占地盘，自立为王者多如牛毛。对如何处理好这些地方武装以及与功勋元老之间的关系，袁世凯依旧是采取了通用的“大棒加胡萝卜”的两面手法，既有赤裸裸的进攻，也有甜言蜜语的拉拢，在不失时机地交替使用之下，袁竟一时与革命党人孙中山、黄兴等度过了一段短暂的蜜月期。

1912 年 4 月 9 日，辞去临时大总统职务的孙中山无官一身轻，应黎元洪之邀来到辛亥革命首义之地。仅仅是两天后，袁世凯就派代表范源濂、唐在礼等人拿着袁的亲笔信函赶到了武昌，邀请孙中山进京共商国是。

袁世凯如此着急派人邀孙北上，原因是他怕南京和武汉方面合流以对抗北京，可现实的情况是孙、黎的首次会晤并不愉快。陪同孙一起出行的胡汉民清高自傲，胡和黎谈革命、谈政治，黎表现出一副心不在焉的样子，这令胡很生气。据说孙中山给黎讲民生，黎也不太懂，这就给同盟会人留下了不好的印象。黎也认识到了这一点，自此，黎和同盟会之间的距离就更远了。

当然，袁世凯邀孙北上，还有其更深层的目的。

一是试探。辛亥革命成功后，南北妥协达成统一，但南北仍互不信任，彼此猜忌。袁世凯对长江以南的控制是有限的，他通过实战摸清了武汉革命军实力，但对其他地方尤其是宁沪革命军实力还没有底，更不清楚南方革命党人下一步会有什么动作，他更想借此摸摸孙中山的葫芦里究竟卖的是什么药。

二是笼络。孙作为革命党最有影响力的人物，袁世凯当然想把孙拉到自己的阵营中，为己所用。

三是利用。袁世凯就任临时大总统后，因《临时约法》的约束，他的很多命令都受到限制，因此欲借孙中山的威望来压制参议院的同盟会员。同时，处在政局动荡中的袁世凯极力想向国内外显示自己得到了全国各党派各阶层的一致拥护和支持，他既邀请孙、黄等革命派领袖进京，也邀请康、梁等保皇派首领归国。孙中山若北上，则表明南方革命派承认和服从袁世凯的领袖地位，袁氏当国更顺理成章，为袁下步更好地解决政党政治问题提供一个契机。

其实，袁世凯在承接总统位置后，曾多次邀孙北上，孙皆予以婉拒。这次在武昌接到袁的信函，孙中山终于决定北上。当然，孙的北上也有其个人目的，一是他要兴建铁路之职权，二是劝袁加入国民党，使袁能为之所用，三要说服袁遵守责任内阁。

1912 年 8 月 18 日，就在孙中山一行准备动身时，北京传来了张振武和方维被袁世凯枪杀的消息，革命党人都为之震动。此时黄兴也拟从上海北上，众人认为袁无信无义，担忧孙、黄的安全，纷纷劝阻。孙中山为防意外，劝黄兴暂留，而自己如约北行。他说：“无论如何也不能失信于袁总统，他人都说袁不可靠，我则认为袁可靠，我必须试一试我的眼光。”

8 月 24 日，孙中山到达北京。袁世凯对于孙敢“单刀赴会”，也暗自佩服这位革命巨人的胆量。

为了拉拢这位“巨头”，袁世凯当然唱足了高调，他以国家元首的最高规格接待这位前任。袁世凯原先在石大人胡同的外交部居住办公，此处建筑宽敞轩朗，陈设富丽堂皇，袁腾出来作为孙的下榻之处，以示恭敬，自己则把总统府搬到了铁狮子胡同的陆军部。孙抵京时，袁派出代总理赵秉钧等国务大员到前门车站迎接，还有大批军警仪仗队和军乐队以壮观瞻。袁世凯还派总统专用的金漆朱轮双马车，饰以黄缎，让孙中山乘坐。北京政府则遵照袁的指示，在孙所经路段结彩悬灯，铺张扬厉。袁的这些“伎俩”，说白了其实是在给孙以“糖衣炮弹”攻击。

接下来的一切都是在吃喝宴请、吹捧中度过了。当日晚，袁为孙接风，26 日袁到宾馆回拜，27 日袁为孙举行了盛大的欢迎宴会。据说在这次宴会，有不少袁的死党搅局污蔑孙中山说：“孙中山一点力量也没有，是个大骗子，是孙大炮。”而孙中山听到后态度从容如常，毫无愠色。

孙中山在北京逗留了 20 余日，袁三日一大宴，两日一密谈，前后两人竟谈了 13 次之多。一天晚上，两人谈得兴起，孙希望袁当总统 10 年内练就陆军百万人，建筑铁路20万里。袁世凯高兴地站起来高呼：“孙中山先生万岁！”孙中山也站起来回报了一声：“大总统万岁！”可在背后，袁世凯跟同僚却说：“孙中山在吹牛皮，这两件事情在这么短的时间内怎么可能完成，要么怎么说孙中山是个‘大炮’呢。”袁明知孙修筑铁路的计划不可能实现，却投其所好，偏偏满足了他的要求。

9月9日，袁世凯以总统命令发布文件，特授孙文以筹划全国铁路之全权。袁还把慈禧专用的小火车拨给孙中山一行使用，而且巡游经费管够，并知会各地官员盛情款待。

袁世凯的戏确实演得很棒，他对孙中山采取了“来者不拒”的策略，态度亲切、诚恳且百依百顺，使孙错误地认为袁的一切并不如传言中的恶劣，给孙留下了很好的印象。孙中山在给黄兴的电文中，极力劝他也北上晤谈，甚至为张振武案替袁世凯辩解，他甚至表示，“今日之中国，唯有交项城治理”。

9月11日，黄兴也到达北京，同样受到了袁世凯的盛大欢迎，而且所受的迷惑比孙中山更厉害。

这个时候，无论孙中山、黄兴，还是宋教仁都企图构建政党内阁，以党治国，因此黄兴四处拉人入党。他曾当面劝袁加入国民党，并且许以推袁为党魁，袁只笑而不语。事后，袁跟杨度说：“皙子，你看我像个革命党的样子吗？假如他们不坚持责任内阁，我或许考虑一下做革命党，当然，你也可以做革命党。”

黄兴不止当面邀请袁入党，他还邀请赵秉钧入党。赵私下里请示袁，袁就叫他入党充当“卧底”。黄兴又邀请杨度入党，杨度说：“你如果放弃了责任内阁，我就入你们的党。”黄很不高兴地说：“什么话，入党哪有附带条件的！”

这个时候，正是第二任内阁总理陆征祥一再表示辞职，新任内阁总理问题悬而未决的时候。黄兴根据党内的意见，向袁提出了改任赵秉钧代理内阁总理为正式内阁总理的建议，并在黄兴的尽力疏通下得以顺利通过。袁世凯正中下怀，放风说：“赵秉钧是国民党的党员，国民党所主张的政党内阁已经实现了。”

内阁总理的问题解决了，接下来就是袁世凯一直在筹谋的“四巨头宣言”了。

黎元洪因涉张振武案不敢到北京，袁便打电报把他和孙、黄二人会议的经过告诉他，让他参加到四巨头宣言当中。9 月 25 日，孙中山离京前夕，袁世凯提出了“立国取统一制度”“主持是非善恶之真公道，以正民俗”等八条“内政大纲”。这八条是袁世凯自己拟定的，他没有和孙中山、黄兴协商讨论，由于这些条款很笼统，不涉及争论的具体问题，孙、黄为表示合作的诚意欣然同意。随即，“袁八条”由总统府秘书厅通电向全国宣布。

袁世凯的这些手法一度蒙蔽了孙中山、黄兴等人，获取了他们的信任。孙、黄二人宣布放弃正式总统的竞选，推荐袁为唯一候选人，并且发表了 10 年不换总统的主张。

在民国的第一个双十节这天，袁世凯发布了命令，授予孙中山以大勋位，黄兴、黎元洪、唐绍仪、伍廷芳、段祺瑞、冯国璋以勋一位。可惜的是，孙、黄二人均表示不受。

应当说，袁、孙在北京的相见，是中国近代史上重要的一次政治对手间的聚会，但终因双方互不信任、互不妥协最后导致兵戎相见，和平建国的梦想化为泡影。

第十二章
两大政治血案的背后

张振武之死与黎元洪“卖身”

性命性命，往深处讲就是性格决定命运。武昌起义的首义者之一张振武，就因为其性格问题最终招来杀身之祸，致使他没有死在革命的战场上，最后却死在了同胞的枪口之下。

张振武与另两位武昌首义者孙武、蒋翊武并称辛亥三武。有人把张振武比喻成“猛张飞”，他性情耿直豪爽，在下层军官中极得人心，却不懂得和上级搞好关系，尤其是他与黎元洪交恶，埋下了遭残杀的种子。

黎元洪有一个绰号叫“黎菩萨”，有时唤作“泥菩萨”，依湖北方言，“黎”与“泥”同音，故有此两说。“菩萨”之名，谓其面善，脾气好，像一尊弥勒佛。不过“泥菩萨”却有戏谑之意，如俗语所云：泥菩萨过江，自身难保。也正暗讽黎元洪碌碌无才，是一个庸人。在孙中山、黄兴、袁世凯和黎元洪“四大巨头”中，当时的舆论界都把黎元洪看作是一个忠厚老实的人。他的老师严复吹捧他说：“黎公大德，天下所信。”当时号称“民国祢衡”的国学大师“章疯子”章太炎脾气古怪，见了什么人都骂，唯独对黎倍加推崇，他说黎是一个朴素而果毅的杰出人物。1912 年 2 月 20 日，黎元洪当选民国临时副总统后，黎在电文中谦虚说：“沉机默运，智勇深沉，洪不如袁项城（袁世凯）；明测事机，襟怀恬旷，洪不如孙中山；坚苦卓绝，一意孤行，洪不如黄善化（黄兴）。”很多人看了这电报后，都说黎谦虚的恰到好处。

黎元洪作为北洋派与同盟会之外的第三方领袖级人物，他的内心却埋藏着一种说不出的痛苦。他自己知道他这个“民国元勋”是逼上梁山稀里糊涂得到的，而逼迫他参加革命的人，正是“三武”：孙武、蒋翊武和张振武。“三武”知道他的底细，知道他光环笼罩之下的“阴暗点”，而且“三武”对他很瞧不起，也不礼貌，这对黎都是一种精神的威胁和自尊的打击。

在“三武”里面，黎尤恨张振武。

还是在武昌起义时，因起义者自认为声望不足，众军便抬出了在湖北军政界颇有资望的黎元洪担任都督，可黎元洪却再三推辞。张振武气不过，对人说：“此次革命，虽将拿下武昌，但当官的都潜逃一空，未杀一个以壮声威，如今黎元洪既然不肯赞成革命，又不受同志抬举，不如将黎斩首示众，以扬士气振军威。”这番话后来传到了黎元洪耳内，黎当然对张怀恨在心。

北京临时政府成立后，大总统袁世凯遍邀武汉首义诸豪入京接受封赏，任命张振武为蒙古调查员。恃功倨傲的张振武当然对这个有名无实的虚职为之不屑，更是对他一直瞧不上的黎元洪受到重用而心存不满，于是不去就职。之后，袁又授张为蒙古屯垦使，可张与袁在机构编制问题上存在分歧，故张又一气之下挂冠返回武汉。黎元洪早想一脚踢走这个“猛张飞”，可没想到他转了一圈又回到武汉了。黎本对张心存顾忌，这次张的返回让黎感到了实实在在的威胁，他怕张在武汉做出出格的行动，因此对张戒心益俱。

而在此时，“唐内阁”夭折。袁世凯在筹备新内阁时，在内阁人选问题上袁系、同盟会、君主立宪派等各派存在严重分歧，各派在阁员的名单问题上打起了口水仗。也是为消除党见之争，1912 年 8 月 10 日，张振武随调解团一行加随从仆役共 30 余人到了北京。张振武做梦也没有想到，他的这次北京之行却是一次死亡之旅。

在张振武离鄂的第三天，也就是 8 月 13 日，袁世凯收到黎元洪发来的一封密电，电中累数了张振武蛊惑军心、勾结土匪、破坏共和等罪状，请袁对张振武、方维等人予以逮捕并正法。这个有“忠厚长者”之称的“黎菩萨”也玩弄起了政治阴谋，想借袁之手铲除张振武。

袁接到黎的密电后，立即命人通知段祺瑞、冯国璋、赵秉钧、段芝贵、梁士诒来府，商议黎电中提到的对张、方等人逮捕正法一事。

梁士诒说：“大总统，此事事关重大，黎与张隔阂人所共知，张乃武昌首义之领袖，若依黎之意将张、方等人正法，大总统背负杀首义领袖之名如何向天下人交代？更何况电文是否确属黎本人之意，应须进一步核实，然后再作计较。”

两天后，袁世凯收到了黎的复电，得知来电确属黎的意见。梁士诒又建议说：“张乃革命中坚，何不借东坡（黎元洪）之手除之，这可是天赐良机。”

梁士诒一番话正击中袁的软肋。袁心里像明镜一样，知道自从自己当了大总统后，革命党人对他很不信任，为稳固政权，他必须要削弱革命党的力量。因此，袁大笔一挥，在黎副总统的电文上批示：“按黎副总统意见，着步军统领、军政执法处处长遵照办理。”

于是，死神之手已悄悄伸向了张振武的脖颈。

8月15日晚，为调和南北矛盾，张振武与调解团的将校一起在六国饭店宴请北方将领，北洋系将领姜桂题和段芝贵也在其中。约晚10点散席后，张与两名同事分乘马车返回旅馆，可在途经正阳门时，一大批军警突然冲出将张的马车包围，不由分说便将张五花大绑押到了军政执法处。张不知道的是，早在一个小时前，其亲信将校团团长方维也已在下塌的旅馆被捕。

军政执法处处长陆建章命人将张振武绑在了木柱上，并向张出示了黎元洪发给袁世凯的密电和袁签发的命令。张看罢愤慨道：“你们用这种手段诛杀革命党人，没想到共和如此黑暗，我死后到阴间也要睁开眼，看你们横行到几时。”陆建章一挥手，士兵随即向张开了枪，张身中六弹毙命。同时，方维也在城郊被枪决。

首义功臣张振武被杀，朝野震惊，一时间社会舆论大哗，各种报刊纷纷报道、抨击、质问袁政府，同盟会等革命党人也采取了政治行动，参议院也向政府提请质问，言辞激烈。

面对各种质问，袁世凯早有对策，他先将黎元洪的密电一字不漏地公布出来。黎的本意是“移祸江东”，请袁杀张，自己不必蒙受杀张之名，可谁知袁棋高一招，并不替黎保守秘密，并强调完全是遵照黎副总统的意思办理，一下将这个屎盆子反扣到黎的头上。袁一贯是以别人作为利用工具的阴谋家，怎么可能替别人代过呢？还有一个更为重要的原因，袁世凯就是要故意揭穿黎元洪，离间黎与同盟会之间的关系，而把黎逼到自己的阵营中来面对事实和证据。

因袁揭了黎的老底，黎的声誉自然受到很大影响，他不得不假惺惺地发了“自罪电”，之后又假装引咎辞职，电请辞去副总统一职，并推荐黄兴继任湖北都督和参谋总长。这也是“泥菩萨”玩的鬼把戏，因为他知道黄兴自从汉阳一战后，与武昌方面军政两界的人际关系搞得非常糟糕，所以举荐黄兴为湖北都督，黄既不会来，武昌方面也不会同意。但黎也怕弄假成真，连忙又暗地指使湖北将领发出“挽留电”。这一切，都是黎一个人在演戏。其实，他根本不用担心副总统的官职问题，就是黎真的要辞职，袁也不会答应，他要把黎拉到自己一边对付同盟会。

黎自作聪明，本想玩一下借刀杀人，没想到袁技高一筹，让他从中感到了袁的高深和可畏。不是袁的对手，也只能听命于人。同时，黎也看到北洋派的力量着实比同盟会大得多，因此他一步步地被拖进了袁的阵营中。

但事情并没有结束。张振武毕竟是武昌首义的功臣，同盟会对这样一个严重的政治问题不可能坐而不管。由于黄兴一再为张案向袁世凯提出抗议，袁深感不安，因此有幕僚向他献出一条“无中生有，嫁祸他人”的毒计。他们伪造了一封张振武被杀前写给黄兴的未发出的信。信上说：“承嘱杀元洪事，已布置周密。”他想利用这个伪证，使黄失去对张振武案的发言权。

官大自然嘴也大，更何况国家机器掌握在手握大权的袁大总统手里。尽管同盟会的革命党人再怎么折腾，甚至参议院也决定提出弹劾政府案，但终因人数不够而作罢。最后，这桩大案就这样不了了之。

这件谋杀案中，袁世凯一石数鸟，成为最大赢家，既恫吓了同盟会，又离间了同盟会和黎元洪的关系，并迫使黎在政治上进一步向他靠拢。

宋教仁血案与“血光团”事件

张振武案后不久，一起震动九州，甚至改变了民初历史的血案发生了。

1913 年 3 月 20 日晚 10 时，上海沪宁火车站。

因接到袁世凯的邀请，准备启程北上到北京参加中华民国第一届国会的国民党代理理事长宋教仁[①]，与前来送行的黄兴、于右任、廖仲恺等人在检

① 宋教仁，字遁初，号渔父，湖南桃源人。1905 年在日本参加同盟会，后在上海任《民立报》主笔。辛亥革命后，参与筹建临时政府，担任南京临时政府法制院院长，后在唐绍仪内阁出任农林总长。宋与黄兴、孙中山并称，是伟大的民主革命先行者、中华民国的主要缔造者、民国初期第一位倡导内阁制的政治家，有中国“宪政之父”之誉。

票口挥手作别。突然，斜刺里窜出一条黑影，对准宋开了一枪。宋惨叫一叫，用手捂住腰部，随即倒地。车站顿时大乱，旅客四处逃散，众人再寻刺客，早已没了踪影。

宋教仁被刺，旋即在全国引起轩然大波，也再现民国政治斗争之黑暗与血腥。

凶手缘何选择在此时行刺？让我们一起对“刺宋案”抽丝剥茧，打开背后的“黑洞”。

民国建立之初，不少政治人士都鼓吹应在中国推行民主共和，主张效法欧美大国的政治体制，要么推行总统制，要么推行内阁制。对于这两种政体，国内各界分歧较大，比较来说内阁制的呼声高一些。唐内阁去职后，袁世凯胁迫临时参议院通过了陆征祥内阁，使内阁成为他一手操纵的工具。权力欲是一种无限的支配欲望，让袁世凯遵守新的游戏规则、接受国会制约、面对舆论监督等，当然一百二十个不愿意。这时的袁野心日益膨胀，经常不遵守限制大总统权力的一些规章和约定，妄图“一言九鼎”。

袁之所以在这场政潮中能占据上风，固然在于他依仗武力，但也借助了立宪派政党的呼应。袁世凯对立宪派政党刻意扶植，形势变得一度对同盟会极为不利。而作为当时的革命党来说，如何约束袁世凯滥用职权，捍卫民主共和制度，保护辛亥革命成果，成为眼前最迫切的任务。

当时，孙中山已东渡日本，黄兴似有“归隐”之心，宋教仁成为同盟会实际负责人。宋作为近代民主革命的代表性人物、孙中山的主要追随者，当时才30岁出头，才华出众，节操高尚，熟悉他的人都说他“头脑明细，手段灵敏”，具有很强的号召力。

袁世凯很欣赏宋的才干与号召力，曾多次拉拢，但均被拒绝。宋在做农林总长时，有一天去找袁世凯汇报工作，袁世凯见他穿了一身旧西装，破旧不堪，说：“君着此服已几年？”宋教仁说：“留学日本时所购，已穿10多年了。”袁感慨不已，遂送他一本交通银行50万元的空白支票簿，说：“这个给你，以补贴家用。”宋教仁表示感谢收下后，只是支了二三百元后又原簿奉还给袁世凯，这一点让袁世凯深感敬佩，同时也感觉到宋的清高和难以驾驭。

为与袁世凯所支持的政党相抗衡，实现责任内阁，限制乃至褫夺袁世凯的权柄，争取一切可以争取的力量，宋教仁力主改组和增强同盟会，组成新的更大的政党，通过选举夺取政权。1912 年 8 月初，在宋的主持下，同盟会开始与国民公党、国民共进会、共和实进会、统一共和党谈判合并组党。

8 月 25 日，五党团在北京湖广会馆召开大会，正式宣告国民党成立。当时，会者数千人，盛极一时。孙中山以绝对优势当选为理事长，可孙中山力辞不就，国民党中央乃决定由宋教仁代理，黄兴、宋教仁、王宠惠、吴景濂等为理事。年仅 30 岁的宋教仁，一跃成为当时中国第一大政党之党魁，锋头之健，可谓一时无两。

袁世凯本质上是一个封建的旧派官僚，他精于政治手腕，深谙官场之道。以前他在洹上“养疴”时，清政府被迫起用他为湖广总督，他提出组织责任内阁作为他出山的六大条件之一，而现在他做了总统，制约总统权力的责任内阁对他来说已然成了“洪水猛兽”，因为所站的位置不同，看问题的角度当然就不一样了。就在袁世凯急于清障布局、巩固权力之时，国会的选举正如火如荼地进行。在宋的亲自策划与领导之下，国民党在参众两院 870 个议席中得到了 392 席，大获全胜。国民党的反对者民主、共和、统一 3 党加起来也只得到了 223 席，不及国民党的 2/3，也就是说国民党以绝对的票数可以左右参众两院的表决。

这时的袁世凯才知道了民主政治的厉害，他对杨度说：“孙容易相处，黄容易对付，难以驾驭的只有一个宋教仁，以暴动手段夺权不可怕，以合法手段夺权可就厉害多了。”可以看出，袁世凯不怕国民党起来暴动，反而怕国民党靠议会来合法取得权益。

宋教仁是一个天生的“立宪者”，因此有“宪政之父”的美誉。他是一个有政治人格和操守的人。他不是为了追求高官厚禄，是一个有着非凡理想的政治家，“非一般政治人物可比”，甚至袁世凯的金钱都无法收买他。袁世凯最喜欢用有弱点的官吏，因为只要有把柄攥在手里，就不怕对方不听话。面对软硬不吃的宋教仁，袁世凯不能不有所忌惮。

国民党在国会大选中占据了绝对优势，踌躇满志的宋教仁沉浸在胜利的喜悦中，他“乘胜追击”，扩大战果。宋沿江东下，游历湖南、湖北、安徽、江苏、上海等长江各省市，一方面视察党务，另一方面借此发表竞选演说，阐述自己的宪政理想。

1913 年 3 月 2 日，宋在游杭州时写了一首《登南高峰》的诗：“日出雪蹬滑，山枯林叶空。徐寻屈曲径，竟上最高峰。村市沉云底，江帆走树中。

海门潮正涌，我欲挽强弓。”虽是写景，抒发的却是他胸中的抱负。其时大选获胜，他组织政党内阁，制约袁世凯，实现民主的时光似已指日可待，所以他的诗里洋溢着一种胜利的喜悦。

宋教仁不愧是一个天才的演说家，他言辞犀利，款语温言，对袁当政一年来的内外施政进行严词抨击。当时国民党选战大胜，气势如虹，宋氏政治前途如日初升，所到之处，欢迎会上无不人山人海。有人说：听孙中山的演说，理想高远，是一大哲学家；听黄兴的演说，坦诚动人，是一大实干家；而听宋教仁的演说，条分缕析，是一大政治家。

宋教仁的所作所为，当然引起袁世凯的恐慌，他打死也不愿意看到在他之上有一个可以左右一切庶务的责任内阁，何况还有传言说：“要求袁在选上正式总统后，必须依照宋所计划的责任内阁，如袁不从，宋则改而运动黎，以黎易袁。”而且，国民党又在宋的带领下赢得国会选举的胜利，眼看宋即将成为内阁总理，这更为袁所不能容忍。由是，袁杀宋之心萌生。

还有一个人，也急于想把宋置于死地，他就是宋的政敌赵秉钧。赵自受袁之命组织“挂羊头卖狗肉”的“政党内阁”以来，始终以一个一人之下、万人之上之人自居，现在有人要来争抢他的位子，他自然将之视为死敌。

死神之手悄悄伸向宋教仁，也不是没有一点踪影。

袁世凯早已把国民党人列入“暴恐黑名单”，针对国民党要员包括宋教仁的四处演讲对抗，袁世凯认为这是给他故意“捣乱”，并郑重向国民党发出警告，凡有倡言革命者，依法严办。谭人凤曾向宋透露，会党头目应桂馨在北京直接与政府交涉，领有巨款，要他注意戒备，但宋认为这是“捕风捉影，不值一信”。3 月 20 日，在宋从民立报社动身要到车站时，民立报记者劝他要慎重防备，宋哈哈一笑，坦然说：“无妨，吾此行统一全局，调和南北，正正堂堂，何足畏惧，国家之事，虽有危害，仍当并力赴之。”

其实陷阱早已布下，正当宋的政治生命走向辉煌之时，他的生命之火却即将熄灭。时代的潮流将 30 岁的他无可抗拒地推向了政治的浪尖上，成为万民瞩目的人物。若袁不杀他，依据约法，他以国会为后盾组织内阁已成定局。

3 月 20 日，枪响，梦碎。

3 月 22 日凌晨 4 时，在医院抢救两日的宋教仁病情恶化，眼睛上翻已不能说话，之后在痛苦中绝气而亡。这位国民党巨头在生命中最辉煌、最灿烂的瞬间戛然而止。

对于宋的遇刺，一时谣言四起，有的说是被袁世凯所杀，有的说是国民党内讧，还有的说被仇人所杀，一时扑朔迷离。迫于各种舆论压力，袁世凯电报江苏都督程德全：立悬重赏，限期破获，按法重办。国民党内部，如孙中山、黄兴、陈其美等人也致函上海公共租界的总巡捕请求提供帮助，并悬赏万元，缉拿凶犯。

诡异的是，两天后，这一骇人听闻的案子竟然出乎意料的有了眉目。

3 月 23 日，一位古董商主动到英租界的巡捕房报案。古董商称，10 天前他在一个老主顾应桂馨的家里兜卖古董，应拿出一张照片叫他把一个人干掉，事成之后许以 1000 元作为报酬。应原是上海青帮头子，后来混进了革命党队伍，任沪军都督府谍报科科长，因触犯军纪被开除，于是重操旧业。因从未杀过人，古董商根本不敢接手此事，没承想古董商在报纸上看到宋教仁被杀，而应叫他去暗杀的人正是宋教仁。

根据古董商交代的线索，侦探很快将应桂馨抓获。又根据应的交代，将元凶失业军痞武士英抓获。再顺藤摸瓜，袁世凯总统府内务部秘书洪述祖亦被揪了出来。再往下挖，杀人的幕后主使正是时任国务内阁总理赵秉钧，而赵秉钧却是奉了大总统袁世凯的密令。

刺宋案破的如此之快，令袁世凯做梦也没有想到。凶手被捕，铁证如山，袁世凯和赵秉钧被无奈地推到了刺宋案的台前。狼狈不堪的袁和赵不得已想出了诸多办法替自己开脱，又是在报上发文嫁祸他人，又是在宋的追悼大会上安排人为自己辩白。可事实就是事实，不管袁和赵再怎么折腾，充当杀人主谋的这件外衣恐怕是脱不掉了。

民意滔滔面前，也是为了给天下人一个交代，赵秉钧不得已辞去内阁总理一职。下台之时，赵秉钧还不忘替自己辩解，说自己与宋教仁是好朋友，宋每次进京，都是与自己胼足而谈，甚至还住在自己家里。可事实是，朋友再好，关系再好，然而在政治斗争、权力金钱面前，赵秉钧也不得不痛下杀手。

宋教仁死后，国民党总部即刻通告全体党员“为代理理事长宋先生服丧”。3 月 25 日，在日本考察铁路政策的孙中山赶回上海，亲自写下了“作民权保障，谁非后死者！为宪法流血，公真第一人！”的挽词。

宋教仁的死，打破了民初在中国实行宪政民主的梦想。他的死，也导致了国民党的直接瓦解。国民党在宋教仁被暗杀后，失去了精神支柱和在实际中能够控驭的健将，很快就在袁世凯的威逼利诱之下四分五裂了。可以说，“刺宋案”是一个拐点，使得原本有可能实现民主政治的近代中国背离了共和轨道，掉头奔向了内乱不断的军阀混战时期……

作为中国的“宪政之父”和清末民初最优秀的革命党领袖之一，宋翻译并介绍了大量有关民主宪政方面的著作和学说，他一生钟情于宪政，并为能在中国实现宪政做出了不懈的努力。他在每次演讲时，常常围者如堵。他主张人人关心政治，政府官员必须进行自由竞选产生，官员的言行必须接受民众的监督。他反对一党独大，一人独大；他认同责任内阁制，不赞成总统制；他认为总统权力不宜过大，若总统权力过大，在我们这个刚从数千年封建体制下脱胎出来的中国，容易形成独裁政府；他认为必须认真制宪，宪法一旦制定，任何组织和个人均不得逾越。可以说，他为了自己的宪政梦，付出了生的代价。

赵秉钧谢幕

“刺宋案”让国民党看清了袁世凯、赵秉钧二人的政治阴谋。3 月 27 日，孙中山邀请国民党的主要领导人在上海黄兴的家里召开紧急会议研究对付袁世凯的办法，安徽都督柏文蔚也以到上海探亲的名义参加了这次会议。就在这个时候，袁世凯向五国银行团进行大借款的消息也传了出来，国民党也已知道这是袁用以发动内战的经费来源，因此更加愤慨。孙中山建议“先发制人”，主张由国民党控制下的各省区组成讨袁军，并通电各国阻止大借款。

对孙的建议，黄兴提出了三点反对意见：一是在国际方面，中华民国还没有被任何一个国家承认，而边疆形势日益险恶，俄侵外蒙，英侵西藏，如果国内再发生战事，中国就有可能再面临被列强瓜分的危险；二是国内方面，国民党的实力远不敌北洋军，更何况现实的情况是革命阵营中有许多意志薄弱、见风使舵的人已经投向了袁的阵营，当下国民党控制的地区仅有江苏、江西、湖南、安徽、广东 5 个省份，而且这 5 省的内部并不统一；三是各省国民党掌握的军队严重缺编，兵力薄弱，又无经费来源，出兵困难重重。基于这几点，黄兴等人主张寻求法律途径解决，经由江苏都督程德全建议袁世凯成立一个特别法庭，全权处理“刺宋案”。

袁世凯表面上假惺惺地同意，却暗中由司法总长许世英以“不合编制”为由而反对成立特别法庭。但随着宋案公布出来的证据越来越多，案件形势和舆论对袁世凯和赵秉钧越来越不利。

杀人行凶者终无好下场。案件的真相，也随着当事人一个个离奇死亡更加迷雾重重。

武士英被捕入狱之后，不久即于4月24日在狱中暴毙。坊间传言，这是应桂馨的党羽为了杀人灭口，把毒药放入馒头送进监狱将其毒死的。而一直囚在狱中的应桂馨后来借“二次革命”爆发的混乱之际，串通狱中囚犯越狱躲进了青岛租界。“二次革命”失败后，应桂馨公然发出“平反冤狱”的通电，并跑到北京向袁世凯索要暗杀宋教仁的酬金和被许诺的官职。袁见他狮子大开口，一怒之下派军政执法处侦探长郝占一秘密将应桂馨用电刀杀死。至于内务部的秘书洪述祖，“刺宋案”发生后一直避居青岛，直到袁世凯宾天后他才敢出来活动，却没想到在上海惹上了诉讼官司。在处理完官司离开时，洪被宋教仁时年15岁的儿子宋振吕等人在捕房门口当场扭住，送至上海法院，以当年杀人在逃罪被判处绞刑。他在狱中作一对联以自嘲：服官政，祸及其身，自觉问心无愧怍；当乱世，生不如死，本来何处着尘埃。令人唏嘘的是，绞刑一般都是全尸，而洪述祖受刑时绞机也不知出了什么毛病，突然把他的头给绞了下来，实在是奇怪恐怖得很。

宋案铁证如山，足以证明袁世凯、赵秉钧是幕后的主使。袁、赵很被动。为了迷惑民众，赵秉钧想出一条“嫁祸于人”的计谋，他们以国务院名义通电各省，电文称：据应桂馨交代，上海有一个专门监督政府机构的特务机关，他们唯恐天下不乱，专门搞暗杀活动，暗杀的黑名单上有宋教仁、梁启超、袁世凯、赵秉钧等人。他们这样做的目的是想转移民众视线，故意把袁世凯、赵秉钧拉进黑名单作为陪客以此来混淆是非，糊弄老百姓相信上海真有这样一个暗杀组织，而这个组织不但要暗杀国民党党魁，也要暗杀其他政党党魁，甚至还要暗杀国家元首。

在双方忙着打“口水仗”的时候，上海地方检察厅公然宣布要票传赵秉钧出庭，这样一来直接把袁世凯和赵秉钧推到了舆论前沿。袁、赵两人索性横了心黑了脸，宣布在北京破获了一个暗杀组织，名叫“血光团”，黄兴是团长，命令北京法院也要票传黄兴。袁的御用报纸《北京国报》公然用大字标题“伟人造反”，说湖北革命党人季雨霖[①]谋反是黄兴所主使，而国民党的报纸则打出大字标题“总统杀人”以还击。

“刺宋案”闹得沸沸扬扬，与案件有关的“嫌疑人”袁世凯、赵秉钧自然是唯恐避之不及。赵秉钧在与记者谈话时，特意强调洪述祖和他根本没有任何关系，更不是他的私人秘书，至于他到内务部任职是以前的唐内阁介绍来的。除了向报馆记者解释外，赵还给上海检察厅写了一封公开信为自己辩护。

赵秉钧想远离“宋案”，这令袁世凯很不高兴。朋友、哥们甚至兄弟姐妹，关系即便再“铁”，但一旦触及核心利益，一切就都变得脆弱起来，更何况袁、赵只是以权力和金钱维持的上下级关系。

应桂馨被袁世凯派军政执法处侦探长郝占一“干掉”后，赵秉钧有种兔死狐悲之感。他对袁这种言而无信的行径和毒辣的杀人手段颇为不满，一面私自发电通缉暗杀应桂馨的凶手郝占一，一面抱怨袁世凯说：“你这样做，以后谁还敢为你做事？”殊不知，赵秉钧的这种反应已像一把锥子一样刺痛了袁世凯。袁表面上对赵仍保持和气，又将他改任为直隶总督，但内心已然起了杀机。

1914 年 2 月 27 日晨，赵秉钧的私宅中突然传出一阵撕心裂肺的哭嚎，几分钟后，55 岁的赵秉钧一命呜呼。

赵直督在任上突然死亡，也算得上一件大新闻，有媒体这样描述：“赵秉钧在天津直隶总督署突然中毒，腹泻头晕，厥逆扑地，七窍流血而亡。”还有媒体分析说：“自从 2 月以来，赵秉钧一直抱病办公，在应桂馨遇刺后，还曾经多次前往北京晋见袁世凯，之前并无什么异常之事。赵都督是过于劳累，怔肿旧症突然发作而亡。”更有媒体直接把矛头对准了袁世凯，称赵秉钧之死是“1913 年受袁世凯指使，布置特务暗杀宋教仁。案情揭露，改任直隶总督。袁世凯为灭口，次年把他毒死”。

天作孽，犹可活；自作孽，不可活。不管是因得急病而死，还是被袁杀人灭口，赵终有恶报，不得善终。作为警察头子的他，平日里净算计暗杀别人，没想到自己却落了个如此下场。

---

① 季雨霖，秘密革命团队日知会的主要负责人。1906 年，为策应萍乡、醴陵起义，孙中山特派同盟会员梁钟汉等三人从日本到湖北与日知会骨干分子季雨霖密谋在湖北举行起义，因机密泄露，包括季雨霖在内的 9 名骨干成员被捕，这便是轰动全国的“丙午日知会谋反案”。此案跟黄兴并无直接关系。

赵秉钧死后，袁世凯当日颁布命令：“直隶都督陆军上将赵秉钧，器识深沉，经猷宏远，扶躬正直，莅事忠诚……着照陆军上将例，从优予恤，并给治丧费一万元。”之后，袁先后派荫昌前往致祭，派朱家宝及其次子袁克文赴天津治丧，并发给治丧银10000元。此外，袁世凯还命人在北京和天津两地为赵秉钧修建祠堂以示纪念。袁氏称帝后，追封赵为一等忠襄公。

第十三章
“二次革命”：让子弹飞

逼到死胡同的大借款

钱是个好东西，没有钱可谓寸步难行。

甲午战争后签订的《马关条约》，令中国向日本赔偿白银2亿两，以后为了赎回辽东半岛又增加了3000万两，再加上因分期缴付所需的利息，共相当于大清整整3年的财政收入①。此后签订的《辛丑条约》则使中国对列强赔款4.5亿两白银。这意味着当时4.5亿中国人每人都要承担1两白银。这笔赔款分39年还清，加上利息和地方赔款，相当于当时清政府至少12年的财政总收入。这两大条约，使清政府的财政已陷绝境。

辛亥革命后，各省督军拥兵自重，私自截留地方税收，又给本就陷入危机的中央政府财政再添重负。

民国初立，大总统袁世凯面临的一个重大问题就是财政问题。面对如此财政窘境，袁政府的选择只有三个：一是大量举借外债来支付赔款；二是发行国内公债；三是加紧对国内的搜刮，竭泽而渔。但现实的情况是，因政府毫无诚信又不得人心，且老百姓在国内外各势力多重压榨下本就已是艰难生存，要想通过募集内债或者增加税费来填补财政上的赤字，徒然是画饼充饥。当时税收方面，袁世凯所能掌握的只有关税、盐税和厘金（货物税），关税是偿还外国赔款或债务的抵押金，而盐税、厘金管理无序，能为政府提

---

① 甲午战争前，清政府财政收入大体在每年白银8000万两上下。

供的直接收入相当之少。美国驻华公使芮恩施说，当时民国“中央政府收到各省上缴来的税款总数，估计没有超过1912年前清政府预算的十分之一”。

怎么办？民国新成，革命刚了，军政善后处处需要钱。不借款，所谓的“中华民国”这台大机器根本就运转不下去，摆在面前的就只有散伙。没有办法，财政危机已经把袁世凯逼到了死胡同。

袁世凯执政后，他的财政总长一个最主要的工作就是借钱。1912年3月，熊希龄出任财政总长，他清点国库，“南京库储仅余三万，北京倍之，不及六万”。1913年10月，副总统黎元洪在《政府公报》中说：各省在前清时协解中央款项年有定额，迨国体改革，解款顿停，虽经本部屡次电催而协解之金终属寥寥无几，总计由民国元年迄今所收齐豫湘粤等省之解款不过260万余元，车薪杯水，无补于艰。

对袁政府来说，当下最可行的只有借款一途。与袁政府接触的是六国银行团。1910年5月时，以美国摩根财团为核心的美、英、德、法四国银行团就已经成立了，其目的是全面垄断控制中国财政。银行团成立第二年，便同清政府签订了《币制实业贷款合同》，合同第16条规定：中国政府如要继续借款，须先向四国银行商借，若中国政府欲邀请外国参加开发东三省，亦须先邀四国银行承办。这条款触犯了日、俄在东北的利益，日、俄两国分别向清政府提出反对，并先后向四国提出抗议，主张取消合同中的第16条规定或允许日、俄两国以同等权利参加。俄国甚至扬言要增兵北满。显然，四国银行团要全面垄断对华借款，还必须分得日、俄两国一杯羹。经过几个月的钩心斗角，四国银行团最后终于接收日、俄变成了六国银行团。

1912年6月，六国银行团刚一成立，便迫不及待地同袁世凯政府接洽研究贷款事宜，甚至在贷款还没有商妥之前，就急急忙忙地预先垫付了5次款项，以此给袁世凯提神打气，同时在背后酝酿更大数目的“善后大借款”。

期间，北洋政府和六国银行团进行了多次拉锯式的谈判，中国几次想跳出六国银行团，跟其他银行借钱，但几次努力都被银行团搅黄了。到了7月，周学熙就任财政总长之后，又不得不坐下来和六国银行团讨价还价。周学熙为晚清名人周馥之子，是鼎鼎大名的实业家，和张謇齐名，素有“南张北周”之称。但再牛气的企业家，干上这样的财政总长也是无计可施，谁叫政府这么穷呢！

可银行团凭借着对华贷款的垄断权，提出的条件越来越苛刻，胃口也越来越大。这次为筹措军费以消灭南方的革命党而以善后为名向银行团举借的巨额长期贷款，自 1912 年 2 月正式提出，经讨价还价，直到六国银行团成立，才于当年 12 月达成协议。然而各国银行代表为争夺对中国的财政监督权相持不下，协议迟迟未能签字。1913 年 3 月，美国政府因为没有当选为参加监督中国财政的“协理洋员”，在六国银行团中不能占据主要地位，盛怒之下，宣布退出六国银行团，六国银行团也由此变成了五国银行团。但美国退出六国银行团并不意味着他退出中国舞台，它准备组建一个新的银行团以瓦解五国银行团。美国这一暗中拆台的做法自然引起了五国银行团的警觉，他们害怕节外生枝，开始加紧督促中国迅速展开借款合同的谈判。

其实，袁世凯并不傻，他也知道这个大借款似“毒药”，是一个丧权辱国的借款合同。一旦款项成立，中国人民除了担负沉重的债务以外，中国的盐政权还会落入外国之手。但现在的问题是，袁政府急需这笔款项，没有这些“油料”和“血液”，民国这台大机器就不能运转，甚至连工作人员的日常开支都开不出来。更何况“刺宋案”发生后，袁与国民党已彻底决裂，打仗是一项烧钱的事业，袁还要靠这笔钱对付国民党。

1913 年 4 月 26 日，袁世凯派国务总理赵秉钧、外交总长陆征祥和财政总长周学熙为全权代表，在北京汇丰银行大楼与英、法、德、俄、日五国银行团作最后的谈判，签署了 2500 万英镑的《中国政府善后借款合同》，历史上把这次大借款叫“善后大借款”。由于美国脱团，银行团只有五国，所以善后大借款又称“五国借款”。借款的数额看起来很庞大，可实际上是债券九折出售，八四实收，实际借到不过 2100 万英镑。再扣除各国以前的各项垫款，以及五国银行团、各银行所借的款，共 600 万镑，各省向五国银行团所借的 280 万镑，及革命期间各国损失赔款 200 万镑，袁政府真正拿到手的只有区区 820 万镑。可是中国政府却要在未来的 47 年内，连本带利还 6785 万余英镑。

为了个人的政治斗争，为了实现一己之私欲，袁政府如此巨大的一笔借款所带来的沉重债务，便无情地压在了人民的身上。

走向“胜利”的失败

“刺宋案”是民国历史进程的一个拐点，它标志着袁世凯与革命党人蜜月期的终结，也标志着辛亥革命后和平建国梦的破碎。血淋淋的现实，让孙中山从修筑20万里铁路使国家富强起来的幻梦中猛醒，他开始看清袁世凯反革命的真面目，认识到“非去袁不可”。

于是，一场新的革命发生了。

1913年3月底，孙中山从日本回到上海，召集国民党人开会，坚决主张立即兴师讨袁。

如果让孙中山和袁世凯两人PK演讲，袁肯定甘拜下风；如果玩实战，比伎俩，那“孙大炮”肯定不是对手。

5月，袁世凯批准国务总理赵秉钧的辞呈，派陆军总长段祺瑞代理。段是武将，也是袁的心腹，由他来挂职内阁总理，目的是打出一张武力牌，告诉国民党这是一个“战斗内阁”，必要时将不惜以武力征服南方。

缺乏“开国气象”的民国之初，给人的感觉更像是晚清的尾巴，而非新时代的开端。以袁世凯为代表的北洋军政集团和以孙中山、黄兴等人为代表的南方革命党人在经历短暂的妥协后，随着宋教仁的被刺，一场决战的大幕已经拉开。

应该说，孙中山发动的“二次革命”是一场早产的、准备还不成熟、匆促上阵的革命。革命党人不久前还把希望寄托在袁世凯身上，希望袁能够做一个好总统，做一个赞成共和、维护民主的总统。宋教仁被暗杀，如一个晴天霹雳将革命党震醒，他们对新的革命没有想过，也没有做必要的准备，甚至于说连必要的思想准备都没有做，也就更不可能有任何组织上、军事上的准备了。

袁世凯则不一样，他是一个实用主义、功利主义者，他从来不打无把握之仗。为了对付革命党，他从军事上、财政上，早已做足了准备。首先他在外交上取得了充分把握，美、英帝国主义对他的支持是他敢于发动此次战争的一个重要因素。在大借款合同签订后，国民党以及其他方面人士纷纷致电要求五国停止付款，但是五国根本不予理睬，在合同签字的第4天，就提前支付了200万英镑作为袁政府的军事费用。大炮一响，黄金万两。如若没有这笔款项，袁的北洋军根本无法调遣。其次，袁想方设法争取各方力量对付国民党。进步党被袁收买，成为他的“御用党”，梁启超[①]也成为袁对付国民党的“一支笔”。再次，袁已命北洋军进入战备状态，密电山东都督周自齐和辫帅张勋做好战前动员准备。

既然已经和国民党撕破了脸，袁世凯也不再顾忌。1913年5月15日，他下令取消黄兴的上将军衔，同时指使陕西都督张凤翔、山西都督阎锡山、直隶都督冯国璋等联名通电，对黄兴进行恶毒毁谤。

而此时的国民党，直到大借款成立以及袁世凯暗地调兵遣将的时候，仍然处于意见分歧的混乱状态。“刺宋案”发生时，孙中山刚好在日本，回到上海已是案发5天后。他召集会议讨论对策，力主发动“二次革命”，向袁世凯兴师问罪。但会上几乎都持反对态度，其中黄兴最甚，这让“孙大炮”很难堪。

打仗还得靠军队，孙中山征求掌握军权的各将领意见。时任广东都督胡汉民、江西都督李烈钧、安徽都督柏文蔚等人也极力反对。反对者的主要理由有三个：一是力量对比悬殊，成功的概率太小；二是民国成立后民心思定；三是通过司法系统解决之路尚未断绝。由于党内分歧太大，此事只好暂时搁置。

此时，战争的阴云已悄然而至。南方的革命党仍在试图以和平方式解决南北问题，他们拟派出岑春煊、汪精卫等人为和平专使，建议袁世凯重开南北和平会议。但这只是国民党一厢情愿，袁世凯早已一切准备妥当，他要的只是时机。

战火一步步逼近。6月9日，袁世凯首先以“专制残毒、违法殃民、恣睢暴戾”等罪名罢免了江西都督李烈钧官职，令其到北京听候酌用；6月13日，他改任广东都督胡汉民为西藏宣抚使，其职位由陈炯明代替；6月30

---

① 梁启超，戊戌变法失败后被迫逃亡日本，继续宣传改良主张，并仇视和抵制民主革命。武昌起义爆发后，清廷宣布解散皇族内阁，命袁世凯组成“责任内阁”，袁任梁启超为法部次官。对此，梁颇感欣慰。在梁看来，革命之后最易滋生暴民政治，因此他选择了联合旧官僚来对付革命派。袁世凯就职临时大总统后，梁决定与袁合作，想在这个舞台做出一番事业来，因此他结束了长达14年的流亡生活从日本回国。为与国民党对抗，梁启超积极活动合并政党，他先是组建了民主党，后又与共和党、统一党合并为进步党，成为民初唯一能与国民党对抗的大党。与此同时，梁还办报撰文，鼓吹集权，竭力为维护袁的统治服务。但随着袁帝制运动的公开，梁在政治上对袁也彻底绝望，毅然与袁分道扬镳。

日，他又免去了安徽都督柏文蔚的职务。江西、广东、安徽三省形式上是国民党的势力范围，而三省都督李烈钧、胡汉民、柏文蔚又都是国民党党员，三人被罢免标志着袁世凯已正式和国民党摊牌。

而这时的黎元洪已经倒向了袁世凯。自张振武案后，黎元洪一直为国民党人所不容，因此，在国民党与袁世凯这两大股势力之间黎必须作一个选择。他在这战火弥漫之际，及时向袁递上了一道降表，意思是服从中央节制，为国效命。袁世凯在给黎的回电中自然是投桃报李，说黎心怀天下，为国为民。黎元洪的态度是袁此次用兵成败的一个关键因素，因为湖北居南北要冲，是南北战争的枢纽地带，黎元洪的倾向至关重要。

在袁世凯免去了江西、广东、安徽三省都督后，国民党方面仍希望不致决裂，因为国民党大多数人还不打算对袁进行武装抗争，他们宁愿退而解除武装力量只求保存国民党为一个合法政党。

但委曲终不能求全。磨刀霍霍的北洋军仍按照原定计划分两路南下：第一路由段芝贵统率，进攻江西；第二路由冯国璋统率，沿津浦路南下进攻南京。南京是革命党人的大本营，江西则是辛亥革命影响较早的省份，而江西都督李烈钧是国民党 4 个都督中最有实力的，袁世凯最忌恨的也是李。因此，江西和南京成为袁世凯进兵的两个主要目标。湖南和上海也是袁用兵的两个重要目标，但由于北洋军没有足够的兵力展开全线攻击，于是，袁世凯派遣特务潜到了湖南长沙革命军的军械库大搞破坏，用以削弱湖南可能产生的抗袁力量。同时又命海军中将郑汝成以总执法官的名义为统帅，带兵乘“应瑞”“肇和”等舰抵达上海由吴淞登陆，以图控制上海。

北洋军已经兵临城下。袁的军事意图完全暴露无遗，他的最终目的不是撤换国民党控制的三省都督，而是消灭这几省的国民党军队及革命力量。

战事已无法避免。7 月 13 日，已被免职的江西都督李烈钧在孙中山指示下率先在江西湖口召集旧部宣布江西独立，发布讨袁檄文，李烈钧为江西讨袁军总司令；7 月 22 日，孙中山通电全国迫袁辞去总统之职；随后，黄兴在江苏，柏文蔚在安徽，陈其美在上海，谭延闿在湖南，许崇智、孙道仁在福建，熊克武在四川亦相继宣布起义。这就是辛亥革命后的“二次革命”，又称“癸丑之役”“赣宁之役”。

但“二次革命”不但在军事上根本无法与袁抗衡，在政治上也没有得到更多人的拥护。很多地方的官员和商会都反对“二次革命”，甚至不少人指责“二次革命”是国民党与袁争权夺利。就连后来反对袁世凯复辟称帝最力的云南都督蔡锷，当时也保持了中立。更为重要的是，国民党队伍里充斥着“假革命者”“观望者”及“革命投机分子”，甚至还有被袁收买的“特务”。这就注定了“二次革命”必然失败的命运。

失败最早的地区正是发动起义最早的江西和江苏两省。李烈钧部在江西发难后，与北洋军李纯的第六师展开激战。初期，革命军奋勇冲杀，李纯部节节败退，并向袁频频告急。袁世凯急忙派段芝贵为江西宣抚使，率两个师增援李纯，随之合兵分割包围李烈钧部。同时，海军次长汤芗铭也从水路攻击李烈钧部，顿时敌我双方力量发生逆转。在北洋军强势围攻下，李烈钧部得不到各方支援，勉力支撑10多天后，伤亡惨重，江西要隘湖口、南昌相继于7月25日、8月18日失陷。随后，北洋军占领江西全境，江西讨袁军宣告失败。

江苏方面，自黄兴到达南京后于7月15日率江苏第八师、第一师主力胁迫革命投机分子江苏都督程德全名义上宣告独立。当晚，驻徐州第三师首先起兵进攻北洋第五师。战斗刚一开始，江苏都督程德全就偷偷逃到了上海，革命士气因此受到影响。后来，第三师遭到了北洋大将倪嗣冲、“辫子军”督帅张勋的合围，第三师全线溃退。7月22日，徐州失守，南京立刻处在了北洋军三面包围之中。黄兴窘于增援无望，械弹将绝，于7月29日只得弃职而走，整个江苏讨袁军即刻土崩瓦解，程德全也借机在上海宣布取消独立。8月8～12日，《民权报》记者何海鸣①在南京虽又两次宣布独立，组织军民与袁军殊死奋战，但终因寡不敌众而失败。9月1日，张勋攻破南京城。

其他几个宣布起义的省份也都步入失败的后尘，国民党的军事基础在很短时间内就被打垮了。各地先后宣布取消独立，昙花一现的“二次革命”最终失败。袁世凯随即把孙中山、黄兴、李烈钧、陈其美等5人列为一等战犯，孙中山、黄兴等人不得不再一次开始了他们的流亡之路。

此时，袁的势力已囊括了全国十之八九，除了云、桂、川、黔等省外，其他南方各省都成了北洋军及其附属军的征服地，袁的军事实力正处在“最

---

① 何海鸣，与黄兴是“两湖书院”的同学，两人意气相投，遂成为莫逆之好。何文词俱佳，下笔千言，立时可就，曾在汉口创办《大江报》，竭力鼓吹宣传革命，是当时武汉名记之一。后以创办《爱国晚报》《民权报》以及《侨务》杂志。何还写一些社会言情小说，是民国初年“鸳鸯蝴蝶派”重要人物。

高峰”。也是因为“二次革命”中袁的胜利，使他膨胀了独裁称帝的野心，使民国民主事业受到致命的打击。

很多事物貌似强大，实则外强中干。“二次革命”，袁大胜国民党，似乎显示了其国力的强盛，但实则外强中干。在此以后，不论在政治上还是军事上，袁政府内外的弱点都不断暴露了出来。

加官晋爵、许诺官职是袁用人和笼络人心的一个重要手段，但带来的负面影响是有官无职的空头衔和有官有职有实权的杂乱无章，造成了官制的无序混乱。更让袁手下将领们寒心的是，袁要出台一个废省改道的计划，意在将一个省设为几个道，目的就是削弱省部级大员的权力，以便集大权于中央。其实，袁像所有的独裁者一样，有着很重的猜忌心，他对于任何人都不放心。他担心打败国民党之后，北洋派将领的个人力量一步步地发展起来，将来会独居一方“尾大不掉”，而废省改道正是避免藩镇之祸的“药方”。也正是这个废省改道的计划，让北洋将领们对袁“卸磨杀驴”的做法非常不满，从而也埋下了与袁离心离德的种子。

更为重要的是，袁世凯在战胜国民党后，他的反人民的本质和北洋集团的盗匪行径完全暴露在全国人民面前，民众也逐步认清了袁的真面目，从而坚定了反袁救国的意志，使袁政权一点一点失去民心，从而走上了灭亡之路。

第十四章
强化集权的“大洗牌”

葵丑外交事件中的赢家

江苏和湖北作为洋务运动的中心区域和辛亥革命的发祥地，袁世凯向来对这两个省都是高看一眼。

“二次革命”时，袁世凯与国民党撕破了脸，在与这两个省份的国民党交手时，他早已打好了小算盘，拟派心腹大将冯国璋为江苏都督、干儿子段芝贵为湖北都督。可风云变幻的战场让袁世凯失算了，当冯国璋、张勋各率部攻打南京城的时候，没承想辫帅张勋所统帅的辫子军首先攻下南京，根据“先入关者为王”的传统观念，袁世凯不得不做做样子，表现出他大公无私的气量，任命张勋为江苏都督。

张勋不愧为北洋之怪物。之前，他率他的辫子军攻城时，曾下令城下之日大抢三天以此犒赏三军。城破之后，他果然大纵军士在南京城内大肆烧杀抢夺三日，中外为之震动，连袁世凯也惊讶张的心狠手辣，不得不接连发电予以劝告。

张勋做了江苏都督后，偌大的一个南京城立刻“换了人间”。民国的气象一点也找不到了，完全被他恢复成清代的模样。江苏都督府的大门和门框都被涂上了大红，张把过去两江总督时代的吹鼓手和炮手都找了回来，每天开吹三次，开炮三次。他恢复了厘捐总办、粮台总办、督销总办、道台、知府、知县，等等，这一切都是清代的官制和排场。更重要的是，他绝对不准他的兵士们剪掉辫子，而且他看见穿西装剪短头发的人就生气，看见留辫子的就高兴。于是，南京城内突然流行起扎辫子，有人没有长辫子，就扎假辫子。总之，他绝对不许用“前清”字样，他认为在他统治下的区域，应该仍是“大清天下”。

辛亥起义时，张勋被江浙联军打得落花流水，被迫逃出南京城。当时城内警察曾经欢迎革命军入城，张勋因此记恨在心。这次他收复南京后，首先把城内所有的警察一律革职，用辫子兵代替警察站岗。辫子兵的各营都用龙头令箭，长官们穿的则是清代的蓝制服，军营中不许悬挂中华民国的军旗，而要悬挂红色白边的蜈蚣旗。民国的国旗也不许悬挂，江苏都督府门前大桅杆上挂的是一个斗大的“张”字红旗。所有这些怪现象，袁都是睁一只眼闭一只眼装糊涂，他不想惹这个怪人。可是外国使节们却看不下去了，他们纷纷质问南京城不挂民国国旗的原因，袁这才打电报责备张勋不该禁止悬挂国旗。

张勋在胡闹，可他手下的辫子军更是胡闹，烧、杀、抢、掠，无恶不作。有一天，辫子军杀红了眼，竟将 3 个日本人给杀掉了，这下可惹了大麻烦，日本全国为之震动，日本军人竟向日本外相牧野请求出兵中国。日本驻华公使山座向袁政府提出严重抗议，要求中国政府向日本谢罪，同时提出黜免张勋。

袁再想对张勋的行为睁一只眼闭一只眼已是不行了。他派张勋的一个同乡南下南京处理此事，同乡劝张勋对日本人让步，以免引起两国关系恶化。张乃和日本驻南京领事船津直接谈判，最后张勋亲自到日本领事馆道歉才算完事。可刚摆平了日本方面，美国和英国又挑事，一而再地提出撤换张勋。外国人的要求不能不重视，这也正给了袁撤换张勋的借口，何况袁这时在外交上正亲美、英，使他对美、英的建议愈加认真。于是，袁派了张勋的老友阮忠枢找到张勋，把外交团的意见委婉地告诉他，要他自动辞职，以免引起外交上的更大压力。

张勋正兴高采烈地做他的“两江总督”，听了阮忠枢的话，气得青筋蹦出。他跺着脚说：“我这个总督是拿命换来的，袁宫保想怎么办就怎么办，用不着拿洋人来吓唬我，也用不着劳你的大驾来劝我，我自有定夺。”阮忠枢碰了一鼻子灰，把情况报告了袁。袁对这个一向不按规矩出牌的怪物颇伤脑筋，又先后派了 3 员大将陆续前往南京劝张，但皆是扫兴而归。

袁有些恼火，找来干儿子段芝贵商量一番，又派他去做张的工作。段能说会道，擅长辞令，他煽情地对张说：“总统对大帅确实厚爱有加啊，大帅在南京可以说独居一方，总统对大帅的所作所为向来是睁一只眼闭一只眼，不忍让大帅为难。可总统确有苦衷啊，这次迫不得已才派卑职前来疏通，只是不愿意惹起外交上的麻烦。”段一边察言观色一边得不得地说了一通后，又说：“总统向来是推己及人，考虑到大帅的战功显赫，想请大帅改任长江巡阅使。这个长江巡阅使在官职上是比都督大一级，都督只管一省的军事，而巡阅使却总督长江，管好几省的军事。”

张勋最关心的便是官职。他一听给他授长江巡阅使，果然动心。但张勋也是个官场老油条，他借机提出了三个调职条件：一是他在江苏都督任内开支的65万元准予报销；二是调职后请再拨开拔费50万元；三是他奉调长江巡阅使必须有实际的权力，要节制湖南、湖北、江西、安徽、江苏5省的水上警察。

段芝贵将张勋的条件回报给袁世凯，袁毫不考虑便全部接受。很快，袁发表了新的人事命令，调张勋为长江巡阅使，任命冯国璋为江苏都督。巡阅使这个官位，在袁最初的意思，也同于屯垦使、检查使之类，为徒有空名的大头衔，怎知张勋手中有兵，又预约了条件就职，于是巡阅使这个官位后来竟成为凌驾都督之上，割据数省的大军阀。

徐树铮绑架黎元洪

辛亥革命时，南方几个省的都督对袁世凯的认同感大体分四个层面：一是主动参加讨袁军；二是被迫独立，随后又被迫取消独立；三是保持中立；四是心甘情愿服从袁政府。湖北都督黎元洪就属于第四个层面的人物。

虽说黎都督已经对袁俯首称臣，但袁到底还是不放心把这个“革命伟人”放在湖北都督这个重要位子上。尽管此时的黎元洪已经被袁威逼利诱，与袁站在了同一条船上，可袁仍一直视黎盘踞湖北为心腹之患。因为黎毕竟不是北洋嫡系，而且又是一个有着广泛威望的人物，他作为湖北人盘踞在湖北的地盘而不上调，生性多疑的袁怎么能放心的下呢？因此，袁无时无刻不在想找机会把黎调到自己的眼皮子底下，免去他的湖北都督一职。

早在袁接收南京临时政府的时候，就发表过以黎为参谋总长的命令，其用意就是想用这个有名无实的位置来交换他的湖北都督。在对南方用兵的过程中，袁一会儿要黎“兼领江西都督”，一会儿又要他“兼领湖南都督”，目的也是采取“迂回”或者“曲线”的方法把他不动声色地调出湖北。

在那个军阀割据、政局混乱的年代，既然能出人头地当上一方诸侯，说明黎的脑袋也不简单。任凭袁用什么样的招法让黎离开他的老窝湖北，黎就是铁定了主意，说什么也不肯离开自己的大本营。

袁还有一招，他跟黎玩起了心理战。他知道黎自尊心强，喜欢听奉承话，也爱戴高帽，于是决定用“捧杀”的办法使黎就范。在与国民党作战前，袁亲书“民国柱石”四个大字，制成条幅派专人送至武昌呈送给“黎菩萨”，并告诉他在中南海已为他准备好副总统府虚宅以待。国民党失败后，袁命人在中南海的瀛台边上给黎准备了一座小别墅作为副总统官邸，又亲笔写下“中华民国副总统”的牌匾挂了上去。在给黎的电报里，袁连篇累牍地用“久仰”“羡慕”等字眼来引诱黎北上和他见面。黎元洪虽有怎么捏怎么是的“泥菩萨”之称，可在这事关生存的生死攸关问题上，“泥菩萨”却表现出了相当的有主心骨。任凭袁变着戏法一样地劝他，可他就是来个诸葛亮用兵——按兵不动。

袁对黎的再三推脱实在是忍耐不下了，湖北的问题成了他的一块心病，已经到了非解决不可的地步。到了 1913 年 11 月间，袁世凯实在是忍耐不住了，软的不行，只好来硬的。袁先给黎元洪拍了电报，要他必须进京商讨国是，并派了手下第一号大将段祺瑞到武昌劝驾。

12 月 8 日，段祺瑞带着自己的心腹徐树铮赶到了武昌黎元洪府。黎元洪知道段祺瑞是袁的心腹，知道他来者不善，善者不来。可任凭段祺瑞怎么劝他，黎元洪就是死皮赖脸地找理由不去。这下可把段气急了，他猛地拍了一下桌子，大声吼道：“你到底去不去？你去也得去不去也得去！”在旁边的徐树铮“嗖”的一下拔出枪顶在了黎的头上，说：“好言相劝你不听，别敬酒不吃吃罚酒。”见徐树铮动了真家伙，黎元洪顿时像泄了气的皮球，一下瘫倒在椅子上，知道自己是非去不可了。

第二天，黎元洪在徐树铮的“陪伴”下，登上了去北京的专车。一路上，徐树铮不离黎元洪左右。黎元洪也明白，这名为护送，实为羁押，但他已是笼中之鸟，身不由己了。

1913 年 12 月 9 日，黎通电宣告辞去湖北都督一职。12 月 10 日，也就是在黎元洪北上的火车上，袁一纸电令，任命段祺瑞暂代湖北都督。而黎元洪一到北京，便被袁软禁起来，成了名副其实的“泥菩萨”。黎这时已由袁的政治俘虏，进而做了名副其实的俘虏。

而在段祺瑞代职湖北都督的短时期内，段大刀阔斧地把湖北军遣散，把黎元洪培植的力量一一铲除，之后再把北洋军开到湖北。从此，湖北完完全全地成了袁的天下。

铲除异己攻略

有人给袁世凯总结了五大优长：一是意志镇静，能御变故；二是经验丰富，周悉情伪；三是见识闳远，有容纳之量；四是强干奋发，勤于治事；五是拔擢材能，驭人有术。

说到驭人，自古以来就有“三板斧”：结之以恩义，厚之以爵禄，威之以刑杀。然而运作起来，却需因人而异，拿捏分寸。袁世凯在这上面确有独到之处。

袁的幕僚王锡彤[①]在日记里曾记载了这样一件事。一次，王向时任直隶总督兼北洋大臣的袁汇报工作。袁说：“你离家已半年有余，不知归里省亲乎？老人倚望久矣。”王说：“未曾归里。”袁说：“何不归里一视？昔在朝鲜之时，母夫人在堂，余请假归里，李文忠公（李鸿章）骂余曰：‘王八肚中一根枪，归（龟）心似箭。’余一切不顾，惟急于见母耳。嗟乎，人生有母乐也。”随后，袁命左右备珍食数事，嘱咐王锡彤送给其母。王锡彤感慨地说：“余此时感激之忱，真不可以言语形容。公能体贴人心至此，宜乎收揽英雄，人人乐为效死。”

此即典型的“结之以恩义”。袁的高明之处在于，王锡彤一不爱权，二不贪财，三不好名，却是大孝子，唯母命是从。他加入袁幕，正有赖其母一言而决。对于这种人，大官小官，金山银山，都不如“离家半年矣，归里省亲乎”这一句嘘寒问暖好使。从另一面来讲，这也体现了袁世凯的洞察力，

---

① 王锡彤，河南卫辉人。袁世凯任直隶总督兼北洋大臣时，力邀王与北方实业家周学熙一起在京津等地办实业，充当了袁的亲信幕僚。

招揽王锡彤不久，便知其人性情与好恶。

对这“三板斧”的使用，袁世凯算是使到家了。进步党政治部部长林长民①一度是袁的政敌，帝制发动之初，林长民任参政院秘书长，其父侨居上海患病，他到总统府请假，袁世凯“极致殷勤，命车送人参鹿茸皮货诸珍之属约值二三千金，俾为老人颐养”。林长民到上海不到20天，其父病逝，袁又赠银3000元。林治丧完毕回京，至新华宫向袁销假并致谢。袁世凯拉着林的手安慰再三，并当即背诵了林父的悼词，一字不落，边背诵边流泪。林诚惶诚恐，伏地叩头不已。自此，林唯袁命是从。

古时法家讲究“法”“术”“势”，术是小节，势才是大道。术的力量，只能操纵局部，而势的力量，则是顺应潮流。故一名真正的政治家，目光往往不在术而在势，他们大都擅长借势，更深者能借机造势。武昌起义之后，袁世凯出山，拨弄清廷与革命党相争，坐收渔翁之利，便是借势的范本。不过，在数年以后，他竟复辟帝制，逆流而动，从而将自己立于了势的反面。此刻，哪怕他的术再多，与潮流大势对抗，失败亦是必然。

“三板斧”中有一条“威之以刑杀”，说到底便是铲除异己，打击政敌，巩固权力。当然，“威逼”之前往往先是施以“结恩”与“厚禄”，前两板斧不好使了，最后也只得痛下杀手。袁的“威之以刑杀”在民初主要用在了对付革命党阵营。

“二次革命”失败后，孙中山、黄兴等国民党要人相继亡命日本。等他们各自静下心来总结革命失败的教训时，却再也不能平静了。对于战争失败的责任，国民党今后应该如何加强整顿等问题，孙、黄二人都存在严重分歧。政治人物之间最可怕的矛盾是政见不同，虽然孙、黄二人都在东京，但却“咫尺天涯”，竟不能坐到一张桌子上心平气和地平等协商解决问题，而只能在往来书信上大打笔墨官司。

孙中山与黄兴是辛亥革命时期最重要的领袖人物，在革命党人中有“孙黄”和“双元领袖”之称。黄兴曾数次在紧要关头力挺孙中山，因此孙中山赠给黄兴“安危他日终须仗，甘苦来时要共偿”的对联，足见两人感情之深、信任之笃。

---

① 林长民，福建福州人。才女林徽因的父亲，烈士林觉民的哥哥，曾在进步党中任政治部部长一职，拥戴袁世凯为正式大总统。郭松龄起兵反奉后，托人游说林长民出关，林因感念郭松龄有知遇之恩，在乘郭松龄专车秘密离京途中遭奉军袭击，不幸中弹身亡，终年49岁。

虽然黄兴甘当孙的绿叶，但他在某些个人观点、政见方面却不完全唯孙是从。比如在未来国旗的样式选择上，两人发生了第一次激烈冲突。

1906 年，同盟会集会研究革命方略，并讨论日后所用的中华民国国旗。孙中山主张用青天白日旗，黄兴提出反对意见，他觉得青天白日旗设计不美，而且和日本太阳旗又相近似。孙中山于是稍作让步，提出旗子可改作红蓝白三色，这样既符合自由、平等、博爱的真义，又增添美观。不料黄兴仍是不受，这下孙中山火了，言辞激烈。见孙中山发脾气，黄兴也火了，发誓要退出同盟会。黄兴也是一时激愤，冷静下来后，大家还是进行了沟通，各自阐述了看法。黄兴主张用“井”字旗，认为井田是社会主义的象征，表示平均地权的意思。孙中山则说“井”字旗不仅不美，又有复古思想。最终黄兴作了让步，同意了孙中山主张的旗帜。直到民国成立后的 1912 年 5 月 10 日，经参议院议决五色旗为国旗，青天白日旗为海军旗，孙、黄二人的旗帜之争终告一段落。

两人的第二次冲突则发生在“刺宋案”后，孙力主武力推翻袁世凯，而黄则主张靠法律解决宋案，最终孙还是选择了使用武力。

两人的重大分歧出现在第三次冲突上。

1914 年 6 月，国民党主要领导人在日本东京召开了一次会议，准备通过新的党章，计划将国民党改组为中华革命党。孙中山把“二次革命”失败的主要原因归结为国民党组织涣散，党员纪律松弛。他认为必须重新改组国民党，准备筹建新党即中华革命党，恢复高度集中统一的铁血专制，重塑领袖权威。孙亲自制定了党的章程，按入党时间把党员分为首义党员、协助党员、普通党员，在革命成功后分为元勋公民、有功公民、先进公民，更重要的是每个党员必须要在誓约上按手印，宣读效忠誓词。黄兴对此提出强烈反对，提出将党员分成等级，许以不同的利益，与袁世凯以金钱、地位诱人的做法无异，有悖于自由平等博爱精神。

孙、黄二人的意见分歧，迅速扩大到党员与党员之间的相互关系。过去两人合作无间，以往两次冲突，并不影响党的团结，而此次冲突令两人有了裂痕，并致使二人最终决裂。

袁世凯得知孙、黄决裂的情报后，喜不自禁，他立即使出种种手段，企图彻底分化国民党而消灭之。

袁对付敌人的招法从来都是金钱加利刃，这“两手硬”的手法屡试屡爽。1915 年元旦，袁政府颁布《乱党自首特赦令》，规定凡在 1915 年年底以前犯有“附和乱党罪”而能自首者，均可受到特赦。在此基础上，袁世凯还不断派遣特务潜到国外，伺机暗杀革命党人，同时还迫令在外躲避的革命党人亲友写信劝降。袁非常懂得如何控制舆论阵地，他要了两手：一是大肆封杀国民党体系及同情国民党的报纸。袁政府制定了《报纸条例》《出版法》等文件，对报刊登记注册、出版发行、编辑采访都做了具体规定，一旦报刊违规刊载有关内容，将按“报律”定罪。这一时期，北京、天津、武汉、广州等地的国民党报纸全部以“乱党报纸”的罪名被查封，有许多报人因撰写反袁评论遭到了残酷杀害，白色恐怖一时笼罩了新闻界。二是开动宣传机器，创办御用报纸，主动引导舆论。对报纸的主编、发行人、记者等以拉拢、腐化等手段进行收买，要求他们按规定内容采写稿件，对革命党展开舆论攻击，诽谤造谣污蔑革命党。

这里面，袁最厉害的招法，是用金钱收买革命党人。在金钱方面，袁世凯从来都是大手笔，舍得花大钱。为收买流亡到日本东京的革命党人，他派同盟会变节投敌的蒋士立携带巨款 500 万元秘密到东京，与驻日公使陆宗舆勾结，展开对革命党人的金钱俘获，阴谋瓦解革命阵营。蒋士立公然设立“自首办事处”，大开门庭提出凡国民党人不论是谁，不论以前从事过什么活动，只要前来自首，一律既往不咎，并给予特别照顾，或给予留日补助费，或回国予以官职，或给予一大笔钱送到欧美休养。钱是个好东西，谁能跟钱有仇呢？当时革命党人大多在东京避难，生活困难，更何况当时的革命党中有不少投机分子，经受不住这“糖衣炮弹”的大有人在。在东京的革命党人深感袁世凯此招法的厉害，于是，他们决定暗杀蒋士立以除去害群之马。担任这次除奸任务的是一个姓吴的革命党，他化装到蒋宅后，冒充一个叛徒的弟弟要向蒋汇报要事。蒋刚一露面，吴对准他连发三枪，蒋即刻见阎王去了。

袁在派出蒋士立公开招降的同时，还派了另一同盟会叛徒到东京收买革命党要员，第一个便把革命党人胡瑛拉下水。胡对革命早已失去信心，又厌倦了飘零异国的流亡生活，于是很轻易地上了袁的贼船。胡到北京后，死心塌地地为袁卖命。后来，胡又加入了杨度发起的筹安会，成为袁复辟称帝的旗手。

在几次与国民党交手的过程中，袁早已摸清了谁和自己是一个圈里的人，谁是自己的敌人，甚至谁是“两边倒”的人。

“二次革命”国民党失败，袁世凯把江苏、安徽、福建、湖南等省的几个都督列为“重点人物”。江苏都督程德全胆小如鼠，他听到袁要收拾他的口风后吓得再也不敢回南京了。安徽都督胡万泰被袁调任到了一个有职无权的虚位上挂了起来，从此被打入“冷宫”。至于福建都督孙道仁，袁世凯则交给了海军总长刘冠雄处理。刘总长也不客气，派他的一个旅长李厚基率部队由海路直接开到了福州。李旅长只是在孙道仁的府衙前放了一把火，便把这个孙道仁吓跑了。

湖南是国民党力量较强的省份，问题相对复杂，袁也格外重视，一方面他派海军次长汤芗铭率军舰开到岳州，另一方面派虎将曹锟率部队从陆路也开到岳州。重兵压境，此时的湖南已是瓮中之鳖。接下来的事就容易多了，袁世凯一纸电令，命汤芗铭为湖南都督，并令前都督谭延闿“入京待罪”。这位谭都督被陆军部判了四等有期徒刑，后来在黎元洪的说情下给予了特赦。

而对于云南都督蔡锷和浙江都督朱瑞，袁可以说是采取了两种不同的计谋。对朱瑞是先给一个甜枣再给一巴掌，而对蔡锷这样的硬骨头则是直接拿下。

1913 年 9 月 25 日，袁下了一道命令，给蔡锷 3 个月的病假，令其进京调养，派唐继尧接任云南都督之职。同时，袁又发电报叫浙江都督朱瑞进京接洽要务。

朱瑞到北京后，着了军服在总统府承启处等候召唤。在此等候的承启官告诉朱都督说：“大总统吩咐，朱都督是自己人，不要拘于形迹，请换便衣来见。”于是将朱带到一间屋子，换了一套崭新的狐皮袍子和马褂，大小像是专门为其定做的。等承启官将他领进居仁堂后，袁世凯正笑呵呵地等着他。朱看到袁竟穿得与朱瑞一模一样，包括狐皮袍子、马褂的颜色和款式。一向威风八面的朱都督见到袁后顿时紧张地说不出话来，可袁却像见到老熟人一样，让朱瑞坐下，东扯一句西扯一句地闲谈起来。

话题谈到了战争问题，袁问：“介人（朱瑞字），你若是反对我，就应该宣布独立，若是反对乱党，就应该明确表示。你宣告中立，是什么用意呢？”朱此时吓得两腿发颤，一句话也说不出来。袁早已看出了朱的窘态，他似乎表现出对刚才问的问题不太介意，又说：“我看就这样吧，你还是早些回浙江，地方治安要紧。”

几天后，朱又穿了那套狐皮袍子和马褂到总统府向袁辞行。可这天情形与刚来那天却决然不同。总统府内军警林立，戒备森严。等到了居仁堂，两边站了数十名凶神恶煞的兵士，只见袁世凯着了大元帅服高坐在龙椅上，还没等朱瑞开口，袁世凯噼里啪啦地讲了一通军人要以服从命令为天职之类的话，而且语气强硬，吓得朱瑞战战兢兢地站着低头不敢说话，冷汗淋漓。

这也是袁经常用的一套恩威并施的手段。这一套驾驭人的戏法并不新鲜，历史上很多执政者用过。袁是个很用心的人，他在每次召见一个不熟悉的地方大员的时候，总会让人把此人的简历拿出来研究一番，并将此人的家庭背景及某些特点记个大概，之后在谈话中不经意地点拨一两句，这样一方面起到“震慑”的作用，另一方面也让地方大员感到了袁的深不可测。

再说蔡锷。1913 年 10 月 10 日，云南都督蔡锷将帅印交给军长谢汝翼代理，悄悄离开了他的大本营昆明。袁世凯早已看出蔡锷不是寻常之辈，一直想把他收到帐下。而且蔡辖下的云南一直是北洋势力所不及的一个空白，所以袁对蔡采取了老一套胡萝卜加大棒的策略：一面力邀蔡进京任职，许以高官，此举在于“调虎离山”，解除其权力，便于笼络与监视；一面威胁蔡如若不来即对云南用兵，蔡分析形势后感到此时无力抗袁，只好允命。为笼络蔡，袁大施“恩惠”，蔡每到一地，袁都派专员迎接。江苏都督冯国璋亲率部下款待，并派专列送蔡锷进京。蔡抵京后，袁又是一番车马迎护，吃喝应酬，并安排蔡在总统府暂住，居所就在中南海纯一斋，此处曾是帝妃看戏的所在，风景如画。此后，袁仍用那套对付朱瑞的戏法来对付蔡，但蔡是一个意志坚定、临危不惧的人，袁那老一套在蔡身上根本不起作用。老谋深算的袁从中也看到了蔡的不同，他深知蔡是一只离山的老虎，绝不能把他放虎归山。于是，袁便派人秘密监视蔡的行动。

在此之前，袁早已让人拟了一份“莫须有”的假情报，污蔑蔡锷有谋反之心，要脱离中国自立为王。袁在这份文件上作了“应予查实”的批示，之后命人归档。袁早已预料到了蔡锷不好对付，知道他长于治军而又作风严谨，因此袁做这份假情报的深刻的目的是，一旦蔡锷抗命不进京或者不为己用，随时便加以“叛国”的罪名将之置于死地。

第十五章
揭秘“转正”黑幕

“名流内阁”的诞生与死亡

民国初年的中国，是一个知识、思想差异很大的时期。旧的传统的东西在“破”，而新的现代的东西在“立”，旧与新，传统与现代还处在换位模式，当时全社会普遍授受的思想意识形态、民主政治制度等还没有完全建立起来。因此，整个政坛的外在表象都呈现出一个字：乱。

袁氏当国又号称“武夫当国”，而内阁总理却以文人居多。作为“枪杆子”出身的袁大总统，当然不希望在自己的眼皮底下有一个制约他权柄的“文人内阁”存在。而这些“文人内阁”却不甘心当“兔子耳朵”，于是，双方因权力、利益之争必然存在致命的冲突，其后果可想而知，处在权力劣势的“文人内阁”自然就成了“短命鬼”。

由于牵涉宋案，1913 年 5 月 1 日，国务总理赵秉钧被迫辞职，其职务由段祺瑞代理。在新的国务总理人选上，袁世凯早已看中了人称“熊凤凰”的熊希龄。

熊希龄是进步党人，但他不是进步党的领袖，那袁世凯缘何能选中这个并不被外界看好的熊希龄呢?

熊希龄的老家在湖南凤凰，出身于军人世家，有“神童”之称，19 岁中进士，22 岁被钦点翰林。甲午战争之后，想要救国图强的熊希龄积极投身到戊戌变法运动中，因在湖南主持了多项新政而被光绪帝征召入京。后因生病耽误了行程，却因祸得福，保住了性命，没有与“戊戌六君子”一同遇难，只是受到了“革职、永不叙用、交地方官严加管束”的处分。都说人这一辈子靠的是三分能耐、六分运气、一分贵人扶持，熊希龄在仕途之路上就遇到了几个关键的贵人。他先是被时任湖南巡抚的赵尔巽赏识，赵巡抚两次上奏朝廷，使熊希龄得以恢复原职。后来，熊希龄又被继任湖南巡抚的端方看重，保奏他充当出洋考察的五大臣随员。再后来，他又被袁世凯看中，得以在唐内阁中担任财政总长一职。

现在，袁世凯欲授权“熊凤凰”组阁，细究其中的缘由，从中可见袁世凯老辣的政治手腕。

其一，袁对熊的印象比较好。在袁的心目中，熊与一般官僚不同，他有学问，名气大，办事认真且不多计较，有傻干精神，这样易于驾驭。当唐绍仪与袁世凯闹翻辞职时，熊希龄也只好连带辞职，但袁却不想失去这个人才，随后将他外调热河都统。

其二，袁的最终目的是想利用进步党来对付国民党，熊在进步党中虽不是领袖人物，但有一定威信。对袁来说，由专制而共和，再由共和而恢复专制，不能变得太快，而熊属于温和派，邀他组阁比较合适。

其三，更让袁放心的是，熊在任职热河都统时与热河行宫宝物有关联。袁最喜欢利用有弱点的人，因为有把柄抓在他手里，不怕其不听话。熊有弱点被袁抓着，这也正是袁看好熊的原因之一。这一点，下文会详细交代。

其实，这一届内阁总理人选，袁世凯最先是想让义兄徐世昌出马。据说，有人去拜见袁世凯，询问其内阁总理人选，并力荐梁启超、汤化龙、熊希龄三人。袁世凯摇摇头说：“梁、汤乃一介书生，仅能提笔作文，不胜国家重任，熊颇有才干，然其草寄墙头，随风俯仰，亦不相宜，殆舍徐菊人（徐世昌）莫属。”

之后，袁秘密派亲信到青岛去探访徐世昌。清帝退位后，徐便急流勇退，到了青岛归隐。按理说，徐世昌是袁的知交老友，清末他出将入相，辛亥首义时他是策动袁东山再起的主要人物，若不选择隐居，完全可以再得大位。然而，当时徐却甘愿将千载良机拱手让人，可以说，这正是这个“老狐狸”的高明之处。此前他受清廷厚恩，又是名义上的“护帝太保”，而实则倾力助袁，在这种情况下，他如果马上弃清投袁，似乎于情理不合，终会招人非议。为暂避“一时之谤”，因而他决定先过渡一下，方为不负皇恩的逊清遗臣。

徐世昌在全国有三处豪宅，一处在河南老家卫辉，一处在天津租界，还有一处在德国统治下的青岛。青岛之宅是他利用职权之便拨 40 万元巨款给周学熙，请他在青岛购地置办的房子。徐世昌还有一个外号叫“活曹操”，说明了他的奸猾。他之所以选择到青岛归隐，恰恰反映出“活曹操”的一面。卫辉在中国内地，又为国人管辖，如有兵事难以避灾；天津租界离北京又太近；而青岛在德国人管理之下，距京师不远不近，最为恰当。

其实，袁世凯的骨子里根本不想启用新人物，而是想用旧官僚，他邀徐世昌出山便是一个极好的证明。当袁世凯的亲信将邀徐出山组阁的想法谈了后，徐当然很动心，但他还要保持前清遗老的身份，因此不好意思马上答应，就打起了太极，做出一个欲迎还拒的姿态。对袁来说，由专制而共和，再由共和而恢复专制，必须得找一个过渡人物，因此他对于徐的半推半就，也不再勉强。于是，他暂时放弃邀徐组阁，而改邀温和派的熊希龄组阁。

1913 年 7 月 23 日，在袁的授意下，众议院对熊希龄任国务总理一事进行投票表决，以多数票同意而通过。7 月 30 日，参议院最后投票表决通过。7 月 31 日，袁世凯正式任命熊希龄为国务总理。

熊希龄显然没有做好就任国务总理的思想准备，于是百般推辞，但袁却一再邀请，强拉他组阁。熊希龄见推辞不掉，只好从热河奔赴北京赴任。对于熊的推辞，可急坏了进步党领袖梁启超。他想在熊组阁时担任财政总长一职而一展抱负，同时又想替进步党筹措党费，所以他唯恐失去这个千载难逢的好机会。

熊希龄虽然傻得认真，但也有自己的一定之规，他在组阁时提出了“不问党不党，只问才不才”的基本方针，要组建所谓“名流内阁”。但袁世凯可不管他组什么内阁，他要的是这个内阁必须要听话。

接下来，熊希龄面临的首要任务便是组阁。

熊希龄拿出了一套人事方案，里面罗列了自己中意的几个人选，分别是：梁启超、杨度、张謇和汪大燮。但袁世凯却给了熊希龄一张内阁成员名单，只给他剩下 3 个可支配的名额，还是司法、教育和农商这样的闲职。熊希龄首先找到梁启超，梁的本意是想做执掌财政大权的财政总长，可现在被安排当了司法总长，梁当然不愿意。熊只好去找袁协商。袁的本意是要把财政总长的位子留给周自齐[①]，因周自齐在理财等方面有着丰富经验，总统府秘书长梁士诒很支持他，袁当然不肯给梁启超。熊只好再次跟梁交涉，梁还是不肯就任。熊希龄最后发了火，说："我本来不想当这个总理，可每次都是你催着我来京赴任，嘱咐我做出牺牲，现在我已经牺牲，你却隔岸观火，可见我熊希龄这三个字是臭狗屎，比不上你梁启超金贵!"

话都说到这个份上，再加上袁世凯已略有变通，财政总长一职由熊希龄兼任，周自齐做交通总长，梁启超也只好答应了出任司法总长。

好不容易摆平了梁启超，熊希龄又找到杨度。

熊希龄组阁后，杨度拜相的希望自然落空，这让杨度很窝火。熊希龄和梁启超、杨度之间有一段"捉刀代笔"的故事。熊和杨度是同乡，又是老友，熊便想请杨度这个名流入阁。杨度在当时也确实是政坛名流，更何况他也的确是才高八斗，名满天下。之前，熊曾向袁汇报过，想请杨度入阁，袁世凯很大度地说："我无所谓，关键看皙子，你去和皙子商量商量。"熊找到杨，杨提出要当交通总长，这使熊感到很为难，因为梁士诒是交通系的领袖，交通方面的一切事权，他是绝对不会让别人染指的。任总统府秘书长的梁士诒又以财政部次长代理部务，他的位置尤为重要，对他来说他根本不想入阁。杨度想当交通总长，熊知道根本不会通过，可是又无法拒绝，碍于面子只好向袁做了报告。袁于是和梁士诒商量，梁只淡淡地说了一句"皙子对交通是门外汉"，杨的交通总长便化为泡影。

熊知道梁士诒否决了杨度的交通总长，感觉有些愧对杨度，找到杨商量想让他当教育总长。他歉意地说："交通总长恐怕不行了，不妨请皙子屈尊一下，当教育总长怎么样?"杨度冷冷一笑，说："我是帮忙不帮闲!"一句话，将堂堂的熊总理顶了回去。

9 月 11 日，熊希龄的"名流内阁"终告组成。9 月 14 日，熊希龄对外正式发表《就任国务总理布告》。熊内阁中有几名是当世著名的进步人士，又是社会贤达名流，所以熊内阁被称为"名流内阁"，外界亦赞誉为"第一流人才内阁"。人才归人才，但内阁的人事权仍牢牢操控在袁世凯手中，这也就注定了"名流内阁"不会长久。

---

① 周自齐，交通系领袖梁士诒手下的四大天王之一（四大天王：叶恭绰、周自齐、朱启钤、赵庆华），袁世凯帝制运动的极力拥护者。袁死后，周被列为帝制祸首之一被通缉。

9月27日，熊希龄在参、众两院议员暨各党代表茶话会上发表演说，提出要组织责任内阁，划清国务院与总统府的权限，努力把中华民国建成一个法治国家。他与梁启超等制定了关于内政、外交、军事、财政、实业、交通、司法、教育等详细规划的《政府大政方针宣言》，在政治上创立新政、力主共和，贯彻法治精神，建立“真正共和国”；在经济上提出一系列改善财政、繁荣经济的计划和基本法令，大胆提出了统一中央财政、开放实业发展经济的主张；在教育上提出“发扬中国的固有文化，对社会人心实行改造”。熊内阁是民国初年破天荒的第一个有政策、有内容的内阁，这是它比前四个内阁更受人关注的地方，也是它后来失败的关键所在。这些被熊视为内阁命脉的大政方针，在蓄谋推行专制统治的袁世凯那里，是不可能实现的。

熊希龄的施政方针与袁世凯的专制统治大相径庭，于是袁总统对熊总理时时、事事掣肘，欲迫其就范。袁世凯不是不赏识熊希龄的才干，而是要将他变成自己的鹰犬。熊希龄向来志向高远，秉性耿直，当然不肯沦为他人附庸，这就注定了“熊凤凰”落魄的命运。

袁世凯拉熊希龄组阁，本来就是一个过渡，是利用“名流”来装点门面，对付国民党。当袁的目的达到后，“名流内阁”自然成为累赘。况且，内阁中袁的亲信也不把熊希龄这个总理放在眼里，自然，熊一事无成。于是，熊与袁的矛盾日益尖锐。

为了逼迫熊早日下台，袁世凯祭出了他的杀手锏——伪造“热河行宫盗宝案”，嫁祸熊希龄。

1913年底，北京几家颇有影响的报纸如《新社会日报》《群强报》等，突然登出熊希龄盗取热河行宫古玩的新闻，指名道姓刊载了一则骇人听闻的消息：现任国务总理熊希龄，为热河都统时将前清行宫内之古瓷器、书画取去200余件。堂堂一国总理竟然与盗宝案有关，京城内外顿时轰动。

“盗宝案”究竟是咋回事？

原来，清朝皇帝之前设于热河的行宫内陈列着许多珍奇宝物，所以每任热河都统到任，都要对这里的文物进行核查，并向清廷报告。熊任职热河都统后，正值库仑蒙匪叛乱，边务吃紧，他看到行宫古玩盗卖严重，加之房屋年久失修，破败不堪，为保护这些文物，他连续两次呈文袁世凯，要求修整行宫和整理陈列的文物，并建议将文物装箱运往北京，作价卖给民国博物馆收藏。袁世凯批准了熊的建议，熊希龄便从1913年5月开始对行宫房屋进行修缮，并对宫内古物进行彻底清查。

在整修房屋和清理文物过程中，由于经费紧张，熊经袁同意后，派人从宫中的古文物中选了10多件稍贵重的瓷器，运往北京、上海变卖，得到一笔巨款充作修缮经费。但是，熊的一举一动早已被袁派特务暗中监视，并指使特务开列了熊在北京、上海变卖的瓷器清单，以作为熊盗宝嫌疑的“证据”。

这份“证据”是袁制约熊的把柄。待熊希龄组阁完成、国会选举袁世凯为正式大总统之后，袁“卸磨杀驴”，打出了这张底牌。

直到此时，熊希龄才明白中了袁的圈套。无奈的熊希龄百口莫辩。1914年2月，熊愤而辞职。

熊希龄出任袁世凯北洋政府的国务总理，坐上国务院的第一把交椅，这是他从政历程的巅峰，同时也是他一生最受人指责和诟病的地方。从入主国务院的那一天起，熊希龄便注定无法逃脱失败的命运。袁世凯之所以让他组阁，并非真正看中他的雄才大略，而是想利用他和进步党帮自己“正位”，做正式大总统，然后解散国民党，进而搞垮国会，为复辟帝制铺平道路，以谋取更大的政治利益。

从1913年9月到1914年2月，时间不过半年，“名流内阁”便退出政治舞台。

有议员这样评价熊内阁的成绩：“一是选举了袁为大总统；二是摧毁了宪法草案；三是缴销了国民党议员证书；四是签订了丧权辱国的中俄协约；五是解散了国会；六是促成了政治会议，开成了废除共和约法的会议。”更有人写了一副对联：“名流内阁，名誉扫地；大政方针，大事糊涂。”

熊是一个干实事的人。熊出任总理后，很想为国家竭智尽忠，干一番事业，但他的对手是袁世凯，他也只有认“熊”的份了。经过了官场的阵痛，熊希龄卸职后远离政治旋涡，把后半生都交给了慈善和教育事业。而“慈善”这两个字，也最终成就了熊希龄晚年的美名。

总统“转正”一二三

袁世凯安排“名流内阁”这个政治工具作为前台傀儡后，便开始筹划权力的集中。其中最为关键的一步，就是将临时大总统的“临时”二字去掉，变成正式大总统。

早在国民党“二次革命”失败后，袁世凯就迫不及待地想改临时总统为正式总统，可问题在于产生正式总统没有法律根据。按正常的法定程序，《临时约法》只能产生临时总统和临时政府，之后由临时总统根据临时参议院所制定的《国会选举法》与《组织法》，于10个月内完成正式国会的选举与召集，再由正式国会制定宪法，然后根据宪法产生正式总统和正式政府。可这个正常的法定程序太麻烦了，对于一个急于转正的袁世凯来说早就耐不住性子了。

不过不要紧，袁的智囊团们已经为他们的主子找到了一条捷径。他们主要布下了三步棋：一是舆论造势，二是制定《总统选举法》，三是国会选举。

先说第一步舆论造势。袁发动舆论工具，用他的御用媒体大造声势，声称由于没有正式总统，世界各国不承认民国，如果民国再不被列强承认，随时都有可能重蹈覆辙，存在着清朝复辟和被列强瓜分的危险。因此，必须先把总统选出来，这是当前至关重要的头等大事，也是拥护共和、巩固民国的关键。

同时，袁世凯还亮出了“硬招”。1913年8月5日，全国19省区的军事长官联名发表通电，主张先选总统，后制宪法。这是袁世凯惯用的伎俩，一遇到需要两者交锋的关键节点，他都要把北洋军搬出来秀秀，炫耀一番。有意思的是，这道通电是由“泥菩萨”黎元洪领衔的。“泥菩萨”以前是袁的敌人，自“张振武案”后投袁怀抱。袁世凯甚至让儿子袁克玖与黎元洪之女黎绍芳定亲，双方成为儿女亲家，结为政治同盟。黎当然舍出老脸为袁振臂高呼，袁用他出头领衔比用心腹大将段祺瑞、冯国璋等更有说服力，而且也体面多了。黎元洪虽有一副忠厚相，但也是一个官场老油子，善于政治投机。遍历清末民初重大历史事件，黎几次“选边站队”都眼光极准，他不是历史主角，却能长居舞台中央。两年后的1915年，袁世凯妄图称帝，册封黎元洪为武义亲王。黎坚辞不就，给自己赢得了个好名声，后来竟还当过两次中华民国大总统，足见他的老谋深算。

再说第二步制定《总统选举法》。前面说过，要想选举总统必须要根据《总统选举法》，而《总统选举法》为宪法的一部分，在宪法未制定和公布以前，是不能进行正式总统选举的。袁世凯的智囊们给他想了个偷梁换柱的办法，这个办法就是把总统选举法从宪法中剥离出来，由国会中的宪法起草委会员提前予以制定，然后交给国会通过后提前公布，以便提前为正式总统的选举提供法律准备。

此时，一个由总统府秘书长梁士诒组织的公民党诞生了，这个党当然是为袁选举正式大总统准备的。此外，袁的“准”御用党进步党对这个政党当然不会反对，要说能反对的恐怕就只有国民党了。其时，国会里国民党虽还占着多数，但已经人心涣散了。为了取得国民党的支持，袁世凯还是用了屡试屡爽的老办法：威逼利诱。在袁的策动下，大批国民党员纷纷发表声明脱党，有的还转而投靠进步党。除了少部分议员逃出京城外，其他均被收买。有的议员收钱后还自嘲说：“横竖袁世凯都是要当选的，不收白不收。”

人就是这么势力。为了迎合袁的心意，很多议员们都告诉袁，可以先选正式大总统后再制定宪法，当年民主国家美国就是这么干的。既然议员们提出了“倒装把戏”，袁何乐而不为呢？于是，国会就急匆匆起草了一个《总统选举法》，并列出了时间表：10 月 4 日公布，10 月 6 日正式选举。

第三步便是国会选举。当时的情况是，除了袁世凯外，全国没有一个人竞选总统，袁当然是没有问题的。但袁不知道是没有自信还是做贼心虚，为了把总统选的符合程序，光明正大，他让手下人还为他安排了一个托，硬是把“共和元勋”黎元洪拉出来当作陪衬，装腔作势地作为竞选对手。

正式选举这天，袁世凯还是怕出意外，他派出了几千名便衣军警、侦探、兵痞和流氓组成所谓“公民团”，把国会包围了个风雨不透。他规定议员们只许进不许出，并放出狠话：“不选出大总统，就不许出来。”这天到会的议员有 759 人，按规定，得票必须超过 3/4，即 570 票才能当选。但由于是无记名投票，有不少议员对袁世凯的这种刀架脖子的做法心存不满，结果在第一轮投票中，袁世凯只得了 471 张，“陪衬”的黎元洪得了 154 张。第二轮投票，袁得了 497 张，黎得了 162 张，均未能达到法定的多数。

按照《总统选举法》，两轮投票未能选出，应延至第二天再选。但袁是等不及到第二天的，他必须要赶在“双十节”之前当上这个正式大总统。为了给议员施加压力，几千名所谓“公民团”围堵在国会门口，大喊“选不出总统不许出场”“我们要袁大总统当选”等口号。

这可苦了这帮议员们，一天未曾进食不说，有的大烟瘾发作，涕泪交流。无奈之下，主席只好宣布接着再选。按照规定，第三轮只要过半数即可当选。议员们强打精神，忍饥挨饿，匆匆投票。结果袁世凯得票 507 张，终于当选。

选举闹剧结束后，场外“公民团”高喊着“袁大总统万岁”，然后领赏去了。可怜的是那些饥寒交迫的议员，一直到晚上10点多才恢复人身自由。

1913年10月10日，袁世凯在前清皇帝登基的紫禁城太和殿举行隆重的仪式，就任中华民国第一届正式大总统。10时许，就职仪式正式开始，只见两队身穿蓝色军礼服，头戴全金线“冲天冠”的总统翊立使全副武装地正步进入会场，分列主席台两侧。紧接着是总统府秘书长梁士诒、内史夏寿田、侍从武官荫昌、军参处处长唐在仪分乘四抬彩舆由侧阶而上，到达殿前。梁、夏二人身穿文官燕尾服；荫、唐二人身穿钻石蓝军礼服，佩金色参谋缤带，头戴叠羽冲天冠，文东武西分列主席台两旁。这时鼓乐齐鸣，军号嘹亮，在庄严隆重的接官曲中，袁世凯乘坐八抬大彩舆，在拱卫亲军的簇拥下，由中阶而上，缓缓进至殿前。袁世凯穿着陆海军大元帅的大礼服，金线绶饰在钴蓝色的映衬下光彩夺目，下轿后由梁、夏、荫、唐拥护前行，登上主席台南面就座。

10点15分，大礼官宣布“开典”，这时袁世凯应声而起，宣读誓词。誓毕，袁世凯向三面来宾鞠躬，文武官员、翊立使、拱卫亲军都齐声高呼“万岁”。之后，袁又在陆军总长段祺瑞、参谋总长王士珍、侍从武官荫昌、拱卫军统领段芝贵等高级将领的簇拥下，登上天安门举行阅兵庆典，步、马、炮三军依次通过时，均以最高的军仪向总统致敬。即日，袁世凯发表国庆日授勋令，得到勋一位的是清室总管世续、“水晶狐狸”徐世昌、特务头子“笑面鹰”赵秉钧，各省的都督大多数得到了勋二位的奖赏。

在袁就职的同一天，法、英、德、俄、奥、意、日等国政府均发出照会承认中华民国，这其实是袁与各国达到的一个秘密协议，也是为了给他“转正”之前说过的“民国有了正式总统，外国才会承认”的鬼话圆谎。

人的欲望真的是无止境。实现了由“临时”到“正式”的变更后，袁世凯又开始筹谋他更大的计划……

袁氏“新约法”

由临时扶正后，袁世凯稳稳当当地站在了中华民国的最高权力之巅。可他还不满足，他需要的是权力的自由驰骋和为所欲为。对袁来说，虽然直接的对立和威胁没了，但他始终感觉《临时约法》像一个“紧箍咒”束缚着他的手腕。这个南京临时政府在袁世凯接任大位前临时赶制的宪法，是民主革命的精髓所在，也是试图制约袁世凯滥用权柄的法宝。自就任临时大总统以来，袁就在多种场合强调总统制有利于国家行使权力，他还逢人就抱怨《临时约法》对他约束过严，总理和议会权力大力，并千方百计地想踢开这块绊脚石。

早在1913年2月，袁世凯就下令成立了一个由北洋官僚、政客组成的宪法研究会，多次干涉国会起草宪法的工作，但由于受到国会的强烈抵制，未能得逞。如今，总统变成了正式的，宪法自然也要改成正式的。1913年10月14日，国会宪法起草委员会拟出的宪法草案脱稿。该法案是在天坛制定的，因此被称为《天坛宪法草案》。该草案和《临时约法》相比，明显地扩大了总统的权限，但仍含有内阁制的意思，关键是袁世凯不允许有任何民意机关或法律对他的权力进行丝毫的限制，所以，袁世凯对这个草案很不满意，强令修改。但由于宪法起草委员会中国民党议员占多数，故并未采纳袁世凯所提的各项要求。

10月16日，袁世凯再次向国会提出增修约法案，要求扩大总统权力。这个时候，议员们认为正式宪法即将完成，《临时约法》即将废止，没有增修《临时约法》的必要，对于袁世凯的不合理要求，国会仍不予理睬。袁世凯当然不愿意，10月22日，他竟颐指气使地指使他的8名亲信为“钦差”，出席宪法会议，妄图阻止宪法通过。宪法会议里国民党议员占多数，他们企图尽力控制立法权，用法制来约束袁世凯，以便局部地体现自己的民主权利和经济利益，所以当即严词拒绝八大“钦差”出席。

八大“钦差”乘兴而来，扫兴而归，自然在袁世凯面前大说了一通国民党议员及国会的不是。袁世凯听了他们的汇报后，似乎在意料之中，他不动声色地说：“你等不要着急，我自有办法。”

身为大总统的袁世凯掌控着国家最大的资源，他有经费，有军队，还有智囊团。这时，他与他的智囊们定下一个“一石二鸟”的计策，先解散国民党，让国会议员不足法定人数，国会就不能顺利开会自然也就散伙了。袁其实早就想解散国民党和国会，只不过在他没“转正”之前，为了选举能够正常进行还不能这么做，但在选举之后，国民党和国会对他来说已经没有了利用价值，这位野心家自然就玩起了“飞鸟尽，良弓藏；狡兔死，走狗烹”的游戏。

但袁世凯的头脑并不简单，他搞釜底抽薪解散国民党和国会，并不是不要国会和宪法，相反，他是想要一个合乎自己意愿的国会和宪法，即设立在国会之外的政治会议和即将制定的袁氏“新约法”。

要解散国民党总是要耍些手段的。袁世凯故技重演，首先让北洋将领打头阵、造势宣传施加压力。10 月 25 日，他通电各省军民两长官，借口国民党捣乱及宪法草案不适合国情，限他们 5 天内呈复意见。袁通电后，北洋诸将自然纷纷出来捧场，他们大都以“修改宪法草案”为由头，把矛头直击国民党和国会，肆意诋毁，并要求解散国民党。

舆论造足，袁世凯还得找个解散国民党的理由。11 月 4 日，袁以京师大学堂戒严处查获国民党议员李烈钧与其他国民党议员数十封往来密电为由，发布解散国民党的总统令，要求凡属国民党的中央地方一切机构，限令 3 日之内解散，隶属国民党籍的国会议员，一律追缴议员证书与徽章，取消议员资格。

随着解散的命令发出，袁世凯立刻派军警 300 多人包围了国民党北京支部，第二天又包围参众两院，甚至半夜到国民党议员的家里搜查。大折腾了几天后，共缴获国民党议员的证书、徽章 310 多件。

此时国会议员总数有 800 多人，即所谓“八百罗汉”，刨去 300 多人，袁屈指一算，两院议员仍然够得上法定人数，仍可继续开会。他所幸一不做，二不休，又指使军警继续追缴湖口之役以前已经声明脱离国民党的议员以及跨党分子的证书、徽章，又有 120 多件。这样合计起来共有 438 件。438 个“罗汉”没了议员资格，议会便失去了能够开议的法定人数，整个国会也就随之瘫痪了。

袁世凯的最终目的不只是解散国民党，还要彻底踢开国会，这是他“一石二鸟”的毒计。

写到这里不能不提进步党了。进步党原本要在和袁世凯合作打垮国民党后独揽国会大权，到现在才知道上了袁的当。袁世凯不仅要解散国民党还要搞垮国会，而进步党抓权的基础在国会，若国会完了，进步党人的政治生命也就结束了，于是即将被置于死地的进步党决定绝地反击。

其实在袁世凯下令解散国民党之前，进步党领袖梁启超曾找到袁世凯请求不要解散国民党。待梁向袁说明来意后，袁只淡淡地答了一句：“晚了，命令已经发下去了。”无语的梁顿时有兔死狐悲之感。

国民党议员离去，国会达不到法定人数，进步党决定“借尸还魂”，他们决定采取从候补当选人中递补的办法凑足法定人数，使国会能继续延续生命。可老奸巨猾的袁世凯一眼便看穿了进步党的小把戏。但袁世凯不做公开反对，一面让国务院电令各省迅速查明“二次革命”前国民党籍议员，同时命令内务总长朱启钤出面电告各省，递补从缓。这样一来，进步党恢复国会的计划再次落空。

国会是开不成了，但法律法规的制定还有得立法机关，这个难不倒袁世凯，他自然有办法解决。袁世凯暗中授意广东都督龙济光向中央提出建议，要求以政治会议代替国会。紧接着，由黎元洪领衔的 19 省军民长官联名发表了一个强烈要求解散国会的通电。有了各省“民意”的支持，国会的命运已经走到了悬崖边上。

这个政治会议非驴非马，完全是袁世凯专门为替代国会设立的一个“政治集团”，这也是袁世凯的高明之处，他以政治会议的形式代替国会，是为将来解散国会埋下伏笔。政治会议是由总统派 10 人，国务总理派 4 人，每部派 1 人，每省派 2 人组成，代表基本上是清末官僚和社会名流。袁世凯指派的代表是李经羲、梁敦彦、樊增祥、宝熙、赵惟熙、饶汉祥、马良、杨度、蔡锷、杨士琦。无疑，这些代表都是袁的“影子”。

最初，袁世凯想让杨度当这个政治会议的议长，没承想刚要发布任职命令时，袁的一位老朋友李经羲到了北京。李经羲是李鸿章的侄子，清末最后一任云贵总督，袁自己也出身督抚，对于做过清朝督抚的人格外看重，再加上有李鸿章这层关系，所以李一到北京，袁就改派李经羲为议长。

1913 年 12 月 15 日，中央政治会议开幕，也就预示着这个政治会议已经履行起国会的职能。当然，国会中仍有一些议员不甘心失败，竭力运动期望凑足过半议员继续召开国会。但袁早有对策，他来了个釜底抽薪，对解职议员一律停发津贴费，给这些议员来了个“经济封锁”；同时，袁又进行威逼利诱，声明如果议员们公开辞职，政府就委以重任。人多是势利的，一面是吃不起饭，一面是做高官，谁还傻傻地跟袁作对呢？

但袁不想承担解散国会的骂名，便装模作样地发电报征询各省的意见，各省自然是主张解散国会。1914 年 1 月 10 日，袁世凯发布了解散国会的文告，这个美国模式的中华民国国会从此寿终正寝。

在这个时候，袁世凯打出一系列政治组合拳。1月26日，袁将政治会议改名为“约法会议”，其目的是用这个御用机关替他担负起修改约法的责任，它的职责是讨论大总统交办的增修约法案。约法会议共60人组成，议员名义上是由选举产生，但事实上都是袁所指派或者由别人保荐而经过他同意的。约法会议是政治会议的化身，它只是袁用来行使自己专制专权的一个工具。

国民党也解散了，国会也完蛋了，袁世凯更索性一不做，二不休，2月3日，硬是找了个理由下令停办各地方自治会，并于2月28日又下令解散了各省议会。

此时的袁世凯，可以说是翻手为云，覆手为雨。3月18日，约法会议举行开幕式，孙毓筠当选为议长。孙毓筠曾担任过安徽都督，是被袁世凯收买的国民党变节党员，袁将他放在约法会议议长这个位子上，而不用自己的御用党充当这个职务，这是他掩人耳目的一贯做法。

3月20日，袁世凯向约法会议提出增修约法案。袁世凯的私心是彻底将《临时约法》扔进马桶，可他又不愿再产生一部正式宪法，而是想用自己创造的新约法作为替代品。约法会议的议员们即刻领会了其意图，马不停蹄、加班加点地讨论修订新约法。

在新约法讨论修订过程中，大家几乎都与袁的意见保持高度一致，只有一位议员提出反对总统有颁发爵位之权，这也是新约法从开始修订到结束唯一一位议员提出的唯一一个反对意见。这位“不懂事”的议员，叫张其锽。

清末进士出身的张其锽，辛亥革命后曾担任过广西省省长。张其锽自号无竟居士，他熟读经史子集，著有《墨子通解》一书，同时他精研奇门遁甲、六壬，因此对命理、星相之类术数有很深的造诣，时人称之为“张铁口”。民国时期，以奇门遁甲著称于世的，恐怕首推张其锽了。张其锽有一米八的大个，面如白雪，眉清目朗，五绺长髯，夏天穿一件宽大的夏布长袍，手持鹅毛扇，使人一下就能想到《三国演义》里羽扇纶巾的诸葛先生。

武昌起义后，湖南立宪派领袖、军政府参议院议长、民政部长谭廷闿被公推为湖南都督。谭与张其锽都是光绪甲辰科进士，私交甚好，谭知张善治军，便写信邀请在家赋闲的张出山。谭把自己的部队改编为南武军，并增募新兵，任命张为军统。不久，清帝逊位，张认为南北已统一，短期内不会有战争，于是不愿当官的他便挂职而去。1912 年，湖南省政府成立后，谭再次邀张出山，任命其为军事厅厅长，掌管全省军队，并以领兵的功绩，先授其陆军少将，翌年晋授中将。在晋授中将军衔时，袁将张召进北京。在与其交谈时，袁发现张颇有军事才能，想留为已用。张知袁有称帝野心，不愿与其为伍，毅然辞职。1914 年初，经好友李鸿章的侄子李经羲保荐，张被推举为约法会议议员，进京与其他议员一起修改《临时约法》。

张其锽的意见一提出，把在座的诸位都吓了个半死，随即遭到全场一致反对。张其锽气愤之下，没有办理辞职手续就打道回广西老家了。他的这一举动也吓坏了保举人李经羲，李赶紧上呈自请处分以示自咎。

张之事只是小插曲，新约法的制定没有悬念。很快，一部令袁满意的新约法出炉了。

1914 年 5 月 1 日，袁世凯宣布废止《临时约法》，公布《中华民国约法》，即“袁氏新约法”。此约法取消了责任内阁制，取消了国会对总统权力的一切制约；将大总统任期改为 10 年，且不限制连选、选任；取消立法机关对大总统的弹劾权；规定大总统总揽行政、军事、立法等一切大权，有权制定一切行政制度、任命一切官员、签订一切外交文件，而且有权解散立法院，否认立法院通过的法律效力，且规定大总统发布的命令“与法律有同等效力”；规定大总统不但是国家元首，同时还是陆海军大元帅。

从这部约法可以看出，袁世凯的权力已完全不受任何限制，简直是出口即圣旨，与皇帝所差的仅是一顶皇冕而已。

第十六章
现代版的古装戏

徐世昌出山复古

“袁氏新约法”公布的当天，袁世凯就下令撤销了国务院和国务总理，在总统府设立政事堂，设国务卿 1 人，任命老友徐世昌担任此职务。废除国务院设立政事堂，其目的在于集权。政事堂不对国会负责，只对总统个人负责，有点像前清的军机处。按官职讲，国务卿的职务相当于国务总理，可袁世凯设的这个国务卿其实只相当于总统的大秘书，想怎么用就怎么用，和内阁总理的地位悬殊可大了去了。对于国务卿这个舶来品，袁世凯似懂非懂，他之所以设这么一个职务，原因是他对这个“卿”字比较感冒，过去的皇帝对臣民都称呼“爱卿”，袁内心里也俨然把自己当成了皇帝。

同时，袁还设了左、右丞各 1 人，派心腹幕僚杨士琦为左丞，钱能训为右丞。职责上规定左右丞辅助国务卿工作，但在实际操作中，左右丞的地位和国务卿相差不多，权力也基本相当。袁之所以设置左右丞，其目的也是为了分散国务卿的权力，使三者之间互相掣肘，不至于造成专权，而把权力集中于自己手中。再一个，从官职名称上看，左右丞似乎是丞相的“化身”，丞相本是封建王朝中专属官职名称，左右丞显然带有浓厚的封建色彩。

在“熊凤凰”组阁之前，袁世凯曾派人到归隐青岛的徐世昌处探过他的口风，想邀他出山，当时徐世昌犹半推半就，后来袁世凯转而用了更好的“摆渡人”熊希龄。这次袁把这位前清遗老搬出来，并不是想与老友共享荣华，而是利用他这位当下对袁来说最适宜的政治工具。袁不怕与全国人民为敌，但他怕被人扣上一个“乱臣逆子”的帽子，他不想把复辟帝制的真相过早地暴露出来，想利用徐这位前清遗老出面，启动更多的遗老和旧官僚支持自己，让这位“老古董”带来更多的“古风”。

至于徐世昌，他的态度仍然是不急不火，喜怒不形于色。徐接到袁的任职命令后，仍旧摆出一副不受的态度。徐世昌心里明白，以他与袁的亲密关系和自己在北洋的威望，愈是不出山，呼声就越高。袁派出新任命的陆军总长段祺瑞和外交总长孙宝琦二人前往劝驾，两人磨破了嘴皮子，徐哼哼哈哈地不答应。徐的这种姿态与三国时期被刘备三顾茅庐的诸葛先生一般无二，如果刘一次就将孔明请到军营，孔明怎么能自抬身价以及看出刘的真心呢?其实，不甘寂寞的徐一直在等待出头的机会，他在等袁世凯把位子真正坐稳后，才由幕后走到前台。这也是徐世昌所把持的“圆通、沉稳、柔韧、机警”的官场八字秘诀。

见徐世昌扭扭捏捏，脾气火爆的段祺瑞火了，他大声说：“菊老，你老是端着不肯出山，岂不辜负了大总统一片苦心，叫我们如何复命?”徐感觉端得差不多了，这才改变了口气，做出很痛苦的表情说：“好吧，我再不出来也有些太不近人情了，老朋友的忙我肯定帮，不过，我出来也是暂时过过渡，至于国家的官俸我是绝对不能领受的。”

为了欢迎这位老友前来任职，袁世凯特意把自己办公的遐瞩楼腾出来，改为政事堂，自己则搬到同一院落的春藕斋办公。两人离得近了，因此袁世凯没事就到徐的办公室找徐聊天。

袁世凯对新任职的徐世昌尊重有加，他让手下人尊称徐为老相国。因为徐世昌出山时曾宣称不受国家官俸，袁自然了解这位拜把子义兄的脾气，他吩咐财务，在总统交际费名下拨出4000元赠送徐。徐也压根不是视金钱如粪土的人，佯装拒绝着就收下了。

这位老相国很快便进入工作角色。他每天早早起床，8点后洗漱完毕就赶到办公室处理政务，9点就赶去总统府，10点左右与二丞杨士琦、钱能训一起向袁世凯汇报工作，11点再回到政事堂办公，12点吃饭。下午2点休息，到4~5点起床办公，一直到晚上10点钟，可谓宵旰忧劳。

徐世昌到任后果如袁所料，“古风”扑面。徐发布的第一道命令，就是让全国文职官吏在往上报送任职报告时，必须填写上清朝的旧官衔。这个时候，复古舞台还羞羞答答地拉着幕布，徐国务卿扮演的角色只是一个入戏的配角。

谚语有云：老鼠拖木锨，大头在后边。接下来，复古大戏的主角在后面已经跃跃欲试了……

尊孔复古的大戏

很快，“复古”大戏渐入佳境。

1914 年 5 月 29 日，农历端午节。

这是徐世昌任职国务卿后过的第一个端午节，这位“老古董”摇身一变，戴上顶戴花翎，穿上团龙蟒袍，以前清太傅的身份，参加了紫禁城节日盛宴，并且向溥仪行了叩拜大礼。徐国务卿这一奇葩动作，很快不胫而走，坊间也就有了不少传言。有人分析说，徐国务卿就是袁世凯的代言人，他是想要通过徐开始恢复大清国了……

袁欲恢复帝国不假，他当然不是要把前清皇帝重新扶上皇帝宝座，而是要圆一个属于他自己的皇帝梦。

恢复旧官制是袁世凯的第一步。袁世凯先是公布了省、道、县官制，分一省为数道，全国共 93 道，下令改各省民政长为巡按使，改观察使为道尹，各省的行政公署亦改称为巡按使署。随后又公布了文官官职级别，把“官”与“职”一分为二，有有官又有职的，也有有官无职的。官分为九等，分别是：上卿、中卿、少卿、上大夫、中大夫、少大夫、上士、中士、下士。袁所发表的授卿令，上卿仅有徐世昌一人，其次赵尔巽、李经羲、梁敦彦是中卿加上卿衔，这三人都曾在逊清当过总督或尚书。中卿是杨士琦、钱能训、孙宝琦、朱启钤、周自齐、张謇、梁士诒、熊希龄、周树模、汪大燮等。少卿加中卿衔的有章宗祥、汤化龙。少卿有董康、庄蕴宽、梁启超、杨度、孙毓筠。有意思的是，被袁世凯毒死的赵秉钧，也受到了追封，赐为上卿；为遮人耳目，被袁和赵暗杀的宋教仁也被追赠为中卿之职。

至于武职的更改，袁世凯则把各省都督改称将军，有上将军、将军、左右将军之称，并将全国划为八大军区，同时任命段祺瑞为建威上将军管理将军府事务，张勋为定武上将军长江巡阅使，直隶巡按使朱家宝加将军衔督理直隶军务，冯国璋为宣武上将军督江苏，蔡锷为昭威将军，等等。袁把有地盘有兵权的冠以“武”字，无地盘无兵权的则冠以“威”字，以此区分。

“绿叶”的称呼变了，就差中央的“红花”了，也就是说，有了卿、大夫、士，上面只差一个皇帝了。恢复旧官制是袁世凯复活君主专制的一整套戏法的一个小把戏，紧接着，他又要出一个“狸猫换太子”的小花样，公布了所谓的国玺条例，规定国玺分为三类：一为中华民国国玺，在国家大典及与外国交换国书时使用；二为封策之玺，在封爵时使用；三为荣典之玺，在授勋时使用。

不只是官名“复古”，就连前清官场中的旧习惯、旧做法，包括称呼、排场等等也都一下子穿越回了过去。袁指示陆军部通令各省军事机关，无论在公文上或私函内，一律禁止互称“先生”。这显然将1912年2月24日临时大总统孙中山下令取缔“大人”“老爷”等称呼，官吏以官职互称，人民以“先生”或“君”互称等规定又给恢复了过来。

带头恢复这些旧习惯的当然是徐世昌。清朝的官面上有端茶送客的习惯，官员们在接见僚属或是宾客时，侍者敬茶，客人不能随便饮用，当主人端起茶杯时，其实是一个暗示客人必须告退的信号。至于在地方上，各省都督传唤下属要用令箭，求见者要递手本、履历。

作为袁大总统本人，自然是以身作则。他经常召集各部属员举行谒见礼，除了由大总统明令“免予觐见”者外，各省来京的大员和新任命的大员都要举行觐见礼，或跪拜或敬礼或揖手。此外，上下级和平行级之间行文都要有一定程式，各省都督对政事堂、参谋部、陆军部行文都用“呈”。但直隶都督则例外，这也是援引清朝直隶总督兼北洋大臣对军机处等机关视为平行机关的旧例。

复古是袁世凯有预谋地进行恢复帝制的一个工具。

其实，早在袁世凯就任临时大总统后，文化领域的“复古”已经抬头。大清钦定的教育宗旨是“忠君、尊孔、尚公、尚武、尚实”，辛亥革命后，中华民国临时政府立即否定了忠君尊孔的封建教育，并开始推行“德育、智育、体育、美育，世界观（人生观）合谐发展”的教育方针，以培养新知识分子和中华民国新公民。1912年7月，全国临时教育会议因尊孔问题引发了大争论，这就是历史上有名的“尊孔复古”事件。会上，教育总长蔡元培提出“学校不应拜孔子案”，因为当时人心思古，蔡总长的提法与当时的大环境相悖，没有获得通过。但由于蔡元培等据理力争，最后对方达成妥协，这个方案不颁行，但在学校管理规程内删去拜孔子的条文。可是，复古的势头很强劲。1912 年 9 月 13 日，教育部公布以每年 10 月 7 日为孔子诞辰纪念日，全国各学校届时都要举行纪念会。9 月 20 日，袁世凯又颁布《通令国民尊崇伦常文》，下令“尊崇伦常”，提倡“礼教”。他说，“中华立国，以孝悌忠信礼义廉耻为人道之大经。政体虽更，民彝无改”“唯愿全国人民恪守礼法，共济时难”。袁世凯是个半旧半新的“封建人”，他很明白如何给国民洗脑，旧的纲常伦理是维系人心的最好的工具。这时，袁世凯的尊孔还盖着“盖头”，他不敢公然提倡“尊孔读经”，而用道德说教来转移视线，妄图再度取代国民心中刚刚建立的一点点民主和自由的思想。

复古的浪潮越来越汹涌。上有所好，下必甚焉，高层都倡导复古，下面做臣子的当然不敢怠慢了。再者，处在复古浪潮中的各级地方官员也切身体会到民国官吏远远不如大清的官吏有威严，总长不如尚书，都督和民政长不如总督和巡抚，县知事不如县正堂。广东的一个道尹借机上呈省巡按使说：“当地百姓粗鲁强悍，不施以官威，不足以慑服，建议恢复前清的仪仗，如金鼓牌伞、日照执事、大号四轿等，妥否，请批示。”巡按使大笔一挥：“照准。”其实，在袁政府中，地方官吏乘坐绿呢大轿，鸣锣开道，前呼后拥，卸任之前勒令地方百姓为其修建德政碑，恭送万民伞等好大喜功的旧恶习早就恢复了。还有一些地方大员也借机恢复了前清官场中的丁忧守制、回避本籍等规定。

在一片复古浪潮中，唯有两件事未能实现。一是辫子没有明令恢复；一是袁世凯将甘肃都督赵惟熙关于恢复“谥法”的建议提交政治会议讨论，未能通过。

辫子虽然没有明令恢复，可是留辫子的人还是很多，张勋统率的军队便全部留着辫子；甘肃都督赵惟熙也是不肯剪辫子的大官，而在参政院中，有 10 多个参政也是留了辫子，大摇大摆地出入官场。谥法也仍然存在，因为正提倡“民间私谥”；而且清废帝宣统对死去的王公大臣和逊清遗老仍“赐谥褒忠”。

袁世凯为配合复辟帝制，加紧进行尊孔活动，大造社会舆论。1913 年 9 月 3 日，经教育部批准，孔教会在国子监恢复仲秋丁祭祀孔大会，袁世凯特派梁士诒为代表参加。9 月 17 日，教育部电告全国，将农历八月二十七日孔子诞辰这天，定为“圣节”。11 月 26 日，袁世凯又颁布《厘定崇圣典礼令》，再次号召全国人民尊孔。一时间，在袁政府的运作下，尊孔已成为社会各界的一种时髦，子曰诗云成为神圣的教谕，尊孔复古浊浪滔天。

1914 年新年的钟声，给中国政坛迎来的是全国规模的祭孔。为了像历代帝王一样隆重祭孔，袁世凯专门做出批示，他要求“祭孔要与祭天一样，方昭隆重”。根据袁的指示，1 月 29 日的政治会议决定，以夏时春秋两丁为祭孔的日子，京师文庙由大总统主祭，各地由地方长官主祭，在祭祀中恢复跪拜礼节，并在全国推行。2 月 20 日，袁发布《崇圣典例》；3 月 11 日，又发布《褒扬条例》；8 月，再颁布《祀孔典礼》……一系列国家层面的尊孔政令紧锣密鼓。

1914 年 9 月 25 日，袁世凯正式颁发《祭孔令》，公开恢复了前清的祭孔规定。明令于孔子诞辰之日，中央和各地方必须举行祭孔典礼。9 月 28 日，袁世凯在一大群全副武装的侍从护卫下，早晨 6 点半就抵达孔庙举行祭孔大典。

这一幕闹剧像一场别扭的小丑戏，袁世凯则是这场小丑戏的主角。先说他的穿戴，他上身穿绣有四团花的十二章大礼服，下围褶紫缎裙，头戴平天冠，不伦不类的，很是奇葩。袁大总统在侍从官的引导下，率文武百官行了三拜九叩大礼。与此同时，各省将军、巡按使也都在省会文庙祭孔，这是民国以来官方首次最高级别的祭孔。过了几天，袁又叫财政部拨款修缮北京孔庙，并自捐银 5000 元相助。有人甚至发出请愿书，要求北洋政府定“孔教”为“国教”，列入“宪法”。曾经七次上书变法维新的康有为竟然在《请饬全国祀孔仍行跪拜礼》中说：“中国民不拜天，又不拜孔子，留此膝何为?”又在《以孔教为国教配天议》中说：“中国人不敬天亦不敬教主，不知其留此膝以傲慢何为也?”一时间，全国上下尊孔复古，一派乌烟瘴气。

在恢复一系列旧制的同时，袁世凯最为重视的当属恢复祭天。究其原因，一是他在企求上天的眷顾，能够圆了他的皇帝梦；二是祭天是皇家文化的展示，在中国传统政治文化中具有特别深刻的含义。皇帝，古称天子，按照儒家的解释是皇帝天代牧民，是代表上天的意志。

如果说袁尊孔是为了找一个复辟的理由而大造声势的话，那么袁恢复祭天则是以孔子伦理为幌子，寻求一种利于复辟帝制的神秘力量。

1914 年 12 月 23 日，这一天是冬至，也是袁世凯祭天的日子。从新华门到天坛，全部是黄土垫道，警察出动，全城戒严，沿途街巷一空。天坛周围密布着数千名荷枪实弹的士兵，到处都是岗哨。清晨3点，一辆装甲汽车载着袁世凯出了总统府，向天坛驶去。在南门外，袁世凯下了汽车，换乘早已准备好的四角装饰着璎珞的轿车。到昭亨门，下了轿车，又坐上竹椅轿直到天坛前。到了天坛，袁世凯开始步行。这时天还没亮，天坛前点着明亮的灯火，他在更衣殿换上离奇古怪的衣冠，便登坛顶礼膜拜，一切仪礼完全模仿封建帝王，只是由跪拜改为多次鞠躬。他祭天所用的祝板，和清朝皇帝的几乎一模一样，唯一不同的是“子臣”两字改为“代表中华民国国民袁世凯”。祭天大典从凌晨3时开始，一直进行到8时50分才结束。

此时的袁世凯，已做了一年多总统，对尚处于实验阶段的共和政体已失去了信心。在他的认知里，既然共和搞不下去了，就不如恢复帝制的好。况且，逊清老官僚出身的他，深知帝制更能满足其独裁专制的权欲。于是，他便想利用人们还处于转型时期的迷茫，不顾一切地开倒车，搞独裁，做皇帝了。

当然，依袁世凯的政治敏感，他也不是没有看到复辟的危险性。皇帝宝座的诱惑虽大，但迫于舆论压力，为个人利益着想，权衡轻重，他也是犹豫不决的。他想做皇帝，又不敢对外宣称；停止称帝，又心有不甘。可谓又想，又怕；又默认，又否认。

至此，袁世凯尊孔复古的目的已经是“司马昭之心，路人皆知”了。

第十七章
“二十一条”的“阳与阴”

“欧战”硝烟下的“中国方略”

1914年7月28日，影响深远的第一次世界大战在欧陆爆发。

中国似乎离战火很远，这时候的袁世凯正在痴迷地做着他的皇帝梦，对战争的事并不“感冒”，他命外交部门以中国政府的名义发表“二十四点声明”，要点是：中国不介入战争，严守中立；交战国不得占据中国领土或领海，或在中国领土或领海交战，不能利用中国领土作为发动进攻的基地。声明还说，交战国的军队和武器如经过中国领土，中国政府将依法予以扣留或没收。

袁政府对外宣布这一决策意在将自己置身局外，但实则根本做不到。一方面，欧战双方在中国皆有租界和驻军，主要参战国在中国都有势力范围，战火迟早会波及中国；另一方面，东洋强邻日本像饿狼环伺在后，伺机在华博取更大利益。

很多事情都是身不由己，你不想参与，却由不得你。随着参战国越来越多，战火涉及区域也越来越大。城门失火，必殃及池鱼，精于世故的袁世凯岂能不明白这一点，必须趁战事尚未燃烧到中国地面，提早做好准备。忧虑之余，一天下午，袁把总统府秘书长梁士诒召至办公室，询问当前应对之计。

梁士诒沉思良久，说：“大总统，现在有四件事，我们应该提前入手，及早做好准备。一是整顿财政；二是要谨防内乱；三是提防日本；四是要视情对德奥宣战。”

袁世凯饶有兴趣地看着这位足智多谋的“二总统”，说：“燕孙（梁士诒号），说说你的看法。”

梁士诒说：“那就先说说这个让人脑仁都疼的财政，现在中央财政就像是一条破麻袋，早已空空如也，政府要想运转下去，几乎全赖借款。去年的借款到现在已所剩无几，眼前欧战爆发，各国忙于战事，借款之路已被堵死，目前首要的是必须抓紧整理地方财政。如若不然，几个月后，军费、政费将无从着落。依属下看，借欧战爆发，物价不稳，汇兑困难等理由，立即停止对各国的赔款，并将各种税费一并存入银行，以解燃眉之急。我国已宣告中立，各国也不能对我国奈之如何。这是其一。其二要增加新税，整顿旧税，中央加大对关税、盐税、土地税的控制，以充实国库之空虚。其三是发行公债，以求自救。”

说到这里，梁士诒停顿了一下，看着袁世凯。袁也看着“梁财神”，点点头，说：“财政问题确实是我心头之病，也是当前面临的最大的问题，燕孙，你的意见很好，关于详细的财政计划，就由你这位大财神全权负责，下一步就可实施。”

梁士诒答应着，又说：“关于谨防内乱的问题。有句话叫攘外必先安内，欧战爆发，世界局势动荡，在这个关口，必须要注意国内的形势，特别是要谨防国民党借机兴乱。”梁士诒的这句话正说到了袁世凯的心坎上，袁对南方的国民党一直心存忌虑，也正想对他们加以压制。袁心里明白，外国势力入侵，大不了割地赔款，但不至于亡国，而内部势力的兴起，如果不加以压制和打击，说不定丢掉的就是身家性命。

梁士诒又说：“至于提防日本，这是我国最大的隐忧。日本一直对我国虎视眈眈，现在英日已联盟，日本很有可能帮助英国夺回德国所占我国的青岛，我国若不乘此良机取得，恐怕日后再作计较已非易事。不妨我们在日本尚未动兵之前，派军队围困青岛，逼迫德国交还青岛，迅雷不及掩耳，使日本措手不及。德国若不交还，我国便武力夺取，一旦既成事实，其他国家也就无有口舌之争了。”

应该说，袁世凯是清末民初中国官员中与日本政界接触最频繁的一位。早在其发迹的朝鲜十年，袁世凯就一直同日本打交道，深谙日本人的行事套路和狼子野心，称得上一位“知日派”。袁世凯对日本并无好感，日本对袁世凯也最为忌惮和痛恨，袁驻朝时期日本就想治他于死地而后快。但作为一个最现实的政治人物，袁世凯下一步要复辟帝制，就不能不考虑日本对他要复辟称帝的态度问题。

袁世凯说："乘机夺回青岛，以绝后患，这确实是个良策，但我担心的是，我国已宣告中立，却突然动武，势必会引起国际纠纷，而且也会引起日本的疑忌，于我国不利，这件事以后再说吧。"梁士诒哪里知道袁现在一门心思想推进帝制，哪有心思研究策划夺回青岛？袁想的是不仅不能与日本直接对抗，反而要首先取得他们的支持。

梁士诒说："察看欧洲战争情形，德奥两国以小敌大，战之结果必难取胜，不如趁此际加入协约国联盟，一方面借英、俄、法之力以脱日本监视之厄，一方面与各方缓和矛盾，也好将来在和议中取得地位，于国家前途，大有好处。"

袁世凯说："我国要夺回主权，就要在战后和会上争取一席之地，参战是一大良机，但关于参战的时机、兵力等问题都要协商，也要慎之又慎。"

梁士诒说："欧洲战场形势严峻，人力资源非常紧张，协约各国已明显出现劳力不足的问题，我国可以采取'以工代兵'的计划，派出劳工支援欧洲战场，以此介入战争，获取战争资本。"

袁世凯本想用严守中立的投机做法当个老好人，谁也不得罪，但反而引来了列强的抱怨。首先跳出来的日本。日本早已对中国虎视眈眈，认为这是它推行"大陆政策"千载难逢的好时机。一战前，日本已与英国结成同盟关系，它见欧洲列强此刻无暇顾及远东地区，当然不能错失这次扩张的好机会。"4"这个数字也许对日本是个好兆头。20 年前的 1894 年甲午海战，日本得到了朝鲜和台湾，10 年前的 1904 年日俄战争，又夺取了俄国在满洲的利益。现在，日本看中的肥肉是德国在青岛的租借地，因为德国经营中国时日不长，根基尚浅，此刻又被欧战缠身，日本这时对德国宣战并强夺青岛绝对是一桩"低风险，高收益"的好买卖。

1914 年 8 月 15 日，日本政府以"英日同盟"及"确保东亚和平"为借口，向德国发出最后通牒，提出：一是要求德国在中日两国海面上的军舰解除武装；二是把胶州湾租借地于一个月后的 9 月 15 日无条件交给日本，并提出 8 月 23 日正午前如无满意答复，日本将采取相关措施。

大战一触即发，袁世凯忙召集手下召开紧急会议研商对策。外交部参事顾维钧表示，中国已经尽了中立国的责任，因此中国完全有理由抵抗日本侵略。袁世凯又征求陆军总长段祺瑞的意见，段祺瑞的回答顿时泼了袁世凯一头冷水，他说："鉴于武器弹药不足，军队只能维持48个小时的作战，48小时之后作战将十分困难。"按理说，中国在一战爆发后已经宣布中立，日军此次公然侵略中国显然违反了国际法，但一个国家的国际地位由国家实力决定的，由于中日力量对比悬殊，在无力阻止日军行动的情况下，袁政府只好放弃与日作战的可能。

面对日本的强硬，德国当然不会听之任之，立刻提出反制措施，提出"德国可以将青岛交还中国，但日本也就将台湾交还中国"。8月15日，日本针对德国的声明警告中国不得从德国手中接管青岛，否则日本将认为中国自行破坏中立。

8月21日，日本政府要求将山东黄河南岸地区划作交战区。面对日本的狮子大开口，袁政府当然予以拒绝。29日，日本退一步，缩小了交战区范围，并霸道地声明无论中国同不同意，日本将按此交战区进行。国弱受人欺，袁政府只好再次接受当年日俄战争时的屈辱"中立"，同意日本划定的交战区，供德日交战。

这是鬣狗与狼的利益之争。日本对德宣战之后，扬言数小时便可占领青岛。当时驻守青岛的德军有6000人，德皇电令德军"战至最后一人"。可事实上，德军只是在作了象征性的抵抗后，青岛便告失手。

臭名昭著的田中奏折说："欲征服中国，必先征服满蒙；欲征服世界，必先征服中国。"日本对中国的侵略是有计划有步骤的，它的目光绝不是只局限在青岛一隅。攻占青岛后，日本并没有就此收手，而是不顾袁政府的一再抗议，出兵侵占了整个胶济铁路和沿线的矿山、企业及海关，并在各地设立民政署，架设军用电线，驱逐青岛海关工作人员，俨然以当家人的身份把山东当成自己的领土。

由于袁世凯对日本所采取的不积极作为政策，致使夺回青岛的好机会稍纵即逝。但梁士诒提出的其他几点建议却为袁世凯日后的决策起了至关重要的作用。特别是在财政问题的整饬上，梁士诒不愧为梁财神，他的建议很快得到了实施。袁不久便设立了国家公债局，任命梁士诒为总理，全权负责办理"民国三年内国公债"。特别是他提出的"以工代兵"向欧洲战场派遣劳工的战略，使中国摆脱了被国际社会孤立的局面，也达到了中国实际参战的目的，为中国赢得了战后的发言权。

一战结束后，中国以战胜国资格参加巴黎和会，为国运而抗争，为收回青岛主权而抗争，尽管目标没有达到，但青岛回归成为巴黎和会的悬案，也为华盛顿会议上的最终解决埋下了伏笔。

国耻“二十一条”

很多人提及“二十一条”，必定痛骂袁世凯，把袁世凯看作“卖国外交”或“屈辱外交”的典型，因此，“窃国大盗”袁世凯又多出了个“卖国贼”的称号。

但实际上是怎样的呢？

欧战突发，日本借机侵占山东，一下将中国陷入了政治危机和军事危机，使本来袁世凯按部就班进行的帝制活动因此受到阻滞。在这之前，河南一带还爆发了白狼军叛乱，但最终在袁北洋军的围追堵截下，两万白狼军没有逃脱失败的命运。待“内忧”白狼已被剿灭，“外患”青岛战事也告一段落，袁世凯又准备接着做他的“皇帝梦”。此时，日本也在做着一个比袁世凯更加宏伟的梦，其目的是要吞噬整个中国，山东一省只是其跳板，而欧战的发生和袁的帝制行为，正是它一步步加紧武装侵华和外交讹诈的最好时机。一个大阴谋正在将袁政府拽进火坑……

1914 年 8 月，新任日本公使日置益带着日本首相大隈重信的秘密指示，接替病死的原驻华公使山座到了中国。他做的第一件事就是向袁世凯暗示说：“中国可以有一个皇帝。”大隈重信也向中国驻日公使陆宗舆说：“帝制是中国的内政问题，袁大总统可以放心大胆地进行。”此时，袁的政治顾问日本人有贺长雄也极力怂恿袁称帝。

1915 年 1 月 18 日，刚刚从东京回任的日置益在觐见袁世凯的时候，突然向袁递交了一份企图把中国变为日本保护国的一份秘密文件，要求中国全盘接受，并要袁世凯保守机密，说倘若泄漏出去，定将招致严重后果。这文件就是历史上臭名昭若的“二十一条”。

“二十一条”共分为五号。

第一号包括 4 条，是关于山东的有关权益：中国允许日本承继德国在山东一切权利，山东省内及其沿海土地岛屿不得让与或租与他国；烟台或龙口至胶州铁路，由日本建造；开山东省内主要城市为商埠。

第二号共7条，是关于南满、东蒙方面的，大致内容是：将旅顺、大连租借期及南满、安奉两铁路管理期延长至99年；日本得在南满、东蒙享有土地租借权、所有权，可以自由居住往来，并可经营商工业等各项生意；在南满、东蒙建造铁路或向他国借款建造铁路，或将税课作抵向他国贷款，或聘用政治、军事、财政顾问、教习，中国政府必须事先征得日本同意，日本政府拥有吉长铁路管理经营权，以99年为期。

第三号有2条，分别是将汉冶萍公司作为中日合办事业，所在该公司一切权利产业，中国政府不得自行处分；属于该公司各矿的附近矿山，未经该公司同意，不准外人开采。

第四号只有1条，提出中国沿海港湾、岛屿，概不让与或租与他国。

第五号共7条，内容是：中国政府须聘用日本人充当政治、军事、财政顾问；日本在中国内地所设的医院、寺院、学校等，都必须有土地所有权；中国警察要中日两国合办，须聘用多数日本人；中国所需军械的半数以上，须向日本采办，或中日合办军械厂，须聘用日本技师；中国将武昌至九江、南昌至杭州、南昌至潮州铁路许与日本建造；日本对于福建筹办铁路、矿山、整顿海口（船厂在内），必须先向日本协议；中国允许日本人在中国有布教之权。

事情明摆着，这是灭亡中国的条件，如果全盘接受，无异于中国从此变为日本的殖民地。袁世凯把条文快速扫视了一遍，表面上虽不动声色，但他感到事态严重。国弱被人欺，袁世凯知道不能和日本硬碰，他之前本想秘密让给日本一些权利，但没想到日本的胃口如此之大，竟然不顾其他列强在华的特权，企图霸占一切。袁世凯严肃地对日置益说："此事关系交涉事宜，应找外交部协商。"

日公使走后，袁世凯立即召集外交总长孙宝琦、次长曹汝霖及徐世昌、段祺瑞、梁士诒等召开紧急会议，商讨对策。

袁对"二十一条"极为重视，"二十一条"原文逐条逐节以朱笔批注，分别驳议，作为与日本交涉的依据。列举一二。如南满及安奉两铁路管理期限问题，袁批示："前清中俄协定东三省会议时，已允继续俄国未满之年限，今又重新更定，由日本再续期限，将来若能收回，对于年限没多大关系，此条不必争论。”对于第二号合办矿业问题，袁批示：“可答应一二处，须照矿业条例办理，愈少愈好，可留与国人自办。”对于汉冶萍铁矿厂问题，袁批示：“这是商办公司，政府不能代谋。”对于日本政府提出的有关东部内蒙古借款、课税、开埠、合办农工业等方面的要求，袁世凯批道：“办不到。”特别是在“二十一条”最后，袁批道：“各条内多有干涉内政侵犯主权之处，实难同意。”

袁政府一致认为日本所提条件过于苛刻，但又不能完全拒绝，最后决定采用“拖字诀”。1915 年 1 月 27 日，袁世凯任命懂外交善斡旋的陆征祥为外交总长，换下了在外交交涉中不甚在行的孙宝琦。

“二十一条”是袁世凯执政以来碰到的最严重的外交危机。面对日本明目张胆的侵略行径，袁世凯当然不敢掉以轻心。袁世凯不是一个将民族大义放至首位的人，他只是一个玩弄权术的政客，但他也不是一个彻彻底底的卖国贼，他也有自己的底线，他也不想以一个卖国贼的名义当一个千古罪人。

摸底、拖延、放风，是袁世凯在这次谈判中采取的应对方针。

袁世凯先是派出日籍顾问有贺长雄返回日本想方设法探查日方底牌，随后又派人花重金收买日本间谍了解情况，以便在谈判中争取主动。他又指示陆征祥在谈判中与日逐条商议，拖延时间，如强调各种理由向日方提出每周只能会谈 3 次，在每次谈判之前，故意缩短会议时间。同时，袁密电冯国璋联合 19 省将军发通电，声称拒绝日本要求，不惜一战，以增强自己谈判的力量。袁还指示亲信向中外报界透露日本要求的一些内容，借以鼓动舆论。

“二十一条”的消息一经媒体公布，使得日本试图尽快结束同中国的秘密谈判已不再可能。特别是国内的反日情绪像火山一样爆发了，各大城市纷纷成立反日爱国组织，号召抵制日货，一下子令日本陷入被动局面。

1915 年 2 月 2 日，中日代表举行第一次交涉会议，列席人员中方代表为外交总长陆征祥、次长曹汝霖、秘书施履本，日本方面是日置益公使、小幡参赞、高尾参赞。在交涉过程中，日本以支持帝制引诱于前，以武力威胁恫吓于后，左推右挽，企图使袁世凯对“二十一条”囫囵吞下。原来，日本在提出“二十一条”时，仅以一至四号通知英、美、俄、法四国，故意隐瞒最重要的第五号各条。“二十一条”全文真相为中外所知以后，欧美列强对日本损害他们在华的侵略权益一致不满，纷纷予以激烈抨击。日本政府见阴谋暴露，事态严重，只好一面宣布第五号为“希望条件”，系属劝告性质，借以欺蒙世人。另一方面，日方又于4月26日提出新案，内容与原要求大致相同，仅将若干条文改用换文方式，至于第五号各条，允许以后再行协商。5月1日，中国外交部回绝了日本提出的“二十一条”修正案。

随着中外舆论压力倍增和中国反日风潮高涨，日本在外交上日趋被动。5月7日，日本人狗急跳墙，见在谈判桌上无法取得进展，开始武力威慑，向沈阳、青岛、福建沿海等地增兵，摆出一副随时开战的架势，并限袁政府5月9日午后6时前，48小时内给予“满意答复”，否则就要使以“必要之手段”。

从2月2日日本提出“二十一条”，到5月7日日本发出限时48小时答复的最后通牒，历时105天，谈判20多次。日本的最后通牒似已无法撼动。英国大使朱尔典会见外长陆征祥时也劝说中国忍辱负重，接受现实，以避免危机。5月8日，袁再召集副总统黎元洪、国务卿徐世昌、梁士诒、段祺瑞等研究讨论中日问题，讨论来讨论去，再无他法，最后只好接受了修正的“二十一条”。

袁说：“我国虽弱，苟侵及我主权，束缚我内政，如第五号所列者，我必誓死力拒。外交部恪守我的指示，坚拒到底，尽了最大之力，如今日人最后通牒已将第五号撤回……我国国力未充，目前尚难以兵戎相见。故权衡利害而不得不接受日本之最后通牒，是何等痛心，何等耻辱！经此大难之后，大家务必认此次接受日本要求为奇耻大辱，本卧薪尝胆之精神，做奋发有为之事业。”

1915年5月25日，陆征祥与日本正式签订了讨价还价后的“二十一条”，实际上是“十二条”。第五号共7条，没有签订，此外删除2条。

“二十一条”签订后，袁好多天都神志不宁。他让丁佛言撰写了《中日交涉失败史》一书，印制5万册，密存山东模范监狱。他对左右说：“勾践不忘会稽之耻，最后终于打败了吴国；那些咄咄逼人的人终有肉袒牵羊之一日，到那时，此书就可以问世了。”

古语说，知耻而后勇，然而袁世凯虽知其耻，却没有一心一意求发展，而是一门心思要当皇帝。两事相加，其失尽民心也就是顺理成章之事了。

第十八章
“黄袍加身”的“前戏”

模范团：集权制的新产物

猜忌心、疑心重或许是封建帝王的通病，其主要原因恐怕是担心皇权旁落他人，威胁自己的统治地位。袁世凯也是一个猜忌心很重的人。

一方面，袁想方设法进行集权专制，对外不肯让权，对内亦不肯放权。比如他在任直隶总督兼北洋大臣之时，虽北洋六镇统制基本上都是他的亲信大将，但他仍唯恐日久后统制势力过大，所以六镇之间经常互调。又比如他在官员使用上，很少起用新人，他主要担心的是新人掌控大权会“革”他的命。因此袁在进行帝制活动的时候，起用了很多清朝遗老和投机政客，但启用归启用，却不肯赋予他们实权。在改换国务院为政事堂后，以前各省呈报国务院的文件，袁指示不许呈报政事堂而直接呈报总统，从而将大权揽于一身。

但另一方面，袁所集中的权力又不可避免在不断弱化。特别是在军事上，袁世凯当然深知“枪杆子”的重要，可令袁头痛的是，作为北洋派系的将领们，如今一个个都官居高位，翅膀都硬了，自然已不再像当年那样对他马首是瞻，把他当成衣食父母而唯命是从了。

北洋的基础建立于小站练兵时期。那时的袁世凯一心扑在小站事业上，凡事事必躬亲，军政大权系于一人。可随着后来袁步步高升，官职越做越大，一直到当了临时大总统甚至正式大总统后，袁不可能每件事都要亲力亲为，而要把精力投向政治、经济、外交等各个方面，对于军事方面，他也只好依赖诸如段祺瑞、冯国璋等他所倚重的北洋大将了。

袁的独裁制虽然恢复了，但他这个总统在事实上似乎在悄然间对北洋军的控制力越来越弱了。

此时，“北洋三杰”王士珍、段祺瑞、冯国璋互相牵制的局面已经瓦解。王士珍这条“龙”已龙翔浅底，民国成立后，他便退隐朝野不问政事。北洋之“狗”冯国璋坐镇南京，虽拥有重兵，但也只是独霸一方。只有段祺瑞这只“虎”虎踞北京，长期在把持中央军事大权，像军队的编制制定、将领的选拔任用等，除重大问题有所请示外，基本都是由段一手操持。北洋系的新生力量也大多是由段培养和选拔的，段的关系逐步替代了袁的关系，甚至后来一度在北洋系形成了“只知段总长，不知袁总统”的局面。

袁世凯不仅对他手下的两员大将统驭日益困难，对北洋诸将和各地骄兵悍将更是难于控制。段芝贵为袁世凯亲信，“二次革命”时任北洋第一军军长，南下作战，进驻武汉后，把副总统、湖北都督黎元洪逼出湖北，长住北京。但他手下的第二师师长王占元，坐拥实际兵权，开始排挤段芝贵，袁世凯竟然对王占元没有办法。奉天将军张锡銮辖下第二十七师师长张作霖，原是由张锡銮在前清时收编的胡匪，这时羽毛渐丰，也不愿意再受张锡銮管辖，而想独霸一方。袁世凯对于这些骄兵悍将竟然只能迁就，无法处置。至于南北各地非北洋系的军事将领，袁更是鞭长莫及，时时都有叛离的危险。

如何改变这种尾大不掉、强枝弱干的格局，是袁一直在思考的问题。

之前，为抑制北洋将领私人势力的扩大，加强中央集权以强化对全国军事力量的控制，袁世凯曾陆续抛出了缩小全国行政区域规划、废省改道、裁撤都督、设立将军府等方案，但遭到了地方各大军阀的强烈反对而中道夭折。

袁世凯视权力如生命，他绝不能容忍私人势力的崛起和军权的旁落。当年他就是依靠军事起家，现在他自然要想方设法来制止这种势头。此时，大公子袁克定提了一条建议，可在统帅办事处直接领导下成立模范军，由大总统亲自挂帅，担任模范军军长。这个路子与清末摄政王载沣集中兵权于皇室中央，组织禁卫军而自为统帅如出一辙。载沣成立禁卫军，目的是把皇族发展起来，以逐步代替汉族所统帅的军队，以此加强满族对全国的统治力量。袁氏父子组建模范军，当然也是以此削弱北洋旧将的军权，达到实现中央军事集权的目的。

组建模范团，是袁世凯“去北洋化”、加强军事集权的一个重要举措。

袁世凯下定决心成立模范军的另一个重要的原因，是其北洋部下对帝制的抵制态度。当年帮他打天下的功臣，如今都自成一派，各有私心，他只有在北洋军之外另建一支效忠自己的嫡系新军，才能为自己复辟帝制增加成功的砝码。

最初模范军预备先成立两个模范师，可编制方案做成后袁世凯又犹豫了，他想到清政府成立禁卫军曾招至北洋军的强烈反对，因此他不得不考虑模范军的规模以及段祺瑞、冯国璋等北洋旧将的感受。这时，又有军事专家蒋百里向袁提出编练新军模范团的建议，通过培养一批军官，然后将他们派到各军中任职，以达到改造北洋军的目的。同时，蒋百里还向袁世凯推荐了他的同学蔡锷担任模范团的团长。

袁采纳了蒋百里编练模范团的建议，可在模范团团长的人选问题上，遭到了北洋内部许多核心人物的强烈反对。心腹智囊杨士琦劝袁世凯说：“蔡锷是个外人，非我族类，其心必异。一旦让他掌握了兵权，后果恐怕难以设想。”杨士琦的话正中袁的软肋，他最怕的就是日后养虎为患。袁深知蔡锷是一个不可多得的军事人才，但经过再三权衡后，袁还是忍痛割爱，放弃了蔡锷，另外物色练兵人才。

正在这时，大公子袁克定自告奋勇，主动请缨要当这个模范团团长。袁是一个传统观念很重的人，子承父业的意识在他头脑中根深蒂固。看到儿子连拍胸脯带跺脚，信誓旦旦地保证把模范团带出个样子来，袁世凯很欣慰。与其将军权让与外人，不如让自家人掌控，袁决定给儿子这个机会。

可是，袁世凯的提议遭到了段祺瑞的坚决反对。段祺瑞直言不讳地说：“克定不懂军事，让他练兵，能行吗？”段祺瑞不是傻子，他早已看出袁世凯编练新军模范团的真实意图。作为陆军总长，段祺瑞当然不能容忍他人分割其军权。袁世凯对段祺瑞的异议当然很不高兴，他反问说：“那你看我行不行？”话说到这个份上，段祺瑞自然已无话可说。

但对于段祺瑞的意见，袁世凯是不得不顾忌的。既然段祺瑞坚决反对，袁世凯只好退一步，自己亲自担任模范团第一期团长。可是，作为大总统的袁世凯日理万机，根本没有更多的时间训练模范团，这样，模范团的日常工作实际上还是由袁克定主持。

之前，北洋军的军官来源，大多是天津武备学堂的毕业生。该学堂一直是由段祺瑞分管，袁氏父子怕再刺激这只老虎，只好另辟蹊径。于是，军官皆从北洋各师和保定陆军军官学校第一期毕业生中挑选，在原部队中所任官级，到模范团降一级使用；士兵都是从北洋各师下级军官中精选出来的，年龄在22～26岁之间，要求“两好一有”：思想好，身体好，有作战经历。袁计划模范团分作5期训练，每期训练半年，每期可产生4旅的新军军官，暂以训练10师的模范军官为目标。

1914年10月23日，模范团正式宣布成立。团本部设在北海，团址设在西城旃檀寺。袁世凯亲自兼任团长，以曾任赤峰镇守使的陈光远为团副，王士珍、袁克定、张敬尧、陈光远为办事员。

模范团的训练模式是小站练兵的翻版。

袁世凯不管再怎么忙，每周他必去模范团转一圈。一圈下来，他雷打不动的流程有“三个一”：观一次操，训一次话，做一次思想工作。袁世凯做思想工作，无非就是强调各级军官对他的尽忠意识、服从意识。而这种尽忠和服从意识体现在学员从入学到毕业的全过程，学员入学时要举行效忠宣誓，学员毕业升级时必须到总统府向袁叩头谢恩。袁以这样的方式培养学员对他个人的绝对服从，欲建立一支完全忠于他个人的“御林军”。

1915年1月13日，模范团的第一期官兵在团副陈光远的亲自率领下，到象征着“忠义”的关岳庙前宣誓，袁特派荫昌监誓，由陈光远宣读誓词，誓词共8条：“服从命令，尽忠报国，诚意卫民，尊敬长上，不惜性命，言行信实，习勤耐劳，不入党会。誓愿八条，甘心遵守，违反其一，天诛法谴。”陈光远每读一句，全体团员则随声朗诵。

模范团第一期刚结束，袁又增设了“新建陆军督练处”，并用拱卫军的名称代替模范军，成立了拱卫军步兵四旅，炮兵一团，骑兵一团，机关枪营一营，辎重营一营。作为袁的“御林军”，其待遇明显优于全国其他部队，装备都是从德国采购的。

到了第二期，袁克定终于心想事成地当上了团长。袁克定自作聪明地另开“炉灶”，他特意挑选了一批中学以上的学生与各师下级军官配合训练，可惜这些非军官出身的学生，军事素质当然无法与各师下级军官相比。一期下来，军官的数量只能勉强凑成两个旅。

模范团只进行了两期，就随着袁世凯洪宪帝制的失败而停止了。新军模范团的成立，一方面在补充和加强了袁氏父子军事力量的同时，另一方面却埋下了一个仇恨的炸弹。模范团完全独立于北洋系之外，段、冯等北洋大将无权插手，这必然引起他们的强烈不满，从而使北洋旧将更加离心离德。

段祺瑞下课

在军事上，段祺瑞最为袁所重用，但往往事有两面，被重用也同样易被猜忌。而段又是一个有脾气的人，是有权就任性的主儿。以前段在没有掌握中枢大权时，对袁的命令还是百折不扣地执行，但随着其权势的越来越大，段的脾气也见长，对袁的恭敬度也在下降，特别是袁遇事对他的权力压制和掣肘时，段自然是不甘心这种被打压的无奈，每每流露出反感甚至反弹。

1912 年底，袁世凯派蒋百里担任保定陆军军官学校校长，事先没有与段沟通，段因此心生忌恨，以截留该校经费作为报复手段。蒋因多次催款无果而悲愤开枪自杀，幸运的是蒋百里命大没死了。袁遂改任蒋为总统府军事处参议，段竟然拒签委任命令。袁知道后更是勃然大怒，即刻亲笔写下条子任命蒋为军事处一等参议，而且在一等的上面着重画了两个大圆圈，以示强调。袁把条子特意给蒋的老师陈仲恕看了，让他转告蒋，暂时不要上班，以免受制于段。

复古风刮起之后，官场上下早已恢复了跪拜礼，唯独段祺瑞不肯。段特别反感这种跪拜的礼节，说："以前没少跪，好不容易到民国不跪了，为何还要跪？"冯国璋劝他说："芝泉，你就消消气吧，过去都跪了，现在有何不能跪的？再说，能受你芝泉跪拜的能有几人？"正赶上过年，冯拉着段一起去给袁世凯拜年，冯二话没说先跪了下去，段见冯跪下了，没有办法，也只好硬着头皮行了大礼。袁见这两员大将并排跪在自己面前，竟有点不好意思，慌忙站起身来，哈着腰说："消受不起，消受不起！"

冯、段坐了一会，再到袁克定处，按礼节也要行跪拜大礼，段心中当然是一百二十个不愿意，但又没办法。没想到这位"皇太子"比他爹还牛，竟连眼皮都不眨，泰然接受，没有一点谦逊的样子。这下气得段祺瑞从屋里出来后，恨不得跳起脚来骂上三圈。他埋怨冯说："你看见没，这老头子还挺谦虚，可我们的大少爷却牛气冲天，他哪里拿我们当人！我们给他爹做牛做马，现在还要给他也做牛做马，什么东西！"冯也唉声叹气，说："唉，芝泉，莫说是你发火，我也是看不惯，但人在屋檐下，不得不低头呵！还是暂忍一时吧！”冯、段的不满，很快有人传给了袁克定，埋怨他不该摆架子激怒了两员大将。谁知袁大公子却淡定地说：“这正是我的安排，这两个人都是老头子养大的，现在他们都有点尾大不掉，我若不杀杀他们的威风，将来他们更不得了，难免不爬到我的头上呢！”

权力之争往往是致命的，而很多的小过节就像一把把的凿子将袁、段之间的裂痕不断凿大。作为袁来说，段表现出的抗拒让他更加对段猜忌和防范，进而“削段之藩”由之前的“意淫”变为了实际行动。

这样，不听招呼不懂规矩的北洋大将段祺瑞，已经上了袁世凯的“黑名单”。

袁最初有一个“李代桃僵”的想法，他想用蔡锷取代段祺瑞。袁早已看出蔡锷是一个不可多得的军事人才，他打算先派蔡当参谋总长，以代替“泥菩萨”黎元洪，然后再进一步调为陆军总长以取代不听招呼的段祺瑞。可后来据袁观察，他与蔡锷这个人不是一条船上的人，道不同不相为谋，于是放弃了这个想法。

一招不成，袁世凯又想了一个“越俎代庖”的办法。1914 年 5 月 9 日，袁世凯在总统府设立了陆海军大元帅统帅办事处，由袁直接领导。统率办事处由陆军、海军、参谋三部总长及大元帅特派的高级将领组成。办事处共有六大办事员，分别是荫昌、王士珍、萨镇冰、段祺瑞、刘冠雄、陈宧。办事员之下设了参议处，有陈壁光、陈仪、蒋百里等共 8 人。这些人除了清末的旧臣外，大多是长期追随袁的亲信。

设置统帅办事处，这是袁把全国兵权以“越俎代庖”的办法从陆军部夺回自己手中的一项重要举措。从军事上来讲，统帅办事处相当于清代的军机处，袁通过统帅办事处亲自掌握军事权力，此时的陆军总长段祺瑞瞬间就变成其中的一名办事人员，陆军部的重要职权也都顺理成章地移转到办事处，陆军部就被架空了。

用王士珍排斥段祺瑞，这又是袁的一个策略。在龙虎狗“三杰”中，王士珍是一条温情的龙，他比较随和，没有个性，因此袁对他特别放心。由于袁对段的刚愎深感不满，有意要排斥段，因此便有借重王的必要。1914 年春，袁派大公子袁克定亲到正定去请王进京参政，王婉拒。袁克定说：“大总统诚意邀你进京，如果你一天不启程，我也只好留在这里促驾，无颜面回北京了。”王被袁大公子这么一逼，终于同意进京了。袁立刻任命王士珍为陆军上将，并委派他为陆海军大元帅统率办事处坐办。

果然，统帅办事处的成立一下将段总长“晾”了起来。

当年，袁被载沣以“足疾”为由奉旨养疴时，曾把价值30万块大洋的府学胡同私宅慷慨地赠给了段祺瑞。据说，这套房子是袁世凯和人打麻将赢的，对方输了钱便把房子抵押给他，他转手就送给了段祺瑞。用金钱收买人心是袁惯用的权术之一，段当然不肯接受如此大礼，袁解释说：“这是我送给干女儿的嫁妆。”袁世凯所说的干女儿是段祺瑞的继室张佩蘅。当年她的父亲随袁的叔祖打捻军阵亡，袁世凯把她收为义女，视若己出。她在洹上村长大，袁家称其大小姐。段原配吴夫人去世后，袁世凯把她嫁给了段，所以说袁把段是当女婿看的。而袁世凯的儿女们也有把段叫姐夫的。但亲戚再亲，当然比不上权力亲，再亲的亲戚在权力面前也是白搭。

段祺瑞从那时起便住在这所房子内，他在房子的侧面新开了一个侧门与陆军部军需司的走廊相通，上班可以说方便自如。自统帅办事处成立后，被“晾”起来的段祺瑞又郁闷又窝火，索性不再去上班办公，一切部务都交由他的心腹陆军次长徐树铮代办。徐树铮是段的“灵魂”，是段最倚重的，可他却是袁最讨厌的人。一次，袁拟将徐树铮调离陆军次长的位置，段觉得这简直是成心在找他的麻烦，因此生气地说：“既然这样，请总统先把我免了，以后总统要怎么办，就怎么办！”

由于段经常不到陆军部办公，自然对陆军部公事不闻不问。有一次袁好不容易见到段，问及一事，段说不知道，袁马上正颜厉色质问说：“怎么，我刚才还看到陆军部送过来的公文，你是总长你竟不知道？”实际上，基本不上班的段根本没看到这份公文，是徐树铮代为签发的。事后，袁世凯就此事逢人就报怨：“你说现在的北洋沦落到了什么样子，华甫（冯国璋字）不睡到12点不起床，芝泉更行，根本就不到部里。”

当时陆军部曾发生一起茶役偷偷安装炸弹的暴恐事件，日本外务省办的《顺天时报》报料说这是政治阴谋，是袁世凯想要除掉段祺瑞。据任职陆军部卫队营长的曹树洞说，段在家中差一点就见了阎王，原因是被袁府收买了的段祺瑞干儿子罗凤阁事到临头不忍下手。

有了这个插曲，段自此再也不到陆军部上班了。1915年5月，正当日本提出“二十一条”的时候，陆军部上了一道请求增加职员薪金的呈文。袁看后极为生气，骂了一句“混蛋加三级”之后，批了八大字：“稍有人心，当不出此！”

“二十一条”签署后，袁克定四处散布说：“中国为何要向日本屈服，原因很简单，就是因为中国不能抗日；为何不能抗日？就是因为陆军不能作战。现在陆军部务都没人管了，那袁政府怎么能去孤注一掷，冒险抗日呢？”

脸撕破了，话也说绝了。在这种情况下，段不得不向袁递交了请辞报告，并且没等袁世凯批准，他就回到了西山养病。段祺瑞的请辞，当然是被迫的，但袁还是装模作样地予以挽留，只准他请假。陆军部人去楼空，陆军总长一职不能闲着，于是，袁世凯想把这个重任交给刚被他请出山的王士珍。“老好人”王士珍不肯卖友，一再表示不肯就任陆军总长。直到5月31日，袁下令派王代职陆军总长，同时发布明令给段两个月的假期，赏赐人参4两，医药费5000元。

收拾了段，袁的下一个目标自然是段的心腹陆军部次长徐树铮。袁用的办法是反腐。这么大的陆军部次长，不可能一点腐败也没有。于是，袁指使肃政厅弹劾徐树铮订购国外军火多报出经费40万元。1915年6月26日，袁下令免去了徐的陆军次长职务，派他的亲信第五师师长田中玉继任。

至此，袁世凯复辟帝制最大的一块绊脚石被他踢开了，陆军部的大权也被袁顺理成章地收回了囊中。

别有心计的“摸底调查”

袁世凯深知改总统为皇帝，不是件儿戏，光凭拿笔杆子的文人在报纸上说行还不成，关键是拿枪杆子的人同不同意。

一年前，袁世凯就准备把帝制活动由秘密进行转入公开，可突发的欧战一下将他的帝王梦打断了，他不得不拿出很大的精力用在中日问题及“二十一条”的签订上。等到中日问题尘埃落定之后，他才腾出精力开始紧锣密鼓接着做黄粱美梦。

北洋军阀是袁的政治资本，以前袁世凯经常把他们拉出来秀秀，以此来达到某种政治目的。可在推行帝制这件事上，袁世凯对他曾经的北洋嫡系却存有戒心，一是这些自成一系的北洋大将恃功自傲，难以驾驭；二是他的左膀右臂段祺瑞和冯国璋都对帝制持反对态度。因此，袁世凯在酝酿帝制活动时，自然不让北洋系唱主角。

可没有不透风的墙，更何况袁的帝制活动需要一个团队来运作，谁能保证一点秘密不外露呢？正当袁要做皇帝的谣言满天飞时，冯国璋带着其他北洋将领的重托由南京到了北京，目的是想探听一下袁内心的真实意图。北洋军人都希望冯能从袁的嘴里摸出真实情况，因为那时袁与段之间的关系已经降至冰点，而冯则刚刚娶了袁的家庭教师周砥，说明两人的关系似乎依旧如初。

历史上的政治联姻是一道特殊风景，政客们常通过联姻手段以此来笼络对手、部属，拉拢权贵和名族。袁世凯将他的哼哈二将之一段祺瑞打入冷宫，不能不对冯国璋加以笼络，其笼络的办法即是政治联姻，说白了就是美人计。

袁家有一位家庭女教师叫周砥，年近40岁还未出嫁。冯国璋的原配夫人刚刚去世，正打算再物色一个，袁便从中做媒把周砥介绍给了冯。为了表示重视，袁派他的第三妾金氏将周砥亲自送到南京，并派江苏省长韩国钧代表他为证婚人。可这样的婚姻因掺杂了政治目的而透着污浊。

袁不光用联姻的方式笼络冯，这里顺便让我们来晒一晒袁世凯儿女们的婚姻情况。

大公子袁克定娶了湖南巡抚、大书法家吴大澂的女儿吴本娴；二公子袁克文娶的是天津候补道刘尚文的女儿刘姌；四子袁克端娶了天津大盐商何仲瑾的女儿；五子袁克权娶了两江总督端方的独生女儿陶雍；九子袁克久娶了副总统黎元洪的女儿黎绍芳；十子袁克坚娶的是山西督军陆建章的女儿陆毓秀；十三子袁克相娶的是军机大臣那桐的孙女；十五子袁克和娶了“天津巨富八大家”之一张调宸的二女儿张允倩。至于袁的女儿，也大都被政治联姻了，他的次女袁仲祯原先订下要嫁给端方侄子，袁世凯死后袁仲祯坚决解除了这桩婚约，嫁给了晚清大臣薛福成的孙子薛观澜；七女袁复祯嫁给了陆军部尚书荫昌之子荫铁阁；即便是袁死后还在母腹中的第十四个女儿袁祜祯，后来也嫁给了曹锟的儿子曹士岳。

像这样强作之合的政治婚姻，基本上无美满可言。比如，袁克久与黎绍芳的结合就是一个“杯具”。为了获得副总统黎元洪对他帝制活动的支持，袁世凯从中撮和，让袁克久与黎绍芳订了婚。黎绍芳订婚时年龄尚小，长大后对婚姻很不满意，曾几次找父亲商量退婚，均遭拒绝。黎绍芳由此郁郁寡欢，以致后来得了精神病，在疯人院度过了余生。

政治婚姻当然只是一件工具，袁仍旧没把冯当成家里人，冯的北京之行因此也成了一场空。

冯进京后与袁见了三次，每次都是与袁共进午餐。有一次冯在用餐时谈到了大总统要做皇帝的谣言，袁生气地把夹着菜的筷子摞下，菜也掉了一桌子。袁严肃地说："华甫，你我是家里人，难道你还不知道我的心事？外面的谣言你还信？民国刚成立时，有人说共和不适国情，我曾经做过表态，表示退位或者还正清室，我本人坚决不愿做皇帝。现在的新约法中有一条规定总统可以颁发爵位，外人便开始传言说这是总统变皇帝的一个步骤，其实我认为这根本不是一回事。你想，满蒙回藏四族人民都可以封王封公，汉人却不享受这个权利，这太不公平了，所以我这么做的目的就是为了使汉人也可以封王封公。"

冯半信半疑地琢磨着袁的话，袁又接着说："华甫，我的心里话都对你说了，你说现在我这个大总统的权力跟皇帝还有什么两样？一个人想当皇帝，无非为了子孙后代，因为总统不能世袭，而皇帝却可以传给子孙。就拿我来说吧，老大是个拐子，老二成天和一帮清客混在一起，沽名钓誉，老三不明事理，其他的都还小，你说哪一个能继承大业？再说了，我袁家就没有过 60 岁的人（指男性），我今年 58 岁，就是做皇帝还能有几年做头？更何况历史上帝王之家的下场总没有好结果，我为什么要这样做？"

冯国璋说："大总统说的虽是肺腑之言，可怕的是到了真正黄袍加身的时候，就推辞不掉了。"

袁又生气地扔下筷子，说："我说过了，我再强调一遍，我是不会做这种傻事的。我有一个儿子在伦敦读书，我已经叫他在那边置办了点产业，如果再有人硬是这么说，我就出国到伦敦，再不问国事了。"

冯听了袁的这番话，心里依旧打了鼓。餐后他顺便拜访了与他私交甚密，也是袁心腹幕僚的政事堂机要局长张一麐，将袁的话叙述了一遍，张想了想，说："我考虑老头子的话应该是真的，事情的确如此，复辟称帝只能会自取灭亡，老头子不会傻到这种地步。"但事实上，袁的障眼法也把张给欺骗了。

袁在推行帝制活动时，使出了一系列政治手腕。单单是对他昔日的两员心腹大将段祺瑞和冯国璋，袁就使出了两手，赶走了不听话的段，笼络摇摆不定的冯。对于段、冯以下的北洋系军阀们，袁对付他们的手法又有所不同，一方面在安插亲信将领巩固其军事实力的同时，另一方面又多方设法试探他们对帝制问题的态度。

先说说袁是如何安插亲信巩固其军事实力的。

国民党“二次革命”失败后，北洋军便控制了中国大部，只有两广、云贵和四川等五省为地方军人势力所控制。广东都督龙济光虽非北洋系，但他早已投靠了北洋，而且镇压了广东革命党人，立有大功。广西都督陆荣廷是绿林队伍，力量不是很大，而且和龙济光又有亲戚关系（龙济光之子龙运干娶了陆荣廷的女儿），两省又连界，政治上陆、龙两人共进退，因此广西不会发生太大意外。只有四川、云南、贵州3个省是大缺口，这令袁很不放心。而作为天府之国的四川，人口众多，物产丰富，钱粮充足，不像云贵相对贫瘠，甚至自己养不起庞大的军队，在清王朝时期，云贵甚至甘肃、西藏等地的军费每年都要靠四川支持。同时，四川革命党人的势力也比云贵更加强大。

帝制运动将起，袁认为必须先收服四川，再以四川控制云南和贵州。他在身边东选西挑，终于物色到了一人，他就是参谋部次长陈宧。

陈宧可是个人物。

陈宧有个外号叫“二疯子”，他的老师就是大名鼎鼎的章太炎。陈宧传承了他老师章太炎章疯子的衣钵，誓将“疯子精神”进行到底。据说，章太炎最初见到陈宧时，说陈宧这人是第一等人物，然日后灭亡民国者，必此人无疑。虽然拜了老师，但陈宧却记了仇。后来，章太炎被袁世凯囚禁，和陈宧的谗言有极大关系。章太炎死后，陈宧常对人追悔说：“太炎殁，世间无真知我陈某者。太炎真知我，我也真知太炎。”你看这爷俩，够疯不？

下面，我们就来了解一下这个“二疯子”到底是何许人也，为何袁大总统将他猎到门下？

陈宧的父亲是一个商人，经营土布生意，陈宧两岁时父亲暴病身亡，其兄陈宽铸继承父业。母亲徐氏出自书香门第，非常重视儿子的教育，在陈宧7岁那年便让他拜姨父李声德为启蒙老师，后入安陆汉东书院就读。21岁，陈宧参加乡试一举考中秀才，是年，升为廪生，后又考入武昌经心书院读书。26岁时，他投笔从戎考入了湖北武备学堂，之后以优异成绩考中拔贡，可在一年后考取进士时却因未能按时交卷被考官宣布论文作废而落榜。一年后，其叔祖父陈学棻升任工部尚书，陈宧托叔祖父走后门入京师大学堂读书。

1900年夏，八国联系攻入北京时，叔祖父陈学棻帮了大忙，将陈宧介绍给了军机大臣荣禄。正是用人之计，荣禄火线提拔陈宧为军机处武卫军管带，率兵300人守朝阳门。北京城失陷，陈宧护驾西行，在路上遇到了人生伯乐锡良。

1903年，34岁的陈宧入川就职四川总督锡良幕府，之后，随锡良又辗转云南和辽宁，并辅助锡良军政。在锡良幕府7年半的时间里，陈宧极尽忠义，先后协助锡良编练新军、建造兵工厂、安定川边等。锡良也对陈宧非常赏识，将他提携成正二品的新军第二十镇统制，可以说，锡良对陈宧是有知遇之恩之人。

令锡良万万没想到的是，辛亥革命爆发后，陈宧离开他加入到黎元洪幕府，开始投身到轰轰烈烈的革命阵营中。清帝宣布退位后，袁世凯出任临时大总统，任命黎元洪副总统兼任参谋总长，任陈宧为参谋次长入京代理总长职务。期间，袁派人去解散蓝天蔚手下的部队，耗费10万银两仍无结果，乃改派陈宧前往。陈宧与蓝天蔚商定直接做士兵工作，仅3万元即遣散完毕，袁世凯赞叹“北洋军中竟无此人才”。自此袁开始重视陈宧，并约谈陈，开出了优厚条件。陈深思熟虑后认定靠黎不如靠袁，于是过河拆桥，转身投靠了袁，成了袁的幕僚。可令袁万万没想到的是，这个“二疯子”却是他的“送终人”。

陈和国民党及南方军事派系都有渊源，尤其是他曾主持过清时四川和云南的军事教育，民国后川、滇两省的军政大员多半是他的门生故吏。他任参谋次长，总长是黎元洪，只挂名而不到部办公，所以陈对参谋部的处理，完全符合袁世凯的需要。袁的智囊团中，对全国军事采取分工研究，指定一人负责一组，陈便是负责西南组，凡与川、滇、黔三省有关的军事问题，都由陈负责研究，并提出意见和办法以供袁采纳。

1915年2月20日，袁下令派陈宧会办四川军务，并在北洋军中抽调了伍祥祯任旅长的第4混成旅、李炳之任旅长的第13混成旅、冯玉祥任旅长的第16混成旅及孔繁锦的卫队团，共计2万多名官兵浩浩荡荡进入四川。

这是袁所计划填补北洋军在西南缺口的一个重大措施。

陈宧动身前谒袁请示机宜，袁屏退了左右，然后用很亲密的口吻对陈说："你是很聪明的人，应该怎样做你都知道，用不着我多说了；只是有一点我想让你了解，四川是天府之土，明朝藩王的殿址仍然存在，你去了之后，可以好好把它修建一下，也许将来我叫芝台（袁克定号）到四川去。你去找芝台谈谈，你们从今后要当作弟兄看待，也许将来我会托付你更重大的责任。"

陈宧退出后去看袁克定，袁克定这位太子爷连段祺瑞、冯国璋都不放在眼中，自然更看不上一个军务会办了。陈心里纳闷，也和段、冯一样深感这位少爷难于伺候，正在十分扫兴地要退出去，忽然袁世凯的一个侍从飞跑过来，对着袁克定说："大总统叫小的来传话，请大爷和陈大人换帖拜把子。"袁克定也够机警，听了这个传话，立刻变了态度，对陈宧说："二哥，在我这边用饭吧。"

陈宧到达四川成都后，恰四川巡按使陈廷杰"丁忧"请假，其职务由财政厅厅长刘莹泽代行，袁于5月1日下令命陈兼任四川巡按使。此时，四川总督是胡景伊，胡虽然属于亲袁派系，但因其出身不是北洋系，并不被袁完全信赖。所以袁把胡一纸命令调到了北京，给了一个"毅武将军兼参政院参政"的虚职。6月22日，袁又下令任陈署理四川总督，陈名副其实地成为四川军政"一把手"。陈也不负袁的厚望，他做的第一件事便是着手整编川军。此时，川军共有3个师，他首先把实力最强、由周骏任师长的第一师进行减编，将原有的2个旅，缩编为1个旅，并安排自己的老乡、日本士官学校毕业生熊祥生担任旅长。接着，他又把刘存厚的第二师进行减员，将原有的2个旅减掉了1个团，并安排自己的幕僚雷飙担任其中1个旅的旅长。第三师的命运最为悲惨，陈宧干脆取消了其编制，将其缩编为第二混成旅，其多余兵士与之前第一师缩编时多出来的兵士凑成了第一混成旅。当然，周骏、刘存厚这些川军高层对此非常不满，但陈宧握有尚方宝剑，同时他手中还有与他一起入川的3个混成旅。周、刘也只好任其摆弄，敢怒而不敢言。就这样，四川这个天府之国就成为袁的新征服地了。

当袁世凯秘密推行帝制活动的时候，他不能不考虑各地军阀对帝制的态度。之初他拟召集全国各省将军来京，举行一次大规模军事会议，讨论划分军区和废省改道两个问题。当时有人建议袁不要仓促进行，以免各省军政首长离心离德，加以中日刚签订"二十一条"，此时召开大规模军事会议，很容易招致日人疑心和误会。袁深以为是，乃改变方式，轮流电召各省将军入京述职，专就帝制问题向他们试探。

觐见名单拟好后，袁突然想到了二十七师师长张作霖，他总感觉到张作霖并非池中之物，也一直把他看成是日后潜在的对手，于是大笔一挥，又在张锡銮名字下面添上了张作霖的名字。张锡銮当时为“镇安上将军”，督理奉天军务，兼节制吉、黑两省军务，是东北的最高首领，而张作霖只不过是个小小的二十七师师长，可见袁的眼力之老道和毒辣。

1914 年 7 月起，应召来京的，先后有山东将军靳云鹏、江西将军李纯、山西将军阎锡山、奉天将军张锡銮、湖北将军段芝贵和驻防奉天的二十七师师长张作霖、驻防湖北的第二师师长王占元等。这些显赫人物中，只有段芝贵是唯一参与帝制机密的。

袁在接见这些封疆大吏时，总是先问这么一句：“咱们办共和办得怎样?”共和前加个“办”字，实在是一个绝妙的好形容词。如果办得不好，当然可以不办，何况“办”字寓有试办的意思。这些“诸侯”们都知道袁的意思，所以答复的话都是千篇一律：“共和不容易办得好，还望大总统多负责任，以救国家。”

奉天将军张锡銮是袁的老把兄弟，此时已 70 多岁。在所接见的人当中，只有他说出话很不中听，他认为外交告紧，边防空虚，对政治问题应该多加考虑，以免引起强邻干涉。袁听了很不高兴，因而有意要把他打入冷宫。

张作霖接到总统召见的通知后，心里是一头雾水。他吃不准袁对他刮目相看是福还是祸，但他知道事关重大，必须得高度重视。思来想去，他决定向足智多谋的老朋友袁金铠[①]讨个主意。此时的袁金铠跟随他已失势的主子赵尔巽在北京清史馆担任编辑工作，张作霖提前一天秘密赶到北京找到了袁金铠。袁金铠深知袁世凯的用人之道，告诉张作霖要对付袁世凯可以用装憨卖粗的办法，就像当年刘玄德与曹孟德吃酒时一样。

有了锦囊妙计，张作霖高调现身北京城，敲锣打鼓住进了奉天会馆。接下来，他走出了两步棋：一是花钱疏通关系。他大把大把撒银子，给袁世凯身边的人“进贡”，没几天，袁身边的人都得到了张作霖的好处。二是包妓

---

① 袁金铠，曾在东三省总督赵尔巽帐下为幕，为人狡诈机变、老谋深算，后投靠张作霖。“九一八事变”后投靠日本人，抗战胜利后被列为东北十大汉奸之一，被抄家，最后在穷困潦倒中病死。

院。他大开绿灯，让部下将百顺胡同、胭脂胡同、石头胡同等“八大胡同”里的一等妓院全部包了下来。很快，风言风语四起，说奉天来了一帮大兵，成天逛窑子搂妓女，真是土包子进城，专开洋荤来了。袁听后哈哈大笑，心想，莫非自己看错了人？于是对手下说：“这个大老粗，有意思！”

这天，张作霖由军警执法处长雷震春陪同入觐。张一路上东张西望，仿佛刘姥姥进了大观园，根本看不出他平日里飞扬跋扈的师长范儿。到了总统办公室门前，袁的大公子袁克定将他俩领进了办公室。张作霖一见到袁，佯装出一副无知粗蠢的样子，扑通一下跪倒地上，说：“在下叩见大总统。”说完，呼呼呼磕了三个响头。袁见张作霖一副憨相，心中的戒备全无，哈哈大笑，说：“雨亭（张作霖字），咱们共和办得怎么样？”张作霖听见问话，心里早有答对之词。他又磕了一个头，说：“在下是一介武夫，不懂啥礼数，也分不清楚总统和皇上，在我眼里，大总统就是皇上，皇上就是大总统，大总统皇上万岁万万岁！”袁一听，再次被张作霖的憨相逗乐了，他感觉这个张作霖挺有意思，便换了一种语气，关切地问：“雨亭兄与手下在北京还习惯吧？”张作霖嘿嘿一笑：“我那些弟兄从小地方来，没见过大世面，都忙着找乐子呢。嘿，这京城的婊子真带劲。”张作霖土里土气、颠三倒四的陋词莽语，把个袁逗得前仰后合。

张作霖坐在沙发上，一边吹捧着袁，一边不停地偷看室内摆设。当听到袁表扬他“忠心可嘉”时，马上说：“我就是大总统磨道上的驴，大总统咋吆喝，我咋走，还不会走差道。”说的时候还不停地用眼盯着多宝格子里的古玩和金表。袁见张作霖盯上了金表，说：“你拿去作个纪念吧！”张作霖也不客气，说了声谢谢，一下就将金表抓在手里。

张作霖瞒天过海，装憨卖粗，消除了袁的猜忌心理，也赢得了袁的信任。可袁不是一般人所能忽悠得了的，就连精明透顶的山西“土皇帝”阎锡山每次见他都腿肚子发软，总感觉袁的眼睛能看穿他的五脏六腑。最重要的是，张作霖不属于袁“圈里的人”，袁也不可能把奉天交给他。一个月后，奉天“一把手”张锡銮调离，张作霖满以为他能继任，可没想到袁把他的干儿子段芝贵派了过来。

第十九章
帝制运动的“捧脚人”

先给自己“照镜子”

“病有千般，不离阴阳。人有万种，总有名利。”

佛经上将我们这个生存的世界称为“欲界”，“欲界”自然摆脱不了一个“欲”字。贪心不足蛇吞象，因为欲壑难填，所以注定失败和痛苦。

称帝是袁世凯一生中最大的败笔，他也因此身败名裂。有人骂其狼子野心，沐猴而冠；有人叹其晚节不保，失足千古。从手造共和到帝制自为，巨大的反差，使袁世凯成为千夫所指，众叛亲离，最终可耻地死去。

袁世凯在斗垮了国民党之后，改组了官制，修改了约法，重订了《大总统选举法》，把自己推上了终身大总统位置，事实上已经是一代帝王了，所差者就只是一顶皇冠和一个帝王名号而已。他为什么非要逆潮流而动呢？

关于袁世凯的称帝，过程似乎很清晰，但是背景与动机则令人费解。作为一个纵横政坛高层的风云人物，难道不能预见称帝之后果，难道单纯出于政治野心、家族利益，抑或更深刻的因素？应该说，袁世凯的称帝行为并不是简单的“自为”，称帝的背后有深厚的社会历史背景，比如帝制与共和两种制度的选择，以及时局与人事的纠结，等等。

先解剖一下袁世凯本人。

一个人的出身、家庭背景对他以后的性格养成及认知思考问题的思维至关重要。袁世凯出生在清末一个官宦士绅家族，他的祖辈和父辈都有人因镇压农民起义有功，受到朝廷赏识，做到了道员、侍郎和总督的显赫职位，在这种氛围中成长起来的袁世凯自然有着强烈的权力欲。同时，这样的家庭背景也使他内心儒家忠君思想根深蒂固，而随着年龄、阅历以及权力的逐渐变大，他的君臣思想也逐渐形成了对皇权思想的迷恋。他虽然有时很开明，但他骨子里是一个地道的封建式人物。他认为“西方资产阶级民主共和，不过是外来的异端邪说，只有中国的封建主义的统治，才是天经地义”，因此当他取得临时总统职位后，就开始迫不及待地反对民主共和制，竭力维护中国封建专制制度。当他扶正大总统后，他仍不满足，他觉得总统地位虽高，权力虽大，但处处还要受国会和《临时约法》的限制而不能为所欲为，他曾说：“议员们又捣乱了，这样七嘴八舌，国家的事情该怎么办?”“实在不胜其苦，倒不如干脆称帝。”

内因决定外因。一个人的内心被打上烙印，是很难改变的。袁世凯在清朝为官多年，由于受传统封建思想影响，他始终认为君主制优于民主制，更何况称帝之后，皇位还能传子传孙，万世一系。正是这种思想作底子，袁世凯称帝也是早晚的事。袁这种根深蒂固的封建帝王思想和狂妄的政治野心，是促使他走向帝制自为之道最重要的主观原因之一。

而另一个重要的主观原因是他摆脱不掉的迷信思想。袁世凯的老家项城地处中原，有着浓厚的文化底蕴，相命、堪舆、巫术在当时十分盛行，袁的全家都迷信相命之术。1909 年初，袁世凯被摄政王载沣以“养疴”名义开缺回籍，隐居于彰德，落难的他更加醉心于相命、堪舆之术。袁家的男人普遍短寿，最大的寿限只到了 57 岁。据说一个当地有名的相命大师也称袁世凯不会超过 58 岁，袁便向他寻求破解之法，大师说：“难呀！恐怕只有龙袍加身才能冲了晦气，化解这个魔咒。”袁听后什么也没有说，暗地里派人把这个相命的给除掉了。

从心理学上讲，袁的称帝思想也不是一日形成的，而是在接受了一系列的心理暗示后逐步形成的。特别是他当上总统之后更加痴迷于风水、命相之术，并先后找命相先生给他算命，以求证自己有无“龙兴之运”。他的女儿袁静雪也说：“我父亲是有迷信思想的，他既相信八字，也相信风水。”

当时坊间曾流传着“西山十戾”的说法，说有熊、獾、鹗鸟、狼、驴、猪、蟒蛇、猴子、玉面狐、癞蛤蟆等 10 个妖精修成了人形，做了清朝的大官，分别是：多尔衮、洪承畴、吴三桂、和珅、海兰察、年羹尧、曾国藩、张之洞、慈禧太后、袁世凯。用玉面狐来映射慈禧，说明她的狡诈和无情，用癞蛤蟆来刻画袁世凯，影射袁的长相是五短身材，走路外八字，像只癞蛤蟆。当然，这种说法具有极强的演义性，根据动物的某些特征来比对人物，也表达了民间对统治者的不满和反抗。

与这个说法对应的还有一个“书童献茶”的传言。

说袁世凯午睡醒了要喝茶，书童像往常一样去献茶，谁知他进屋后突然发现一只癞蛤蟆趴在床上，书童受到惊吓后玉杯掉到地上当场摔了稀碎。

袁大怒，书童吓得跪到地上。袁问其缘由，书童灵机一动，编瞎话说：“我刚才进屋时，看见床上躺着的不是大总统。”

袁怒气未消，问：“混蛋，不是大总统，那是什么?”

书童说：“我不敢说。”

袁说：“你快说，不说看我怎么收拾你。”

书童支支吾吾地说：“我我我刚才看见了一条龙。”

袁闻言怒气顿消，从抽屉里拿出一块大洋扔给了书童，并告诉书童不要到外面乱说。

真龙附体的言外之意便是真龙天子，不光袁世凯在意这些，历史上的帝王也都说自己是真龙转世。《史记》中记载了一个关于汉高祖刘邦是龙种的说法，说刘邦的母亲刘媪在一湖边休息时做了一个梦，梦见自己与神相遇，之后忽然雷电交加，天昏地暗。刘邦的父亲急忙赶去看个究竟，见一蛟龙正卧于刘媪的身上。不久刘媪即有了身孕，于是生下了龙种刘邦。

有真龙显圣也好，做龙种也罢，这些当然都是底下人迫于权力而迎合野心家，奉承说其是真龙天子转世而糊弄老百姓硬编造出来的。但这些迷信的东西又会进一步形成特定的心理作用，严重误导了袁的自我清醒认识及对时局的准确判断。同时，他相信通过做皇帝，可以延长生命，以冲破袁氏家族男性活不过60岁的魔咒，妄图长期掌握中国至高权力。

这些迷信思想与权力欲的结合，也是他做出复辟帝制决定的主要原因之一。

袁克定的“太子梦”

在洪宪帝制出台中，袁世凯的大公子袁克定无疑是一个重要角色。有人认为，如果将帝制责任按十分进行量化的话，袁世凯本人占二分，杨士琦、杨度等“六君子”“十三太保”占二分，当时的政治格局占二分，帝国列强的推动占一分，而袁克定应该承担三分责任。

袁世凯有一妻九妾，共有17个儿子、15个女儿。袁克定是长子，也是唯一的嫡出，因此袁对这个儿子很看重。他给袁克定起乳名“继光”，意思是“继先人之光”，可看出袁对他抱了很大希望。袁克定打小就跟在袁世凯身边，对旧官场上的封建习气耳濡目染。袁世凯也经常让他代表自己外出办事，这在无形中也助长了袁克定的政治野心。由于袁的着意培养，袁克定不仅旧学功底深厚，德语和英语也都不错，袁世凯与洋人交涉时，经常由袁克定充当翻译，这也让袁世凯对袁克定格外看好，寄予厚望。袁克定是嫡长子，按照传统的皇位继承法，他当然是皇帝的第一继承人，如果父亲做了皇帝，那他自然就是名正言顺的皇太子。有相士曾忽悠袁克定，说他命中注定要做20年的太平天子。于是，这位袁大公子迫不及待地私铸了颗“大皇子印”以留备用，一些溜须拍马者给他写信也称其为“大皇子殿下”，他竟居之不辞，其野心可见一斑。试想，如果大总统不进行复辟帝制，这岂不是中断了他的“皇帝梦”？所以，当他知道父亲有称帝之心时，他第一个跳出来力挺。

知子莫如父，知父也莫若子。袁克定将袁世凯的心思摸得很透，他知道怎么抓住老头子的命门，这个命门就是袁家男丁活不过60岁的魔咒。袁克定直接或间接地，不断地向老头子明言或暗示，这个魔咒只有做了“真命天子”才能冲破。为了扩大帝制力量，袁克定竭力拉拢各种势力，组成了“太子党”。在他的操纵下，太子党们编造出无数的所谓“祥瑞”“显圣”之类的迷信，来突破袁世凯的心理防线，这也是中国历代帝王最自欺欺人的把戏。但凡改朝换代明君出世，这类的传说就会应运而生满天飞。而关于袁世凯的一个个“天意如此”，大都是袁太子包括袁家的奴仆近臣投其所好编出的瞎话。

1914年，远在河南项城看管袁家祖坟的坟丁韩诚进京报告，说在坟地中间突然长出了一颗状似盘龙紫藤，紫藤附近还发现了一块刻有“天命攸归”字样的青石。更神奇的是夜间坟地不时有地龙显现，口吐红光，直冲云霄。袁世凯闻听大喜，重赏了坟丁，即命人将祖坟保护起来，并亲派袁克定回籍验证真假。

其实这些都是“袁太子”的恶作剧。袁克定还向老头子推荐了一个假洋鬼子风水大师，大师穿戴洋气，还会讲几句英文，一下就把袁世凯震住了。袁请大师看新华宫的风水，大师言称新华宫易散气不兜气。袁问有何良策，大师说需在新华宫左侧修建一个厕所，此事聚其秽气，问题即可迎刃而解。袁世凯果然在新华宫左侧修建了一个厕所，成为民国史上的一段笑话。

袁太子还找了一个天文师忽悠老头子，天文师说他夜观天象，发现有帝星朗照中原方向，经仔细勘探正是河南项城。现在帝星已向北而来，一个月后就可以到达北京，这是上天的垂象。更邪乎的是，一日北海一树丛中突然升起一道红光，之后有人挖地三尺，发现一块石碑，碑文无人看懂。袁世凯闻讯后叫梁士诒来看，梁虽是清朝状元，仍然看不懂。最后召来古文专家刘师培，才解读出了石碑上的篆文，内容是："龙站玄黄，坠统失纲。庶民不和，洪范宪章。天命攸归，安吉衣裳。新我华夏，山高水长。"翻译过来的意思就是请袁世凯当洪宪皇帝。而事实的真相是，这块石碑是袁克定、梁士诒、刘师培等合谋伪造的。

更令人啼笑皆非的是，为了怂恿老头子早日称帝，袁克定专为老头子办了一份假报纸《顺天时报》。《顺天时报》是日本外务省在华办的一份"学中国人口气"供中国人阅读的中文报，发行量曾一度达到17000多份，成为华北地区第一大报纸。《顺天时报》是日本在北京的喉舌，反映了日本对华的政策和态度。而当时，袁对日本的态度非常敏感，因此非常重视《顺天时报》，几乎每天必看。

袁本以为在日本签订"二十一条"之后，就不再会反对他称帝了，但日本的胃口是难以满足的。作为日本政府的御用机关报，《顺天时报》充当了对华交易的政治工具，每天都刊登大量反对帝制复辟的文章。袁大公子怕老头子读到这份报纸打消称帝念头，不惜耗资3万元雇人炮制了一份天天刊载拥护帝制消息的《顺天时报》，专供袁世凯阅读。

等袁世凯发现这一造假事件后，大骂袁克定"欺父误国"。但不管怎么说，袁克定毕竟是他的嫡长子。后来袁世凯死后，大家打开当年袁大总统所封存的金盒子，总统继承人写着黎元洪、徐世昌和段祺瑞三个人的名字。后来有人泄密说，段祺瑞的名字原先写的是袁克定，袁在临死之前把袁克定的名字改成了段祺瑞。估计袁世凯也知道，他不想给后人留下家天下的骂名，他也知道，他死后他手下的这些大将也断不会支持和辅佐这位"皇太子"继承大统。

洋顾问的“黑算盘”

怂恿袁世凯称帝的“捧脚人”，不只是众多围绕在袁身边见风使舵拍马屁的“媚臣”，还有一群打着“黑算盘”妄图摄取在华利益的洋顾问。

刚刚脱胎的民国国力孱弱，被列强环伺的袁世凯不得不很在乎各国对华的态度，所以他一向很重视洋顾问的作用。从北洋政府建立的那一天起，他就陆续延聘了不少洋人当顾问，除安置在政府各部以外，仅作为总统顾问的就有十几人。

在袁世凯的洋顾问中，在鼓吹帝制这件事上，当属民国政府宪法顾问美国人古德诺博士和公府法律顾问日本人有贺长雄博士。

1914 年 1 月，古德诺率先上了一道废除国务院、各部总长直接隶属于总统的条陈，不甘落后的有贺长雄紧接着上了一道请求采取总统制的条陈。这两道条陈正迎合了袁强化集权的心意，他急忙派人把条陈译成了中文，令印制局印成文件下发各省军民长官，以供领会参考。

袁把这两位哼哈二将搬出来作为他推行帝制的开路先锋，在他想来这是最有说服力的了。作为美国宪政专家的古德诺和日本法学家有贺长雄都看出共和制不适合中国国情，这足以说明中国的确有改行帝制的必要。

下面我们简要说一下这两个洋顾问来华的原因和背景。

将镜头拉回至 1912 年底的袁政府与国民党之间的制宪权之争。《临时约法》规定，自约法施行之日起，10 个月内由临时大总统召集正式国会，制定宪法，并选举正式大总统。《临时约会》和《国会组织法》还规定，宪法由国会制定。袁世凯鉴于国会是其政治反对派——国民党占多数的机关，如由国会全权制定宪法，势必不利于北洋派，便授意其北洋大将从中作梗抢夺制宪权。制宪权控制在谁手，是关系到未来的宪法按照谁的意志制订、对谁有利的根本问题。从这种利害关系出发，国民党当然不会把制宪权轻易让给袁世凯。1913 年 3 月 3 日，参议院开会审议袁世凯交议的《编拟宪法草案委员会大纲案》，国民党议员全力反对将这一违法的提案交付审议。由于国民党议员占多数，袁的提案自然未被通过。心有不甘的袁世凯立即设置制宪障碍，提出了设立宪法顾问的建议，企图用宪法顾问来给国民党制度麻烦。袁的提议得到拥袁派梁启超等人的支持。虽然国民党强烈反对设立宪法顾问，但袁独断专行地先后聘请了有贺长雄和古德诺为民国政府宪法顾问。于是，这两个洋顾问卷入了中国政治斗争的激烈漩涡之中。

我们就一起来看一下这两个顾问是如何为袁充当帝制运动的鼓吹手和打“黑算盘”的。

先说善于鼓捣的古德诺博士。

古德诺能够“嫁”到袁府，“月老”是一个叫卡耐基国际和平基金会的组织。1911 年 10 月，该基金的一名董事到亚洲考察以拓展会务。1912 年 3 月，这名董事在北京会见了袁世凯的秘书蔡廷干和国务总理唐绍仪，建议中国政府应该聘请外国顾问，并称卡耐基基金会可以从西方国家选聘民国政府各部门所需用的有能力的顾问。之后，这名董事又会见了袁世凯，也向袁建议聘用外国顾问一事，袁未置可否。直到 1913 年 1 月，民国政府出于制定宪法之需，袁世凯也愿意延聘一位美国知名学者当顾问以装点门面，于是蔡廷干代表袁政府通过美国驻华公使馆请卡耐基基金会推荐一位精通宪法条例且对法国宪法较熟悉的专家来华任法律顾问，基金会便举荐了古德诺。1913 年 3 月 15 日，古德诺与中国政府在华盛顿签订了一份聘用合同。就这样，1913 年 5 月，古德诺到北京后被袁世凯安排在隶属于总统府的法制局工作，正式开始涉足中国政治。

古德诺在美国被公认为宪法权威。1904 年，美国政治科学协会成立，古氏担任该会第一任会长，所著《行政学》一书风行欧美。古德诺精通宪政，他在觐见袁世凯时说：“我研究了中国国情，中国有帝制的传统，民族主义的观念不像西方那样强烈，所以中国需要一个强有力的中央政府巩固国家政权，以取代各省军阀割据的松散局面。”1914 年 2 月，古德诺发表了《总统制与内阁制之比较》一文，极力主张改行总统制，建立稳固强硬之政府。由于古德诺提出建设强有力的政府，鼓吹中国应实行帝制，正合袁世凯之意，深受袁的赏识。在制订袁氏新约法时，古德诺亦提了不少建议和意见，因此获得袁政府颁发的二等嘉禾章。

1914 年夏天，古德诺回国，担任霍浦金斯大学校长。回国后，他在《美国政治科学杂志》上，连续发表了《中华民国的议会》《在中国的改革》等文章，竭力为袁世凯的独裁辩护。此时正值帝制运动风行，关于何种国体适用于中国的讨论，忽然成为舆论关注的中心和焦点，国内外争论正酣。当袁世凯要称帝的消息传到美国时，古德诺于1915年7月赶往北京。袁世凯想借重古氏的名望，乃请他写一篇比较共和、君主两制孰优孰劣的政治论文。古德诺很快完成任务，8月3日在北洋政府御用的《亚细亚报》发表了《共和与君主论》一文。该文极力鼓吹实行君主制，无疑为袁世凯推行帝制起到了推波助澜的作用。

古德诺的态度代表了美国的态度。包括美国公使芮恩，对袁世凯的个人独裁统治和帝制活动，采取了不干涉的态度。他认为，一个国家所发展的制度主要是这个国家本身的事情，别的国家不应加以干涉；他反而对袁世凯祭孔典礼的音乐很感兴趣，大加赞赏。显然，他没能透过这些活动看清袁的本质，这无疑助长了袁的帝制野心。

再说日本的有贺长雄。

有贺长雄算得上民初活跃在中国政坛上的外国明星，不仅因为他是袁的法律顾问，还因为他曾是日本早稻田大学、政法大学、东京帝国大学教授，民初国会议员每五个人中至少有两个曾是他的学生。更重要的是，有贺还是以一个间谍的身份入幕袁府的，“拉皮条”的是先前已被聘为政治顾问的英国人莫里循。

1913年2月，袁世凯正式聘用有贺长雄为法律顾问，年薪为38000多银元，这样的聘金远远高于国务总理的收入，仅次于大总统袁世凯。有贺长雄在6年多的顾问任期内，仅法定薪水一项，就捞走了中国人23万多银元的血汗钱，而袁世凯给予他的额外赏赐还不在内。这个时间，一方面国会即将于4月份召开，袁世凯急需法律顾问，以便在制定法律特别是起草宪法时，能够发出声音，施加影响；另一方面袁世凯与国民党的关系正急剧恶化。

日本始终认为中国实行民主制度是对君主立宪制的极大威胁，当他们看到袁在破坏民主加强专制进行帝制运动的时候，便极力怂恿袁复辟帝制。日本的打算是，如果袁称帝成功，中日制度一致，可以为以后日本侵略和控制中国奠定基础；如果失败，则可借机打倒袁，为日本对华外交扫清道路。日本早已看清袁的政治野心，他们妄图以支持袁称帝为诱饵，图谋获取更大的对华利益。

有贺长雄是个狂热的君国主义者。甲午战争期间，有贺长雄与同僚一起创作了诸如《日清战役国际法论》（法语）、《中日战争中的国际法案例》（英语）等国际法作品。因为这些作品，有贺长雄在世界上声名鹊起。日俄战争中，有贺长雄又担任了日本陆军第三军司令官乃木希典的国际法顾问。日俄战争结束后，有贺长雄出版了《日俄战后国际法论》《满洲委任统治论》等著作，再次为日本的对外侵略扩张辩护，向日本政府献“处分满洲”之策。

袁世凯称帝前，古德诺发表文章《共和与君主论》公然为袁称帝造势，有贺长雄则以“资深政治家”的身份杜撰出一种“国权授受说”，宣称《临时约法》所谓“主权在民”“立法权在民”都不能成立，必须重修一部“主权在国”的约法，公然为袁的集权与独裁进行理论渲染。1914 年袁世凯的独裁约法，正是按照有贺长雄的理论打造出来的。

平心而论，古氏的文章只是以一个学者的角度从纯学理的立场出发所作，但出现于这样一个敏感时期，凭古氏在政治学界的权威地位，其只言片语就难免被别有用心的袁党所利用了。虽然这之后古氏马上召集中外记者，并将文章原文（英文版）在《京报》上披露，以澄清真相，但此时帝制派的目的已达到。在大多数人的心目中，古氏助袁称帝、“助纣为虐”的形象是很难抹去了。这时，恰好霍浦金斯大学开学，古氏满载愤懑，匆匆离华返校。这位蜚声世界的法学泰斗，因背上支持袁世凯称帝的臭名，在此后的岁月中备受困扰，当然这是后话。

如果说古氏尚“情有可原”，那么有贺长雄却是怀揣鬼胎四处为袁世凯奔走。他不但积极劝袁主动就皇帝位，还亲自到日本去替袁进行帝制活动，使袁相信日本朝野是都赞成中国恢复帝制的。袁推行帝制最担心的就是日本的态度，有贺的态度对袁世凯来说是个极大的鼓励。

袁世凯之所以如此重视这些帝国主义国家的态度，是因为他怕自己一旦把民国改回了帝国，列强拒不承认，甚或出兵干涉，助长地方叛乱，那就无法应付了。因此有了这些外国公使们的表态和支持，袁便少了很多的顾虑，可以放心地去搞他的帝制了。

古德诺、有贺长雄都是当时知名学者，有很深的学术造诣，在他们的帮助下，袁几乎在当上总统第一天起就走上了一条毁灭民主共和的路，同时日益强化独裁乃至恢复帝制。尤其当古德诺的《共和与君主论》一出，中国国内的帝制派乘机大肆宣扬，利用古德诺来祭旗，以发动帝制运动。连美国人都认为“君宪优于共和”，自然给了袁氏一剂强心针。

在袁世凯筹备帝制阶段，这些外国顾问的怂恿推动，使袁认为好像列强都在支持他做这件事，但谁承想等袁真的复辟做了皇帝，列强基于彼此间的利益纠葛，就开始纷纷亮出了反对牌。他们或劝告或警告，要求暂缓变更国体。这种先捧场、后拆台的做法，着实让袁及其帝制派郁闷和愤怒，但那时木已成舟，袁世凯已是骑虎难下了。

1916 年 9 月，蔡元培撰文指出：“袁氏之罪恶，非特个人之罪恶也。彼实代表吾国三种之旧社会：曰官僚，曰学究，曰方士，今袁氏去矣，而此三社会之流毒，果随之以俱去乎？”

同年 12 月，陈独秀在他主办的《新青年》杂志上也发表文章，指出：“袁世凯之废共和复专制，乃恶果，非恶因，乃枝叶之罪恶，非根本之罪恶。若夫别尊卑、重阶级、主张人治、反对民权之思想学说，实为制造专制帝王之根本恶因。”

杨度挂帅筹安会

在袁的帝制运动中，最不甘寂寞的，当属杨度。

在中国近代史上，杨度是一个极富争议性的人物。他的卓绝才华天下公认，可他又是一个狂热的官迷。上有所好，下必甚焉。主子想当皇帝，周围自然有不少卖力吹捧者，究其因都是想拍袁的马屁以捞些政治资本。自我感觉良好的杨度始终认为他是袁口袋中的一张王牌，可谁知到最后只是一枚棋子。袁当上大总统后，内阁总理与他无缘，国务卿也没他的份，他只被授予诸如研究宪法委员会委员、“政治会议”议员、“督办汉口建筑商场事宜”等闲职，因此他是窝火又憋气。熊希龄组阁时，曾以教育总长相邀，但由于当时此职几乎为闲职，杨度根本看不上，当场一口回绝。此时，杨度的政治热情可以说是三九天吃冰块——透心凉。特别是共和政体的确立，使他担心自己的君宪思想再无用武之地。而当袁世凯表露出称帝野心时，杨度便认为这是实现自己君宪理论的良机。机不可失的杨度立刻辞掉了“督办汉口建筑商场事宜”的闲职，回到北京加入到对帝制运动更加狂热的大太子袁克定的阵营中。

这时袁世凯身边有一个宠臣叫夏寿田，此人在内史监担任内史之职，这份工作相当袁的文字秘书。夏是杨的老乡兼同学，与杨度一样也很有才气，其入幕袁府是杨度牵的线。杨度经常到夏同学家串门，夏所知道的关于袁的一些明共和、暗称帝的把戏，杨度自然也从夏的嘴里知晓了。

既然知晓了袁的政治意图，杨度自然要好好拍拍马屁。他洋洋洒洒写了一篇唯有实行君主立宪制度可以救中国的政论文章《君宪救国论》，交夏同学转呈给了袁世凯。

杨度确实有才，文辞极具煽动性。袁看到这篇为改行帝制提供理论依据的雄文后大为高兴，夸奖杨度说："真乃一个旷代逸才。"不仅仅口头表扬，袁还亲笔题写了"旷代逸才"的横匾赐给了杨以表奖。同时，善于造势的袁世凯即刻把这篇大作寄给了他的干儿子段芝贵，令他秘密付印了 2 万份，下发县以上官员人手一册，命他们认真研读，并写出读后感上交给各省巡按使，由各省巡按使再将情况综合上报政事堂，以待时机用作舆论宣传。

当袁世凯的帝制活动半遮半掩往前运作的时候，早有投机政客徐佛苏、丁世峄等看出袁的隐衷，便秘密奏请袁早日荣登大典。袁派夏寿田找杨度商议，意思是让杨度在幕后操作，由徐佛苏、丁世峄等出面网罗几个在国内学术界或政界有影响力的大咖，组织一个研究国体问题的学术团体，以便为帝制营造声势。袁不想让杨度出面，是因为外人都知道他和杨的关系至密，唯恐给国人看出这是一曲自拉自唱的戏。

杨度是一个狂热的政客，他怎能甘心做一颗无名小草。受到褒奖的杨度更是积极性大增，他立刻从幕后冲出前台，亲自出面组织筹安会，为袁的帝制活动呐喊助威。杨度列了一串受邀名单，孙毓筠、胡瑛、刘师培、严复和李燮和都在名单内，这些人在当时都颇有声望。

孙毓筠和胡瑛两人是变节的国民党员，听杨度说要为袁称帝摇旗，两人巴不得能有此机会为主效力，以便日后能分封领赏，自然是满心愿意。

李燮和作为光复会的元老之一，曾参加过萍醴起义。辛亥革命时，李在上海策动警察响应起义，曾担任"临时总司令"。南北议和期间，李曾力主伐袁，再次就任光复军北伐总司令，率部誓师。袁当上临时大总统后，拟任命其为长江水师总稽查一职，李坚辞不就，毅然归里。由于李在军政两界有较高威望，杨度三番四次意欲拉拢李，李都不以为然。后来杨度与孙毓筠逼李上梁山，硬是把李列入了筹安会的名单内，李见生米做成熟饭，也就稀里糊涂地上了贼船。

刘师培也是杨度笼络的重量级人物之一。他虽只活了 35 岁，但他的人品与他的学术研究一样充满传奇。让我们一起来先看看他的作品：《攘论》《中华民族志》《国学发微》《清末学术史》《左庵文集五卷》《谈左札记》《论文杂记》《中古文学史》等，绝对称得上一代国学大师。但他同杨度一样，两人都是那种没有坚定信仰变色龙式人物。早年他曾与章太炎创立光复会，成为一名激进的革命党人，后被两江总督端方收买成为其帐前的政治鹰犬。当杨度发表《君宪救国论》之后，刘师培随后发表了《国情论》和《劝告旧同盟会诸同志》的公开信，为袁的帝制鼓噪呐喊。

最后说严复。

游说严复入会的过程颇为精彩。

民国多奇葩。张勋是，章太炎是，严复也算得上一个。

提起严复，此人大有学问。他记忆力惊人，精通各国文字，曾翻译过《天演论》《名学》等西洋名著，是中国介绍西学第一人。但严复行事又极为怪僻，其一是他爱看女人的小脚，以脚小为美。他说脚小屁股大的女人，走起路来才会三步一摇，婀娜多姿，才会好看。其二是他喜欢和别人对着干，别人说这个东西不好，他非要说好，而别人说好，他又说不好。知彼知己，百战不殆。了解了严复的怪癖，杨度决定用正话反说的策略来拉拢严复。喜欢听好话，听奉承话是人的共性。为了拍好严复的马屁，也为了不在他面前说外行话，杨度把过去读过的严译名著《天演论》《名学浅说》等又重新翻阅了一遍。

一切准备充分后，杨度便登门游说严复。民国元年后，严复一直被哮喘病折磨着，平日很少外出。杨度虽与严复同处京师，却从未谋过面。到了严府，杨度报上名号，府人进去后不一会儿又出来，告诉杨度说严公不见客人。杨度碰了钉子，情急之中想出一个主意，又让府人再去通报，说自己有祖传秘方专治哮喘病。这招果然灵验，很快，府人将杨度邀进府内。

一番客气后，严复开门见山地说："听说杨皙子先生有治疗哮喘病的祖传秘方，不知是什么方子?"

杨度其实并无秘方，他只是借此进门，见严复追问，他撒谎说："族叔几年前也患有很厉害的哮喘病，后经邻村一名医治疗，现在基本痊愈。今日方知老先生也有气喘病，我一定把这个方子讨来。"

"这位名医在哪里?"严复见杨度自己并不知这一秘方，心里已有三分不快。

“名医在湘潭老家。最近我亲自回去一趟，一定把秘方要来。”杨度说。

严复哼了一声，说：“算了吧！老朽体弱，不耐久坐，杨先生见我有什么事，就请直说吧！”

杨度说：“也没有什么大事，只是最近又将老先生的译著《天演论》重读了一遍，依然如多年前读时一样，获益良多。”

到严复面前谈读《天演论》体会的人太多了，严复也听惯听腻了，淡淡地说：“这都是过去的事了，老朽现在为病所苦，已对这些无一丝兴趣了。”

“《天演论》的价值没有过去，它仍在启迪着关心国家命运的中国人。”杨度不为严复的冷淡而在意，兴致浓烈地说：“物竞天择，只有真理不会改变。中国非统一不可，欲要统一非用共和。”

“共和?”严复的对立劲来了，反驳说：“中国几千年之封建专制，国人思维被锢禁，教育落后，民风刁蛮，且现时中国动荡不稳，遍地散沙，不可收拾，欲收拾残局，奠固邦基，时下当行霸道而非王道，宜君主不宜共和。”

杨度见严复已然钻进预设的牢笼，喜不自禁，附和说：“严老先生高见，可现在很多人意见与老先生相左，说中国欲行统一非共和不可。因此，我们想组织发起一个研究国体的团体，请老先生作为发起人如何?”

严复说：“行吧，你们发起吧，我可以列个名。”

1915 年 8 月 14 日，杨度、孙毓筠、严复、刘师培，李燮和、胡瑛六人联名通电全国，发表组织筹安会宣言，历史上把这六人称为“洪宪六君子”。8 月 23 日，筹安会正式成立，杨度为理事长，孙毓筠为副理事长，严复、李燮和、胡瑛、刘师培为理事。筹安会高举“学术团体”的招牌，宣称其宗旨是“筹一国之治安”“研究君主、民主国体何者适于中国”，实则是宣传君主立宪，为袁世凯复辟帝制制造舆论。

筹安会宣言出炉后，各省军政大员自然都知道这是袁指使唱的“样板戏”，因此各行各界的溜须拍马者唯恐落后纷纷作表态性发言，并要求入会。筹安会敲锣打鼓开办不到一个月，即吸纳会员万人，分会遍布全国，帝制运动如火如荼。形势一派大好的筹安会也摇身一变由研究团体转变为表决性团体，将写有“君宪”或“共和”的选择票分发给各省的代表，这些懂规矩的代表们自然是哼哼哈哈地填了君宪的选项。

由于筹安会的成立迎合了袁的心意，袁的亲信们随之趋之若骛，以期通过参与筹安会来表达对袁的忠心。各省文武官吏函电交驰，无不阿从附和。

当时，天津《广智报》发表了一幅讽刺复辟帝制的漫画《走狗图》，图正中是袁世凯，身披龙袍，垂拱而坐。四面围了 4 条狗，分别是筹安会中四员大将：杨度、胡瑛、孙毓筠和严复。筹安会是一个为袁世凯复辟帝制效劳的工具，乃世所公认。平心而论，杨度、胡瑛、孙毓筠的确是筹安会的中坚人物，也算得上是袁身边的“哈巴狗”，但严复包括李燮和在内，则是被强行拉入陷阱的，把严复也画成哈巴狗的形象则有失公允。

杨度也深知自己的这些举动可令他身败名裂，但他自认倡导帝制是为了救国，也就顾不了那么多了。当年老师王闿运①传授他“帝王之学”时曾说：“在盛世，取功名做良相；处乱世则寻觅‘非常之人’，为其出奇策，助其成就非常伟业。”盛世的良相做不了，一心想做“帝王师”的杨度当然要力助“非常之人”成就非常伟业了。

当各级政府官员都在拍马屁怂恿袁世凯称帝的时候，杨度决定请老师王闿运也加入“劝进”队伍，以期将来能封侯列相，光宗耀祖。于是，杨度给王闿运写了一封邀请信。

说到王闿运，有必要多介绍几句这位民国巨儒。

大凡有大才之人，大多性格孤傲，不容世俗。王闿运就属于这样的人，他才气高绝却玩世不恭。

在王闿运 81 岁高龄的 1914 年，杨度曾力邀其出山担任了国史馆馆长，担任编修国史的工作。100 年后的今天，我们仍可以想象到当年这位大儒内心的心境。当他怀揣着帝王之学的治世方略在这场政治巨变中准备“货卖帝王家”时，没想到等来的却是一个无所事事的闲职。

王闿运文章做得好，但他这个国史馆长当得却留下了很多令人唏嘘的笑柄。

上任数月，王大馆长根本不关心史馆工作，一字也未编修。下属请他敲定史馆条例，他说：“瓦岗寨、梁山泊也要修史？民国才两岁，无须作寿文也。”他还说：“国已不国，何史之有，吃饭而已。修一天史，吃一天饭。”

---

① 王闿运，字壬秋，号湘绮，世称湘绮先生。晚清经学家、文学家。曾担任过爱新觉罗·肃顺的家庭老师，给曾国藩当过军师，写下反映湘军完整历史的《湘军志》。后代有学者称《湘军志》为“我国近千年来杂史中第一声色文学”。王闿运曾劝说曾国藩反清自立为帝，被曾国藩视为“妄人”而辞退，后专心讲学育人，门生遍布湘蜀。民初《光宣诗坛总录》中列王闿运为诗坛头领，冠于一代诗人之首，尊为托塔天王晁盖。李敖评价说：“王闿运是 1912 年中华民国成立以后，清朝留下的天字第一号的人才，文学历史写诗都是一级棒的。”

更有意思的是，王闿运身边有一位佣人周妈，周妈是个小寡妇，负责王的生活起居，说白了就是王的没名分的小妾。王对周寡妇特宠爱，不管到哪儿都带上她，甚至是出席袁大总统的宴请。据说，周妈一直想认识一下袁世凯的干儿子段芝贵。为了满足周寡妇的心愿，有一次王闿运在路过湖北时，特意登门去拜访了时任湖北都督段芝贵。见到段芝贵后，王闿运对周妈说："你不是想看段大少爷么，这个便是了！"王闿运去世后，周妈撰了一副挽联，倒也道出了她内心想法的坦白，联曰："忽然归，忽然出，忽然向清，忽然向袁，恨你一世无成，空有文章惊四海；是君妻，是君妾，是君执役，是君良友，叹我孤棺未盖，凭谁纸笔定千秋。"

周妈这人虽地位低下，却心比天大，名利心特重，她经常在王闿运身边吹耳旁风，竟在背后把持着史馆经费，并插手干涉用人，由此引发了馆员们和王闿运直接冲突，最后王闿运实在是干不下去了，来了个不辞而别，负气回湘。

王闿运在接到杨度的邀请信后，竟没给他这位得意门生面子，一口回绝了杨度。他给杨度的回信说："预改专制而又要通过民主表决，岂不是很荒唐么？"

杨度在老师面前碰了壁，自甘面子受损，于是他竟模仿老师的语气给袁世凯发了一道劝进电。袁当然知道这位大儒说话的分量，各省的劝进电袁都没有回复，但当即回复了王闿运一电，电文极尽奉承。有意思的是，此时走火入魔的杨度不仅"强奸"了国人的民意，还实实在在地"偷奸"了他的老师的心意。

筹安会的所作所为已经明目张胆地扯下了袁世凯帝制运动的盖头，袁的倒行逆施引发了国人的愤慨，很多人上书政府，要求取缔筹安会，严惩杨度等人，就连肃政厅也呈请袁世凯取消筹安会，以安定人心。

杨度发表《君宪救国论》后，梁启超紧接着发表了万言长文《异哉所谓国体问题者》，对帝制派鼓吹帝制和袁的倒行逆施进行了猛烈抨击。人们都说梁的文字能杀人，这篇文章在当时引发的反应真不亚于当时蔡锷领导的护国军。

筹安会成立后，杨度曾派人去征求梁启超的意见，梁把刚写好的《异哉所谓国体问题者》一文交给来人，并附上一封绝交信。杨度看后知道事态严重，随即亲自找到梁启超，劝他销毁此文。两人争执不下，杨度只得红着脸回去了。据说，事后袁世凯欲用20万元买梁启超这篇文章令勿印行，被梁婉言谢绝。

梁启超一生的政治生涯，前后大致经历了两次大转折。前期是由改良派到保皇派的转变，后期是由拥袁到反袁的转变。辛亥革命后，清政府被迫下“罪己诏”，并大赦党人。清廷遂解除了悬在梁启超头上13年之久的通缉令，梁才得以从日本回国。一腔抱负欲收拾旧山河的梁为能在新政权中实现自己的政治理想，遂投袁怀抱，组织政党，控制国会，积极为袁镇压革命党出谋划策。袁称帝后，梁终于认清了袁的真面目，断然与之决裂。他曾写了一首《读陆放翁集》的诗：“诗界千年靡靡风，兵魂销尽国魂空。集中十九从军乐，亘古男儿一放翁。”晚清民国，风雨飘摇，颇似当年南宋。仁人志士一心报国，古今心情相通，渴望救国的梁启超一步之差上走错了路，但后来他能及时转向也不枉一世英名。

筹安会成立只有两个月，开始时轰轰烈烈，趋炎附势之流争相攀附，但待梁士诒的请愿联合会出现后，筹安会声势大减，于是改名为宪政协进会，并发通电宣告筹安会结束。

按原定计划，筹安会拟组织各省代表进京向代行立法院的参政院请愿变更国体。可因参政院要在9月1日开会，各省代表来不及全部赶到北京，只好改由各省旅京人士组织“各省公民请愿团”，向参政院投递请愿书，要求改变国体。在形形色色的请愿团中，甚至还有“乞丐请愿团”“妓女请愿团”，而所有请愿书均由筹安会代拟。

梁士诒与请愿联合会

名与利始终是人与人之间最大的敌人。

当筹安会闹得沸沸扬扬的时候，袁世凯的另一个心腹幕僚跳了出来要与杨度争功夺宠，他就是人称“二总统”，又有“财神”之称的梁士诒。

梁士诒是袁氏智囊团的主要人物之一。有资料记载说：“辛亥革命时期，真正称得上袁世凯左右的不过是这么几个人：徐世昌、赵秉钧、杨士琦、梁士诒、杨度。而赵秉钧是特务出身，虽诡计多端，但弄文笔却非所宜；梁士诒则善弄文墨，因此他能成为袁氏身边最得力的助手之一。”

袁称帝之前，北洋政坛上有两个派系，分别是粤系和皖系。粤系是梁士诒系，又称交通系；皖系是杨士琦系。派系、圈子，自古有之，人分三六九等，关系自然有远近亲疏，每一个人在错综复杂或大或小的圈子里，感受着人情的温暖，寄托着追梦的灵魂。当然，派系和圈子附着的更是利益的交织和纠缠。

梁士诒一直做袁大总统的秘书长，这个职务是总统和国务总理之间的纽带，相当于“幕后总理”，大权在握，再加上他又有实际的财政大权，因此他在袁面前很得宠。在当时的北京官场有个说法，说如果想当官不找找梁士诒，他的官就熬到头了。

万物是一理，作用力越大反弹力也越大。当梁士诒越加受宠的时候，也是政敌越加眼红的时候。最看不惯梁志得意满的当属两杨，即杨度和杨士琦。两杨与梁之间的互相掣肘反倒迎合了袁的心理，“三国鼎立”不至于使一方力量过大形成尾大不掉的局面。袁力捧徐世昌出来做国务卿，也是制衡梁的一个策略。因为内阁制破灭后，徐世昌出任国务卿，则总统府秘书长的位置便完全落空，这也是打击梁的一个有效的办法。

帝制运动之初，当时的内阁总理是熊希龄，而军政大权掌握在段祺瑞手中，梁士诒则握有财政大权。熊希龄、段祺瑞和梁士诒三人一开始并不赞同帝制，于是有人建议袁世凯挟陆军次长徐树铮以迫段祺瑞，挟交通次长叶恭绰以迫梁士诒，挟财政次长张弧以迫熊希龄。结果到最后受到威胁的只有梁士诒一人，因为熊希龄和段祺瑞相继被迫辞职。段的位子换了没有脾气的王士珍。陆军次长徐树铮、财政次长兼盐业署长张弧被免职，交通次长叶恭绰停职候传。这一官场的震动当时称之为“三次长参案”。

帝制运动在内的主持者为杨士琦，在外的发动指挥者为袁克定。由于梁士诒控制着财源，袁克定与杨度便想借重交通系来进行帝制活动。梁士诒本无党派，在国会中曾与国民党之广东派联络组织公民党，虽系杂凑，然能以金钱号召，对于各方面拉拢，亦具有相当力量。袁克定想拉拢利用梁士诒，就必须让梁乖乖听话，便甩出了“杀手锏”，遂以五路参案威胁他。

当时粤、皖两系为争权夺利明争暗斗，互相攻讦。1915 年 6 月，在皖派的指使下，肃政厅指使肃政使王瑚、蔡宝善赴津浦路密查，罗列十大罪状，由肃政使庄蕴宽具呈严参。因为涉及京汉、京绥、沪宁、正太四路，故称“五路大惨案”。袁世凯下令将津浦铁路局局长赵庆华撤职，京绥铁路局局长关冕钧离职听审。梁的左右手、粤系二号人物交通次长叶恭绰也被暂行停职，听凭查办。

这一记重拳给粤派一个不小打击。“五路大惨案”发生后，袁曾假惺惺地对梁说：“参案原来也有你在内，是我安排他们除去你的部分。”这番话自然含了两层意思，一是表示出袁对梁的保护和垂爱；二是袁在警告梁手里已经握有“把柄”，若不听话随时可以灭掉你。

对于袁克定的拉拢，梁因牵涉交通款项回扣贪污案及其手下站段局长吞款肥己案，不敢反对。当他召集交通系要人开会商量对策时，梁无可奈何地说：“赞成不要脸，不赞成就不要头。”

梁士诒答应了袁克定愿意为帝制出力，袁克定当然非常高兴，震惊国内的“五路大惨案”也随着梁的转向大事化小，小事化无了。结果是交通次长叶恭绰复职，京绥路局长关冕钧免议，津浦路局长赵庆华、京汉路局长关赓麟仅交付惩戒。于是，帝制派即以交通系为台柱了。可见，梁士诒参与帝制运动，实在是他一种政治上的自救运动，而非本意。他不管怎么说，参与了便是他一生中无法洗成刷掉的污点。

梁士诒见筹安会成立，而耻于居杨度之下，为了争功，便指使商界巨头沈云沛[①]于1915年9月19日在北京成立了全国请愿联合会，以与筹安会争妍斗胜。梁为领头人，沈为会长，那彦图、张镇芳为副会长。

杨度见梁士诒夺其功，极为愤怒，筹安会至此已被挤到一边，毫无用武之地，遂于10月通告会员，改为宪政协进会。

杨度是言论家，无党派为后援，而梁士诒系实业家和财大气粗的权谋家，手下有交通系之健将，再加上梁士诒曾任总统府秘书长多年，具有与帝国主义相勾结的财政背景和与各省北洋军阀相勾结的实力背景，可以说，全国请愿联合会有权有钱有势，当然不是那耍耍笔杆子的“洪宪六君子”所匹敌的。在此情形之下，所有筹安会预定包办之请愿推戴种种事项，几乎全面移转到了请愿联合会的工作框架内。故袁克定之倚重梁士诒，远过于杨度。

筹安会仅以研究政体相标榜，而全国请愿联合会则公然为一个实际劝进的团体，积极在全国范围发动他们所联系的社会上有地位的人，请愿变更国

---

① 沈云沛，中国近代著名的实业家，是当时全国排名第二的实业巨子，曾被清廷赞为“筚路蓝缕，开启山林”“中国商界之嚆矢”。梁士诒组织全国请愿联合会时，力邀其为会长。

体，拥护袁世凯做皇帝。他们发动的对象，上自王公遗老、各省将军、巡按使，下至各种行业的把头、三教九流，行行俱全，人数愈多愈好。拉到的人，列入了请愿名单，就被请去吃饭、看戏，此外还大有大份、小有小份地送钱，于是很快形成了所谓全国性的请愿大局面。“强奸”民意的电报接二连三地拍到北京，“请求”袁世凯赶紧做皇帝。北京更是热闹，不仅报纸鼓吹，还组织了各种人群列队到内务部请愿。真可谓五花八门，形同儿戏。

据时人记载，袁世凯登基大典预算经费590余万元，这笔巨款除了大肆搜刮民财外，主要依赖梁士诒及其交通系。袁世凯可以随时批条子到交通部控制下的交行取款，而不必说明用途，所以，交行有“袁家金库”之称，梁士诒则有“梁财神”之称。

不得不说的张勋劝进

袁世凯的帝制运动进入倒计时，眼见地方团体如筹安会、请愿联合会、妇女请愿团等等马屁团体纷纷劝袁改行帝制。北洋军和北洋附属军们再也按不住性子了，他们生怕拉在后面影响自己的前程，于是纷纷作表态性发言为袁称帝摇旗呐喊。

第一个跳出来进行政治表态的，是湖南将军汤芗铭。1915年8月25日，他率先给袁拍了“顺应民意，早日登基”的电报劝进献媚。

第一个在公开场所表示全力拥护的，是第七师师长张敬尧。有一次宴会时，张敬尧当面表态说：“大总统高升皇帝，只要一声令下，谁敢造反我就把谁的脑袋砍下来！干吗还弄这些讨论、请愿的把戏！”张的话是实在话，可这种揭老底的话袁听了自然不高兴，大发脾气地说张胡言乱语要对他查办。不过，张知道袁称帝还要靠他支持，不会真心查办他。

第一个以团体名义劝袁速正大位的，是“十四省将军团”。这个将军团发起的主谋是袁的干儿子段芝贵。将军团列名的有广东龙济光、湖北王占元、陕西陆建章、河南赵倜、山西阎锡山、云南唐继尧、浙江朱瑞、湖南汤芗铭、江西李纯、安徽倪嗣冲、山东靳云鹏、四川陈宧、吉林孟恩远、黑龙江朱庆澜。在这张劝进的名单上，却少了两个赫赫有名的将军级人物，一个是袁的左右护法之一冯国璋，一个是辫帅张勋。

袁、冯早已离心离德，袁也知道这点。劝进名单中没有他的名字，这也早在袁的意料之中。对于张勋，袁世凯却不能等闲视之。张勋有“猛张飞”之称，称得上是一员虎将，他手下有几万兵马，盘踞在堪称中国南大门的徐州，地理位置重要。此人顽固不化，近乎愚忠，但袁却恰恰喜欢他这种愚忠，因为这样的人调教好了最易于驾驭，这也是有幕僚劝袁世凯要除掉张勋而袁不舍得杀之的原因之一。

张勋是有名的帝制派，至于他缘何没列入“十四将军团”名单，是因为他所要拥戴的皇帝不是袁世凯而是退位的宣统，他要的是还民国于清室，以致后来他还闹出了一场复辟的闹剧。

阮忠枢是行走在袁世凯和张勋之间的“调停人”。这天，袁又找来阮，命他南下徐州好好劝劝“张顽固”。

张勋一见到阮忠枢，就知道他无事不登三宝殿，劈头就问：“斗公（对阮忠枢尊称），你又来作甚？”

阮忠枢呵呵一笑，说：“来向大帅贺喜！”

张勋眼一瞪，说：“我有甚喜？”

阮忠枢说：“大帅即将拜相封爵，这岂不是大喜一件？”

张勋说：“哼，不把我打入冷宫，我就烧高香了，何来的拜相封爵？”

阮忠枢说：“大帅错矣。宫保对大帅的功劳是铭记在心的，徐州一带多亏有大帅震慑，才有今日之太平。袁宫保登基之日，便是大帅的拜相封爵之时。”

张勋说：“他是清廷重臣，竟逼着故帝退位，这已经是一大错，现在自己又想当皇帝，更是叫人心寒。”又说：“宣统皇帝就在宫中，为何不请他出来重上龙廷？何故自己坐皇帝？”

阮忠枢说：“民意如此，宫保不能推辞。我想大帅也是明白人，如今帝制已临近事实，各省将军已有十之八九通电拥护总统称帝，即使你不表态，总统还不照样当皇帝吗？何况大帅也是讲义气重情义之人，想当年宫保对你不薄，你也应念及宫保当年对你的提携之恩才是。”阮忠枢紧盯着张勋，又说：“大帅，你我是结拜兄弟，有句话我不得不讲，识时务者为俊杰，宫保登基称帝，你自然是有功之臣，可你如若一直对抗下去，一旦把宫保逼急了，将来对你用兵，你想会是什么结局？就你这区区两万兵马，小胳膊怎会拧得过大腿？到头来你身败名裂不说，恐怕连你的家人也都跟着受到牵连。

你是不知道……”阮忠枢故意停顿了一下，两眼盯着张勋。

张勋一脸狐疑，问：“不知道什么？”

阮忠枢打个哎声，故意压低声音，说：“现在就有人提出要派重兵对你，但这些都被宫保给压住了。”

张勋听着阮忠枢的话，不得不认同他说得很有道理，但他想到乾清宫内被迫下野的宣统小皇帝溥仪，想到自己的一腔忠心，心有不甘。迟疑了一下，张勋摊牌说：“要我拥护总统称帝也可，但我有一个条件。”

阮忠枢见张勋松了口，连声说：“什么条件，好说好说。”

张勋说：“项城称帝后，保证不废除宣统帝号，保证优待清室的一切礼遇不变。”

阮忠枢说：“大帅见灼远大，我回去自当回禀，就按大帅说的办。”

阮忠枢恩威并施，终于说服了对清廷一片孤忠的张勋。

第二十章
噩梦从“总统变皇帝”开始

总统变皇帝

“筹安会”“请愿联合会”“十四省将军团”等劝进团体是为帝制做舆论准备，而要把总统变为皇帝，最重要的还是要变更国体。

为了达到变更国体的目的，袁世凯又捡起了早已被他丢进垃圾桶的议会制度。1915 年 9 月 6 日，参政院一致通过举手表决，“十三太保”[①] 拟把心急火燎的皇帝候选人袁世凯拖入宝殿，强行来个黄袍加身。可这一招却被袁世凯否了，他公开声明说：“作为中华民国的大总统，有维持共和国体的责任，对于改革国体要极为慎重，不可轻莽草就，如若多数国民请愿要更改国体，自当尊重国民之公意。”

袁的意思很明显，说白了就是如果大多数民众让我当皇帝，我自然尊重民意。为了落实好袁的指示，各方闻风而动，他们即刻组织国民会议，在各省区、各行业分别选出代表，举行国民代表大会以投票决定，以改共和为君主立宪。

不用问，选举的国民代表自然是听命于袁的人。经过一番精心布置和幕后运作，10 月 25 日，终于选出了 1993 名懂规矩的国民代表。

1915 年 10 月 28 日这天，在全国进行决定国体的公投。投票是记名方

① “十三太保”，即推动袁世凯复辟帝制的 13 个重要人物。筹安会“六君子”及“七凶”合称“十三太保”。筹安会“六君子”分别是杨度、孙毓筠、严复、刘师培、李燮和、胡瑛。“七凶”分别是朱启钤、段芝贵、周自齐、梁士诒、张镇芳、雷震春、袁乃宽。

式，在预先印好“君主立宪”四个大字下面签上自己的名字，再在名字下方写上“赞成”或“反对”。有意思的是，投票前每个国民代表领到了500块大洋的好处费，这应该是民国期间最大的一次贿选案。代表们拿了好处，而投票又是记名式的，接下来的结果就可想而知了，全体国民代表1993人全部赞成。国体变更投票之后，又进行了皇帝的公投，其程序与国体投票一致。选票上印有“选举袁世凯为中华帝国皇帝，以国家最上完全主权奉之皇帝传之万世”的字样，也是采取记名式投票的办法，投票结果自然也是全票通过。

11月20日，袁政府推定参政院为国民代表大会总代表。12月11日上午9时，参政院隆重开会，向袁呈上了由参政院秘书厅起草的推戴书，文中的称谓也变了，用“我圣主”代替了之前的“我大总统”。会议结束后，全体人员山呼万岁，在一片欢呼声中散会。

这套虚伪的老把戏历史上自古有之。王莽篡汉，杨坚逼迫周静帝禅位，赵匡胤发动陈桥兵变黄袍加身。袁世凯自然也少不得半推半就地表演一番。

12月11日下午5时，参政院再次开会，呈递了第二份推戴书。这份推戴书极尽歌功颂德之能事，称袁世凯有经武、匡国、开化、靖难、定乱、交邻等六大功绩，对袁倍加颂扬。

一天之内就完成了两次推戴，袁再也用不着谦虚了。在假惺惺地两推两让中，袁大总统摇身一变成了袁大皇帝，时间是1915年12月12日。

当日，袁在怀仁堂接见了文武官员，这些大小官员纷纷向袁祝贺，文官在东，武官在西，排列整齐，向袁行三鞠躬礼，由内史监阮忠枢率领，公府大礼官黄开文司仪，袁发表了一篇简短的就职演说。

从这一天起，中国政坛上出现了一个怪现象，既有总统，又有皇帝，既是中华民国，又是中华帝国，所以在公文上便显得异常混乱。如奉天将军段芝贵首先称臣，袁手批“不当称臣”。直隶巡按使朱家宝的奏折文字庄严，抬行写“奏请皇帝陛下圣鉴”。袁也说登基大典尚未举行，称臣称皇帝陛下都不恰当。不过，从这个时候起，袁就不喜欢别人再称他为总统。

自12月17日起，北京《政府公报》不再见有“大总统令”了，取而代之的是“政事堂奉策令”。袁在这些策令中既不自称为“朕”，又不自称为“本大总统”，而自称“予”。这个口吻至少是摄皇帝的口吻。估计这个称呼是袁跟王莽学的。汉平帝死子婴即位后，王莽代天子朝政，便自称“予”。

在这个稀奇古怪的时期，袁党在公文程式上想出了一个方法，既废除了总统的称号，也避免用皇帝的封号，而是尽可能使用些含混的名词，如“奉谕”“谨乞钧鉴”等。

总统变成皇帝，最重要的仪式是登基大典。

这项准备工作早在 10 月下旬就秘密开始了，政事堂、礼制馆早已将皇帝登基、臣下朝贺、祭天祀孔、临朝仪仗等礼制拟好。在仪礼方面，袁世凯竭力表示自己是一个开明君主，申令臣下谒见时免除跪拜礼，后宫选拔女官服役，禁用太监。对于筹备工作，他指示各部院“务以简略撙节为主”“用副归真返璞，轸念民生之至意”。然而，整个登基大典预算达 590 余万元，其中祭典费 26 万元，修理大殿工程费 105 万元，调度费 117 万元，飨宴费 22 万元，接待费 51 万元，犒赏费 69 万元，大礼关系费 166 万元。

12 月 13 日，袁世凯在中南海居仁堂大厅举行了“登基”大典，接受百官朝贺。袁世凯并没有身着龙袍、皇冠，只穿了平时的大元帅戎装。袁向来以主张“新政”的新派人物自居，所以他文明进步不离口，常言若有一天登基为帝，决不再用宦官旧制。所以，这次大典，段芝贵传谕说行礼要简单，三鞠躬就行了。但由于事先没有统一的安排，朝拜之礼也不统一，大家朝贺时，仍旧跪拜，很多人还行了三跪九叩首的大礼。

自古以来，新君登基，当然要大赦天下，封王封侯，以显示皇恩浩荡雨露均沾。

首先是封王。

大总统做了皇帝，副总统黎元洪怎么办？袁自然要给他一个交代以堵其口舌。

12 月 15 日，袁颁发册封令，封黎元洪为武义亲王，可这个“泥菩萨”拒不接受。自黎元洪被徐树铮“霸王硬上弓”由武昌请至北京幽居瀛台后，便摆出了他的“泥菩萨”架势，对什么事都像木偶泥胎一样，事不关己高高挂起。帝制运动开始后，黎更是装聋作哑，不再办公上班，并一再请辞副总统和参政院长的职务，希望回原籍休养。黎也知道袁是不会让他离开北京的，他便借口老婆有病，说瀛台太冷，得袁同意迁居至东厂胡同。自 1914 年 11 月起，他开始拒受副总统的薪金和公费，并请袁裁撤副总统办公室，并向参政院请辞副总统职务。此时的他俨然是个哑巴，闭门不出，对任何人不再说话。

因黎不接受封王命令，袁便派内史监阮忠枢以道贺的名义去窥探黎的态度。阮公然向黎称呼“王爷”，并且传达袁的意思。黎这位“泥菩萨”恨恨地说：“你们莫要骂我！”

据说，袁还准备加封被他赶下台的溥仪为王以显示他优待清室的宽宏大量，封黄兴为王借以离间分化国民党，后因有人提出不同意见而取消了这道命令。

再次是“封友”。

徐世昌作为袁的把兄弟和老朋友，也掉进了“只能在一起打江山而不能在一起坐江山”的怪圈。帝制运动刚开始时，袁把他这位老朋友请出来打场子，可当场子铺开后，袁又担心他这位老朋友从中作梗而处处设防不让其参与机密。袁这种卸磨杀驴的做法当然引起了徐的不满，同时，徐更不愿意下跪向袁称臣，他干脆装病请假不再上班，并且提出请辞国务卿一职。袁也感到没有再利用徐的必要了，因此批准了徐的辞呈，并派了陆征祥任职。

不光徐世昌不愿意下跪称臣，还有几个前清时做过督抚和号称民国元勋的一些“老资格”人物也不愿意。鉴于这种情况，12 月 20 日，袁世凯颁布“嵩山四友”的电令，称徐世昌、赵尔巽、李经羲、张謇“久负重望”，与自己为“道义之交”，各颁嵩山照片一张，名曰“嵩山四友”，均计不称臣。

封王封友封完了，再就是封爵了。

12 月 21 日和 23 日，袁世凯先后册封公、侯、伯、子、男爵位共 128 人，受封者大都是各省将军、巡按使、护军使、镇守使及师旅长等握军政实权者，以此给以高官厚禄来笼络这些实权派。

12 月 31 日，袁世凯下令改中华民国纪年民国五年为洪宪元年，改总统府为新华宫，又发行了一种纪念金币和银币：一面以袁世凯身着海陆军大元帅服的头像作为图案，一面以象征封建帝王的“龙”作图案，并印有“中华帝国洪宪纪元”八个大字。此外，册封皇后和嫔妃，立皇储以及选拔女官等皇家事务。袁世凯称帝后，内宫没使用太监而改用“女官”服役。

相传刚开始密议帝制时，前清宫之权阉小德张得到消息，以为时机已到，曾贿赂与袁相近的近臣，让他在袁面前进言，希望能有朝一日重返宫中，袁世凯严词拒绝。袁既然决意废止宦官，但内廷劳役之差的人选成了挠头事。仍用家府婢媪，似乎不合帝王的尊贵体制，但安排亲兵近侍入宫内，又难保不会给众姬妾嫔妃添乱，思来想去，便恢复了周朝时的女官之职。据说，袁世凯这一想法是与筹安“六君子”之一的刘师培相议所得。

洪宪帝制是袁世凯一生中最大的败笔，他因此而身败名裂。袁逆时代潮流而行，必为时代所唾弃，反帝制的战火很快就燃遍全国，等待袁的只是一袭爬满了虱子的华美之袍……

“五国联合劝告案”背后的较量

当帝制运动紧锣密鼓往前推进时，袁世凯对于国内的反对呼声并不太在意，他最在意的是列强对帝制的态度。在帝制初起时，列强为了争夺对袁的控制以夺取更大的在华利益，争相怂恿袁进行帝制运动，而袁也正是被这种别有用心的怂恿所迷惑。

而当袁世凯与日本签订“二十一条”并加紧帝制活动后，即遭到中国人民的强烈反对，独裁统治危机加剧，西方列强惧怕袁世凯因称帝而倒台影响他们的在华利益，因而他们的态度便由赞同转向了反对，矛头一转对准了袁世凯。

1915 年 9 月 3 日，日本外务省首先散布了反袁称帝的毛毛雨，说中国要变更国体，日本正密切关注，在这一事件上不可以随便乱发议论云云。9 月 6 日，日本首相大隈对中国驻日大使陆宗舆说：“中国民主君主，本非日本所问，惟万勿因此致乱，妨邻国商务。”11 日，日本又称：“若中国行帝制引起大乱，日本将声明干涉。”9 月底，日本向英、俄、美等国提出要制定一个联合反袁称帝的计划，因英国一直是袁政权的积极支持者，从内心不愿意提出这样的劝告，但当时欧战正酣，西方列强无暇东顾，日本在远东事务上的主导作用也越来越大，而英国此时的打算是只要不影响其在华既得利益即可，所以，日本的联合劝告计划得到了英、俄的附和。但美国对日本的计划反应冷淡，并以不干涉中国内政为由拒绝了日本，主要原因是“二十一条”签订后，日本在中国获得了政治和经济上绝对优越的地位，已同美国企图用“门户开放”的方针向中国扩张的野心形成尖锐的矛盾。

10 月 28 日，日本驻北京代理公使约同英、俄两国公使会晤外交总长陆征祥，发出要求中国暂缓变更国体的三国联合口头劝告。接着，日本又单独向中国政府提出将选举延期的要求。袁世凯感觉列强步调不太一致，并没有引起他太大的重视。11 月 3 日，法国公使也插足其中，向中国政府提出了暂缓帝制的警告。袁感到了事态严重，他担心由此引发其他重大变故，遂指示陆征祥于 11 月 11 日邀请四国公使到外交部举行会谈，进一步对帝制活动进行解释。谁知第二天，意大利又加入其中，四国劝告也由此扩大到了五国。

列强这种先捧场、后拆台的做法，着实让袁及其帝制派郁闷和愤怒，但当时木已成舟，袁世凯已经是骑虎难下了。袁对列强的劝告只能表面上胡乱应付，而暗地里却加紧准备以图尽快登基。因此，列强对袁非常不满，因而由口头劝告上升到了直接干涉，其中又以日本反应最为激烈。

期间，袁曾采取“以狐制狐”的策略来阻止日本，结果弄巧成拙，搬起石头砸了自己的脚。为牵制和拖延日本，袁曾找老朋友英国驻华公使朱尔典支着。朱尔典劝中国加入协约国与英国结成同盟，以便容易由英国出头给中国说句好话。天上从没有掉肉饼的好事，朱尔典劝诱中国加入协约国，以便采取行动扫除德国在中国的势力，此举是为了想达到英国在中国以前未达到的目的。不过，这个计划在两国秘密协商过程中被美国报纸披露，日本获知后强烈谴责英国单方面对华行动，令英国陷入尴尬境地。对此，英国外交部一度有撤换朱尔典的打算，朱尔典也因此对袁政府的失密行为大为不满。

除用外交手段阻止袁暂缓帝制外，列强还在经济上对袁政府进行施压。袁统治之初，财政非常困难，唯有举借外债才能维持国家运转。1914 年 8 月以前，袁的主要借款有两个来源，一是从欧洲各国取得，二是由美、日等国少量借款。从 1915 年袁复辟帝制起，袁的经费需求增大，财政支出更为困难，特别是欧战爆发后，袁再也无法从欧洲取得借款，这又给摇摇欲坠的袁政权一记重拳。

当 1915 年 12 月 12 日袁宣布实行帝制后，德、奥驻京公使首先到外交部祝贺，并要求晋见袁世凯。袁世凯担心亲近德、奥而得罪英、日等协约国，借故推脱。当时，俄国公使曾建议协约国承认帝制，以免同盟国先承认，使它们处于不利地位。但是日本情报灵通，已获悉云南起义迫在眉睫，所以坚持不予承认，并于 12 月 15 日联合英、俄、法、意四国再次向袁政府提出警告。这时，袁世凯才彻底明白日本一直在对他采用两面政策，而英国把英日同盟的关系看得非常重要，也没有制止日本干涉的能力。

于是袁世凯不敢再忽视日本的警告，立即决定派农商总长周自齐为赴日特使，以祝贺日皇加冕和赠送日皇大勋章为名，企图直接与日本首相大限重信密谈，以期得到日本的支持。开始，日本政府表示欢迎周自齐，还说准备以亲王礼仪接待他。不料周自齐的秘密使命败露，不仅引起中国人民的激烈反对，也招来英、俄对日本的嫉妒，日本不得不改变对周自齐的态度。在周自齐临行的前一天，即1916年1月26日，日本政府忽然通知袁政府说："不便接待中国特使，请延期启行。"

五国第二次劝告10天后，也就是12月25日，云南突然宣布独立，这无疑对袁是一个致命打击。云南的独立更使日本加快了倒袁步伐，于是，日本多管齐下接连出招：一是支持进步党、中华革命党等各种反袁势力，企图加以操纵；二是加紧扶植和拉拢袁世凯手下有实力的将领段祺瑞，伺机取代袁世凯，以实行其左右逢源的两面政策；三是在东北和内蒙等地支持满蒙亲贵宗社党暴乱，企图在中国制造混乱，乘机扩大侵略权益；四是不断公开地指责袁氏称帝"妨碍了东亚和平"，扬言派兵进入中国内地"自由行动"；五是联合各国拒绝接受有"洪宪"年号的外交文书。

在这种情况下，无可奈何的袁世凯只得关起门来偷偷摸摸做皇帝。1916年元旦起，他下令在国内改称中华帝国，改用洪宪纪元，而对外仍旧称中华民国。这是一个民国与帝国、总统与皇帝同时并存的特殊时期，在中国历史甚至世界史上亘古未有。

有人提出，如此安排伤国体尊严，袁世凯辩解道："横竖外交上的文件百姓也看不见，而且我是做中国的皇帝，不是做外国的君主，外人不承认洪宪国号，唯有变通办法罢了。"由此人们谑称袁世凯为"总统皇帝""中西合璧之元首"。

想当皇帝，却遭遇空前的窘迫和艰难，这是袁世凯始料未及的。

更甚的是，窘迫和艰难还在后面。

杨度中计，蔡锷出京

袁世凯靠武力起家，他深知军权的重要，因此对军队的掌控从不懈怠。在"二次革命"清除南方革命党武装后，他着力于对各地方军事和政务的全面操控，特别是北洋军尚未到达的西南各省，袁更是格外用心。

在推行帝制前，袁世凯对南方诸省作了周密布置：派何国华为云南宣慰特使；派王祖同为广西巡按使，后来又让他会办广西军务；派龙建章为贵州巡按使。这三个北洋官僚都是高级特务，负有监视所在省将军的秘密使命。四川是西南战略要地，1915 年 2 月，袁派参谋次长陈宧会办四川军务，率领北洋军伍祥祯、冯玉祥、李炳之 3 个旅入川，后将全省军政大权全交给陈。袁还令曹锟率领北洋军精锐第三师驻扎湖南岳阳，王占元的第二师集中于武昌，以两个师的兵力作为入川北洋军的后援。同时，以“换防”为名，将卢永祥、杨善德、郑汝成等调往华东，形成对南方强大的威慑力。他满以为乾坤在手，便可以为所欲为，于是悍然宣布登基称帝。

患了皇帝狂热病的袁世凯忽略了在全国范围内日益增长的反帝制、反卖国的民主运动和爱国运动，他所关注的只是外交问题和军事问题，认为对外只要通过国家利益换取列强承认他这个皇帝的身份，对内用许以高官厚禄的老一套指使手下爪牙对政敌进行镇压，一切即万事大吉。即使有人跳出来反对，他也随时可以像“二次革命”时消灭国民党的军事力量一样将其扫除。

袁世凯没有深刻认识到“知政失者在草野”和人心向背这一深刻的道理，此时的袁政权已风雨飘摇，大厦将倾。袁的倒行逆施、复辟称帝行为已被越来越多的人所唾弃，更有人准备拿起枪杆子“以武治武”来推翻袁的统治，其中有一个被袁软禁起来的人，此时正在像当年的越王勾践一样卧薪尝胆、伺机而动，他就是大将军蔡锷。

提到蔡锷，很多人会同时想到名妓小凤仙，他两人之间在那个特殊年代的“生死恋”被传为一段佳话。可据考证，被软禁在北京棉花胡同的蔡锷只是利用小凤仙作掩护而已，他故意在小凤仙的温柔乡中纵情酒色，实则是为了躲避袁世凯的耳目，给袁造成他胸无大志的表象，以便寻机逃离北京。

不光是利用小凤仙，还有一个“第三者”也被蔡锷利用了，他就是袁的谋士杨度。

蔡锷年少聪慧，15 岁参加岁试考了一等，17 岁时进入很有名气的长沙时务学堂深造，当时学堂的学监是谭嗣同，总教习是梁启超，梁对蔡非常赏识。正赶上戊戌政变，因倡说新学，长沙时务学堂遂遭解散。失学的蔡在梁启超的介绍下入日本大同高等学校继续深造。3 年后，蔡改文转武，考入日本东京陆军士官学校。1904 年初，蔡锷从日本士官学校毕业归国，先后任广西陆军小学总办、新军标统、新军协统等职。值得一提的是，蔡锷在广西陆军小学任总办时，白崇禧、李宗仁、黄绍雄、李品仙等都是他的得意门生。

据李宗仁回忆，蔡锷每次到学校视察时，乘马的方式都不是翻鞍上马，而是自马后飞奔，以跳木马的方式飞上马背，所以校中师生都以“飞将军”呼之。而蔡锷在训练时脚穿长靴，腰挎马刀，威风英俊，又被誉为“人中吕布，马中赤兔”。

1911年春，应云贵总督李经羲之邀，蔡锷赴云南编练新军，并被委任第三十七协协统，辖下的两位标统是丁锦和罗佩金，管带有唐继尧、刘存厚、雷飚、谢汝翼、刘云峰、韩凤楼、李鸿祥等，这些人后来都是辛亥云南起义以及护国运动的先驱。

蔡锷不愧是一位文武全才的将军，他利用闲暇时间将曾国藩和胡林翼的治兵论进行搜集整理，编著了一本非常著名的兵书《曾胡治兵语录》。10多年后，黄埔军校的第一任校长蒋介石特意将这本语录加以刊印发至学员人手一册，并亲自为此书撰写了序言。武昌首义后，蔡锷在云南起义，云贵总督李经羲逃走，云南全省光复，蔡锷被公举为云南都督。这一年，他仅29岁。

蔡锷被袁世凯调进北京后，袁竭力拉他上“贼船”，因此以高官相许。袁先聘蔡为总统府高级军事顾问，又把他安排到陆军部编译处任副总裁（总裁为段祺瑞），后又任命蔡为参政院参政。1914年5月12日，总统府军事处改为陆军大元帅统率办事处，作为总揽军政大权的最高军事指挥机关，蔡成为该机关6位办事员之一（其他5人分别是陆军总长段祺瑞、海军总长刘冠雄、参谋次长陈宧、海军上将萨镇冰、陆军上将王士珍），也是唯一一个非北洋出身的军事领导核心成员。同年6月，袁又设立将军府，隶属于大总统，作为“军事之最高顾问机关”，加蔡昭威将军衔（昭威将军是“威”字号冠字将军中排第一位的，足见蔡在将军府的地位）。12月，又任命蔡为全国经界局督办。这一切，足以说明袁对蔡的赏识和器重。可道不同不相为谋，虽袁千方百计地想笼络蔡，但蔡却抱定了“徐庶进曹营”的态度，对袁的任命不作理会。

这时候，杨度出现了。作为筹安会的发起人，杨度深知蔡锷之威名，他想把蔡锷拉到旗下以壮其色。可蔡锷是个有骨气和血性的军人，他对袁的帝制行为始终不耻，怎肯委身为其卖命？可杨度却铁了心想把蔡锷争取过来。蔡锷的老师梁启超高调反袁，杨度便找到蔡锷去做梁老师的思想工作。正苦于被袁严密监视失去自由的蔡锷想出了一个主意，他决定采取诈降的办法来换取杨度的信任，以寻找机会逃脱。蔡锷见到梁老师后，两人大骂袁的倒行逆施，誓死推翻帝制。可给杨度汇报情况时，蔡锷言称梁老师反对帝制态度坚决，已无可救药，并表明自己要和梁老师决裂。

在云南军界举行的改行帝制请愿会上，蔡锷第一个签上了自己的大名，以表示拥护帝制。为了进一步迷惑袁和杨度，蔡锷做出种种假象，把自己装扮成一个浪荡之徒，一头扎进温柔乡中，每天和杨度到著名的“红灯区”八大胡同寻欢作乐。也就是在这个时候，年轻的蔡锷认识了云吉班的名妓小凤仙，不管是假戏假做，还是假戏真做，反正两人打得火热，卿卿我我，难舍难分。蔡锷的妻子、母亲都在身边，对袁来说她们是要挟蔡的人质，对蔡逃出北京十分不利。于是蔡他有意利用和小凤仙的关系，制造家庭不和的舆论，甚至请袁的亲信为自己找房子，声称要“金屋藏娇”。同时，他还经常公开和妻子吵架，妻子趁势带着母亲回了湖南。袁世凯得知情况，觉得蔡锷堕落成性，昏然无能，实在不足为虑，戏称他为“风流将军”。

可蔡锷到底不是一般人。他身在“花丛”中，不忘身后事，背地里早已与根据地云南的各位将领取得联系，一方面秘密组织筹划讨袁的军事计划，另一方面在伺机逃离这牢笼之地。

关于蔡锷离京的版本很多，有利用小凤仙做掩护出逃说，有佯装为哈汉章祖母祝寿脱险说，还有在澳大利亚记者端纳的帮助下脱离虎口之说。不管哪个版本，蔡锷的“虎口脱险”都是一路数次躲过了袁的特务追杀，可谓凶险异常。但蔡好在之前做了充分准备，他在动身前留下书信向袁请假言称赴日就医，抵达日本后还向袁致书报告东渡就医情况，同时预先写好明信片交给黄兴派来保护他的士官老同学张孝准，叫张旅行日本各地，每到一处就寄一张明信片，以此瞒天过海，显示蔡在日本各地漫游，也为起义赢得时间。而当这些明信片的一部分寄送到袁的手上时，蔡已于 12 月 19 日安全回到大本营云南了。

在蔡锷未到达昆明之前，云南已经像一个要爆炸的火药桶。

先于蔡锷抵达昆明的国民党人及老同盟会员有李烈钧、程潜、陈强、戴戡、方声涛、王伯群、熊克武、但懋辛等，皆一时人杰。当蔡锷一行一到昆明，云南都督唐继尧随即召开第四次军事会议，通报备战事宜，筹议举事大计，并把反袁军命名为“护国军”。同时，会议决定向袁世凯发出最后通牒，“令其取消帝制，杀杨度等‘十三太保’，以谢天下”，限 24 小时答复。如届时无复，或无圆满结果，即以武力求最后解决。

唐继尧是蔡锷的老部下，此刻他手握一省军政大权，是个有地盘、有军队、有枪、有钱的实力派。之前唐继尧犹豫不决，但在各方进步力量的劝说下终于下决心反袁，并组织召开了三次军事会议制订讨袁计划。

不见袁世凯有任何回复，1915 年 12 月 22 日夜，蔡锷、唐继尧、李烈钧及云南军政要员 52 人“歃血为盟”，共同宣誓“兴师起义，誓灭国贼”。

12 月 23 日，云南将军唐继尧、巡按使任可澄通电劝告袁取消帝制，恢复共和。

12 月 25 日，云南通电全国，宣布独立，并起兵讨袁。反对帝制、拥护共和的战斗正式揭开大幕。

1916 年的元旦，护国军在昆明校场誓师，发布讨袁檄文，历数袁世凯“背食誓言”“叛国称帝”等 19 大罪状。

这一天，昆明各界人民也举行了热烈拥护共和、支持云南独立的大会。大街小巷到处张贴着“永护共和”的标语，市民结队游行，高呼“打倒卖国贼袁世凯”“拥护民主共和”等口号。群众踊跃捐款，报名参军者络绎不绝，几天内就达了五六千人，可见反袁力量的人心向背。

搁浅的“北洋大船”

云南独立的消息无疑给正在加紧登基称帝的袁世凯当头一棒。

袁世凯简直气得一佛出窍，二佛升天，但他随即稍感自安。他认为云南地处偏僻，仅区区一省之力，其力量较“二次革命”时的国民党要薄弱得多，他不费吹灰之力即可扫平。但他也忌讳皇朝初建便动兵动武，坏了喜庆气氛，于是对蔡、唐等人软硬兼施，多管齐下。

一是规劝说和。

洋人的话似乎比国人的话更金贵，更有力度。袁请他的老朋友英国驻华公使朱尔典致电驻云南英国领事葛夫以私人名义规劝蔡、唐二人收回独立通告。葛夫找到了他的好友、老同盟会员丁怀瑾去劝蔡，可丁义正词严地拒绝了葛夫。

不光找洋人疏通，袁还抱了一丝希望找蔡的老朋友从中说和。他找到蔡的老上司李经羲，因为蔡是李最早赏识和一手提拔的人。袁特别赏赐李貂裘一袭，打算在某一时机派李为特使赴云南做说客，说服蔡锷转变立场。这个办法连袁世凯自己也不相信能够成功，但这实在是没有办法的办法。此外，袁又把早已被他赶下政坛的熊希龄请到北京，想让熊出头规劝蔡。熊与蔡相交甚笃，熊任国务总理时，曾力荐蔡为湖南都督。可熊根本不想出头，哼哼呀呀地与袁打哑谜，后来他谎称南下疏通，结果一去没了踪影。

袁还通过政事堂给云南复电，先是列举了唐继尧以前劝进的各电，然后说："事隔三日，背驰万里，本堂不信贵处有此极端反复之电，想系他人捏造，未便转呈。"袁以此装聋作哑，以此给唐一个台阶，妄图拉拢唐回心转意。

二是分化拉拢。

1915 年 12 月 29 日，袁下令罢免了蔡锷、唐继尧等人的官爵。为分化护国军，他下令滇军第一师师长张子贞加将军衔，暂代督理云南军务；第二师师长刘祖武代理巡按使，让他们逮捕蔡、唐，押解北京治罪。袁企图以高官厚禄引诱蔡、唐的老部下反水背叛自己的长官，可这一套老掉牙的办法对立场坚定的人来说并不奏效。

三是严令惩处。

袁命政事堂通令中央各部及各省，凡与蔡锷有所关联的人一律予以革职。一人有罪，众人受株。在各省机关工作的云南籍职员以及与蔡关系亲近的人及蔡的旧属，都吃了"瓜落"。袁还不解气，又命湖南巡按使沈金鉴查抄蔡锷在湖南原籍的财产，可惜蔡虽然名气很大，却是两袖清风一穷二白，没有财产可以查抄，而他的母亲和妻子也早已躲了起来。

抓不到蔡，又握不住蔡的小辫子，又说服不了蔡，袁知道与蔡的这一仗必打不可了。

云南当时有 2 师 1 旅及警备队 40 营，共 2 万多人，从人员兵力、武器装备等各方面与北洋军相比都相差悬殊，而其敢于"以一隅而为天下先"，举义旗对抗袁世凯，最重要的一点是蔡、唐等人师出有名，乃人心所向。

蔡、唐等人制定出详尽的"三路出师"作战计划。

首先成立云南军政府，唐继尧为都督。护国军分为 3 个军：蔡锷任第一军总司令，率护国军的主力 3000 余人，出兵四川，分别向叙州、泸州、重庆推进；李烈钧任第二军总司令，主攻两广；第三军为预备队，唐继尧兼任总司令，坐镇后方，策应前线。

袁恨不得一口将蔡、唐吞吃。袁的作战计划也是“三路出师”：第一路由第六师师长马继增统率，含第六师、第八师一旅和第七混成旅等，约 2 万人。该路从湖南常德、芷江一带西进，经贵州攻云南。袁又命令贵州护军使刘显世率领黔军配合北洋军行动，并发给军饷 30 万元。第二路由张敬尧担任司令，由湖北乘船溯长江入四川，计有第三师、第七师和第八师一旅，加上原在四川的北洋军第十六混成旅、第四混成旅及川军周骏、刘存厚两师，总计 3 万余人，是北洋军的主力。曹锟担任第一路、第二路军总司令，负责指挥前方作战。第三路由广东陆军第一师师长、云南查办使龙觐光部由粤经桂入滇，袭扰护国军后方。由于前线告急，此后又陆续抽调倪毓棻所率领的安武军十五营和范国璋的第二十师进入湖南增援。北洋军饷足械精，久经战阵，在袁世凯看来，云南“兵仅万余，饷难月给”，只要大军压境，很快便会以泰山压顶之势一举将其歼灭。

可袁世凯太过于乐观了。他的北洋大将们大多是盘踞一方的都督和将军，而他的“废督”“军民分治”政策，已直接损害了他们的既得利益。这些都督和将军们的目的十分现实，就是当官揽权发财，因而对袁世凯的复辟称帝存有很深的忧虑和戒心，所以他们各怀鬼胎，并不肯为袁出死力效命。所以，当蔡锷所率的第一梯团与袁军刚一接触时，袁部稍作抵抗就撤出了战斗，因此护国军的叙州战役打得轻松加愉快。叙州战役首战告捷，军心大振，第一梯团随之向纵深展开进攻。

之前的 1 月 2 日，蔡锷曾派遣第四梯团长戴戡到贵阳策动贵州响应独立，另派王伯群前往贵州南部兴义一带联系当地黔军。戴和王都是蔡锷的核心人物，他们都是贵州人，而且在贵州有声望和人气。云南和贵州在地形上具有极其密切的关系，如果贵州不响应护国讨袁而落入袁系手中，云南的独立便受到严重的威胁。当云南起义时，蔡锷和唐继尧都曾电请贵州护军使刘显世参加护国行动。刘显世其实是对袁离心离德的，因为袁的新地方官制中，各省都设有将军，而只是在贵州和福建两省设护军使，这表示袁对这两省并不重视。但刘显世是个持重而保守的人，所以他不敢立即参加讨袁行动，而是一直在隔岸观火。

这时贵州的反袁情绪也极为高涨，当地军民迫切要求呼应云南宣布独立。王伯群的兄弟王文华担任黔军的团长，他和另一位团长熊其勋都敦促刘显世参加护国军。因贵州平素兵额很少，所以团长就是实权人物。在贵州军民都极力迫切要求讨袁时，袁所派的贵州巡按使龙建章为了缓和贵州军民的情绪，1916 年 1 月 7 日电请袁另行召集国民会议表决国体问题。龙建章是袁派到贵州监视刘显世的，这一点让刘极为气愤。袁为了讨好刘显世，则派了他的兄弟刘显潜署理贵州巡按使，并让龙建章离职进京。

1 月 18 日，贵阳举行全省代表大会，与会代表力促刘显世宣布独立，改称护国军贵州都督，但是刘还是首鼠两端下不了决心，并电请袁迅速接济军饷以稳定军心。蔡、唐等人也察觉到刘左右摇摆的态度，于 1 月 24 日命戴戡率领滇军一营进抵贵阳，以逼刘起义。这一招果然奏效，当 26 日刘接到袁汇来的 30 万元军饷后，27 日便高举义旗宣布贵州独立。

贵州起义，使云南正面立起了一道屏障，并使北洋军在湖南和四川两省直接受到护国军威胁。王文华一鼓作气，率黔军攻入湘西，很快占领了晃县、洪江、麻阳等县，与北洋军相持于辰州、宝庆一线。一时间，四川将军陈宧、湖南将军汤芗铭连连向袁世凯告急。

2 月 8 日，恼羞成怒的袁世凯下令查办刘显世，派黔军团长唐尔锟接任贵州护军使，可这道命令只是一张空头支票，已完全没有了效力。

时也，势也。此时的袁世凯突然感到了一种前所未有的政权危机。他本想像“二次革命”时对付国民党一样，以秋风扫落叶般迅速平定云南之乱，可他现在面临的形势已与当时截然不同。他划拉了一圈，竟然找不到一个可替他主持平滇的大将。无奈之下，他想到了他的哼哈二将段祺瑞和冯国璋。

如何把早已被他打入冷宫的段祺瑞请出来是一大难题。为了讨好笼络段，袁先提拔段的心腹爱将徐树铮为将军府事务厅厅长，可段仍无动于衷，以“旧疾未愈”为由婉拒。令人可笑的是，这样的“政治病”，也是以前袁惯用的招法。

段不出山，袁只好找到冯，任命他为参谋总长兼任征滇军总司令一职，并急电催促其进京就职，哪知冯也装起病来。2 月 13 日，袁特派心腹蒋雁行以探病为由，到南京当面劝冯出来支撑大局。冯见到蒋后演了一场戏，他先是说了一通与大总统之间的感情，之后泪流满面地说：“我跟随大总统一辈子，总统要我如何我便如何，为什么总统仍不把我当自己人看。”冯的这番话指的是他赴北京谒袁时，袁对他否认帝制的那一幕。

蒋把这一切密报于袁，袁知道冯是患了“政治病”，一方面他走马灯似地派心腹阮忠枢、荫昌、田中玉等轮流到南京做冯的思想工作；另一方面暗中却指使蒋雁行勾结江宁镇守使王廷桢就近篡夺冯的位子，同时拟准备调冯进京，解除他督理江苏军务一职。但因为山东将军靳云鹏、江西将军李纯发密电请袁勿对冯下手，所以才没有了下文。

靠不上哼哈二将，袁只好在新华宫丰泽园设立“征滇临时军务处”，亲自坐镇值守。

袁这时已经感到了他亲手缔造起来的北洋大船已处在搁浅状态，但他又不得不依靠它。为了收揽军心，鼓舞士气，他不断往前线增兵，并给前线将士派送大批慰问品。为增加胜利的砝码，袁陆续组织兵力开赴云贵战场。他首先想到了张勋的“辫子军”，他派阮忠枢南下徐州动员张勋参战，可张勋借口防务吃紧，提出招兵10营，并要求中央拨发军饷500万元。袁听了阮的汇报后大为震怒，当即命亲信马龙标到徐州以帮办军务为名分割张勋的兵权，可张勋竟闭门不见。没办法，这位马帮办只好打道回府。怒不可遏的袁要罢免张勋的官职，但又怕将张勋逼上梁山造反，因此袁皇帝也只好忍气吞声。张勋不给力，袁又想到了奉军张作霖。张的胃口不大，只要了10万元军饷，但张却耍起了小聪明，在收到钱后竟授意奉天商绅联名致电袁世凯，称为保东北局势安定，奉军不能离开东北。而这期间，北洋将领们各怀鬼胎，往往以南下作战为理由借机向中央索要军饷装备或要求增加兵力编制。袁也知道这一点，但他又要依仗北洋军，也只好睁一只眼、闭一只眼。

2月中下旬，北洋军源源不断涌入四川和湖南，在与护国军兵力对比上占了绝对优势。战争的天平马上向北洋军倾斜。

2月23日，蔡锷根据敌我态势，决定采用两翼包围、正面突破战术，以攻势防御消灭袁军。28日护国军开始反击，战至3月6日，袁军伤亡惨重，护国军亦因弹药不济，人员疲惫，分路撤出战场并进行休整。3月15日，蔡锷瞅准时机，乘袁军官兵厌战之机，决定集中主要兵力分三路反攻。17日，担任主攻的右翼赵又新梯团从纳溪以东之白节滩发起进攻，中路顾品珍梯团在正面牵制敌军，左翼刘存厚部攻占江安，保障主力侧翼安全。19日，护国军全线突破袁军前沿阵地，歼敌一部。至3月底，陆续收回失地。袁军伤亡甚众，无力继续作战。值得一提的是，朱德时任第三梯团长第六支队长，他在此役中作战勇猛，率部拼杀数昼夜，曾一度因第三支队长指挥失当而被临危受命兼任第三支队长，为护国战争胜利立下了汗马功劳。

划时代的“五将军电”

护国战争从一开始，袁世凯就输在了人心和道义上。

袁为了对付蔡锷、唐继尧1万余人，压上了4万大军，其他各个方向更是大兵云集。按照袁的小盘算，蔡、唐等人能很快被灭掉。可惜西南、东南局势一再失控，贵州独立，四川、湖南等地陷入困境。

袁世凯原来打算在1916年1月1日元旦或2月3日旧历大年初一这两个重要的日子登基，但随后因反帝制运动的不断高涨，他不得不一再延迟时间。然而之前他处心积虑的谋划和舆论宣传，使狂热的劝进活动像一列高速飞奔的火车不能立刻停下来。这段时间，各省溜须拍马的军政官员与商贾豪绅吁请“早登大位”的电文不断飞至新华宫，可这些“喜电”在这时似乎变成了“唁电”，带给袁世凯的不是兴奋，而是忧虑。

在这时，前方失利的消息不断传至新华宫，五国公使又再次向袁政府提出口头警告，这令袁不得不认真考虑暂缓登基一事了。

2月23日，在内外交困中骑虎难下的袁世凯下令缓办帝制，禁止各省再呈递登基的电文，并撤销了大典筹备处。2月底，他接连颁发文告，定于5月1日前召集立法院，命令国民会议议员选举复选当选人作为立法院议员。到了此时，他不得不“回炉另造”，重新捡起被他丢在垃圾桶的民国制度来。

而在此时，前方战事正酣。

四川方面，3月3日，冯玉祥率部攻占叙州，袁世凯破格封他为三等男爵。7日，张敬尧等攻占纳溪和江安等地，袁世凯又下令给张敬尧晋授勋三位，加陆军上将衔，旅长熊祥生、吴佩孚和吴新田均授陆军中将。广西方面，龙觐光军攻占剥隘。湖南方面，北洋军第六师攻占麻阳。

一个个战地捷报一时冲昏了袁的头脑，他满以为荡平云贵之乱指日可待。为了鼓舞前方将士，他特意派“钦差大臣”带了大量物资前去犒赏三军，对立功受奖将领一律颁发一至五等荣光宝星章。随后，袁又公布《颁爵条例》，规定“有大功绩者”可特封为亲王（年俸2万元）、郡王（年俸1万元）和公、侯、伯、子、男等世袭爵位。

似乎这是袁的回光返照时期。尽管袁不断用封爵赏禄鼓舞士气，但北洋军已是强弩之末，此后再也没有报捷的信息让袁高兴了。相反，广西陆荣廷突然宣布独立的消息传到了袁的耳中。广西独立是护国战争中的一个关键点，它像给袁抽了一记闷棍，让他再也爬不起来了。

陆荣廷与袁世凯有杀子之仇。

独裁的皇权令无数人为之眼红，因此皇帝都有很重的疑心病，他怕失去皇位和权力，担心他人独大不听话。袁世凯也是。袁的办法是一靠特务，二靠人质。袁的特务组织遍布全国，充当他的眼线用以监视非北洋派的各省军阀。至于人质，袁世凯采取“以子为质”的办法。他将非北洋派高级将领的少爷们安排在北京各部委任职，一旦他们的老子有异志，袁便对其少爷下手。

陆荣廷的儿子就是这么死的。当陆患“政治病”向袁告假时，以侍疾为由打电报召回在北京为人质的儿子陆裕勋，可当陆少爷由北京起程回广西途中，袁竟派人将他毒死了。

陆将杀子之仇深埋心底，表面上却不形于色。当陆荣廷见全国反帝制运动高涨，云南又宣布独立后，他虽表面上对袁表示恭顺，暗中却决定反水，并和进步党人梁启超等建立了联系。为了笼络陆荣廷，袁封陆的大公子陆裕光为三等男爵，并批准拨付他军饷100万元和枪5000杆，还任命他为贵州宣抚使，率桂军进攻贵州。袁世凯本想在云贵开辟一个新战场，一举消灭护国军，却万万没想到陆荣廷在领到饷械之后，忽然于15日在柳州与梁启超及广西将领联名通电宣布广西独立。

广西的独立引发了“多米诺骨牌”效应，3天后的又一道密电彻底将袁世凯逼上了绝路。

这道密电的始作俑者便是袁之前的哼哈二将之一冯国璋。

当“北洋之虎”段祺瑞暂时蛰伏之时，“北洋之狗”冯国璋就成了事实上北洋军事圈子里除袁世凯之外的“二把手”。这时，冯国璋的意向决定了袁世凯帝制的命运。以当时的兵力而论，属于北洋军事圈子的兵力达44万人之众，而蔡锷、李烈钧等率领的云南护国军仅有区区4000人，再加上黔、川等西南各军，也不过3.7万人。力量对比如此悬殊，冯若继续拥戴袁世凯，率北洋各军出战，则西南护国军显然不是对手；他若率北洋各军支持西南护国军，并与之东西呼应，那袁世凯就会陷于孤立。

而冯国璋及北洋各军将领最终的选择是，一致反对帝制。这固然不乏民意和时势的考量，但最根本的，还是从保守自身圈子的利益出发。段祺瑞和冯国璋后来成为反对帝制最大的利益获得者，便是最好的证明。如果他们誓死拥护帝制，保袁世凯当皇帝，让民国变成袁家天下，那他们后来也就不可能成为万人之上的“执政”或者“大总统”了。

共同利益已不复存在，袁亲手缔造的北洋圈子也就至此分崩离析了。

3 月 9 日，装病多日的冯国璋突然致电袁世凯销假视事。冯国璋一直身在局外，旁观者清，他看出反袁力量已如星火燎原，不可阻挡，特别是广西宣布独立后，他更加参透了袁的末日即将来临。冯国璋一面向袁致电请“谨慎开战”，一面通过梁启超、胡鄂公等人与西南军阀唐继尧、陆荣廷电函联系，以促使西南独立和陆荣廷攻击广州，逐驱袁世凯死党龙济光；同时，又劝说四川的北洋军与护国军停战，并且指使四川、湖南将军陈宧、汤芗铭通电拒绝袁世凯的命令。

当袁世凯派曹锟率北洋军入川与护国军接火之日，梁启超派人赴南京，请冯国璋协助蔡锷反对帝制维护共和。冯国璋说：“我是老头子一手提拔起来而又比较亲信的人，我的电报对他是个重大打击。我们之间，不可讳言是有知遇之感的。论私交我应该拥护他的，论为国家打算，又万不能这样做，做了也未必对他有好处，一旦国人群起而攻之，受祸更烈。我刚才考虑的结果，决计发电劝袁退位。”

于是，冯国璋密电与他有密切联系的各省北洋军阀，建议共同发出一个要求取消帝制，惩办祸首以安人心的联名电报。当时回电愿意列名的有江西将军李纯、浙江将军朱瑞、湖南将军汤芗铭、山东将军靳云鹏，再加上江苏将军冯国璋共 5 人。冯觉得 5 人列名声势不够强大，想进一步扩大范围加大阵势，因此他又用 5 人联名密电再次征求其他各省将军的意见。此即“五将军密电”，此电可以说是冯国璋企图以“中立”省将军首领的名义，召唤非独立各省区，形成第三种力量，以图联合护国军，打倒袁世凯的一种计谋。

谁知这个密电被直隶省巡按使朱家宝获悉，立即告于袁。3 月 19 日，当“五将军密电”送到袁世凯手上时，袁如五雷轰顶，几乎晕倒过去。五个将军都是地方有兵有权有地盘的实力派，而且全是他一手提拔的亲信，他们在这个时候掉转枪口对准自己，简直比外部的敌人要可怕万倍。

当天下午，绝望之中的袁世凯找来心腹杨士琦商讨对策。杨感到当前唯有退而求其次，取消帝制，进而保全大总统的位置才是最好的权宜之计。

而在此时，五国公使又再次向袁提出口头警告。英国顾问莫理循告诫说：“除非立刻取消帝制，否则危险将不可避免。”日本公使公开表示将承认西南护国军为交战团体。这一切的一切，袁世凯已感到不取消帝制将再无出路了。

此种情况下，袁世凯不得不面对现实。3 月 20 日，袁世凯厚着脸皮请出了早已被他打入冷宫的徐世昌、黎元洪、段祺瑞开会研究当前局势。这说白了是一次取消帝制的送终会。在这次会上，袁世凯向他的老朋友通报了要撤销帝制的决定。随后，袁召来一直反对他进行帝制活动的张一麐，请这位大笔杆子帮忙起草取消帝制令。

3 月 22 日，袁世凯公开发布撤销帝制案，由徐世昌副署发表，同时恢复黎元洪的副总统职务。23 日，废止“洪宪”年号，恢复民国纪年，并任命段祺瑞为参谋总长。

自袁大总统接受帝位后，他就仿佛被架到了火炉上，日子一天也没有消停过，一直到他发布撤销帝制令，期间主要有三次反袁高峰：先是五国提出联合警告，袁政府不得不宣布年内不登基的口头声明；后是蔡锷、唐继尧的云南独立引起反袁战争的连锁反应，袁被迫宣布缓办帝制；再是冯国璋等五将军通电及五国公使的再次警告。内外煎迫之下的袁最终取消帝制。

从袁世凯称帝（1915 年 12 月 12 日）算起，至取消帝制之日（1916 年 3 月 22 日）止，总共 102 天；如果从洪宪元年（1916 年元旦）算起，至颁令废止洪宪年号之日（3 月 23 日）止，则只有 83 天而已。短命的洪宪王朝，落得个千古骂名，这一切都是袁世凯逆时代潮流而行的必然结果。

第二十一章
帝制“纸牌屋”

帝制撤销后的“乱战”

沸沸扬扬的“皇帝戏”终于落下帷幕，但袁世凯的危机并未有任何转机。

最先发难的是“泥菩萨”黎元洪。

1916年3月25日，也就是帝制宣布撤销后的第3天，黎元洪气冲冲地找到袁世凯，坚决要求袁下令取消他王爵的勋位，并提出如果不明令取消，他就无面目做北洋军与护国军之间的调停人。

3月27日，曾在朝鲜订交，与袁共事20多年的老朋友唐绍仪给袁发了一封劝退电，已经不喊袁为大总统，而称呼袁为先生或执事，其电文字字如匕首，将袁骂了个狗血喷头。

袁称帝后众叛亲离，没有人可寄心腹。3月17日时，袁邀梁士诒谈话。这时已经形势日蹙，但还没有撤销帝制，袁乃和梁商量，并把重要的电文拿给梁看，其一是康有为劝袁撤销帝制的致“慰庭总统老弟”函；其二是徐世昌自天津来函劝其取消帝制；其三是冯国璋等五将军联名电；其他则是各种电报及各省反对帝制的电文。

这时袁和梁对坐一个方桌上，袁以手指蘸茶涂在书桌上，边涂边谈某方情形如何，某人态度如何，应付得失如何。涂满了桌子，以纸擦去，再涂。最后，袁面色沉重地对梁说：“事到如今，我只有如此决定，分为几方面进行，中央政事由菊人（徐世昌）、芝泉（段祺瑞）任之。安定中原军事由华甫（冯国璋）任之。请你替我致电二庵（陈宧），嘱其一面严防，一面与蔡松坡（蔡锷）言和。你和卓如（梁启超）有旧，以私人情谊托其疏通滇、桂，并复长素（康有为）函，请其援助卓如。倘能令国家安定，我牺牲至任何地步均无不可。”

水能载舟，亦能覆舟。袁制造民意，擅用武力，善施权术，结果在最后关头人民的公意打倒了他。以权术治天下，最后必然是众叛亲离。

黎的发难和唐的电文都不打紧，伤的只是感情，最让袁头痛的还是跃跃欲试要推倒他政权的护国军。

袁鉴于当时内外交困的境况，为了求得喘息的机会，曾多次试图用黎元洪、徐世昌、段祺瑞3人的名义电函陆荣廷、梁启超、蔡锷、唐继尧4人，劝他们勿再刀兵相见，共同谋划善后工作。可护国军根本不买账，竟一口气提出了“袁退位后免其一死，但须逐出国外”“诛帝制祸首杨度等13人以谢天下”“袁子孙三世应剥夺公权”等6项苛刻至极的条件。

面对这样的条件，袁当然不会答应。但护国军与北洋军现实的情况是：护国军方面，经过3个多月的激战，兵员、枪械、弹药、钱粮都消耗殆尽，急待补充休整，若再继续采取攻势已十分困难；而四川泸州、重庆一线的北洋军普遍存在着厌战、畏战心理，也不愿意继续打下去，因此从3月底开始，四川、湘西前线先后实行停火。到4月初，护国战争实际上已经“中场暂停”。

自从广西独立和四川停战以来，全国反袁力量如爆发前的火山，岩浆在底层潜滋暗长。停战期间，国内各种政治力量纵横捭阖。在这场政治斗争中，大致有三股较大的力量：一是袁世凯及其少数追随者。他们想尽各种办法妄图继续保住最高统治地位。二是以孙中山为首的中华革命党。三是掌握护国讨袁的军事实力，并左右战局发展的进步党和西南地方实力派，他们也是护国运动的主要力量。而随着形势的发展，在大势所趋、人心所向的大背景下，袁世凯的一些顽固追随者为保护自己的官位也开始见风使舵，离开袁而向护国军方面靠拢。

同时，在讨袁战争中还有民主派反对帝制派、地方军反对中央军、士官派反对北洋派的各种复杂因素，因此，这些省区又像辛亥革命时期一样，产生了半独立、假独立等怪现象。

1916年4月6日，广东将军龙济光在桂滇军的军事压力和广东革命党人领导的民军胁迫下，被迫宣布独立；4 月 12 日，浙江也自下而上地轰走了将军朱瑞，推举嘉湖镇守使吕公望为都督，宣布独立，这是第五个宣布独立的省份。4 月 13 日，蔡锷等致电北京政府，谓袁“虽废除帝号，但仍复踞总统”，战事无法调停，应速宣告退位。在浙江独立的前后，国民党人陈其美在江苏进行反袁活动，4 月 16 日，江阴独立，18 日吴江独立，但很快失败了。也是 4 月 16 日，冯国璋致电袁世凯，劝其退位。此后，不少军政头目也纷纷致电劝袁下台。

而在这一期间，南北双方主要是针对袁是否有资格继续担任民国大总统这一原则性问题，大打“口水仗”。袁世凯虽已处于四面楚歌之中，却仍死死抱住大总统的宝座进行垂死挣扎。

这时的袁已看出黎元洪与他貌合神离，徐世昌根本不起作用，只有段祺瑞在北洋派中还有一定威望。而段祺瑞出任参谋总长后依然受袁掣肘，所以段当然不买袁的账。他出山之后，仅到公府几次，且不阅公事。段还托徐世昌捎话给袁，“既受命居参谋首席，请以参谋全权，凡关于前敌军军官及诸般方略，俾得全权办理”，并以辞职相逼。袁还得靠段为之出力，只好于 4 月 22 日任命段为国务卿代替徐世昌，以此笼络段祺瑞。

只可惜，此时的袁政权如同一个被癌细胞侵蚀全身的病人，即便再抱了猛药去疴的决心，已经完全是一场徒劳。

这期间，在南北双方连日的争吵声中，陈其美在上海被张宗昌暗杀，这是继宋教仁之后第二件革命党人被暗杀的大事。由于他遇难于袁世凯垮台前后，因此，这件重大的新闻便被护国起义和袁世凯称帝失败而掩盖了。

南京会议：各方利益的角逐

身处官场，相信每一个人都不甘永远屈居人下。

冯国璋也是如此。

根据当时的全国形势来看，袁世凯已经处在众叛亲离、四面楚歌的境地，而此时，南北对峙，政局混乱，北洋派系中稍有资历及实力者均想乘机而起，笼络各省势力，建立以自我为中心的团体以谋权夺利。北洋军阀的元老级人物唯有段祺瑞和冯国璋在北洋派中有一定威信，不过段祺瑞没有直接兵权，而冯国璋不一样，他有兵有权有地盘，绝非池中之物的冯国璋当然想借机谋取最大的政治利益。

南北双方暂时停战后，袁世凯为了笼络北洋系不至于四分五裂，同时做垂死挣扎，他无中生有地通过媒体发布了一条假新闻，说蔡锷已经承认元首仍居大总统之地位。之后，他派阮忠枢到南京笼络冯国璋，要冯联络未独立各省军民长官发出一个拥袁仍居总统之位的联名电，借以向西南护国军示威并表示北洋系仍是团结一心的假象。冯国璋并没有按照袁给出的思路往前操作，他现在趁此要实现自己的政治投机和野心。冯国璋给出的意见是，目前正值和护国军停战谈和的时期，不应该制造过分紧张的气氛使局面进一步恶化，因此他主张最好先作内部的协调，联合未独立各省的军政首长，在南京举行会议，取得意见和步调的一致，才能有发言权。

冯这个意见表面看来是在落实袁的意见，其实这是一个诡计。他的目的是想仿照辛亥革命时各省代表在南京组织临时参议院的办法，选出临时总统，然后召集国会，产生正式总统。这样，他以东道主和盟主资格，很有可能被推为临时总统。同时，冯还可以借机提出惩办洪宪祸首和大赦党人等条件以此讨好护国军和国民党。在冯的锦囊里，他想出了一条浑水摸鱼的妙计。因为他早已与护国军方面，特别是梁启超、陆荣廷建立起了秘密关系，他相信护国军方面会争取他这个北洋实力派来倒袁。如果他被推举为临时大总统，袁自然是“不推自倒”，而对于护国军来说，也不必再流血就可以达到反袁胜利的目的。

冯国璋认为若想将会议完满进行，必须要得到北洋内有影响力的人物的支持。蚌埠、徐州紧邻南京，两地的倪嗣冲、张勋皆地方实力派，南京会议不能跳过二人。因此，冯根据这个假想，就打电报请张勋、倪嗣冲二人提出解决时局的具体办法，以便作为三人的联合意见向南京会议提出。

不料张勋的目的完全与冯不同。

张勋眷恋清室，他的算盘是一心一意推戴逊清废帝宣统。张勋的打算是在复辟条件尚未成熟以前，不妨仍以袁为过渡。张觉得这时维持袁总比捧冯有利，所以他主张维持袁的总统地位。他的解释是自袁承认帝位以来，总统地位业已丧失，今后的总统既不能由国会产生，就只能根据清朝皇帝赋予袁全权组织共和政府的命令，把这道命令的有效时间延长到现在，袁做总统才是合法的。

张勋这个主张，是一套移花接木的手法，因为逊清的命令既然有效，则被废的帝位也随时可以复活。至于召集国会问题，张本是彻底反对的。冯提议召集国会，他在上面加了“慎选议员”四字，表示有限度地召集；至于惩办祸首，他改为惩办奸人，这个“奸人”两字意义很模糊，既可解释为洪宪祸首，又可能是国民党人。

而倪嗣冲的意见又与冯国璋和张勋不同。作为袁世凯的“马前卒”，倪嗣冲则是力挺袁世凯。同时，倪嗣冲和张勋之间也有隔阂。

冯国璋心里很清楚，他如果与张勋的意见不一致，则无法把南北重心逐渐移来南京，这是冯必须向张妥协的一个原因，所以冯、张两人的想法虽相距十万八千里，但是冯为了要使张参加南京会议以壮大声势，就只好接受张的意见，融合而成一个共同的方案。

再说袁世凯。

袁对冯召集南京会议的用意当然心知肚明，但他又无力阻止，只好顺水推舟，并试图伺机而动。袁同时对会议还抱有一丝希望，他一方面派阮忠枢和张镇芳到徐州游说张勋，以江苏军政大权诱之，同倪合力抵制冯；另一方面派了蒋雁行等窥探会议情况。

4 月 18 日，冯国璋和张勋联名通电提出了“遵照清室赋予‘全权组织共和政府’原旨，承认项城仍居大总统之地位；慎选议员，重开国会；惩办奸人”等解决时局问题的八条方案，但这个方案被冯、张二人做成了“夹生饭”，既不符合冯的要求，也不合乎张的要求，当然更不合乎其他任何方面的要求。所以自从这个通电发表后，各方均表示反对。冯也自感无趣，只好于 4 月 25 日以个人名义通电自嘲了一番，并言称另拟条件，再行商榷。

5 月 1 日，冯把之前和张勋联合提出的八条意见修改后，未经与任何人协商发表通电，电文中不但反对西南各省提出的由黎元洪接任总统的主张，而且在内容上也不仅仅限于袁世凯退位与否等关系时局的紧要问题，而是涉及国会、宪法、经济、军队、官吏、帝制祸首及党人等各个方面。这八条意见完全是冯个人自作主张的“冯八条”，全然不符合各方面的要求，故一经发表后就“炸了锅”，随即招致全国舆论的强烈反对，痛骂冯为“袁世凯第二”。这样一来，冯一下颜面尽失，陷入了骑虎难下的尴尬境地。

冯虽然很被动，但会还得开，他得考虑如何达成自己的政治意图，如何把会开好的问题。

5月11日，倪嗣冲到达南京，向冯国璋提出拟定的“以国家存亡为第一问题、以袁氏退位与否为第二问题”等南京会议大纲四大原则，并将“总统退位问题”列为最重要的议案进行讨论。

5月18日，冯国璋主持召开南京会议第一次会议，出席者有江西、山西、山东等17省区正式代表26人，冯被公推为主席。可会议倡议者倪嗣冲、张勋均未莅会，而是派了代表参加。在接下来的几天内，“总统去留”问题一度成为会议的焦点，围绕“不退位、即退位、缓退位”多方争执不下，一直到会议解散，也没争出个所以然来。

5月29日，袁世凯突然强硬起来，发布“宣布帝制案始末”的命令，把变更国体的责任归咎到各省公民身上，这是他对护国军发动大举进攻前的一个信号。原来，在南京会议召开期间，袁利用和谈期加紧战争准备，一方面命梁士诒负责筹措军费；一方面拟定了新的作战计划准备向西南护国军再度发起大的攻势。

可人算不如天算。袁世凯万万没有想到死神已经悄然来到他的身边……

第二十二章

枭雄的落幕

送命的“二陈汤”

最残忍的争斗和杀戮往往来自内部，此之谓“祸起萧墙”。

袁世凯万万没有想到，当北洋军、护国军及投机政客们都把目光转投到南京会议的时候，1916 年 5 月 22 日，四川将军陈宧突然举起义旗，宣布独立。

据说，当袁看到这个电报后竟气得一下昏死过去。光陈宧宣布独立已经是往袁心口上扎刀了，而且他的独立通电，跟别人的不一样，他强调的是袁个人问题，要跟袁本人断绝关系。袁世凯虽为一代枭雄，但一向待人不薄，所以，即便是反袁中坚蔡锷和梁启超，反的也只是复辟帝制本身，而非袁世凯私人。所谓起兵为了公事，而非私怨。所以，陈宧的通电，实在让袁世凯倍加伤心窝火。

当他醒过来时，脸色青紫，眼神黯淡呆滞，眼里滚出几滴英雄末路泪。好半天后，他喃喃地重复说：“人心大变，人心大变。”随后，袁派人把心腹梁士诒叫至密室，把陈的电报拿给梁看，无奈又无力地说：“我如此厚爱二庵，二庵却如此待我？”也确实是，这则电报对袁的打击太大了。自洪宪称帝后，袁众叛亲离，日趋孤立，可陈宧毕竟是他派到西南的“柱石”和心腹，袁破格提拔他做了四川将军，还特意安排大公子袁克定和他换帖拜了把兄弟。在陈宧离京赴四川任职时，袁又叫北京军政两界人士为他举行盛大的欢送宴会。而且，陈宧在与主子告别时，更显极尽忠心。他对袁行了三跪九叩，膝行而前，用嘴吻袁世凯的靴子。这一副肉麻劲儿连当时在一边的曹汝霖都看不下去了。陈宧解释说，这礼节属于中国的朝拜之礼再加上欧洲封建时代见罗马教皇的礼节。其实，这个时候帝制尚在酝酿，即使称帝，洪宪新朝的礼节也是模仿欧洲宫廷的，不主张跪拜，即使是大朝会，也就是三鞠躬即可。说起来，袁朝的臣子们已经很多礼、很谄媚了，但与陈宧比起来，还是小巫见了大巫，去欧洲见过世面的他，硬是把罗马教廷的礼节给搬了进来。

然而，被袁如此宠信的心腹也反了水，袁当然接受不了，可这就是政治斗争的残酷。

“二疯子”陈宧缘何背袁起义呢？

原因有四点。

其一，观念的不同，内心的抵触。

“洪宪”事起之后，袁世凯暗中令天下诸侯劝他称帝，伪造民意。他瞄上了西南大员陈宧，希望他带这个头，但是陈宧的一些表现令袁世凯等人感到疑忌。

陈宧对袁的复辟帝制是有不同意见的。当古德诺发表了《共和君主论》之后，梁士诒曾电询陈的意见，陈犹豫了好几天，才迫于形势，以“军人无意见”敷衍回答梁士诒。可袁的干儿子段芝贵认为陈“没有主动积极劝进”，再次发电要陈宧表明态度，陈仍旧以“军人无意见”作了回答。等筹安会通电发表宣言，陈宧大惊，把电文交给幕僚们看，摇头说：“这帮人要扮演猴把戏了。”

其二，自尊心的伤害。

陈宧虽然受袁知遇之恩，可是他在四川也有他的苦恼。他和北洋系存在着很大的矛盾，一是北洋系的军人们把陈看作外围。北洋大门开了，陈宧在门内，北洋大门关闭的时候，陈宧却在门外了，这是不把陈当作自己人看待。二是洪宪帝制的新贵们也没有把陈当作自己人。陈在四川，对北京的帝制活动几乎未参与，他只是一个提线木偶，北京方面让他干啥他就干啥，可他不甘心当这个木偶。三是当陈在北京拜受新命时，袁曾当面许诺陈，不久即派他总揽四川、云南、贵州三省军事，可是在他上任后不久，袁就派张联棻做他的参谋长，以取代原参谋长刘一清，这就说明袁对陈并不放心，所以派一个与陈毫无关系的人来做他的参谋长。四是袁决定对云南用兵后，乃派曹锟督师入川。此任命发表时，陈一点儿也不知道，这在陈心中自然起了很大变化。他认为自己在袁皇帝心目中已经不够亲信了，即使他打退了护国军，四川将军一席也要拱手让给别人。由于那么多的矛盾，陈宧这时心情的苦闷和不安是可以想见的。他曾对他的亲信说：“松坡（蔡锷字）不是一个轻举妄动的人，他已经举义，自有他的布置，听说老头子（袁世凯）也有彼直我曲的表示，看起来云南举义的这个问题不是很容易解决的。”

其三，身边人的影响。

陈宧曾就蔡锷率云南护国军率先讨袁一事请教他的老师骆成骧[①]，骆说：“方今情势，成都南京并重，而南京冯国璋久于袁，可以资望推让之。蔡锷自云南率护国军起义讨袁，宜暗与联明亟冯，许以袁败后推彼为大总统，则袁笼络之术穷，失恃而败也。”对于同样一个问题，陈宧也曾召集心腹幕僚刘一清、季自求、胡鄂公等人进行商讨。陈说：“松坡乃杰出的军事人才，沉着机智，他以‘拥护共和’为号召，绝不是轻举妄动的，老头子玩这种猴把戏，必败无疑，归纳刚才所谈意见：一是即时宣布独立；二是先疏通周骏、刘存厚后再发动；三是派人争取南京的冯华甫（冯国璋）和湖南的汤芗铭一致行动。先作个决定如何。”胡鄂公等人认为周骏为人有权谋和野心，刘存厚头脑比较简单，所以在陈宧的默许下，胡鄂公略施反间计逼反了刘存厚，导致刘存厚于 1916 年 1 月 31 日通电起义反袁。之后，胡鄂公化装避开袁的耳目东下与汤芗铭、冯国璋会晤。

其四，蔡锷的影响。

蔡和陈曾经在袁的手下共过事，两人是两湖大同乡，身世经历相似，彼此意气相投，惺惺相惜，往来密切。陈的许多部下与蔡有很深的渊源。比如刘存厚就是蔡在云南举行“双九起义”时的部下，军需长马诒生也曾是蔡的部下。陈宧作为袁的心腹被任命为四川将军走马上任前，蔡锷向他推荐了几个人，一是其秘书修承浩，二是其手下干将雷飙、王铭臣等，现在都是陈的顶梁柱。蔡每次通信时都劝陈策反。

早在护国军进入四川之前，陈宧对蔡锷就采取了一种似敌非敌、似友非友的态度。陈所直接指挥的只有北洋军的 3 个混成旅，而这 3 个旅中也只有 1 个旅是他能指挥动的。陈心里明镜似的，他知道凭这点力量是打不退护国

---

① 骆成骧，四川资中人。曾担任京师大学堂第一提调，陈宧在学堂学习时，是骆成骧所赏识的学生之一。作为清末状元，骆成骧一生清廉自守，为人坦荡光明，不求高官厚禄，其名言“天下无如吃饭难，世上唯有读书高”勉励着一代代学子。

军的，如果袁再派军队过来，他的四川都督和将军地位也必然保不住。

如此众多的原因，已将陈逼上了梁山。陈为了自保，也只有起义的份了。

陈宧对袁的背叛，使袁备受打击。陈竟敢和他个人断绝关系，因此他越想越气。5月24日，袁发布通电，痛骂陈的背信弃义，大有食其肉、寝其皮之恨。

继陈宧宣布独立后，5月29日，袁的另一个心腹湖南将军汤芗铭也通电宣布独立。

汤芗铭是袁手下的头号刽子手，心狠手辣，杀人不眨眼，有“汤屠户”之称。“二次革命”时，他大肆批捕革命党，酷刑逼供，非法重处，无辜被戮者多达2万人。袁世凯帝制自为，汤芗铭带头劝进，袁称帝后封汤为“一等侯”，而袁的嫡系大将曹锟也才被封为“一等伯”。讨袁护国战争爆发后，汤芗铭在其兄汤化龙（清末立宪派首领人物）的劝说及形势逼迫下，被迫宣布反袁独立。

汤的独立再次给袁血淋淋的伤口撒了一把盐。

湖南的独立，又一次使袁感到“人心已变，大势已去”。但即便如此，此时的袁还在妄图对川、湘的护国军谋划新一轮攻势，可是由于操劳过度再加上身心倍受背叛的打击，他就此一病不起。

后来在袁死后，有人曾给他写了一副对联：“病起六君子，送命二陈汤。”其中的“二陈汤”指的是指陈宧、陈树藩和汤芗铭。他们都是袁的心腹，在袁大难临头时相继背弃袁世凯宣布独立。

在之前的5月9日，陕西镇守使陈树藩在三原宣布独立，自称陕西护国军总司令。陈树藩是袁的心腹陆建章手下的大将。1914年春，为改编和吞并陕军，袁世凯任命陆建章为陕西都督。身为革命党人的陈树藩随即见风使舵，递门生贴拜陆为老师，并和陆的儿子陆承武结拜为兄弟。这样，陕西2个师3个旅先后被裁减吞并，唯独陈树藩的第四旅得以保存。1916年5月，陆建章令陈树藩与他的儿子陆承武率部队两面夹击护国军。陈树藩感到陆建章已失尽民心，倒台是迟早的事，因此，暗中也参与反陆运动，在受命后仍按兵不动。此时，陆承武率部已进至富平。富平是陈树藩部胡景翼游击营驻扎地，胡景翼认为机不可失，在一个深夜突然向陆承武部发动袭击，将陆活捉。

留给世界的回声

1916年春夏之间，一切显得那么纷纷扰扰，匆忙凌乱。袁世凯新做的龙袍还没来得及试穿，九龙戏珠的宝座还没坐热，急于稳固太子大位的袁克定还在谋划干掉几个政敌皇弟，后宫里的一众美人正为妃嫔的封号争吵不休……短短83天的皇帝梦似乎还没有醒来，袁世凯就从宝座上跌落下来。不久，在内外交困中的袁世凯终于精疲力竭，急火攻心，一下病倒了。

千秋功名，一世葬你，玲珑社稷，可笑却无君主命。

到了这步田地，死亡无疑是最好的解脱。

袁世凯的病从5月27日开始，一发病便来势凶猛，可谓病来如山倒。其家属及一帮亲信属下急忙请医生会诊，但无效果。29日湖南独立，面对这一噩讯，其一干人等本不打算让袁知道，可是袁在病中仍逐日召集榻前会议，亲自处理文电，所以无法瞒他。

这时候的袁也自感大限将至。6月2日，他电报已归隐河南辉县的老友徐世昌，请他立即到北京来见最后一面。6月5日，徐抵京匆忙赶到新华宫。袁仰卧榻上，面无血色，喘得很厉害，有气无力地说："菊人，来得……好，来……得好，我……已经……不中用了。"

徐和袁缔交最久，40年的老朋友，不论公谊和私交都相处得还算不错。这时徐见到老朋友病情垂危，也不禁老泪纵横。他悄悄背过身拭去眼泪，然后轻轻地说："总统不必焦心，好好养几天就会好的。"袁却摇摇头闭上了眼，眼角随即滚出两行眼泪。

之前一天袁病势又加剧，总统府急请法国公使馆医官卜西尔诊视病情，确诊为尿毒症，加上神经衰弱，肝火涌塞，病入膏肓，断定已难挽救。到5日，袁的精神更为不济，卜西尔给袁打了一针"强心针"，袁的神志才略转清醒，正巧徐世昌来了，可是不久袁又陷于昏迷。

1916年6月6日清晨3时，袁终于断了气。这位清末民初交替时代的重要人物，终于和人世永别了。

在袁弥留时，口中断断续续地说出了"他害了我"4个字。

到底是谁害了他？

是他的儿子？还是他的朋友或是部下？至于“他”是谁，后人为此众说纷纭。一则说是袁世凯长子袁克定，一则说是杨度。然而，袁这句话的谜底则和他的离世一同埋进了历史。

袁死前托孤寄命的共有4位要人，分别是段祺瑞、王士珍、张镇芳、徐世昌，“太子”袁克定也在病榻旁。徐世昌看袁不行了，乃轻声问：“总统有什么交代?”袁上气不接下气地使劲从牙缝里挤出了两个字：“约法。”

《约法》有新有旧，袁所指的是新还是旧呢？旧《约法》规定总统不能行使职权时，由副总统继任总统，这是护国军方面坚持的。可是这个旧《约法》已被袁废止。新《约法》是袁自己制定的，关于总统继任问题，规定由现任总统提名3人，写在一张名单上，藏之金匮石屋，总统归天后取出来，在3位候选人中决选1人继任总统。金匮石屋的钥匙有3把，由总统、总理、参议院长各执其一，3把钥匙中需要有2把配合起来才能把“石屋”打开。

当袁说出“约法”二字而大家正在猜是新旧《约法》时，袁克定抢着补充了一句：“金匮石屋。”大家都看着袁，袁则似点头非点头，口里已经说不出话来了。

袁死后大家打开石屋一看，总统继承人名单上写着3个名字，顺序排列是：黎元洪、徐世昌、段祺瑞。

段祺瑞这个名字原来写的是袁克定，袁克定也知道此事，所以才提醒说“金匮石屋”。怎知袁病重时却瞒着儿子改成了段祺瑞，袁克定还蒙在鼓里。袁在临死之前匆忙修改了名单，这也是袁的高明之处。他知道自己已众叛亲离，连皇帝位子都保不住，怎敢希望北洋诸将会拥护他的儿子，岂不是痴人说梦？在他最后的关键时刻，他给儿子袁克定摘掉了免祸保身的皇冠。

袁虽是6月6日清晨去世，但不省人事则是在6月5日。6月5日这天正是阴历端午节，由于袁被人称为癞蛤蟆，于此遂又得一证明，因为俗语有“癞蛤蟆难过端午节”的说法。

6月7日，袁遗体大殓，这位中国唯一一位身兼皇帝和总统之人，头带平天冠，身穿祭天礼服，完全一副“大行皇帝”模样。

6月28日出殡，由居仁堂移灵，移柩的人由32人增加到80人。举柩时北京城内外各庙宇撞钟101下。黎元洪在新华门向袁柩行了一鞠躬礼。执绋人员是内阁全体阁员、清室代表和各国顾问，自新华门送到东安门；各国公使由东安门送到中华门。所有执绋人员，武官着制服，文官着大礼服。沿途军警戒备森然，送柩专车由前门外车站出发时，放礼炮 101 响。袁柩由前门外车站上车，径赴他的归根处河南彰德。

“周公恐惧流言日，王莽谦恭未篡时。向使当初身便死，一生真伪复谁知？”

白居易的这首《放言》诗，大意是说：周公这样的大忠臣，也有被流言中伤、被大家怀疑的时候；王莽这样的乱臣贼子也有装模作样、收买人心并为大家称赞的时候。如果未等真相出现之前他们就死了，那么古今天下的忠奸又有谁能分得清呢？

袁世凯称帝是其一生由盛转衰的转折点，也是一直被世人唾骂的诟病所在。中国实行君主专制已 2000 多年，虽然辛亥革命消除了形式上的帝制，却没有消除本质上的专制。换句话说，辛亥革命开创了一个“民治”时代，但并没有达成一个“民治”时代。沿袭数千年历史的帝制虽然在表面上被废除了，但根深蒂固的专制主义意识是不可能短期内就能够消除的，实行君主专制统治的思想基础还在，中国要进入真正的“民治”时代，还需要很长的时间。我们不能企望像袁世凯这样的旧军阀具有浓厚的民主主义思想，因此，袁世凯把推翻满清王朝视为新旧王朝的交替并不奇怪。

袁世凯一生受清廷重用、提携。心思缜密、机敏精明的他常以忠臣自居，所以他最忌讳别人把他看成取清朝皇帝而代之的奸佞。聪敏智慧、极易接受新事物的袁世凯当然明白，消灭帝制，建立共和是历史潮流，是大势所趋，人心所向，做皇帝的风险足以让他从绝顶栽到深渊，但袁世凯终究还是做出了称帝决定，号洪宪皇帝，改年号为洪宪。单看“洪宪”二字就可以看出袁世凯在称帝与不称帝之间反复进行过自我心理交战，最后才下定决心做出艰难选择。“洪宪”，顾名思义，“洪”既皇帝独有的齐天的洪福洪德，“宪”则是立宪行政，以法治国。“洪宪”二字其实是一种生硬的古今结合、中西联缘的怪胎。

历史的神奇之处在于，辛亥革命进行了 83 天，巧的是，洪宪帝制也搞了 83 天就烟消云散了。袁世凯本可以成为华盛顿或拿破仑，但作为时代产物的他，最终选择做了袁世凯。

一个时代有一个时代的悲剧。有人这样评价袁世凯：“青年为爱国之英雄，中年为治世之能臣，晚年为误国之奸雄。”所谓“行百里半九十”，一失足便成千古恨，袁世凯大概就是最好的例证。